Peixes do Brasil

ÁGUA DOCE

Fishes of Brazil: freshwater

MARTE

Direção Geral
General Direction

Edoardo Rivetti

Direção de Projetos Culturais e Educacionais
Direction of Cultural and Educational Projects

Marcelo Arantes

Direção de Arte e Design
Art Direction and Design

Alexandre Guedes de Oliveira

Edição de texto
Copy Editing

Katia Mantovani

Revisão
Proof Reading

Fátima Cavallaro

Animação e Tecnologia
Animation and Technology

Pluma.tv Produtora

Produção Gráfica
Production

Marcos Borges
Osmar Belmonte

Dados Internacionais de Catalogação na Publicação (CIP)
(Câmara Brasileira do Livro, SP, Brasil)

Dagosta, Fernando
  Peixes do Brasil / Fernando Dagosta, Mario de Pinna ; ilustração Renato Palmuti. -- 1. ed. -- São Paulo : Marte Cultura e Educacao, 2021.

  ISBN 978-85-69827-04-7

  1. Aquarela 2. Artes gráficas 3. Desenhos 4. Peixes 5. Pintura I. de Pinna, Mario. II. Palmuti, Renato. III. Título.

21-73333   CDD-751.422

Índices para catálogo sistemático:

1. Aquarela : Pinturas : Técnicas 751.422

Aline Graziele Benitez - Bibliotecária - CRB-1/3129

Usina de Salto Grande, estado de São Paulo. Salto Grande hydropower dam, São Paulo State.

Aqui na CTG Brasil geramos energia limpa através de um recurso natural e renovável: a água. É impossível falar das águas de rios brasileiros tão importantes, como o Paraná e o Paranapanema, por exemplo, sem pensar nos peixes que neles habitam. Reconhecendo a importância da ictiofauna para as regiões em que atuamos, temos investido cada vez mais em ações para colaborar com a preservação da biodiversidade e do meio ambiente. Educação ambiental, conscientização sobre o uso das bordas de reservatórios, fomento florestal e soltura de peixes são algumas dessas atividades.

Para repovoar e garantir a diversidade de peixes nos rios das regiões em que atuamos, realizamos o Programa de Manejo e Conservação da Ictiofauna por meio da produção e soltura de peixes de espécies nativas. Os peixes são produzidos na Estação de Piscicultura da CTG Brasil, localizada em Salto Grande (SP), e soltos nos reservatórios – são 3,6 milhões de alevinos por ano. Desde o início do programa, mais de 39 milhões de peixes foram soltos nas bacias dos rios Paraná e Paranapanema. Além da produção de peixes, a equipe de nossa Estação de Piscicultura encontra-se sempre desenvolvendo pesquisas em parceria com universidades para a participação e o desenvolvimento de pesquisas.

Apoiar o projeto *Peixes do Brasil* é mais uma forma de reforçar nosso compromisso de longo prazo com o país e com o desenvolvimento das diversas regiões em que atuamos, por meio da responsabilidade social, educação ambiental e preservação da biodiversidade.

Boa leitura!

Here at CTG Brasil, we generate clean energy through a natural and renewable resource: water. It is impossible to think about the waters of important Brazilian rivers, such as the Paraná river and Paranapanema river, without considering their fishes. In recognition of the importance of the ichthyofauna living in regions where we operate, CTG Brasil has been investing more and more in actions to promote the environmental and biodiversity conservation. Supporting environmental education, promoting actions to raise awareness about the use of reservoir banks, and programs for forest furtherance and for restocking fish are some examples of such activities.

To repopulate and guarantee the diversity of fishes in rivers of the regions where we operate, we carry out the Ichthyofauna Management and Conservation Program through the production and stocking fish native species. Fishes are produced at the CTG Brasil's fish farm, located in Salto Grande (SP), and fingerlings are released into the reservoirs – 3.6 million juveniles are produced annually. Since the beginning of the program, more than 39 million fingerlings have been restocked in the Paraná river and Paranapanema river basins. In addition to such fish production, the team of CTG Brasil's fish farm is always developing scientific research in collaboration with universities.

Supporting the project *Peixes do Brasil* is another practice that reinforces our long-term commitment to the country and to the development of the various regions where we operate, through social responsibility, environmental education, and biodiversity conservation.

Good reading!

Museu de Zoologia
Universidade de São Paulo

Revelando e ilustrando a biodiversidade "oculta" do Brasil: conhecer para preservar

Há muito tempo, vários ambientes naturais vêm sendo alterados pela ação humana. Animais e plantas estão sendo extintos em ritmo bastante acelerado, até 10.000 vezes maior que a taxa de extinção natural. Estima-se que cerca de 2.000 espécies deixam de existir todos os anos. Precisamos unir esforços para conhecer e preservar o maior número possível de vidas para favorecer a sustentabilidade de nosso planeta.

Mais de nove milhões de espécies habitam a Terra e estas estão distribuídas em diferentes ecossistemas. A água está presente em mais de 70% da superfície do planeta. Sem dúvida, os ambientes aquáticos representam muito bem os ecossistemas com a maior biodiversidade do mundo. Por causa das dificuldades de estudo intrínsecas a esse ambiente, e até pela maior tradição de se investigar os ambientes terrestres, estes são mais conhecidos que os ambiente aquáticos.

A extraordinária biodiversidade dos oceanos, mares, rios e lagos fica, de certa forma, "escondida" de nossos olhos. É relativamente mais fácil acompanhar o voo do periquitão-maracanã ou da borboleta-caixão-de-defunto que o nado do surubim-do-rio-doce, peixe encontrado em trechos profundos do rio que empresta nome à espécie, e atualmente considerada criticamente ameaçada de extinção.

Ainda há muito a ser revelado sobre a biodiversidade que vive "debaixo d'água". Graças ao apoio da Editora Marte, que vem promovendo, constantemente, o conhecimento científico e a conscientização para a preservação da biodiversidade, os pesquisadores Fernando Dagosta e Mário de Pinna, renomados ictiólogos (especialistas em peixes) do Brasil, juntos do aquarelista Renato Palmuti, mergulharam nesse desafio inédito de unir a arte e a ciência para divulgar uma significativa amostra visual dos peixes encontrados nos biomas brasileiros.

Peixes do Brasil vem contribuir para melhor conhecimento sobre um dos grupos mais carismáticos e diversos de vertebrados. Esta obra revela a biodiversidade brasileira com uma estética digna não somente da beleza das formas e cores típicas das espécies ilustradas, mas também da beleza e importância de se preservar seus biomas. Para os que ainda não se encantaram com esses animais e como eles vivem e sobrevivem na natureza, essa é a grande oportunidade de todos!

Revealing and illustrating Brazilian hidden biodiversity: knowing in order to preserve

For a long time, natural environments have been changed by human action. Animals and plants are becoming extinct at a fast pace, up to 10,000 times the rate of natural extinctions. Estimates indicate that about 2,000 species go extinct annually. We need to join efforts to know and to preserve as many lives as possible to allow sustainability of our planet.

More than nine million species inhabit the Earth and those are distributed in different ecosystems. More than 70% of the surface of the planet is water. Surely, aquatic environments represent the ecosystems with the greatest biodiversity in the world. Due to difficulties intrinsic to that particular environment, and also as a result of a tradition of investigating terrestrial habitats, the latter are better known than aquatic environments.

The extraordinary biodiversity of the oceans, seas, rivers and lakes is somehow "hidden" from our eyes. It is comparatively easier to follow the flight of the White-eyed parakeet or of the King Swallowtail butterfly than the swimming of the Doce's catfish, a fish found in deep stretches of the river that lends its name and now considered as critically endangered.

There is still much to be discovered about the biodiversity that lives "underwater". Thanks to the support of Editora Marte, which has been constantly promoting scientific knowledge and awareness for the preservation of biodiversity, researchers Fernando Dagosta and Mário de Pinna, renowned ichthyologists (fish specialists) in Brazil, together with watercolorist Renato Palmuti, dove into an unprecedented challenge of combining art and science to promote a significant visual exhibit of fishes found in Brazilian biomes.

Peixes do Brasil will contribute to a better understanding of one of the most charismatic and diverse groups of vertebrates. This book reveals Brazilian biodiversity with aesthetics not limited to the beauty of typical shapes and colors of illustrated species, but also of the beauty and importance of preserving their biomes. For those who have not yet been delighted by these animals and how they live and survive in nature, this is a great opportunity!

Marcelo Duarte
Vice-Diretor do Museu de Zoologia da USP
Pesquisador Associado do National Museum of Natural History, Smithsonian Institution
Vice Director of the Museum of Zoology, University of São Paulo
Research Associate of the National Museum of Natural History, Smithsonian Institution

FCBA — Faculdade de Ciências Biológicas e Ambientais

UFGD — Universidade Federal da Grande Dourados

Sempre há mais um peixe!

Nas páginas dessa obra há uma sensibilidade para o belo, tanto nas imagens quanto na difícil arte de uma escrita que transita do meio acadêmico para a vida cotidiana. Se o espírito científico rompe o senso comum, em que o ser humano busca se afastar para compreender a natureza, os autores fazem aqui uma bem-vinda segunda ruptura ao retornar para o espaço público o conhecimento produzido e, assim, possibilitar um senso comum mais rico.

A oportunidade de conhecimento sobre os peixes acaba sendo um encontro conosco mesmo, na medida em que percebemos nesse outro ser a história evolutiva que nos conecta. É um aprendizado que transcende o utilitarismo. O que seria da vida se apenas passássemos por ela, sem entender a beleza da Evolução que lhe dá sentido?

Do "aprender para o uso" para o "aprender para conhecer e se reconhecer" num sentido estético e ético, sempre há algo para ser descoberto, sempre há um comportamento para ser descrito, uma forma para ser apreciada e retratada. Há sempre mais um peixe para quem tem o espírito curioso e aventureiro!

A obra *Peixes do Brasil* é um convite dos autores para promover esse espírito – aprender a parar e contemplar as belas aquarelas e fotografias. Também é um convite para ser peixe e ter seu pensamento capturado pela descrição de características e comportamentos que chamam a atenção daqueles que foram fisgados por essas incríveis criaturas!

There is always another fish!

In the pages of this book there is awareness for the beauty, both in images and in the arduous art of the writing that connects Academia to everyday life. If the scientific spirit breaks the common sense, in which human beings seek to distance themselves to understand nature, the authors make a welcome second break by returning the knowledge produced to the public and enabling a richer common sense.

The effort to learn about fishes becomes an encounter with ourselves, when we see in them the evolutionary story that connects all of us. It is a lesson that transcends utilitarianism. What would our lives be like if we just went through it, without understanding the beauty of the evolution that gives its meaning?

From "learning for use" to "learning to know and recognizing itself" in an aesthetic and ethical sense, there is always something to be discovered, there is always a behavior to be described, a form to be appreciated and portrayed. There is always one more fish for those with a curious and adventurous spirit!

Peixes do Brasil is an author's invitation to promote such spirit – learn to stop and contemplate the beautiful watercolors and photographs. It is also an invitation to be a fish and have your thoughts caught by the description of characteristics and behaviors that holds the attention of those who let themselves hooked by these amazing creatures!

Fabiano Antunes
Diretor da Faculdade de Ciências Biológicas e Ambientais • FCBA
Universidade Federal da Grande Dourados • UFGD

Director of the Faculty of Biological and Environmental Sciences • FCBA
Federal University of Grande Dourados • UFGD

Renato Palmuti

Artista visual, aquarelista, ilustrador e designer nascido e residente em São Paulo – Brasil.

Iniciou sua carreira artística trabalhando como ilustrador, chefe de estúdio e diretor de arte em diversas agências de publicidade e promoção. No início dos anos 2000 focou seu trabalho na ilustração publicitária e fundou seu próprio estúdio em 2005, trabalhando para agências do Brasil e de outros países.

Seus estudos e trabalhos pessoais o levaram a uma abordagem mais artística em seu processo, principalmente com a prática consistente da técnica da aquarela. A qual incorporou em seus projetos de ilustração.

Hoje, além da ilustração, atua como artista visual, e ministra cursos e workshops de desenho e pintura de aquarela em empresas, grupos e instituições ligadas à arte e cultura. É instrutor internacional dos Urban Sketchers e Co-representante brasileiro da International Watercolor Society.

Visual artist, watercolorist, illustrator, and designer. Born in São Paulo - Brazil where still living.

He started his artistic career working as an illustrator, studio head and art director in several advertising and promotion agencies. In the early 2000s, he focused his work on advertising illustration and founded his own studio in 2005, working for agencies in Brazil and other countries.

His studies and personal work led him to take a more artistic approach to his creating process, mainly with the consistent practice of the watercolor technique that was incorporated in his illustration projects, live model studies and in his work of personal expression.

Today, in addition to illustration, he works as a visual artist, and teaches courses and workshops on drawing and watercolor painting in companies, groups and institutions associated to art and culture. He is an international instructor of Urban Sketchers and Brazilian Co-Representative of the International Watercolor Society.

Acredito que nenhum dos maiores trabalhos publicitários que fiz em minha carreira como ilustrador exigiu tantas horas, tanta pesquisa e tantas pessoas de áreas diferentes envolvidas para poder se concretizar.

É um orgulho poder participar de um projeto tão rico como esse livro. Este universo submerso que eu nunca havia explorado e no qual estive mergulhando por muitos meses, me ensinou muitas coisas sobre organização, processos, prioridades e relevância.

É muito bom saber que há o interesse de empresários e instituições em patrocinar um trabalho como esse, e já por isso sou grato.

Agradeço à Marte Editora, nas figuras do Edoardo Rivetti, Marcelo Arantes e Ale Guedes que, desde o primeiro encontro, acreditaram no meu trabalho e me confiaram a arte dessas criaturas da água, me permitindo pintá-las com a técnica que escolhi para minha expressão: a Aquarela.

É admirável o respeito e a preocupação com a qualidade e integridade da obra demonstrados pelo Marcelo desde a concepção até a produção do livro. Notável também o carinho e sensibilidade artística do Alexandre, aliás sensibilidade essa que nos conectou há tempos atrás, através da pintura.

Em uma exploração como essa, pude contar com guias experientes que nortearam as pinceladas e garantiram que minhas pinturas também poderão ser apreciadas por amantes de outras artes como a Biologia, a Ecologia, a Zoologia e, é claro, a Educação.

Obrigado, Mário de Pinna e Fernando Dagosta, esses apaixonados por fósseis, biomas e vida, pela paciência e atenção aos detalhes e por procurarem sempre me suprir com as informações necessárias a cada imagem.

Agradeço à Claudia Palmuti que sempre se empolga com os meus novos desafios e por isso também me motiva. E à Thaisy Palmuti, a *petit* assistente que me ajudou muito na organização das informações que sempre chegavam aos quilos e também na digitalização das pinturas.

Espero que essa obra possa levar inspiração, beleza e conhecimento até onde ela possa chegar. Acho que esse é seu maior objetivo.

Há uma lenda cabalística de que um grande Justo, que conquistou sua iluminação, não precisa mais viver nesse mundo, mas de vez em quando ele pode aparecer por aqui na forma despretensiosa de um peixe. Bom, espero ter podido representar ao menos algum desses chamados "Tsadikin" em meio às mais de 100 aquarelas nesse livro. E até por isso já encaro esse trabalho como algo que vai gerar bênçãos de uma forma ou de outra.

I believe that none of the biggest advertising jobs I have done in my whole career as an illustrator required so many hours, so much research and so many people from different areas involved in order to be executed.

I am proud to participate in a project as rich as this book. Such a submerged universe that I had never explored and in which I had been immersing myself for many months taught me a lot about organization, processes, priorities and relevance.

It is great to know that there is interest from executive and institutions in sponsoring works like this, and I am grateful for that.

I thank Marte Editora, namely Edoardo Rivetti, Marcelo Arantes and Ale Guedes who since the first meeting believed in my work and trusted me to artistically represent these water creatures, allowing me to paint them with the technique I chose for my expression: Watercolor.

The respect and concern for the quality and integrity of the work shown by Marcelo from the conception to the production of this book were admirable. Also notable is Alexandre's affection and artistic sensibility which connected us some time ago, through painting.

During this exploration, I had experienced guides who led the brushstrokes and ensured that my paintings could also be appreciated by lovers of other arts such as Biology, Ecology, Zoology and, of course, Education.

Thank you, Mário de Pinna and Fernando Dagosta, both passionate about fossils, biomes and life, for their patience and attention to detail and for always supplying me with the needed information for each image.

I thank Claudia Palmuti who is always excited about my new challenges and for that reason also motivates me. I also thank Thaisy Palmuti, a *petit* assistant who helped me a lot in organizing the thousands of fish sources sent to me and also in digitizing the paintings.

I hope this work can take inspiration, beauty, and knowledge as far as it can go. I think this is the main goal of this work.

There is a Kabbalistic legend that a great Righteous man, who has achieved his enlightenment, no longer needs to live in this world, but from time to time he may appear here in a humble form of a fish. Well, I hope I was able to represent at least some of these so-called "Tsadikin" among the more than 100 watercolors in this book. So, I assume that this work will generate blessings in one way or another.

Renato Palmuti

Fernando Dagosta

Fernando Cesar Paiva Dagosta nasceu em Ribeirão Preto, São Paulo, Brasil, em 1986. Biólogo por vocação e apaixonado por peixes desde a infância, atualmente é professor da Universidade Federal da Grande Dourados – UFGD, no Mato Grosso do Sul. É biólogo pela Universidade Estadual Paulista "Júlio de Mesquita Filho" – UNESP, Mestre pela Universidade de São Paulo - USP e Doutor e Pós-Doutor pelo Museu de Zoologia da Universidade de São Paulo – USP. É especialista em peixes amazônicos, principalmente em temas relacionados à sua diversidade e padrões de distribuição geográfica. Já produziu dezenas de artigos científicos sobre esses temas, dentre eles, o maior inventário disponível de peixes Amazônicos. Tem interesse pela história dos rios sul-americanos e como ela impactou a evolução dos peixes que ali habitam. É apaixonado pela cultura, paisagens, fauna e flora do Brasil, elementos frequentemente presentes em suas produções científicas. Vive e trabalha em Dourados (MS), onde mora com sua esposa Helena, seu cachorro George e aquários com peixes.

Fernando Cesar Paiva Dagosta was born in Ribeirão Preto, São Paulo, Brazil, in 1986. A born biologist with passion for fishes since childhood, he is currently Professor of the Federal University of Grande Dourados – UFGD, in Mato Grosso do Sul. After graduating in Biology at the Universidade Estadual Paulista "Júlio de Mesquita Filho" – UNESP, he then continued onto a Master Degree at the University of São Paulo – USP, followed by a PhD and a Postdoctoral appointment at the Museum of Zoology, University of São Paulo – USP. He specializes in Amazonian fishes, mainly in topics related to their diversity and geographic distribution patterns. He has already produced dozens of scientific articles on these topics, including the largest available inventory of Amazonian fishes. He is interested in the history of South American rivers and how it influenced the evolution of their fishes. He is passionate about the Brazilian culture, landscapes, fauna and flora, elements that are often expressed in his scientific productions. He lives and works in Dourados (MS), where he lives with his wife Helena, their dog George and aquariums with fishes.

Agradeço a CTG pelo apoio ao projeto.

Esse livro não existiria se não fosse pela dedicação e excelência de Mário de Pinna, Renato Palmuti, Alexandre Guedes e Marcelo Arantes. Sou imensamente grato por ter participado deste projeto com todos vocês. Primeiramente, agradeço ao Mário de Pinna pelo convite e pela confiança em colaborar nessa obra. Para a minha alegria, além de ter sido meu orientador de doutorado e maior mentor científico, Mário se tornou um grande amigo com quem nunca sei se estou falando de trabalho ou não. Afinal, foi com ele que aprendi que isso não importa para aqueles que amam o que fazem. Agradeço também ao Marcelo Arantes, grande idealizador do projeto, que sempre com seu temperamento amável e respostas gentis, jamais mediu esforços para que este livro pudesse ser sempre melhor. Sou grato também ao Alexandre Guedes, responsável pelo design do projeto, que fez um belo e meticuloso trabalho de oferecer harmonia a coisas tão distintas: mapas, arquivos *word* e pinturas.

Deixo registrado aqui o meu reconhecimento e admiração pelo talento de Renato Palmuti. Desde o começo Renato se propôs a ilustrar os peixes de água doce brasileiros em movimento, uma complicada e inédita iniciativa. Peixes são os animais mais difíceis de serem ilustrados e diversos fatores contribuem para essa percepção. Seus corpos foram evolutivamente projetados para viver em ambiente aquático em uma densidade muito maior do que a do ar. Consequentemente, quando removidos da água, seus corpos apresentam aspecto flácido e suas nadadeiras se deformam. Assim, se um artista usa um exemplar morto como modelo, a pintura certamente parecerá artificial se o peixe for representado em seu habitat natural. Sem contar os pigmentos reluzentes em seus corpos, o complexo comportamento da luz em ambiente aquático e o limitado acervo de fotos e vídeos sobre peixes brasileiros de água doce submersos que um artista tem disponível para se inspirar. Renato com seu absoluto domínio de técnicas e imensa criatividade não só produziu belas pinturas, mas estabeleceu um marco na concepção artística de peixes de água doce.

Em minha trajetória como ictiólogo foram muitas as pessoas que me ajudaram e me ensinaram. Tive muitos mestres, embora nem todos fossem tão experientes. Agradeço a todos os professores e alunos (ainda que essas categorias se misturem) que tive ou convivi. Faço uma menção bastante especial àqueles que compartilham o amor e fascínio pelos peixes. Nestes casos, e sem hesitação, asseguro que cada pedacinho dessa obra é um pouco do conhecimento que dividiram comigo.

Sou grato a alguns ictiólogos que nos ajudaram a elucidar detalhes anatômicos ou de coloração de algumas espécies de peixes aqui representadas. Meu obrigado a André Netto-Ferreira, Danilo Caneppele, Flávio Lima, Luiz Peixoto, Manoela Marinho, Murilo Pastana, Raimundo Nonato Mendes-Júnior e Rodrigo Caires. Minha gratidão também a Alex Keus, Carter Andrews, Jair Araújo, Jorge E. García-Melo (CaVFish Colombia Project), Lawrence Ikeda, Peter Stark, Matthijs Strietman e Thiago Cruz que gentilmente nos cederam fotografias para compor a introdução desta obra.

Agradeço à minha esposa Helena Krauss pelo carinho e apoio incondicional que sempre tive.

Dedico esse livro à minha mãe Célia Paiva, por ser minha luz; ao meu pai Carlos Dagosta, por toda alegria e carinho que sempre dividiu comigo e por ter me propiciado uma infância repleta de encontros com peixes; ao meu irmão Murilo Dagosta, meu melhor amigo e companheiro, por sempre despertar em mim a vontade de querer me tornar uma pessoa melhor; à minha avó, vó Con, que me ensinou muita coisa, dentre elas, e em seu colo, o nome dos primeiros bichos que aprendi.

I thank CTG for supporting the project.

This book would not exist without the dedication and brilliance of Mário de Pinna, Renato Palmuti, Alexandre Guedes and Marcelo Arantes. I am immensely grateful to have participated in this project with all of you. I first thank Mário de Pinna for the invitation and for trusting me to collaborate in this project. To my delight, in addition to being my doctoral advisor and greatest scientific mentor, Mário became a great friend with whom I never know if I'm talking about work or not. After all, with him I learned that it does not matter to those who love what they do. I also thanks Marcelo Arantes, the mentor of this project, who with his habitual friendly temperament and gentle words never spared efforts to help improve this book. I am grateful to Alexandre Guedes, responsible for the project's design, who did a beautiful and meticulous work in bringing harmony to such different things: maps, word files, and paintings.

I would like to express my recognition and admiration for the talent of Renato Palmuti. From the beginning, Renato set out himself to illustrate Brazilian freshwater fishes in motion, a complicated and unprecedented task. Fishes are the most difficult animals to illustrate and several factors contribute to this perception. Their bodies were evolutionarily built to live in an aquatic environment in a density far greater than the air. Consequently, when removed from the water, their bodies look flabby and their fins deform. Thus, if an artist uses a dead specimen as a model, the painting will certainly look artificial if the fish is represented in its natural habitat. Not to mention the shiny pigments on their bodies, the complex behavior of light in an aquatic environment and the limited collection of photos and videos about Brazilian freshwater fishes that an artist has available for inspiration. Renato, with his absolute mastery of techniques and immense creativity, not only produced beautiful paintings, but also established a milestone in the artistic conception of freshwater fishes.

In my ichthyological career, many people helped and taught me. I had many masters, although not all were so experienced. I thank all the professors and students (even if these conditions can mix each other) that I had or lived together. I make a very special mention of those who, in fact, share the love and fascination for fishes. In these cases, and without hesitation, I assure you that every little portion of this book is part of the knowledge shared with me.

I am indebted to some ichthyologists who helped us elucidate anatomical or coloration details of some fish species represented here. My gratefulness also to Alex Keus, Carter Andrews, Jair Araújo, Jorge E. García-Melo (CaVFish Colombia Project), Lawrence Ikeda, Peter Stark, Matthijs Strietman, and Thiago Cruz who kindly provided us photographs to compose the introduction of this book.

I thank my wife Helena Krauss for the love and unconditional support I always had.

I dedicate this book to my mother Célia Paiva, for being a light in life; to my father Carlos Dagosta, for all the happiness and love shared with me and for providing a childhood full of fishes; to my brother Murilo Dagosta, my best friend and partner, for always rising in me the desire to become a better person; to my grandmother, vó Con, who taught me a lot, among them, and in her lap, the first animal names I learned.

Fernando Dagosta

Mário de Pinna

Nascido e criado na cidade do Rio de Janeiro, começou a olhar peixes com cinco anos e não parou até hoje. Formou-se em Biologia pela Universidade Federal do Rio de Janeiro, com Doutorado pelo American Museum of Natural History/City University of New York, seguido por Pós-Doutorados no National Museum of Natural History (Smithsonian Institution) e The Field Museum. Atualmente é Professor Titular e Diretor do Museu de Zoologia da Universidade de São Paulo, além de Pesquisador Associado do American Museum of Natural History e do National Museum of Natural History (Smithsonian Institution). Atividades ictiológicas o levaram a viajar por boa parte do Brasil e do mundo, ora estudando coleções em museus, ora em pesquisas de campo. Um entusiasmado mentor acadêmico, já orientou dezenas de alunos de mestrado e doutorado, que hoje atuam em instituições acadêmicas por todo o Brasil e exterior, formando uma grande e querida família estendida. Foi agraciado com o Prêmio Robert Gibbs da American Society of Ichthyologists and Herpetologists e com a Medalha Warwick Kerr do Instituto Nacional de Pesquisas da Amazônia. Nas horas vagas dedica-se ao cultivo de Mesembryanthemaceae, a colecionar (e consumir) vinhos Málaga, e a tocar flauta transversa e violino (a primeira, com deleite; o segundo, com luta), preferencialmente ao lado de um aquário. É casado com Flávia e orgulhoso pai de Julia, ambas convergentemente biólogas e companheiras leais em águas rasas e profundas.

Born and raised in the city of Rio de Janeiro, he began looking at fish at age five, and keeps on looking at them to this day. After graduating in Biology at the University of Rio de Janeiro, he then continued onto a PhD by the American Museum of Natural History/City University of New York, followed by Postdoctoral appointments at the National Museum of Natural History (Smithsonian Institution) and The Field Museum. Currently he is Professor and Director of the Museum of Zoology, University of São Paulo and a Research Associate of the American Museum of Natural History and of the National Museum of Natural History (Smithsonian Institution). Ichthyological activities have led him to visit a large part of Brazil and of the world, either studying museum collections or in field research. An enthusiastic academic advisor, he has served as Main Professor to tens of Master´s and Ph.D. students, who now occupy academic positions in institutions throughout Brazil, forming a great and dear extended family. He is a recipient of the Robert Gibbs Award of the American Society of Ichthyologists and Herpetologists and of the Warwick Kerr Medal of the National Institute for Amazonian Research. In his spare time, he cultivates Mesembryanthemaceae, collects (and consumes) Málaga wines, and plays the flute and violin (the first, enjoyably; the second, laboriously), preferably next to an aquarium. He is married to Flávia and proud father of Julia, both convergently biologists and loyal companions in waters shallow and deep.

© Mário de Pinna ao lado de exemplar de Welwitschia mirabilis. Foto: Julia de Pinna. • Mário de Pinna next to specimen of Welwitschia mirabilis. Photo: Julia de Pinna.

Um projeto colaborativo e multidisciplinar como este livro tem muito a nos ensinar, tanto em ciência como em assuntos humanos. Agradeço em primeiro lugar a meu colaborador, Fernando Dagosta, sem quem este projeto não teria sido terminado. Sua competência, conhecimento, companheirismo e lealdade são fonte de permanente alegria para mim. Esta satisfação é multiplicada por grande orgulho, já que Fernando foi meu aluno de doutorado. Não é a primeira vez que embarcamos em uma empreitada juntos, e espero que venham muitas mais. Ao Renato Palmuti fica minha gratidão e admiração por emprestar sua arte às criaturas aqui representadas, que virão à vida em relevo e cores pela primeira vez para um incontável número de leitores. Renato teve imensa dedicação e talento ao navegar com sucesso pela traiçoeira linha entre a representação artística e precisão técnica, uma região cheia de desafios dos dois lados. Este projeto foi idealizado e transformado em realidade por Marcelo Arantes, que incansavelmente nos propeliu e guiou até seu término. A habilidade e diligência de Marcelo para tolerar, corrigir e superar meus defeitos e atrasos ao longo de todo o processo, que transcorreu em um período conturbado, foram admiráveis. Palavras de gratidão vão também a Luis Fábio Silveira, por nos colocar todos juntos para ver o que acontecia. Bem, funcionou!

Ao longo da vida, meu caminho cruzou com o de vários personagens verdadeiramente notáveis, que atuaram na função de mentores, orientadores ou inspiradores: Heraldo Britski, Victor Giudice, Lance Grande, Naercio Menezes, Gareth Nelson, Nelson Papavero, Alexandre Rocha, Melanie Stiassny, Richard Vari e Stanley Weitzman. Cada um destes é extraordinário de um modo único. A sabedoria e generosidade existencial destas pessoas foi, e continua sendo, parte integral de quem sou.

Também tenho muito a ser grato ao outro lado da estrada. Meus discípulos de pós-graduação e pós-doutores generosamente me transmitem sua energia de viver, de trabalhar, de agir e de pensar, além de forte amizade. À medida que o tempo passa, sinto cada vez mais admiração pela desordenada porém invejável intensidade da juventude. Entendo hoje que aprendi mais com meus alunos que eles comigo, por mais que eles tentem me dizer o contrário.

Durante todo este projeto, grande parte transcorrido durante a pandemia 2020-2021, Flávia e Júlia se mantiveram as companheiras queridas e eternas que são, mantendo minha tênue sanidade, compartilhando bons e maus momentos, conversas, filmes, concertos, passeios, drinks e jantares, além de opiniões construtivas sobre este livro. Sem vocês, não haveria luz.

Dedico minha participação nesta obra a meus pais, Atelita e Mário Sérgio. Obrigado pai e mãe, pelo dom da vida.

A project like the present one has a lot to teach us, as much in science as in human affairs. I first thank my collaborator, Fernando Dagosta, without whom this book would not have been finished. His competence, knowledge, companionship and loyalty are a source of continuous joy to me. Such satisfaction is compounded by great pride, since Fernando was my Doctoral student. This is not the first time we embark on an enterprise together and I hope many more will come. To Renato Palmuti I have a debt of gratitude and admiration for lending his art to the creatures here represented, which for the first time will come to life in bold relief and colors to countless readers. Renato had immense dedication and talent in navigating successfully along the treacherous line between artistic representation and technical precision, a region teeming with challenges on both sides. This project was conceived and turned into reality by Marcelo Arantes, who tirelessly propelled and guided us to completion. Marcelo´s ability and diligence in tolerating, correcting and overcoming my deficiencies and delays along the whole process, which transpired in a turbulent period, were admirable. Also, special words of gratitude go to Luis Fábio Silveira, for coming up with the idea of putting us all together, just to see what happened. Well, it worked!

In the course of life, my path crossed those of a number of truly remarkable people, who acted as mentors, advisors or inspirers: Heraldo Britski, Victor Giudice, Lance Grande, Naercio Menezes, Gareth Nelson, Nelson Papavero, Alexandre Rocha, Melanie Stiassny, Richard Vari and Stanley Weitzman. Each one is extraordinary in their own particular way. Their wisdom and existential generosity was, and continues to be, an integral part of who I am.

I also owe thanks to the other side of the road. My graduate students and postdocs, perhaps unwittingly, transmit to me their energy for life, work, thought and action, in addition to strong friendship. As time goes by, I increasingly admire the unruly yet enviable intensity of youth. Today I understand that I have learned much more from my students than the reverse, as much as they try to tell me otherwise.

Along this entire project, which largely transpired during the 2020-21 pandemic, Flávia e Júlia were the cherished companions of always, keeping my tenuous sanity, sharing good and bad moments, chats, movies, concerts, promenades, drinks and dinners, in addition to constructive opinions on this book. Without you, there would be no light.

I dedicate my participation in this book to my parents, Atelita e Mário Sérgio. Thank you mother and father, for the gift of life.

Mário de Pinna

Carta do editor

Em outubro de 2018 me encontrava em Ilha Solteira, ao lado de Eduardo Brettas realizando oficinas de aquarela para alunos da rede pública de ensino, quando fui desafiado a apresentar um projeto sobre peixes para a CTG Brasil.

Logo me vi ao lado do melhor diretor de arte, Alexandre Guedes, em Salto Grande, para conhecer o incrível trabalho que a CTG Brasil realiza em sua Estação de Piscicultura e os milhões de alevinos que são introduzidos anualmente em bacias paulistanas.

Naquele momento, o livro converteu-se, naturalmente, em um projeto que articula Cultura, Ciência e Educação, os pilares que traduzem a linha editorial da Marte, idealizada pelo inspirador Edoardo Rivetti, um amigo impossível de se esquecer. O conteúdo do livro se mostrava muito mais relevante do que poderia imaginar, o que era importante, revelava-se potencialmente interessante.

Com a contribuição direta de Guedes, descobri o trabalho do aquarelista Renato Palmuti, um talentoso artista. Admirá-lo torna-se obrigatório pelo simples fato de se conhecê-lo. O projeto artístico revelava sua forma com uma amostra de telas incríveis de Palmuti, criada em poucos dias.

No entanto, faltava a voz da Ciência. Com a ajuda de Luís Fábio Silveira, autor da casa e parceiro de sempre, surge o notável Mário de Pinna, uma das maiores autoridades do Brasil sobre o tema, para nossa honra Mário aceitou o convite de curador científico e autor dos textos. Leandro Spalleta chegou ao time e trouxe também contribuições tecnológicas extremamente relevantes.

O projeto estava pronto para ser apresentado a Juliana Lu. Após a análise da nossa proposta sob o olhar do rigoroso processo do Comitê de Sustentabilidade da CTG Brasil, recebemos a aguardada aprovação do patrocínio.

Os desafios não demoraram a surgir... Como selecionar apenas 102 espécies de peixes entre as mais de 25.000 que existem no Brasil? A organização e distribuição das 102 telas foram um capítulo à parte.

O cronograma estabelecido foi difícil de ser administrado. Por meio do professor Pinna, o multitalentoso pesquisador Fernando Dagosta aliou-se ao time e o trabalho ganhou velocidade e extraordinárias contribuições que o projeto requeria.

Foi admirável constatar o respeito no processo dialógico entre as vozes da Ciência e da Arte. Realizar o trabalho curatorial das ilustrações criadas exclusivamente para o projeto e orientar o trabalho inventivo do artista Renato Palmuti sob o olhar da Ciência exigiu enormes cuidados. Não faltou respeito, sobrou cumplicidade.

O rigor científico não ofuscou o território criativo e a Arte ofereceu espaço para a Ciência intervir em cada pincelada.

Desse encontro e de tantos outros resultou *Peixes do Brasil*, obra que traz luzes a conhecimentos que extrapolam o tema explorado.

Neste volume, a Marte soma sua voz no sentido de ressaltar a importância da conservação de nossa ictiofauna e para a necessidade de preservar o que faz do Brasil a principal referência mundial em biodiversidade, contribuindo para o fortalecimento do senso e da identidade nacional.

Editor's letter

In October 2018 I was in Ilha Solteira with Eduardo Brettas, conducting watercolor workshops for students from the public education system, when I was challenged to present a project about fishes to the CTG Brasil.

Soon I was working with the best art director, Alexandre Guedes, in Salto Grande, to get to know the incredible work that CTG Brasil performs in its Pisciculture Station where millions of fish juveniles are produced and introduced annually in river basins of the São Paulo state.

At that time, the book naturally became a project that combines Culture, Science and Education, all pillars that translate Marte's editorial line, conceived by the inspiring Edoardo Rivetti, a friend impossible to forget. The contents of the book proved to be much more appropriate than I could have imagined. What was important, revealed to be potentially interesting.

With the direct contribution of Guedes, I discovered the work of watercolorist Renato Palmuti, a talented artist. Admiring him becomes obligatory for the simple fact of getting to know him. The art project revealed its form with a sample of amazing paintings by Palmuti, created in a few days.

However, the voice of Science was missing. With the help of Luís Fábio Silveira, a longtime partner, emerges the notable Mário de Pinna, one of the greatest authorities in Brazil on the subject. To our honor Mário accepted our invitation to be the scientific curator and author of the texts. Leandro Spalleta joined the team and also brought extremely important technological contributions.

The project was ready to be presented to Juliana Lu. After analyzing our proposal under the rigorous process of CTG Brasil's Sustainability Committee, we received the long-awaited sponsorship approval.

The challenges did not take long to appear... How to select only 102 species of fishes among the more than 3,500 living in Brazil? The organization and distribution of the 102 paintings was a separate chapter.

The schedule was difficult to manage... So, through Professor de Pinna, the multitalented researcher Fernando Dagosta joined the team and the work gained speed and extraordinary contributions that the project required.

It was admirable to see the respect during the dialogic process between the voices of Science and Art. The curatorial work for the illustrations created exclusively to this project and guiding was inventive work of artist Renato Palmuti under the eyes of Science required enormous care. There was no lack of respect; there was a lot of complicity.

Scientific accuracy did not overshadow the creative territory and the Art offered space for Science to mediate in every brushstroke.

From this meeting and from so many others resulted *Peixes do Brasil*, a work that brings light to topics that goes beyond the theme explored. In this volume, Marte reinforces the importance of conserving our ichthyofauna and the need of preserving what makes Brazil the main reference in biodiversity in the world, strengthening the Brazilian sense and identity.

Marcelo Arantes

Sumário
Contents

Prefácio	**20**	Preface
Guia de navegação	**22**	How to use this book
Introdução	**25**	Introduction
Índice remissivo	**36**	Alphabetic index

ATL
Mata
Atlântica

PTN
Pantanal

AMZ
Amazônia

PMP
Pampa

CAA
Caatinga

CER
Cerrado

38
62
90
182
202
230

Prefácio

É grande a satisfação de prefaciar um livro escrito por dois amigos e colegas de pesquisa científica, cujas trajetórias no campo da ictiologia acompanhei desde os primeiros passos; maior ainda por constatar, após a leitura, que esta obra vem atualizar e enriquecer de maneira expressiva a literatura de divulgação científica sobre nossos peixes de água doce.

Peixes do Brasil resume de maneira primorosa informações gerais sobre a diversidade de peixes no mundo, especialmente em nossas águas doces, ressaltando a atração que esses organismos aquáticos exercem sobre as pessoas, levando-as a mergulhar num universo quase infinito de interessantes questões, quando se dedicam ao seu estudo ou a sua simples observação. Diferentes aspectos e informações sobre esses organismos são abordados de modo atraente e de maneira acessível ao entendimento, especialmente os processos evolutivos que conduziram a essa extraordinária diversidade. As descrições e comentários sobre cada uma das espécies focalizam suas peculiaridades, mas alertam com certa frequência sobre as alterações ambientais que as afetam, muitas vezes de maneira drástica. E tudo vem acompanhado de belas ilustrações, mostrando as cores naturais das espécies, seus movimentos ou comportamentos, bem como detalhes morfológicos. Dessa combinação ideal de imagens e descrições, constata-se que a obra atingiu com brilho o propósito idealizado pelos autores: celebrar a estética e a diversidade dos peixes brasileiros de água doce.

Os autores, dois dos mais destacados pesquisadores de nossos peixes de água doce, mergulharam, literalmente, nesse mundo da fantástica diversidade de nossa ictiofauna para selecionar, com não pouca dificuldade de escolha – como deixam claro em suas palavras –, pouco mais de uma centena de espécies e exibi-las como dádivas que a natureza pródiga do Brasil nos oferece e que devemos conhecer, apreciar e cuidar.

A sensação que se tem é de que o livro foi escrito com o anseio de transmitir ao leitor aspectos pouco conhecidos, características incomuns de cada uma das espécies abordadas, utilizando uma linguagem acessível, mesmo quando se refere a conhecimentos de natureza científica, a fim de compartilhar com o leitor o entusiasmo e a admiração que os próprios autores experimentaram ao ir dominando os conhecimentos a respeito dessas espécies.

Como a diversidade de aspectos tratados é grande, no início da leitura pensei selecioná-los, a fim de destacar para o leitor os diferentes campos da história natural, bem como outros tantos aspectos relacionados à vida dos peixes (envolvendo comportamento, condições ambientais, geologia, evolução etc., etc.); porém, ao final da leitura, eles eram tantos e tão diversificados que me pareceu supérfluo utilizar este espaço para repeti-lo. Além disso, poderia reduzir essa sensação de surpresa e entusiasmo pelos múltiplos aspectos que a leitura poderia ir espontaneamente proporcionando, circunstância que sempre tende a movimentar a reflexão ou a intuição do leitor sobre o quanto ainda teríamos para descobrir nesse universo de nossos peixes de água doce.

Entretanto, não posso deixar de fazer referência a dois exemplos, que destaco dentre muitos outros que me chamaram a atenção. O primeiro se refere ao casal de peixinhos amazônicos que, na época da reprodução, saltam juntos para fora d'água e depositam ovos e esperma na face ventral de uma folha, na beira do igarapé; o macho permanece perto dos ovos e, a fim de conservá-los úmidos, arremete com a cauda gotas de água sobre eles; isso é feito de tempos em tempos, até que ocorra a eclosão e os jovens peixinhos caiam na água. O outro é o da traíra-cobra, uma espécie muito estranha descoberta num pequeno afluente do rio Negro, perto de Manaus; a traíra-cobra tem características tão distintas dos demais peixes de água doce incluídos nos grupos já conhecidos, que ela foi descrita recentemente (2017) como uma nova espécie, um novo gênero e uma nova família de peixes do Brasil,

algo totalmente excepcional nos dias de hoje em todo o mundo, mostrando também as surpresas que a Amazônia ainda nos reserva. Estes e muitos outros são interessantes casos que o leitor poderá encontrar ao longo deste livro.

No Brasil, a pesquisa científica na área da ictiologia cresceu de maneira acelerada a partir da década de 1960, com a criação de cursos de pós-graduação nas universidades brasileiras. O número de pesquisadores nessa área aumentou de maneira expressiva e, consequentemente, o número de publicações científicas, especialmente na área da sistemática. Entretanto, a divulgação dos conhecimentos para o grande público gerados nesse processo não cresceu em ritmo similar. Nesse ínterim, revistas que tratam de temas sobre peixes de aquário, sobre pesca, além de outras publicações, têm divulgado informações a respeito numa linguagem peculiar a cada uma dessas áreas, porém dispersas, numa profusão de publicações as mais variadas, como as de natureza científica. Em resumo, pode-se afirmar que existia um vazio a ser preenchido no que concerne a obras de divulgação de nível elevado; faltava uma obra que compendiasse boa parte dessa gama de informações já conhecidas, atualizando-as, bem como os conhecimentos gerados nas últimas décadas, ainda dispersos nas mais diferentes publicações. Nesse sentido, é bom lembrar que já nos afastamos bastante no tempo, desde que publicações de caráter similar foram editadas e alcançaram certo destaque, entre elas: *"Da vida de nossos peixes"*, de Rodolpho von Ihering (1923), *"Monographia Brazileira de Peixes Fluviais"*, de Agenor Couto de Magalhães (1931) e *"Nossos peixes de água doce"*, de Eurico Santos (1955).

No contexto deste livro está inserido um constante apelo no sentido da preservação dos ambientes em que essas espécies vivem, assunto que, para muitos em nosso país – ainda em fase de desenvolvimento –, poderia representar certa incompatibilidade com interesses de natureza econômica. Entretanto, é preciso pensar que essa visão deverá ser paulatinamente superada, e nada contribui mais diretamente para isso do que a ampliação do conhecimento que cada brasileiro, individualmente, vá adquirindo de nossas riquezas naturais.

Quanto maior o conhecimento das coisas da natureza, em qualquer campo, maior o interesse em cuidar delas, em protegê-las: é o sentimento natural que brota do conhecimento. A ignorância, em todos os tempos e em qualquer área, sempre constituiu o maior entrave ao desenvolvimento de uma nação. Quando se tem em vista a conservação das espécies de nossa ictiofauna, a falta de conhecimentos sobre ela e sobre sua importância pode ser um fator severamente negativo. Ao ilustrar as características de nossa ictiofauna como um todo e ressaltar aspectos formidáveis das espécies aqui focalizadas, bem como assinalar os riscos de extinção que muitas delas correm, este livro deve promover um estímulo no sentido de despertar ou ampliar no leitor o nobre e elevado anseio de cuidar da preservação dessa dádiva com que fomos agraciados. Essa preocupação, esse elevado senso de responsabilidade para com as gerações seguintes – que têm o mesmo direito de apreciar, admirar e usufruir do que a natureza nos oferece – certamente deverão aumentar com a leitura deste livro. Presumo também que essa deverá ser muito prazerosa não somente àqueles que se sentem atraídos pelos temas atinentes aos peixes, aos animais ou às coisas da natureza em geral, mas também aos especialistas, os próprios ictiólogos que, apesar de estarem familiarizados com os conhecimentos dessa área de investigação, certamente deverão se deparar com detalhes que despertarão neles sensações de surpresa e admiração similares às experimentadas por aqueles não versados na ciência dos peixes.

Heraldo A. Britski
Docente Aposentado, Museu de Zoologia da Universidade de São Paulo

Preface

It is a great delight to write the Preface to a book written by two friends and colleagues of scientific research, whose trajectories in the field of ichthyology I have followed since their first steps; even greater for realizing, after reading it, that this work significantly enriches and brings to date the popular literature on our freshwater fishes.

Peixes do Brasil brilliantly summarizes general information about the diversity of fishes of the world, especially of those in our freshwaters, underlining the fascination that those aquatic organisms entice on people, leading to a dive into an almost infinite universe of interesting questions that arise from their study or simple observation. Different aspects and information about those organisms are presented in an attractive and easily-understandable manner, especially regarding the evolutionary processes which led to their extraordinary diversity; the descriptions and observations about each of the species focus on their peculiarities, also often with a warning about environmental impacts which affect them, sometimes drastically. And all this is accompanied by beautiful artistic renderings showing the natural colors of the species, their movement or behavior, as much as morphological details mentioned in the text. From an ideal combination of imagery and description, the work superbly fulfills the goals of the authors: to celebrate the esthetics and diversity of Brazilian freshwater fishes.

The authors, who are two of the most outstanding researchers of our freshwater fishes, literally dove into the world of the fantastic diversity of our ichthyofauna to select, not without difficulty of choice - as they themselves made clear – a little over one hundred species to present them as gifts that the prodigal nature of Brazil offers and which we should know, admire and preserve.

I feel that the book was written with the intent of transmitting to the reader the little-known, the most interesting, or even unusual, characteristics of each of the species treated, using accessible language even when dealing with facts of a scientific nature, so as to share with the reader the enthusiasm and admiration that the authors themselves experienced when first confronted with such knowledge. Since the diversity of information treated is broad, I thought initially of selecting a few that might best exemplify to the reader the different fields of natural history, as well as other facts related to the life of fishes (behavior, habitat, geology, evolution, etc.); however, by the end of my reading, they were so many and so varied that it seemed to me unnecessary to use this space for redundancies. Doing so might reduce the feeling of surprise and enthusiasm for the different revelations that a first reading might spontaneously produce, circumstances which promote reflection or intuition on the part of the reader about how much we still have to discover in the universe of our freshwater fishes.

Despite that, I cannot omit reference to two examples which I selected among many which caught my attention. The first refers to those little Amazonian fishes which, during the reproductive season, jump out of the water as a couple to deposit eggs and sperm on the lower surface of a leaf at the margin of the creek; the male remains close to the fertilized eggs and in order to keep them moist, throwing droplets of water in their direction; this is done regularly until the young hatch and drop into the river. The other is the traíra-cobra, a very strange species discovered in a small tributary to the Rio Negro near Manaus; the traíra-cobra has characteristics so distinctive from other freshwater fishes included in well-known groups that it was recently (2017) described as a new species, new genus and new family of Brazilian fishes, something absolutely exceptional nowadays worldwide, and an example of the surprises that the Amazon still holds. Those and many others are interesting cases which the reader will discover in the process of going through this book.

In Brazil, scientific research on ichthyology grew at a fast pace starting in the 1960´s, a development greatly aided by the creation of graduate programs in Brazilian universities. The number of researchers in the area increased substantially, with a corresponding increment in the number of scientific publications, especially on systematics. Meanwhile, efforts at popularization of that knowledge for the non-specialized public did not grow at the same rate. Magazines on aquarium fishes, on sport fishing and others have spread information on our fishes to the public, but in a language peculiar to each area and scattered throughout a plethora of publications, in a fashion similar to that of scientific literature. In sum, one can say that there was a void of high-quality popularization work; there was a need for a book that compiled a major part of previously-available information, combining it with knowledge generated in the last few decades, spread in specialized literature. It is worth remembering that a long time has elapsed since publications of a similar scope were published and attained some notoriety, namely: "Da vida de nossos peixes", by Rodolpho von Ihering (1923), "Monographia Brazileira de Peixes Fluviaes", by Agenor Couto de Magalhães (1931) and "Nossos peixes de água doce", by Eurico Santos (1955).

The context of this book harbors a constant plea for the preservation of the habitats where those species live, a subject that for many in our country – still in the developing world – might represent some sort of incompatibility with economic development. . However, we must consider that such views must be gradually overcome and nothing contributes more strongly to that purpose than increasing the knowledge of each Brazilian citizen, individually, on our natural riches.

In every field, the larger the knowledge about the things of nature, the larger the corresponding interest in taking care of them, in protecting them: this is the natural feeling that springs from knowledge. Ignorance, throughout times and in every field, has always been the worst barrier in the development of nations. The lack of knowledge about the species of our ichthyofauna and their importance is the most severe factor threatening their conservation. By illustrating the characters of our ichthyofauna and underscoring the formidable facts of the species herein treated, and also by calling attention to their extinction risks, this book must spark or increase a noble and elevated urge to preserve the legacy that we have been granted. Such concern, such aloft sense of responsibility towards future generations – who share our right to appreciate, admire and enjoy what nature offers us – surely will grow with the reading of this book.

Finally, I presume that this work will be gratifying not only to those who feel attracted to themes related to fishes or animals or nature in general, but also to specialists, ichthyologists themselves, who despite their familiarity with the field, will certainly find details which will incite feelings of surprise and admiration, not dissimilar to those enjoyed by non-specialists.

Heraldo A. Britski
Former Professor, Museum of Zoology, University of São Paulo

Guia de navegação
How to use this book

Anatomia externa de uma Piranha-preta (*Serrasalmus rhombeus*) com indicação de estruturas que são mencionadas neste livro.

External anatomy of a Redeye piranha (*Serrasalmus rhombeus*) with an indication of structures that are cited in this book.

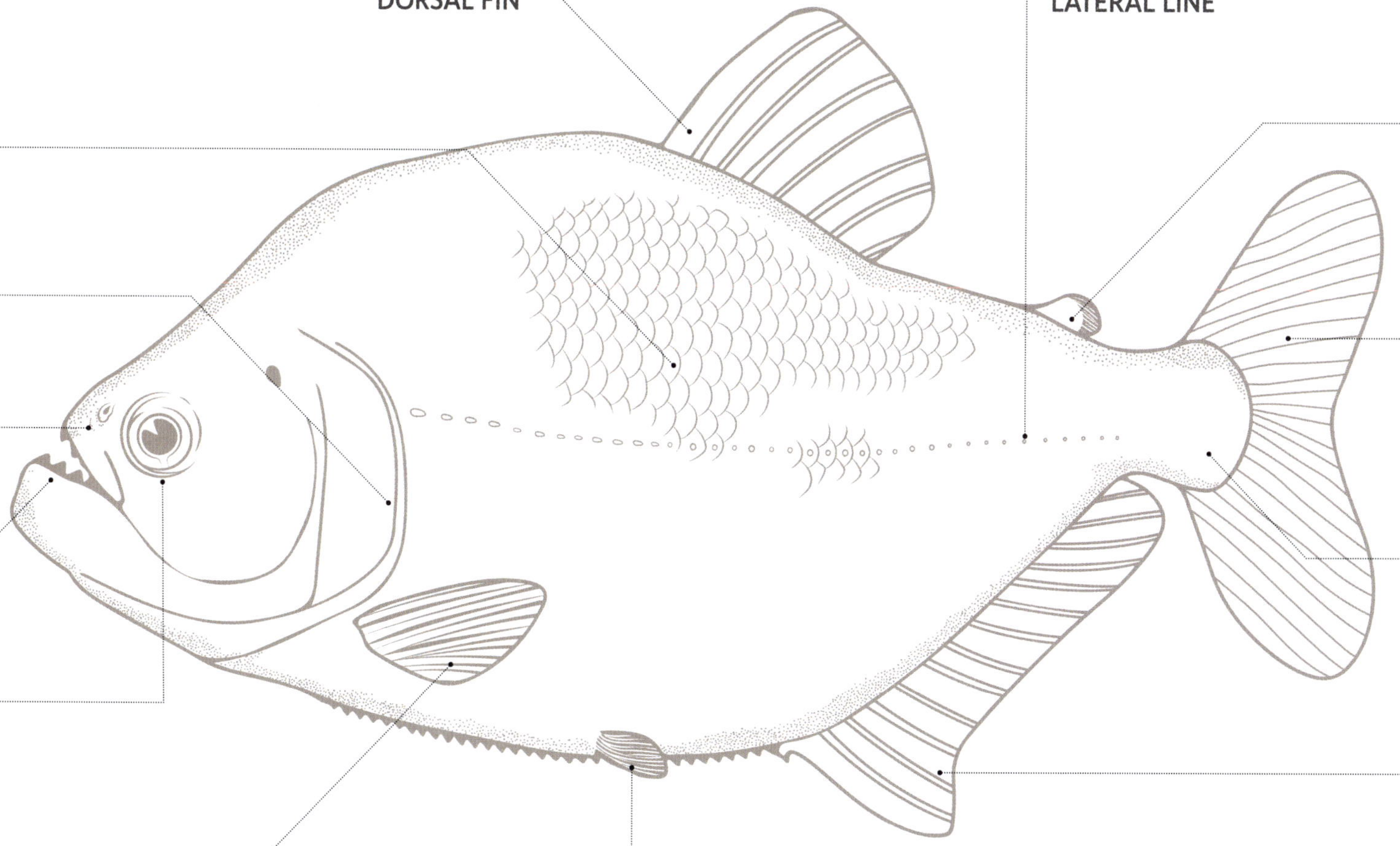

AQUI VOCÊ ENCONTRA O FORMATO DE COMO AS INFORMAÇÕES DISPONÍVEIS NESTE LIVRO SÃO APRESENTADAS

HERE YOU CAN FIND A LAYOUT OF HOW THE INFORMATION AVAILABLE IN THIS BOOK IS PRESENTED

NADADEIRA DORSAL
DORSAL FIN

LINHA LATERAL
LATERAL LINE

ESCAMA
SCALE

OPÉRCULO
OPERCLE

NARINA
NOSTRIL

BOCA
MOUTH

OLHO
EYE

NADADEIRA PEITORAL
PECTORAL FIN

NADADEIRA PÉLVICA
PELVIC FIN

NADADEIRA ADIPOSA
ADIPOSE FIN

NADADEIRA CAUDAL
CAUDAL FIN

PEDÚNCULO CAUDAL
CAUDAL PEDUNCLE

NADADEIRA ANAL
ANAL FIN

CONTEÚDO INTERATIVO
INTERACTIVE CONTENT

Em algumas páginas você encontrará o selo acima. Baixe o aplicativo **Peixes do Brasil**, aponte a câmera do celular para a página onde aparece esse selo e acesse ao vídeo do artista pintando algumas espécies de peixes presentes neste livro.

In some paintings you will find this badge. To access the interactive content, install the **Peixes do Brasil APP** (available for iOS and Android), open the app, point your mobile camera and watch the artist painting the species.

APP PEIXES DO BRASIL
Download grátis
Free download

Piranha-preta 1

Characiformes › Serrasalmidae 2

Serrasalmus rhombeus 3

(Linnaeus, 1766) 4

Redeye piranha 5

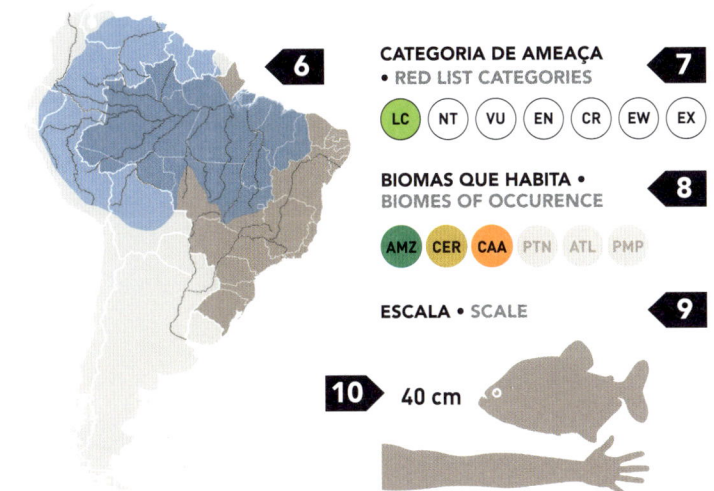

6 CATEGORIA DE AMEAÇA • RED LIST CATEGORIES **7**

LC NT VU EN CR EW EX

BIOMAS QUE HABITA • BIOMES OF OCCURENCE **8**

AMZ CER CAA PTN ATL PMP

ESCALA • SCALE **9**

10 40 cm

1 **NOME POPULAR EM PORTUGUÊS** | Nome mais comumente utilizado para a espécie. Algumas espécies possuem vários nomes populares e a escolha de qual utilizar se baseou na experiência dos autores com o tema. Há ainda espécies pouco conhecidas, que não possuem nenhum nome popular. Nesses casos, foram propostos nomes populares novos com base em sua morfologia ou na tradução de seu nome popular em inglês. • **COMMON NAME IN PORTUGUESE** | Most commonly used name for the species. Some species have several popular names and the choice of which is used follows authors' experience. There are also little known species, which do not have any popular name. In such cases, new popular names were proposed based on their morphology or following its popular name in English.

2 **CLASSIFICAÇÃO BIOLÓGICA** | Ordem (à esquerda) e família (à direita) as quais a espécie pertence. Em peixes, todas as ordens tem terminação **–iformes** e todas as famílias terminam em **–idae** (bem como outros animais). Nomes das ordens e famílias seguem a proposta de Van der Laan *et al.* (2021). • **BIOLOGICAL CLASSIFICATION.** | Order (left) and family (right) to which the species belongs. Among fishes, all orders end with **-form** and all families end with **-idae** (as well as other animals). Names of orders and families follow the proposal by Van der Laan et al. (2021).

3 **NOME CIENTÍFICO** | Nome científico da espécie. • **SCIENTIFIC NAME** | Species scientific name.

4 **AUTORIA E ANO DE DESCRIÇÃO DA ESPÉCIE** | Nome dos autores que descreveram a espécie e o ano em que isso ocorreu. A presença ou não de parênteses nessa informação segue as regras da nomenclatura zoológica regida pelo Código Internacional de Nomenclatura Zoológica (ICZN, 1999). • **AUTHORSHIP AND DESCRIPTION YEAR** | Name of authors who described the species and the year in which it occurred. The presence or not of parentheses in this information follows the zoological nomenclature ruled by the International Code of Zoological Nomenclature (ICZN, 1999).

5 **NOME POPULAR EM INGLÊS** | Nome mais comumente utilizado para a espécie em inglês. • **COMMON NAME IN ENGLISH** | Most commonly used name for the species in English.

6 **MAPA** | Distribuição geográfica da espécie (azul); território brasileiro (cinza escuro) e restante do continente sul-americano (cinza claro). • **MAP** | Species geographic distribution (blue); Brazilian territory (dark gray) and rest of South American continent (light gray).

7 **STATUS DE CONSERVAÇÃO** | Status de conservação das espécies segundo ICMBio (2018). Esse documento seguiu os critérios e diretrizes da IUCN (2012) que estabelece a seguinte simbologia: **LC** (Menos preocupante), **NT** (Quase ameaçada), **VU** (Vulnerável), **EN** (Em perigo), **CR** (Criticamente ameaçada), **EW** (Extinta na natureza), **EX** (Extinta). • **CONSERVATION STATUS** | Conservation status of species according to ICMBio (2018). This document followed the criteria and guidelines of the IUCN (2012) which establishes the following code: **LC** (Least Concern), **NT** (Near Threatened), **VU** (Vulnerable), **EN** (Endangered), **CR** (Critically Endangered), **EW** (Extinct in the Wild), **EX** (Extinct).

8 **BIOMAS** | Bolinhas coloridas representam os biomas brasileiros que a espécie habita. Contorno dos biomas segue IBGE (2004). • **BIOMES** | Colored dots represent the Brazilian biomes that the species inhabits. Biomes outlines follow IBGE (2004).

9 **ESCALA** | Peixes com até 3,5 cm CP são apresentados em tamanho real. Os demais com partes do corpo humano. • **SCALE** | Species up to 3.5 cm SL are shown in real size. Other species are compared with parts of the human body.

10 **COMPRIMENTO MÁXIMO** | Foi considerado o comprimento padrão **(CP)**: medido da extremidade anterior do focinho até a extremidade posterior da placa hipural, próximo à inserção dos raios da nadadeira caudal (conforme apresentado abaixo). No caso das arraias, foi usado o comprimento do disco. • **MAXIMUM LENGTH** | The standard length **(SL)** was considered: measured from the tip of the snout to the posterior end of the hypural plate, close to the caudal-fin rays insertion (as shown below). In the case of stingrays, the length of the disk was used.

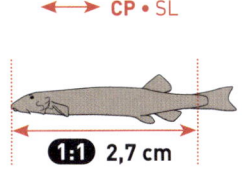

CP • SL

1:1 2,7 cm

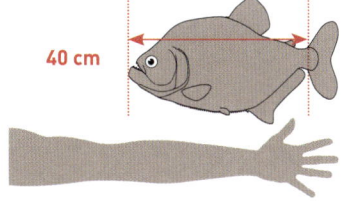

40 cm

REFERÊNCIAS • REFERENCES:

IBGE/MMA. 2004. Mapa de Biomas do Brasil, primeira aproximação. 1:5 000 000. Rio de Janeiro: Acessível em www.ibge.gov.br.

ICMBio - Instituto Chico Mendes de Conservação da Biodiversidade. 2018. Livro Vermelho da Fauna Brasileira Ameaçada de Extinção: Volume VI – Peixes, 1. ed. – Brasília: Acessível em: http://www.icmbio.gov.br/portal/component/content/article/10187.

IUCN, International Union for Conservation of Nature. 2012. Guidelines for Application of IUCN Red List Criteria at Regional and National Levels: Version 4.0. IUCN.

ICZN. 1999. International Code of Zoological Nomenclature. Fourth edition. Londres, U.K. Acessível em www.iczn.org/the-code/the-international-code-of-zoological-nomenclature/.

Van der Laan, R., Fricke, R. & Eschmeyer, W. N. (eds) 2021. Eschmeyer's Catalog of Fishes: Classification. Acessível em www.calacademy.org/scientists/catalog-of-fishes-classification.

Introdução

Este livro celebra a estética e a diversidade dos peixes brasileiros. Os peixes são criaturas aquáticas envoltas em mistério em virtude de seu aspecto alienígena e de seu mundo fantasmagórico. Eles exercem um fascínio instintivo em muitas pessoas. Observar essas criaturas de perto, os detalhes de seus corpos, suas formas, cores, texturas e movimentos é um apelo irresistível aos nossos anseios por informação e contato com a natureza. Assim como muitos de nós na infância tivemos uma fase de colecionar insetos, existem também aqueles que tiveram uma fase de pegar piabas. Algumas pessoas nunca abandonam essa fase e os peixes mantêm sobre elas seu poder hipnótico por toda a vida, gerando anseios por conhecê-los melhor. Existem várias maneiras de satisfazer esses anseios. A pesca esportiva é uma delas. Mais do que a procura pela emoção de pescar, a verdadeira paixão dos pescadores esportivos é o encontro, por mais breve que seja, com as fabulosas criaturas desse universo desconhecido. Uma prova disso é que a modalidade do pesque e solte é cada vez mais popular e, aparentemente, não diminui nem um pouco a emoção da pesca, muito pelo contrário. Outra categoria de amantes de peixes são os aquaristas, que dedicam seu tempo e recursos para recriar reinos subaquáticos privados e, assim, poder espionar à vontade a vida das espécies que amam. Há ainda aqueles que se aventuram a invadir os peixes em seu próprio domínio, com equipamento especializado ou mesmo no fôlego. Finalmente, existem os ictiólogos, pessoas que dedicam suas vidas a trabalhar com o estudo dos peixes. O que as quatro categorias logo descobrem é que não há fim para sua busca. Sempre há mais um peixe para se conhecer, uma outra forma incomum, um comportamento bizarro, uma adaptação improvável, um outro modo de reprodução, ou seja, o universo é quase infinito. Aos que possuem a sensibilidade de os admirar, os peixes proporcionam uma vida repleta de descobertas, uma fonte quase inesgotável de surpresas. Uma vez fisgado por esse feitiço, não há como alguém escapar, e provavelmente não se deseja escapar. Afinal, por que renunciar a tal fonte de prazer?

No decorrer da vida, nós, autores desta obra, passamos por todas as categorias de apaixonados por peixes. Quando crianças, tivemos nosso primeiro infeliz peixinho dourado que lutava para sobreviver em um aquário minúsculo, em condições precárias. Na adolescência, mantivemos dezenas de aquários na casa dos pais, experimentando como cuidar de muitos tipos de peixes, lidar com diferentes equipamentos e técnicas, e aprendendo com os nossos muitos erros, mas aprendendo mesmo assim. Nos fins de semana viajávamos para pescar e interagir com peixes grandes ou esquisitos demais para caber em nossos aquários. O mergulho sem equipamento e, posteriormente, com cilindro, também estavam no topo de nossa lista de prioridades para o tempo livre. E concluímos, finalmente, que essas atividades acabariam por nos levar a uma vida profissional voltada a esse ramo, por mais improvável que pudesse parecer.

Em nosso caso, e contra todas as probabilidades, nossa teimosia, imprudência ou loucura foram apenas o suficiente para nos conduzir ao longo caminho que possibilitou nos tornarmos cientistas especializados em peixes, ou ictiólogos. Sem remorso, podemos dizer que não há nada mais gratificante do que transformar um sonho de infância em profissão. Se alguém consegue isso, jamais há sensação de fracasso, não importa quão difíceis sejam os tempos. Afinal, é um destino que está se cumprindo.

Por outro lado, as oportunidades, circunstâncias, escolhas ou paixão nem sempre conduzem à profissão desejada. Ganhar o pão de cada dia não é coisa simples. Mas nada disso é obstáculo para o fanático por peixes. Aquarismo, pesca esportiva e mergulho continuam a oferecer fontes fabulosas para uma vida inteira de prazer e felicidade aos peixomaníacos.

Introduction

Observar essas criaturas de perto, os detalhes de seus corpos, suas formas, cores, texturas e movimentos é um apelo irresistível aos nossos anseios por informação e contato com a natureza.

Watching those creatures at close range, the details of their bodies, their shapes, colors, textures and movements is an irresistible call of our longings for information and contact with nature.

This book celebrates the esthetics and the diversity of the Brazilian fishes. They are aquatic creatures shrouded in mystery by the very nature of their otherworldly aspect and fluttering habitat. Fishes hold an instinctive fascination to many people. Watching those creatures at close range, the details of their bodies, their shapes, colors, textures and movements is an irresistible call of our longings for information and contact with nature. Just like so many of us have a bug phase, some have a minnow phase. Some never outgrow that phase and fish retain their overwhelming hypnotic power for a lifetime. There are several ways to satisfy that longing. Sportfishing is one. More than the thrill of the chase, sport fishermen´s real drive is to have close encounters with the mysterious creatures of their wonders, however brief. Proof of that motivation is that catch-release fishing is ever more popular and apparently does not detract one little bit from the thrill of fishing, quite the opposite. Another category of fish-lovers are aquarists, who dedicate time and resources to recreate a private underwater realm where fishes can be endlessly eavesdropped. There are also people who dare to invade the fish domain, either with specialized equipment or just their own breath. Finally, there are professional ichthyologists, people who decide to make a living out of studying and working on and with fishes. What the four categories soon find out is that there is no end to their quest. There is always another different fish, another otherworldly shape, another behavior, another unlikely adaptation, another mode of reproduction, another everything. Fish provide a lifetime of wonder and renewed source of surprises. Once one is hooked under the spell of fish wonders, there is no escape. But neither does one wish to escape. After all, why would anyone waive such a source of pleasure?

In the course of our lives, we authors have gone through all the fish-loving categories. As kids we had our first unfortunate goldfish struggling to survive in a precarious bowl. As teenagers we kept tens of tanks at our parents´ home, trying our hand on all sorts of fishes, equipment and techniques and learning from our abundant mistakes, but learning anyway. Weekends were occupied with angling trips to have a peep at fish too large or weird to fit our tanks. Skin- and later scuba-diving were also high in the list of priorities for spare time. Of course, any one of those activities can lead to a professional life, however unlikely. In our cases, and against all odds, our hard-headedness, recklessness or craziness were just enough to lead us onto the long path to become scientists specialized on fishes, or ichthyologists. Without remorse, we can say that there is nothing as gratifying as turning a boyhood dream into a profession. If one achieves that, there is never a sense of failure, no matter how harsh the times. After all, you are fulfilling your destiny.

But at the same time, oportunities, circumstances or choices not always leads one from passion to profession. Bread earning is no simple matter. But that is not an obstacle for the real fish lover. Aquaria, sport-fishing, and scuba

[1] Cardume de Curimbas (*Prochilodus lineatus*) na bacia do rio Paraguai, Bonito, Mato Grosso do Sul, Brasil. • School of Curimbas (*Prochilodus lineatus*) in the rio Paraguay basin, Bonito, Mato Grosso do Sul, Brazil. [2] Cardume misto de *Brycnops melanurus*, *Parodon hilarii*, *Characidium zebra* e *Jupiaba acanthogaster* na correnteza do rio Verde, Mato Grosso do Sul, Brasil. • Mixed school of *Brycnops melanurus*, *Characidium zebra*, *Jupiaba acanthogaster* and *Parodon nasus* in the rapids of the rio Verde, Mato Grosso do Sul, Brazil. [3] Rica vegetação aquática na bacia do rio Paraguai, Bonito, Mato Grosso do Sul, Brasil. • Rich aquatic vegetation in the rio Paraguay basin, Bonito, Mato Grosso do Sul, Brazil.

© [1] [2] [3] Matthijs Strietman.

Como cientistas, as tarefas não se resumem apenas às atividades laboratoriais. Como parte da trajetória profissional, viajamos por grande parte do mundo em busca de peixes em seus habitat naturais, lugares inteiramente novos para onde nunca teríamos ido em outras circunstâncias. Essa atividade, chamada de trabalho de campo, é uma parte importante para muitos tipos de pesquisa relacionados às ciências naturais. Ele nos permite entrar em um reino de atividade totalmente diferente, mais físico e altamente sensorial. O que nos espera geralmente são voos longos, seguidos de viagens mais longas de carro e, em seguida, enormes trilhas cansativas a pé, explorando terrenos acidentados.

Remotos ao extremo, alguns lugares em que nos aventuramos para trabalho de campo parecem nunca ter sido pisados por um ser humano. Cavernas, montanhas, pântanos, cataratas, florestas tropicais, desertos (sim, até desertos) são destinos comuns. Mas muitas vezes uma viagem de campo também visa lugares familiares. Perdemos a conta de quantas vezes visitamos o interior de São Paulo ou o litoral do Rio de Janeiro em busca de peixes pouco conhecidos e isolados. Não hesitamos em dizer: o trabalho de campo é uma verdadeira realização para muitos de nós, uma reinicialização de nosso sistema mental e corporal e uma improvável mistura de trabalho intelectual, emocional e físico de alta voltagem. Há algo primordial, biofílico, em se envolver em tais aventuras. Nada funciona melhor para se ter a sensação de estar vivo. Cicatrizes, hematomas, ossos quebrados e outros percalços representam um preço pequeno a pagar. As viagens de campo pelas entranhas de nosso planeta são uma experiência única e muito intensa. A mistura de situações potencialmente perigosas, a incerteza, a descoberta inesperada, o esforço físico, a rápida tomada de decisão necessária, tudo isso estimula e provoca emoções que provavelmente tem um efeito hormonalmente estimulante inigualável. Não é de se admirar que muitos de nossos colegas prossigam fazendo viagens de campo por toda a vida, mesmo já em idade avançada.

Quando falamos que as maravilhas do universo dos peixes são infinitas, queremos dizer isso quase literalmente. O número de espécies diferentes é impressionante, com mais de 35.000 espécies catalogadas e novas descobertas a cada dia. Na verdade, o número real ainda é incerto porque muitas delas ainda são desconhecidas da ciência. Atualmente, umas três centenas de formas novas são descritas anualmente. Ao contrário do que alguns possam imaginar, os cientistas não dão uma festa quando descobrem uma espécie nova de peixe, a menos que seja um Celacanto ou um achado igualmente espetacular. Descrever espécies novas é algo rotineiro na atividade da pesquisa na ciência da biologia sistemática. Um pesquisador produtivo pode descrever dezenas ou até centenas de espécies durante sua carreira. A maioria das espécies novas é de rios pertencentes a regiões tropicais e recifes de coral, áreas com uma biodiversidade especialmente densa.

Incrivelmente, quase metade de todas as espécies de peixes conhecidas habitam a água doce. Este é um fato surpreendente, porque a água doce de rios e lagos representa apenas cerca de 0,01% do total de água em nosso planeta. Isso significa que, se o total de água na Terra fosse 1 litro, a água doce líquida da superfície representaria apenas 0,1 ml, ou duas gotas. Comprimido neste pequeno volume estão 50% de todos os tipos de peixes do planeta. A diversidade de peixes de água doce é, portanto, 10.000 vezes maior por volume de água que nos mares. Claro, as espécies de água doce geralmente têm uma distribuição geográfica muito menor do que as marinhas, e populações totais menores também. Muitas espécies de peixes marinhos ocorrem em oceanos inteiros e algumas oceânicas ocorrem literalmente em todo o globo em zonas climáticas adequadas. Peixes de zonas profundas podem habitar quase todo o planeta. A situação é muito diferente para os peixes de água doce. Muitas são exclusivas de uma única bacia hidrográfica, mais frequentemente apenas parte de uma bacia, como cabeceiras, um único afluente ou o canal principal. Várias espécies de peixes de água doce existem somente em uma pequena porção de um rio, ou em um único riacho ou lago. Esse alto nível de especificidade geográfica tem uma razão óbvia: os peixes de água doce estão restritos a pequenos corpos d'água separados por vastas áreas de terra, inabitáveis e frequentemente intransponíveis para organismos aquáticos. Eles simplesmente têm suas vidas limitadas por essas massas de terra, não podendo se mover muito. Tais circunstâncias são parte da explicação para seus altos níveis de diversidade.

Incredibly enough, approximately half of all known fish species come from freshwater. This is an amazing fact, because freshwaters in rivers and lakes make up only about 0.01% of the total water on our planet. That means that if the total water on earth was 1 liter, surface liquid freshwater would represent only 0.1 ml, or two drops.

---

diving continue to offer fabulous sources for a lifetime of pleasure and happiness on fish matters.

As scientists, there is a time to leave the lab. As part of our professional path, we have come to visit a major part of the world on a quest for fish in their natural habitat, at entirely new places that we would never have travelled to otherwise. This is called field work and is an important part of many natural-science related types of research. Field work allows us to enter an entirely different realm of activity, a more physical, highly sensory one. What awaits us is usually long flights, followed by longer car trips and then enormous taxing journeys on foot, exploring rugged terrain.

Remote to the utmost, some places we venture for field work look like no human has set foot before. Caves, mountains, swamps, cataracts, rainforests, deserts (yes, even deserts) are all common destinations. But often a field trip also targets familiar places. We lost count of how many times we have gone to the interior of São Paulo or the coast of Rio de Janeiro looking for secluded poorly-known fish. We will not lie, field work is the real deal for many of us, a reboot of our mental and bodily system and an unlikely mix of high-voltage intellectual, emotional and physical labor. There is something primeval, biophilic, in engaging in such adventures. Nothing works like it to keep one feeling alive. Scars, bruises, broken bones and other toils are a small price to pay. Field trips are a uniquely intense experience with the guts of our planet. The mix of potentially life-threatening situations, the uncertainty, the unexpected discovery, the physical exertion, the quick decision-taking, all result in a thrill which probably has a hormone-boosting effect like no other. It is no wonder that many of our colleagues keep doing field trips well into advanced age.

When we say that the wonders of fish are endless, we mean it almost literally. The sheer number of different fish species is staggering. There are over 35,000 different species catalogued, with new ones being discovered every day. In fact, the actual number of species is still an open question, because so many of them are still unknown to science. Close to 300 new ones are described annually. Contrary to common belief, scientists do not throw a party when they discover a new species of fish, unless it is a new coelacanth or an equally spectacular find. Describing new species is the stock in trade of systematic research, something done routinely. It is possible for a researcher to have tens or even hundreds of species at the end of a productive career. A majority of newly described species comes from tropical rivers and coral reefs, regions with highly dense biodiversity in general.

Incredibly enough, approximately half of all known fish species come from freshwater. This is an amazing fact, because freshwaters in rivers and lakes make up only about 0.01% of the total water on our planet. That means that if the total water on earth was 1 liter, surface liquid freshwater would represent only 0.1 ml, or two drops. Squeezed in that tiny volume is 50% of all kinds of fish. Freshwater fish diversity is thus 10,000 times higher per volume than saltwater. Of course, freshwater species usually have a much smaller geographical range than marine ones. It is not unusual to have marine fish species distributed across entire oceans, or along much of the coast of a continent. Some oceanic species literally occur across the globe in suitable climatic zones. Deep-sea fishes can call home nearly the entire planet. The situation is very different for freshwater fishes. Most of them are endemic to a single river basin, more often only part of a basin, such as headwaters or the main channel. Several freshwater fish species exist only in a tiny portion of a river, or in a single creek or lake. Such high level of geographical specificity has an obvious reason: freshwater fish are restricted to small bodies of water separated by vast uninhabitable, and often untrespassable, land areas. They have their lives constrained by such dryland stretches and simply cannot move much. Such circumstances also turn out to be the explanation for their high levels of diversity.

As with the whole remainder of life on the planet, ourselves included, fish have become what they are by means of the evolutionary process. Evolution is the gradual change undergone by living systems, expressed as descent with modification. Usually, but not exclusively, such process is implemented by natural selection, a mechanism understood and best demonstrated by Charles Darwin in the 19th century. Changes accumulate over time and build

the structure and complexity of organisms from simple beginnings. But the sheer number of different organisms, their species diversity, results from additional forces. Contrary to popular views propagated by sci-fi movies, new species do not originate from a mutation that befalls a fateful individual, which then instantly changes and becomes a new organism. The actual process is very different and is never restricted to a single individual, mutant or not. Rather, speciation is always a populational phenomenon, involving many individuals. New species originate by a process of populational splitting, where an ancestral species divides into two or more daughter-species. How does this splitting happen? Usually by factors entirely outside the control of living beings. The geographical distribution of a terrestrial species can be divided by the opening of a new sea, for example by continental drift. As a result, the species becomes divided into two parts, or populations. Individuals in each of the two populations, increasingly more physically distant, will eventually no longer be able to interbreed, simply because they can no longer cross the increasingly broader sea to meet their pair. But they can still very well breed with their neighbors on the same side of the sea. Gradually, crossings between individuals from opposite sides will become rarer and rarer, until they cease altogether. After some time, the sea is now just too wide to be crossed, even by the most resilient and adventurous specimens. Reproduction is then restricted to individuals on the same side of the sea. At this point we say that the populations are reproductively isolated. Of course, in the beginning the populations on each side will look virtually identical. However, since there is no longer interbreeding between the two lineages, mutations that happen on one side will not spread, via sexual reproduction, to the other. As time goes by, the differences will accumulate on each separate population, rendering them gradually more different from one another. They will drift apart so that at some point a specialist will be able to tell from which side a specimen came, just by examining it. Give it more time and they will look so different that even laymen will be able to tell them apart. In the process, the two ancient lineages have become different species. The old ancestral species has split into two descendant species. The process of drifting away by gradual change is endless. That is why there are things so different as mushrooms and hummingbirds. They have split a really long time ago and the differences have accumulated to an enormous degree. Others, such as *Pygocentrus nattereri* and *Serrasalmus rhombeus* – two species of piranha included in this book – have diverged much more recently and therefore look very similar. The same happens with us and our closes relatives. We look quite similar to the chimp, because the split between our lineage and theirs has happened relatively recently. We do not look as similar to an opossum, from which we have diverged longer ago. We look even less similar to a shark, which has been separated from our evolutionary branch by an immense amount of time. Even here, though, there are obvious similarities, such as the common presence of a skull and of a vertebral column. If we go further still, say, to a jellyfish, now we look so different that we might have come from different planets (but we did not, because at the cellular and molecular level a whole new set of similarities are revealed). So, the degree of relatedness among living beings is simply a factor of the distance of their separation from each other. The closer the split, the closer they are relatives.

This tree-like branching pattern of diversification and ensuring degrees of relatedness is the basis of biological classification. Species are grouped in genera, families, orders, etc. according to their degree of kinship. So, the Dourado (*Salminus brasiliensis*)

[1] Cabeça de um Piracuru (*Arapaima gigas*), bacia do rio Amazonas, Brasil. • Head of a Piracuru (*Arapaima gigas*), rio Amazonas basin, Brazil.

© [1] Carter Andrews.

Como acontece com outros organismos do planeta, incluindo nós mesmos, os peixes se tornaram o que são por meio do processo evolutivo. A evolução é a mudança gradual sofrida pelos sistemas vivos, expressa como descendência com modificação. Normalmente, mas não exclusivamente, esse processo é mediado pela seleção natural, um mecanismo compreendido e demonstrado por Charles Darwin no século XIX. Mudanças acumuladas ao longo do tempo promovem a complexidade dos seres vivos, desde o princípio. Mas o grande número de organismos diferentes e a diversidade de espécies resultam de forças além da seleção natural. Ao contrário das visões populares disseminadas por filmes de ficção científica, espécies novas não se originam de uma mutação em um indivíduo fatídico, que muda instantaneamente e se torna um novo organismo. O processo real é muito diferente e nunca se restringe a um único indivíduo, mutante ou não. Em vez disso, a especiação é um fenômeno populacional, envolvendo sempre um conjunto de indivíduos. Espécies novas se originam por um processo de divisão em que uma espécie ancestral se divide em duas ou mais espécies-filhas. Como essa divisão acontece? Normalmente por fatores totalmente alheios ao controle dos seres vivos, frequentemente barreiras físicas de algum tipo. A distribuição geográfica de uma espécie terrestre pode ser dividida pela abertura de um novo mar, por exemplo, por deriva continental. Como resultado, a espécie é dividida em duas partes, ou populações. Indivíduos em cada uma das duas populações, cada vez mais distantes fisicamente, eventualmente não serão mais capazes de se encontrar para reprodução, simplesmente porque não podem mais cruzar uma vastidão de água cada vez mais ampla para encontrar seu par. Mas é claro que eles ainda podem se reproduzir muito bem com seus vizinhos do mesmo lado do mar. Gradualmente, os cruzamentos entre indivíduos de lados opostos se tornarão cada vez mais raros, até que cessem completamente. Passado um tempo, a distância é larga demais para ser atravessada, mesmo pelos espécimes mais resistentes e aventureiros. A reprodução então se torna restrita aos indivíduos do mesmo lado do mar. Nesse ponto, dizemos que as populações estão isoladas reprodutivamente. No início, as populações de cada lado parecerão virtualmente idênticas. No entanto, uma vez que não há mais cruzamento entre as duas, quaisquer mutações que acontecem em um lado não se espalharão, via reprodução, para o outro. Com o passar do tempo, as diferenças vão se acumulando de cada lado, tornando as duas populações cada vez mais diferentes uma da outra. Elas irão divergir aos poucos, de modo que em algum ponto um especialista será capaz de dizer de que lado veio uma amostra, apenas examinando-a. Com o passar do tempo elas ficarão tão diferentes que até leigos serão capazes de distingui-las. No processo, as duas linhagens se tornaram espécies diferentes. A velha espécie ancestral se dividiu em duas espécies descendentes. Obviamente, o processo de se distanciar por mudanças graduais é cumulativo e interminável. É por isso que existem seres tão distintos, como cogumelos e beija-flores. Eles se separaram há muito tempo e as diferenças se acumularam em um grau enorme. Outros, como *Pygocentrus nattereri* e *Serrasalmus rhombeus* – duas espécies de piranha incluídas neste livro – divergiram muito mais recentemente e, portanto, são muito mais semelhantes entre si. O mesmo acontece conosco e com nossos parentes próximos. Parecemos muito com o chimpanzé porque a divisão entre nossa linhagem e a deles aconteceu há relativamente pouco tempo. Não somos tão semelhantes a um gambá porque a divisão entre ramos evolutivos é mais remota. Parecemos ainda menos com um tubarão porque nossas linhagens se separaram há um enorme tempo atrás. Mesmo neste caso, porém, há semelhanças óbvias, como a presença comum de um crânio e de uma coluna vertebral. Se formos ainda mais longe, digamos, para uma água-viva, somos tão imensamente distintos que poderíamos pensar ter vindo de planetas diferentes (mas não viemos, porque em nível celular e molecular todo um novo conjunto de semelhanças é revelado). Portanto, o grau de parentesco entre os seres vivos é simplesmente um fator da distância evolutiva de sua separação uns dos outros. Quanto mais recente a separação, mais próximos eles são como parentes.

Esse padrão de diversificação de ramificação de linhagens, semelhante a uma árvore, é a base da classificação dos organismos. As espécies são agrupadas em gêneros, famílias, ordens, etc., de acordo com seu grau de parentesco. Assim, o Dourado (*Salminus brasiliensis*) e a Tabarana (*Salminus hilarii*) são colocados no mesmo gênero, *Salminus*. Isso significa que estão mais intimamente relacionados entre si do que com a piranha, do gênero *Serrasalmus*. O Dourado e a Tabarana compartilham um ancestral comum que não é compartilhado pela piranha. Mas seguindo adiante, em um nível mais profundo, tanto *Salminus* quanto *Serrasalmus* estão incluídos na ordem Characiformes, o que significa que eles estão mais intimamente relacionados entre si do que qualquer um deles está, por exemplo, com a Piraíba, que é incluída em outra ordem, os Siluriformes. Portanto, os nomes em uma classificação não são arbitrários, mas sim

[2] Detalhe da cabeça de um *Anostomus ternetzi* em aquário. • Detail of the head of an Anostomus ternetzi in an aquarium. **[3]** Vista ventral de uma *Loricaria* sp., Vila Bela da Santíssima Trindade, bacia rio Guaporé, Mato Grosso, Brasil. • Ventral view of a *Loricaria* sp., Vila Bela da Santíssima Trindade, rio Guaporé basin, Mato Grosso, Brazil. **[4]** Casal de *Hyphessobrycon vilmae*, bacia do rio Juruena, Juína, Mato Grosso, Brasil. • Couple of *Hyphessobrycon vilmae*, rio Juruena basin, Juína, Mato Grosso, Brazil.

[1] Nadadeira caudal de uma Pirarara (*Phractocephalus hemioliopterus*), bacia do rio Amazonas, Brasil. • Caudal fin of a Pirarara (*Phractocephalus hemioliopterus*), Amazonas basin, Brazil. • Detalhe os olhos de [2] *Pterygoplichthys gibbiceps* e [3] *Crenicichla* sp., bacia do rio Orinoco, Colombia. • Detail the eyes of [2] *Pterygoplichthys gibbiceps* and [3] *Crenicichla* sp., Rio Orinoco basin, Colombia. [4] Vista lateral da cabeça de uma Cachorra (*Hydrolycus armatus*), rio Orinoco, Colombia. • Lateral view of the head of a Payara (*Hydrolycus armatus*), Rio Orinoco River, Colombia.

© [1] Thiago Cruz. [2] [3] Jorge E. García-Melo CaviFish Colombia Project – Visual Catalog of Freshwater Fishes of Colombia cavfish.unibague.edu.co. [4] Alex Keus & Peter Stark.

uma maneira precisa de se traduzir uma árvore evolutiva em um sistema hierárquico de palavras. Uma boa classificação é um mapa da história evolutiva dos seres vivos.

A diversidade de peixes é resultado dos mesmos processos que construíram o restante da vida na terra, sem exceção aos humanos. Naturalmente, cada tipo de criatura tem suas particularidades. Para peixes de água doce, geralmente são as barreiras terrestres que criam isolamento. Esta é a razão pela qual diferentes bacias hidrográficas geralmente contêm espécies de peixes diferentes. Algumas espécies existem em uma única pequena bacia isolada. Elas evoluíram lá e simplesmente nunca tiveram a oportunidade de ir a nenhum outro lugar. Como regra geral, quanto mais distantes forem duas bacias hidrográficas, menos espécies compartilharão. Se tomarmos duas bacias muito distantes, por exemplo o Río Magdalena na Colômbia e o Río Concepcion no Chile, o número de espécies compartilhadas cai para zero (exceto, é claro, por alguma espécie introduzida por intervenção humana). Rios de continentes diferentes geralmente não possuem nenhuma espécie em comum. Tendo histórias tão longas e separadas, é virtualmente impossível que a mesma espécie pudesse ter permanecido inalterada todo esse tempo nos dois lugares (novamente, nos tempos modernos as mãos humanas são excelentes em transportar animais e plantas por rotas transcontinentais).

Nós evoluímos neste planeta junto com milhões de outras espécies por meio de um longo processo de mudança e refinamento mútuo. Assim, o mundo se tornou um lar bem ajustado para as necessidades e dramas dos seres vivos. A Terra é uma nave espacial autossustentável e renovável a longo prazo. No entanto, nossa habilidade tecnológica recentemente adquirida não tem lidado bem com nossas motivações da idade da pedra. A exploração em grande escala e a destruição dos recursos do planeta, incluindo aqueles envolvidos na maquinaria de reciclagem, estão rapidamente interrompendo os mecanismos que nos mantiveram vivos por tanto tempo. Infelizmente, a destruição implacável de nosso próprio planeta está garantindo que nossos arredores se tornem estéreis. Este é o lado mais triste da história humana. A fabulosa diversidade da vida que se desenvolveu na Terra é cada vez mais ameaçada pela ação de seu membro mais intelectualizado. Isso já é evidente pelo grande número de espécies que se extinguem todos os dias. Certamente muitas mais nem chegamos a saber que existiam. O extermínio sistemático e implacável da biodiversidade é provavelmente a ação mais estúpida que a civilização patrocina. Nós a qualificamos como ainda mais vil que a guerra nuclear.

Em nenhum lugar esse extermínio é mais crítico do que em águas doces. Poluição, degradação ambiental, pesca predatória, construção de barragens e uso excessivo de água fazem com que rios, lagos e seus habitantes sejam destruídos sem trégua. Em tal cenário, há pouca esperança de que nosso fabuloso patrimônio de biodiversidade de água doce estará conosco por muito mais tempo. Grande parte dele já se foi ou está entrincheirado em lugares remotos, inacessíveis para a maioria das pessoas.

Neste livro, oferecemos uma seleção de alguns dos 102 peixes de água doce mais interessantes que habitam o Brasil. Essas espécies foram escolhidas entre as mais de 3.500 conhecidas no país porque exemplificam a extraordinária gama de formas, tamanhos, cores e hábitos que a fauna de peixes brasileiros de água doce abriga. Eles também foram selecionados para representar as principais regiões do Brasil. O conjunto de espécies reunido aqui é apenas um pequeno portal para sua enorme diversidade. Para cada uma incluída, existem mais de 30 outras que foram deixadas de fora. Naturalmente, uma grande proporção delas parece variações das que fazem parte do nosso elenco. Espécies de peixes podem diferir por pequenos detalhes anatômicos, como o número de escamas ou de raios de nadadeiras, proporções corporais ou sutilezas no formato de seus dentes. Em muitos desses casos, sua distinção, embora biologicamente significativa, é relevante e possível apenas para profissionais.

Incluímos alguns poucos casos de espécies proximamente aparentadas e, portanto, parecidas, a fim de fornecer exemplos das diferenças sutis, mas significativas, que podem existir entre elas. É o caso, por exemplo, do emblemático dourado e da tabarana ou da piraputanga e da piracanjuba. Mas o leitor deve ter sempre em mente que a

> A fabulosa diversidade da vida que se desenvolveu na Terra é cada vez mais ameaçada pela ação de seu membro mais intelectualizado. Isso já é evidente pelo grande número de espécies que se extinguem todos os dias. Certamente muitas mais nem chegamos a saber que existiam. O extermínio sistemático e implacável da biodiversidade é provavelmente a ação mais estúpida que a civilização patrocina. Nós a qualificamos como ainda mais vil que a guerra nuclear.

> The fabulous diversity of life which evolved on earth is increasingly jeopardized by the action of its most intellectual offspring. This is already evident by the enormous number of species which go extinct every day. Many of them we do not even know exist. The relentless long-term extermination of biodiversity is probably the most inane action that civilization sponsors. We rank it as even more vile than nuclear war.

and the Tabarana (*Salminus hilarii*) are placed in the same genus, *Salminus*. That means that they are more closely related to each other than either is to the piranha, placed in the genus *Serrasalmus*. The Dourado and the Tabarana share a common ancestor which is not shared by the piranha. At a deeper level, both *Salminus* and *Serrasalmus* are included in the order Characiformes, which means that they are more closely related to each other than either is to, say, the Piraíba, included in another order, the Siluriformes. Names in a classification are not arbitrary, but rather a precise way to put an evolutionary tree in a hierarchical system of words. A good classification is a map for the evolutionary history of living beings.

The diversity of fishes is a result of the same processes that have built the rest of life on earth. Naturally, each kind of creature has its particularities. For freshwater fishes, it is usually land barriers that create isolation. That is the reason why different river basins often have some different fish species in them. Some species exist in a single little isolated basin and nowhere else. They evolved there and simply never had an opportunity to go anywhere. As a crude rule, the more distant two river basins are, the fewer species they will share. If one takes two very distant basins, for example the Río Magdalena in Colombia and the Río Concepcion in Chile, the number of shared species drops to zero (except of course for any species introduced by human intervention). For rivers in different continents, zero species in common is the rule. Having had such long separate histories, it is virtually impossible that the same species could have remained unchanged all this time (again, in modern times human hands excel in mixing up transcontinental faunas).

We evolved on this planet along with millions of other species through a long process of change and mutual refinement. Thus, the world has become a rather fine-tuned and pleasant home for our needs. Earth is a self-sustainable and long-term renewable spaceship. However, our recently-acquired technological prowess has not gone well with our unchanged stone-age motivations. Widespread exploitation and destruction of the planet´s resources, including those involved in its automatic large-scale recycling machinery, are quickly disrupting the natural processes which have maintained us and the rest of life alive and well for so long. Unfortunately, our relentless destruction of our own planet is making sure that our surroundings will be barren. This is the saddest side of human history. The fabulous diversity of life which evolved on earth is increasingly jeopardized by the action of its most intellectual offspring. This is already evident by the enormous number of species which go extinct every day. Many of them we do not even know exist. The relentless long-term extermination of biodiversity is probably the most inane action that civilization sponsors. We rank it as even more vile than nuclear war.

Nowhere is this demise more critical than in freshwaters. Pollution, environmental degradation, predatory fishing, dam construction, and excessive water usage have assured that rivers, lakes and their inhabitants are obliterated without respite. At this point, there is little hope that our fabulous freshwater biodiversity heritage will be around with us for much longer. Much of it is already gone or entrenched in remote places inaccessible to most people.

In this book, we offer a selection of some of the most interesting 102 freshwater fishes inhabiting Brazil. Those species were chosen among the 3500 + known from the country because they exemplify the extraordinary range of shapes, sizes, colors and habits that exist. They were also selected so as to represent the major regions in Brazil. The set of species assembled here is but a small gateway into their enormous diversity. For every species included, there are over 30 which were left out. A large proportion of those looks like variations on the forms included here. Different species of fish can differ in details such as fin-ray and scale counts, body proportions, minutiae of coloration and dentition, but their general aspect can be similar and their distinction in such cases, though biologically significant, is relevant and feasible to professionals only.

We have included a few cases of closely related species, in order to provide examples of the subtle yet significant differences which can exist between them. This is the case, for instance, with the emblematic dourado

diversidade incluída aqui é uma pequena fração do universo real dos peixes que habitam os rios e lagos brasileiros. Nossa lista inclui apenas duas espécies de *Hyphessobrycon*, um gênero que compreende mais de 160 outras espécies. Algumas diferem entre si apenas por detalhes sutis, e nesses casos um taxonomista experiente é necessário para reconhecê-las, enquanto outras são tão diferentes quanto o dia e a noite. Outra sub-representação alarmante é *Corydoras sterbai*, único exemplo de uma multidão de mais de 170 espécies alocadas dentro do gênero *Corydoras*. Todas elas têm a mesma aparência? Algumas sem dúvida sim, pelo menos para olhos não treinados, mas outras são tão diferentes que podem ser separadas até mesmo por um rápido olhar.

Claro, em um universo com tanta diversidade, a escolha de pouco mais de cem espécies não foi fácil. Estamos cientes de que essa seleção não aquietará o coração de todos os leitores, e de fato, deixamos de fora alguns elementos icônicos de nossa fauna. Entretanto, entendemos que essas ausências são mais uma demonstração eloquente de quão abrangente é a diversidade dos peixes brasileiros. Nem mesmo uma seleção com uma centena de integrantes abarca todos os componentes mais distintos e importantes que o imaginário popular merece conhecer desta fauna fantástica.

Como dito no início, os peixes são uma fonte de infinitas maravilhas para muitos de nós. Para outros, eles não são mais do que pedaços de carne para serem consumidos à mesa ou destinados a apodrecer. Mas nós, seres humanos, tampouco somos julgados com igual insensibilidade. Este livro é uma tentativa de combinar arte e ciência a fim de se aumentar a consciência para o fabuloso e pouco conhecido mundo dos peixes. Em última análise, nosso objetivo é demonstrar a sorte que temos em compartilhar o planeta com criaturas tão extraordinárias. Vamos nos esforçar mais para que um dia a recíproca também seja verdadeira.

Este livro é uma tentativa de combinar arte e ciência a fim de se aumentar a consciência para o fabuloso, amplamente ignorado e pouco conhecido mundo dos peixes.

This book is an attempt to combine art and science in order to raise awareness for the fabulous, largely ignored and little-known world of fishes.

---

and tabarana or the pirapitanga and piracanjuba. But the reader should keep in mind that the diversity included herein is a tiny fraction of the real world which inhabits Brazilian rivers and lakes. Our list includes only two species of *Hyphessobrycon*, a genus which comprises more than 160 other species. Some of them differ only slightly and an experienced taxonomist is needed to assign them correctly to species, but others are as different as day and night. Another alarming underrepresentation is *Corydoras sterbai*, single example of a crowd of over 170 congeners. Do they all look the same? Some undoubtedly do, at least to untrained eyes, but others are so blatantly different that they can be told apart even by the most cursory glance. In a landscape with so much diversity, the choice of a little over one hundred species was not easy for us. We are aware that our selection will not appease the hearts of some readers and indeed some iconic elements of our ichthyofauna were left out. However, we see those absences as another blatant demonstration of how vast is the diversity of Brazilian fishes. Not even a selection including one hundred different forms can do justice to all remarkable components that the popular imagination deserves to know of that fantastic assemblage.

As said in the beginning, fishes are a source of endless wonder to many of us. Of course, to others they are no more than nondescript chunks of flesh to be consumed at the table or destined to rot away. But then, so are we, if judged with equal insensitivity. This book is an attempt to combine art and science in order to raise awareness for the fabulous, largely ignored and little-known world of fishes. Ultimately, our message is to show how lucky we are to share the planet with such extraordinary creatures. Let's make an effort to ensure that one day the reverse is also true.

Detalhe das escamas de um pirarucu (*Arapaima gigas*). Note a coloração avermelhada na porção posterior da escama. • Detail of the scales of a pirarucu (*Arapaima gigas*). See the reddish coloration on the posterior field of the scale.

© Jair Araujo.

A rica e desigual diversidade dos peixes brasileiros

O Brasil é o país com a maior diversidade peixes de água doce do planeta. Alguns rios brasileiros possuem mais espécies que continentes inteiros, como o europeu, por exemplo. Atualmente são reconhecidas por volta de 3500 espécies de peixes de água doce em território nacional. Entretanto, essa diversidade não é distribuída de maneira uniforme. Uma forma de se enxergar essa disparidade é por meio dos diferentes biomas brasileiros. Um bioma representa um conjunto regionalmente delimitável de tipos de vegetação com flora e fauna associadas. Um bioma é definido por suas condições físicas predominantes, sejam climáticas, litológicas, geomorfológicas, pedológicas, assim como uma história evolutiva compartilhada, sendo dotado de diversidade biológica singular. Assim, o Brasil é dividido em seis diferentes biomas (Figura 1 – página 35): Amazônia, Cerrado, Caatinga, Pantanal, Mata Atlântica e Pampas. Cada bioma apresenta um conjunto único de espécies de peixes, com algumas delas ocorrendo em mais de um dos biomas.

O mais rico bioma brasileiro é o Amazônico, com 2000 espécies de peixes. A cada duas espécies de peixes brasileiros, uma é encontrada na Amazônia. Os biomas Cerrado e Mata Atlântica possuem em torno de 1000 espécies cada. Já a Caatinga, o Pantanal e os Pampas possuem números mais modestos, por volta de 250 espécies cada. Existem, portanto, oito vezes mais espécies de peixes no bioma Amazônico do que no Pantanal.

Muitos são os fatores que contribuem para essa desigualdade. Um deles é o tamanho dos biomas. Em geral, é esperado que um número maior de espécies de peixes possa ser encontrado em áreas maiores. Outro fator é a latitude: regiões mais frias, mais distantes da linha equatorial, tendem a ter menor diversidade de espécies. Entretanto, esses fatores não explicam tudo. A Caatinga, por exemplo, está muito mais próxima da região equatorial e é muito maior do que o bioma pantaneiro, porém com número de espécies semelhante. Isso acontece, em parte, por que a Caatinga apresenta malha hidrográfica muito restrita em grande parte de sua extensão. Onde há pouca água, há pouco peixe. A heterogeneidade de ambientes também é um dos fatores importantes. Regiões com maior complexidade e diversidade de relevos, de solos e acidentes geográficos tendem a ter mais espécies. Essa heterogeneidade de ambientes está intimamente associada ao principal fator na diferença da diversidade entre os biomas: a história geomorfológica dos ambientes.

Modificações na geomorfologia dos ambientes influenciam e continuam a influenciar a evolução dos seres vivos. Como peixes geralmente não voam nem caminham sobre a terra, estão confinados a ambientes aquáticos limitados por massas de terra. Ao longo do tempo, estiagens, inundações, formação de cachoeiras e desvios de cursos dos ambientes aquáticos moldaram a história evolutiva dos peixes, contribuindo para o surgimento de espécies novas e extinguindo outras. A terra mudou ao longo do tempo, e os peixes mudaram também. Assim, a diversidade de espécies de um dado local é um retrato, ainda que impreciso, das alterações geomorfológicas que esse local sofreu ao longo do tempo. A extraordinária diversidade de peixes que habita o território brasileiro é fruto de processos pretéritos ocorridos nos diferentes biomas ao longo dos milhões de anos.

Porque algumas espécies habitam mais de um bioma

Ao somar o número de espécies presentes nos biomas, o leitor curioso pode concluir que o resultado é bem maior do que aquele registrado para o país como um todo. Isso ocorre porque nem todas as espécies são exclusivas de apenas um bioma. Pelo contrário, quase metade das espécies vive em mais de um bioma. Peixes são animais aquáticos e têm sua distribuição geográfica delimitada por bacias hidrográficas. Elas quase nunca servem como limite entre os diferentes biomas, que são definidos principalmente por vegetação. Em outras palavras, peixes são frequentemente encontrados em diferentes biomas porque a delimitação destes se baseia em organismos terrestres, cuja evolução segue padrões distintos daqueles dos organismos aquáticos. Como pode-se observar na figura 1, grande parte das grandes bacias hidrográficas brasileiras se encontram em mais de um bioma. Qualquer peixe que vive numa bacia assim é capaz de fazer parte dos diferentes biomas drenados por ela.

O leitor pode questionar por que a escolha da divisão deste livro foi feita por biomas e não por bacias. E a resposta é simples: muito frequentemente peixes também extrapolam as delimitações das bacias. Peixes podem ser encontrados em diferentes sistemas hidrográficos em virtude de processos geomorfológicos passados que possibilitaram a sua dispersão. Atualmente não há ligação física por via aquática entre a bacia Amazônica e a bacia do rio Paraguai. No entanto, diversas espécies de peixes são compartilhadas entre elas, por exemplo, a piranha-vermelha (*Pygocentrus nattereri*). A razão disso está no passado. Os contornos atuais das bacias hidrográficas mudaram desde sua formação há milhares ou milhões de anos atrás. Se há peixes compartilhados entre diferentes bacias não conectadas, você provavelmente estará diante de testemunhos da história geomorfológica compartilhada entre elas. O mesmo raciocínio também pode se aplicar aos biomas.

Rich and unequal diversity of Brazilian fishes

Brazil is the country with the greatest freshwater fish biodiversity on the planet. Some Brazilian rivers have more species than entire continents, like Europe, for example. Currently, approximately 3500 species of freshwater fish have been catalogs in the country. That diversity, however, is not evenly distributed. One way to see that disparity is by focusing on the different Brazilian biomes. A biome represents a regionally circumscribable assemblage of vegetation type and associated flora and fauna. Predominant physical conditions – climatic, lithological, geomorphological, pedological – combine with a shared evolutionary history to define biomes. Accordingly, Brazil is divided into six different biomes (Figure 1 - page 35): Amazônia, Cerrado, Caatinga, Pantanal, Mata Atlântica e Pampas. Each biome contains a unique set of fish species, with some of which shared by more than one of them.

The richest Brazilian biome is the Amazonian, with 2000 fish species. One out of every two species of Brazilian fish is Amazonian. The biomes Cerrado and Mata Atlântica each have around 1000 species. The Caatinga, Pantanal and the Pampas have more humble numbers, approximately 250 each. There are therefore eight times more species in the Amazon than in the Pantanal.

Many factors contribute to that inequality in numbers. One of them is the sheers size of biomes. In general, larger areas can harbor more species of fish. Another factor is latitude: cold regions, further away from the equatorial zone, usually have less species diversity. But those factors alone do not account for all the difference. The Caatinga, for example, is closest to the equatorial zone and occupies a larger area, but has the same number of species as the Pantanal. This happens because the Caatinga is located in an arid zone, for the most part with a very limited hydrographic network. Where there is little water, there are few fish. Habitat heterogeneity is another important factor. Regions with increased complexity and diversity of relief, soils and geographical features tend to have more species. Such environmental heterogeneity is closely linked to the different levels of diversity among biomes: the geomorphological history of habitats affected and continue to impact the evolution of living beings. Because fish cannot fly or walk on land, they are limited to aquatic environments limited by landmasses. Through time, droughts, changes in the geomorphology of habitats affected and continue to impact the evolution of living beings. Because fish

Why some species live in more than one biome?

When adding up the number of species for each Brazilian biome, the curious reader will realize that the total number is far superior to that recorded for the whole country. The obvious solution to this apparent conundrum is that not all species are exclusive to a single biome. On the contrary, almost half of all species live in more than one biome. Fishes are aquatic animals and their geographic distribution is delimited by hydrographic basins. But basin limits rarely serve as limits between biomes, which are instead defined mostly by vegetation type. In other words, fishes occur in more than one biome because the biome delimitation is based mostly on terrestrial organisms, either plant or animal, whose evolution follows patterns different from those of aquatic organisms. As shown in Figure 1, most of the major Brazilian basins cover more than one biome. Any fish that lives within the confines of a basin therefore can be a part of the different biomes drained by it.

Given the above, one can wonder why we organized this book by basins, instead of by biomes. The answer is very simple: fish species often also extrapolate river basin limits. Fish species can be found in different hydrographic systems due to past geomorphological processes which allowed their dispersal. The Amazon and the Paraguay basins, for example, presently lack any physical water connection. Nevertheless, a number of fish species occur in the two basins, such as the red piranha (*Pygocentrus nattereri*). The reason for that lies in the past. The shape of hydrographic basins has changed basins since their formation thousands or millions of years ago. If we see fishes shared between totally disjunct basins, we are probably in face of testimonies of past geomorphological history shared between them. The same reasoning applies to biomes.

Biomas brasileiros
Brazilian biomes

Amazônia — **AMZ**
Cerrado — **CER**
Caatinga — **CAA**
PTN — Pantanal
PMP — Pampas
ATL — Mata Atlântica

Figura 1 • Biomas brasileiros
Figure 1 • Brazilian biomes

A representação da diversidade em biomas

A fim de apresentar ao leitor os peixes das mais diferentes regiões brasileiras, optamos por dividir o livro em biomas. Mesmo que muitas espécies não obedeçam a esses limites, entendemos que eles representam a divisão da natureza perceptível ao brasileiro. As diferenças entre os biomas são claras aos olhos (e ouvidos) de quem lhes oferece atenção. Sons, cheiros, cores, clima, umidade, tudo isso muda muito entre os biomas brasileiros. E dentro da água não é diferente.

O objetivo desta seleção é permitir que pessoas de qualquer região do Brasil possam se sentir representadas pelas belas criaturas que vivem em seu entorno. Desejamos que o leitor faça uma viagem aos confins do território nacional, conhecendo os peixes que habitam nossas águas literalmente do Oiapoque-AP (trairão - *Hoplias aimara*) ao Chuí-RS (cambeva - *Scleronema operculatum*). A opção por metade das espécies do livro serem parte do bioma Amazônico representa, em pequena escala, sua estonteante diversidade, que contempla sozinha mais da metade da biodiversidade brasileira de peixes. A outra metade do livro é composta pelos demais biomas em quantidades próximas. A seleção considerou, sempre que possível, a diversidade de cores e formas das espécies que habitam cada bioma, as mais icônicas de cada região e algumas exclusivas de cada bioma.

Representing diversity in biomes

In order to present the reader with an assortment of fishes from different Brazilian regions, we chose to organize the book according to biomes. Even though many fish species do not strictly follow such boundaries, they represent a division of the natural world that is visible to most Brazilians. The differences among biomes are clear to the eyes (and ears) of whoever pays attention. Sounds, smells, colors, climate, humidity – they all change from one Brazilian biome to the next. Things are no different underwater.

The aim of this selection is that people from any region in Brazil feel represented by the beautiful creatures that live in their familiar waters. We wish the reader to make a voyage to the most hidden corners of the national territory, meeting fishes which inhabit waters literally from Oiapoque-AP (trairão - *Hoplias aimara*) to Chuí-RS (cambeva - *Scleronema operculatum*). Half of the species are in the Amazonian biome, a small-scale reflection of the bewildering diversity in that region, which alone represents over half of all Brazilian fishes. The other half is composed of species in other biomes, in more or less equal numbers. The selection of species emphasizes the diversity of colors and shapes of the species in each biome, the ones most iconic of the local fauna, and some species exclusive to each biome.

Índice remissivo
Alphabetic index

Nomes científicos • Scientific names

Legenda • Caption
- Mata Atlântica ●
- Pantanal ●
- Amazônia ●
- Pampa ●
- Caatinga ●
- Cerrado ●
- Conteúdo interativo ⟦⊙⟧
- *Interactive content*

Nome científico	Pág.	Nome científico	Pág.	Nome científico	Pág.	Nome científico	Pág.	Nome científico	Pág.
Amazonsprattus scintilla	151	Cetopsis oliveirai	130	Lepidosiren paradoxa	80	Phractocephalus hemioliopterus	97	Scleronema operculatum	185
Ammocryptocharax elegans	93	Cichla kelberi ⟦⊙⟧	237	Leporinus friderici	78	Piaractus brachypomus ⟦⊙⟧	176	Semaprochilodus insignis	165
Anableps anableps	159	Cichla temensis	157	Liosomadoras oncinus	119	Planiloricaria cryptodon	118	Serrasalmus rhombeus	175
Arapaima gigas	145	Colomesus asellus	143	Lophiosilurus alexandri	209	Platydoras brachylecis	213	Spectrolebias costai	243
Aspidoras depinnai ⟦⊙⟧	218	Colossoma macropomum	160	Mastiglanis asopos	233	Platystacus cotylephorus	137	Steindachneridion doceanum	48
Asterophysus batrachus	134	Conorhynchos conirostris	208	Megaleporinus obtusidens	189	Platystomatichthys sturio	113	Steindachnerina notonota	227
Astronotus crassipinnis	87	Copella arnoldi	164	Microglanis cottoides ⟦⊙⟧	192	Plesiotrygon nana	140	Symphysodon aequifasciatus	103
Austrolebias minuano	188	Copionodon pecten ⟦⊙⟧	220	Microphilypnus ternetzi	168	Poecilocharax weitzmani	169	Synaptolaemus latofasciatus	181
Baryancistrus xanthellus	133	Corydoras sterbai	110	Moenkhausia cosmops	238	Potamotrygon leopoldi	152	Synbranchus marmoratus	194
Brachyplatystoma filamentosum	127	Crenicichla marmorata	135	Monocirrhus polyacanthus	147	Prochilodus lineatus	198	Tarumania walkerae	116
Brachyplatystoma rousseauxii ⟦⊙⟧	98	Eigenmannia vicentespelaea	252	Mucurilebias leitaoi	40	Pseudacanthicus pirarara	120	Teleocichla cinderella	115
Brycon hilarii	86	Electrophorus varii	150	Nannostomus beckfordi	61	Pseudoplatystoma corruscans	74	Tetragonopterus argenteus	72
Brycon nattereri	239	Exodon paradoxus	246	Nematocharax venustus	57	Pterophyllum scalare	166	Thalassophryne amazonica	114
Brycon opalinus	41	Franciscodoras marmoratus	205	Nematolebias whitei	56	Pterygoplichthys ambrosettii ⟦⊙⟧	65	Triportheus signatus	224
Brycon orbignyanus ⟦⊙⟧	199	Gymnorhamphichthys rondoni	232	Orthosternarchus tamandua	141	Pygidianops amphioxus	105	Vandellia cirrhosa	95
Bunocephalus doriae	184	Hoplerythrinus unitaeniatus	216	Ossubtus xinguense	132	Pygocentrus nattereri	71	Wertheimeria maculata ⟦⊙⟧	53
Callichthys callichthys	217	Hoplias aimara	172	Osteoglossum bicirrhosum	138	Rhaphiodon vulpinus	248	Zungaro jahu	75
Calophysus macropterus	107	Hypancistrus zebra	125	Panaque armbrusteri	261	Salminus brasiliensis ⟦⊙⟧	69		
Carnegiella strigata	162	Hyphessobrycon eques	79	Paracanthopoma parva	142	Salminus hilarii	257		
Catoprion mento	84	Hyphessobrycon wadai	242	Paracheirodon axelrodi	180	Sarcoglanis simplex	106		
Cetopsis coecutiens	124	Kryptolebias hermaphroditus	45	Parodon nasus	249	Scleromystax macropterus	52		

Português

Name	Page	Name	Page	Name	Page	Name	Page	Name	Page
Acará-bandeira	166	Candiru-cego	130	Mato-Grosso	79	Piracatinga	107	Sardinha-papuda	224
Acará-disco-azul	103	Candiru-verdadeiro	95	Miguelinho	246	Piraíba	127	Sauá	72
Acari-pepita-de-ouro	133	Canivete	249	Molé	220	Piramboia	80	Surubim-do-rio-doce	48
Acari-zebra	125	Cascudo-viola	118	Mussum	194	Piranha-preta	175	Tabarana	257
Aruanã	138	Coridora de Pinna	218	Oscar	87	Piranha-queixuda	84	Tambaqui	160
Assacu-pirarara	120	Coridora sterbai	110	Pacamã	209	Piranha-vermelha	71	Tamboatá	217
Bagre-ogro	134	Coridora vela	52	Pacu-capivara	132	Pirapeuaua	113	Tetra-blueberry	242
Bagre-onça	119	Cumbaca	205	Panaque	261	Pirapitinga	176	Tetra-colibri	169
Bagrinho-de-areia	233	Curimba	198	Peixe-anual-de-Costa	243	Pirapitinga-do-cerrado	239	Tetra-lipstick	238
Bagrinho-sapo	192	Dourada	98	Peixe-anual-do-Mucuri	40	Pirapitinga-do-sul	41	Tetra-neon	180
Baiacu-de-água doce	143	Dourado	69	Peixe-anual-do-Rio	56	Piraputanga	86	Tetra-splash	164
Banjo	184	Gobídeo-anão	168	Peixe-anual-minuano	188	Pirarara	97	Tetra-véu	57
Banjo-manchado	137	Ituí-tamanduá	141	Peixe-camaleão	93	Pirarucu	145	Traíra-cobra	116
Bodó	65	Jacundá-de-mármore	135	Peixe-folha	147	Poraquê	150	Trairão	172
Borboleta-strigata	162	Jaraqui-escama-grossa	165	Peixe-sapo-amazônico	114	Raia-antena-anã	140	Tralhoto	159
Cachorra-facão	248	Jaú	75	Piapara	189	Raia-xingu	152	Tucunaré-açu	157
Cambeva	185	Jeju	216	Piau-de-barras-vermelhas	181	Roncador	53	Tucunaré-amarelo	237
Candiru	142	Joaninha-de-pedra	115	Piau-três-pintas	78	Roque-roque	213		
Candiru-açu	124	Killifish do mangue	45	Pintado	74	Saguiru-do-nordeste	227		
Candiru-anfioxo	105	Lápis dourado	61	Pirá-Tamanduá	208	Sarapó-de-areia	232		
Candiru-bolha	106	Manjuba-anã	151	Piracanjuba	199	Sarapó-de-caverna	252		

English

Name	Page	Name	Page	Name	Page	Name	Page	Name	Page
Aimara wolf fish	172	De Pinna's Cory	218	Lipstick tetra	238	Red banded headstander	181	Striped Raphael catfish	213
Amazon leaffish	147	Diamantina's catfish	220	Mangrove killifish	45	Red piranha	71	Sturgeon catfish	113
Amazonian toadfish	114	Doce's catfish	48	Marbled hatchetfish	162	Red tailed catfish	97	Swamp eel	194
Anteater catfish	208	Dorado	69	Marbled pike cichlid	135	Red-bellied pacu	176	Tabarana	257
Arowana	138	Dorado catfish	98	Marbled spiny catfish	205	Redeye piranha	175	Tamandua knifefish	141
Banjo	184	Dwarf antenna ray	140	Minuano pearl killifish	188	Riding vampire catfish	142	Threadfin catfish	233
Biara	248	Eel-tail banjo	137	Mucuri's killifish	40	Rio pearlfish	56	Three-barred peacock bass	157
Black darter tetra	169	Electric eel	150	Neon tetra	180	Sand knifefish	232	Threespot piau	78
Black pacu	160	Elongate hatchetfish	224	Northeastern toothless characin	227	Saua	72	Thunder royal pleco	261
Blind whale catfish	130	Flagtail prochilodus	165	Northeastern veilfin tetra	57	Scarlet cactus pleco	120	Torrent pike cichlid	115
Blue discus	103	Four-eyed fish	159	Pac-man catfish	209	Scrapetooth	249	Vampire catfish	95
Blueberry tetra	242	Freshwater angelfish	166	Parrot pacu	132	Serpae tetra	79	Velvet cichlid	87
Bubble catfish	106	Gold nugget pleco	133	Piapara	189	Snake trahira	116	Vulture catfish	107
Bucktooth tetra	246	Golden pencilfish	61	Piracanjuba	199	Snoring catfish	53	Whale catfish	124
Bumblebee catfish	192	Golden trahira	216	Piraiba	127	Snow king pleco	65	White-blotched river stingray	152
Cambeva	185	Gulper catfish or Ogre catfish	134	Pirapitinga-do-cerrado	239	South American lungfish	80	Wimple piranha	84
Cascarudo	217	Hi fin peppered cory	52	Pirapitinga-do-sul	41	South American puffer	143	Zebra pleco	125
Cave knifefish	252	Jaguar catfish	119	Piraputanga	86	Splash tetra	164		
Chameleon characin	93	Jau	75	Pirarucu	145	Spoonface whiptail	118		
Costa's killifish	243	Kelberi peacock bass	237	Pygmy anchovy	151	Spotted shovelnose catfish	74		
Curimba	198	Lancelet catfish	105	Pygmy goby	168	Sterba's cory	110		

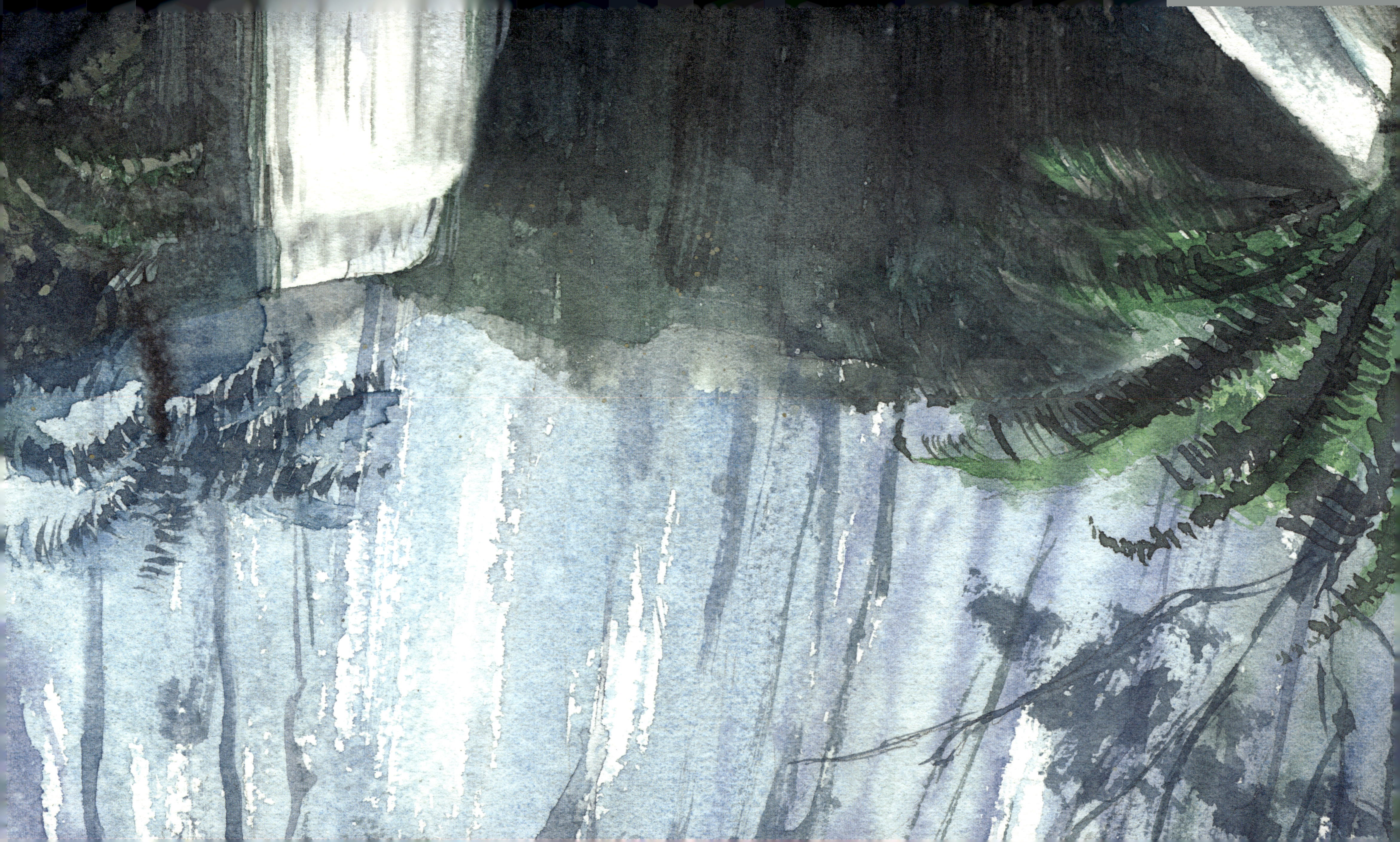

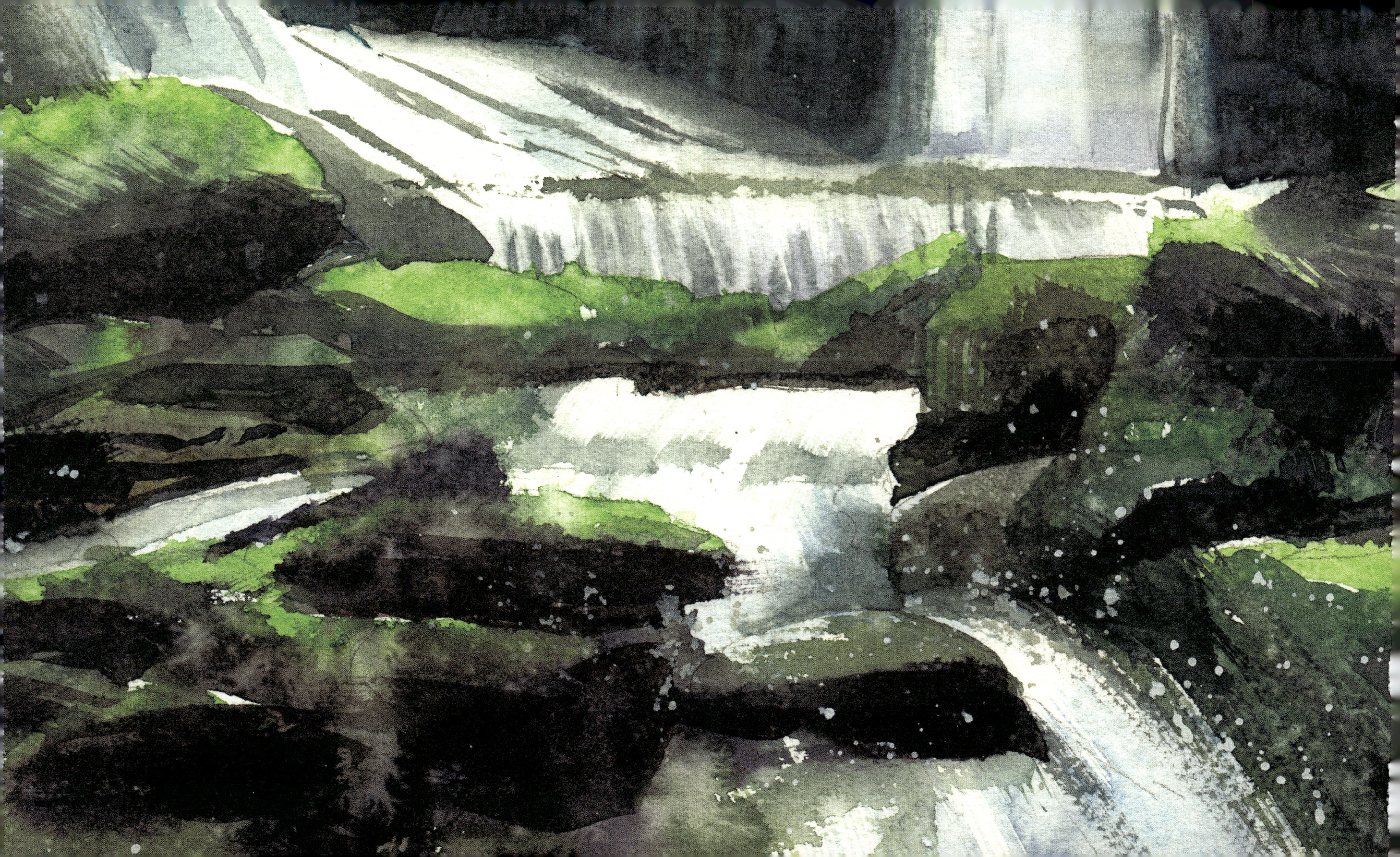

Peixe-anual-do-Mucuri

Cyprinodontiformes ⟩ Rivulidae

Mucurilebias leitaoi

(Da Cruz & Peixoto, 1992)

Mucuri's killifish

Essa é uma das espécies de peixe de água doce brasileira mais ameaçadas de extinção, estando categorizada como Criticamente Ameaçada (CR) na lista nacional de espécies ameaçadas. Foi coletada no sul da Bahia em 1988 e somente em uma poça temporária em uma floresta alterada pelo cultivo de cacau. O local exato onde foi coletada é desconhecido, e tentativas posteriores de se encontrar a espécie na área e nas redondezas não tiveram sucesso. É possível que a espécie esteja extinta nessas localidades, uma vez que seu ambiente original foi alterado, descaracterizado pela expansão urbana, pecuária e pelo cultivo do eucalipto. O sul da Bahia tem experimentado rápida expansão urbana, com forte pressão imobiliária e conversão da mata nativa em cultivo, resultando em destruição ambiental descontrolada. Considerando que peixes anuais possuem distribuição restrita, a cada dia resta menos esperança de que populações saudáveis da espécie possam ser encontradas.

This species is one of the most critically endangered of the Brazilian fish fauna. It was found in 1988, in a forest entrenched by cocoa farms, in a single temporary pool. The exact location is unknown and subsequent attempts to find additional specimens in the area and surrounding region were unsuccessful. The species is likely extinct in the region where it was originally recorded, because of urban expansion, cattle ranching and eucalyptus culture. Southern Bahia State has suffered runaway environmental destruction, with uncontrolled pressure from development projects and farming. Considering that annual killifishes tend to be endemic, i.e., restricted to a single small area, there is little hope that the species still exists.

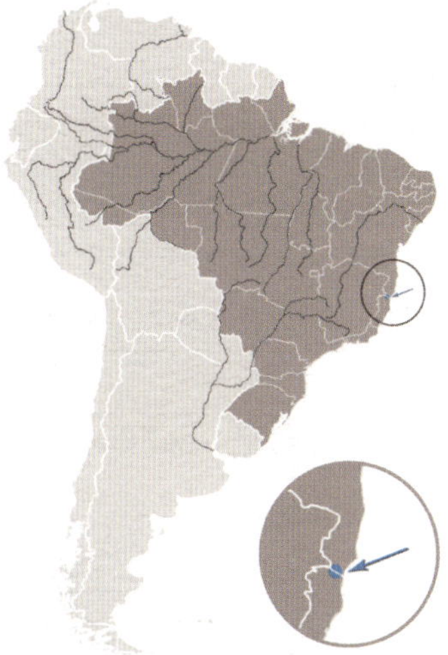

CATEGORIA DE AMEAÇA
• RED LIST CATEGORIES

LC NT VU EN **CR** EW EX

BIOMAS QUE HABITA •
BIOMES OF OCCURENCE

AMZ CER CAA PTN **ATL** PMP

ESCALA • SCALE

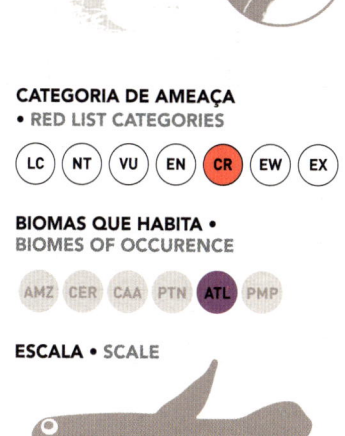

1:1 3 cm

MATA ATLÂNTICA

(ATL)

- → **Área no Brasil:** 1.107.419 km² (13% do território nacional)
- → **Estados onde ocorre:** AL, BA, ES, GO, MG, MS, PB, PE, RJ, RN, RS, SC, SE, SP
- → **Principais bacias hidrográficas:** rio Uruguai, Iguaçu, Paranapanema, Tietê, Paraíba do Sul, Doce e outros
- → **Espécies de peixes registradas:** ~1000 (~30% dos peixes brasileiros de água doce)

É o terceiro maior bioma de ocorrência no Brasil. Tem distribuição singular, estando comprimido numa faixa mais ou menos estreita na margem litorânea do país, próxima ao oceano Atlântico, fato que lhe confere o nome. É o bioma que tem a maior amplitude latitudinal, ou seja, com mais ampla distribuição norte-sul. É também o bioma que está presente em mais estados da federação. Originalmente, a Mata Atlântica tinha 85% de sua área coberta por formações do tipo florestal, majoritariamente Florestas Ombrófilas (Densa, Aberta e Mista), mas também Florestas Estacionais Semideciduais e Deciduais. Atualmente, restam apenas cerca de 15% da sua cobertura original, a maior parte concentrada em pequenos fragmentos de floresta secundária, ou seja, porções de matas perturbadas pelo homem e que foram reestabelecidas. As causas de tamanho desmatamento estão relacionadas à localização. A maior parte da Mata Atlântica se concentra nas Regiões Sul e Sudeste, as mais ricas e populosas do Brasil. A crescente urbanização e industrialização do país em associação ao crescimento populacional e ao longo histórico de ocupação humana na região modificaram profundamente a paisagem do bioma. Em geral, o clima é quente e úmido, embora bem mais frio nas regiões de altitude onde estão os principais trechos hoje preservados, e influenciado pela exposição constante aos ventos oceânicos úmidos. O ambiente típico de Mata Atlântica é formado por árvores de grande e médio porte que compõem um dossel fechado que permite pouca passagem de luz aos estratos inferiores. Assim, é uma mata escura e úmida. A Mata Atlântica é uma das florestas mais ricas em biodiversidade do mundo. Parte dessa riqueza pode ser explicada pelo gradiente altitudinal que o bioma possui, oferecendo uma enorme variedade de ambientes que imprimem distintas pressões de seleção aos organismos que vivem neles. Consequentemente, a diversidade de habitat reflete em prolíficas respostas evolutivas, culminando em grande diversidade. Destaca-se porções desse bioma cobrindo as Serras do Mar e da Mantiqueira, alguns dos pontos mais altos do país. Além de ser rica em espécies, destaca-se na Mata Atlântica sua enorme quantidade de espécies endêmicas. Sendo tão diversa, contendo tantas espécies endêmicas e sendo tão devastada, era de se esperar que uma expressiva parcela de suas espécies estivesse sob algum grau de ameaça de extinção. De fato, dados do Livro Vermelho da Fauna Brasileira Ameaçada de Extinção apontam que a Mata Atlântica é o bioma que possui o maior número de espécies ameaçadas, tanto em números absolutos quanto proporcionalmente à sua riqueza. Metade das espécies ameaçadas do Brasil são da Mata Atlântica.

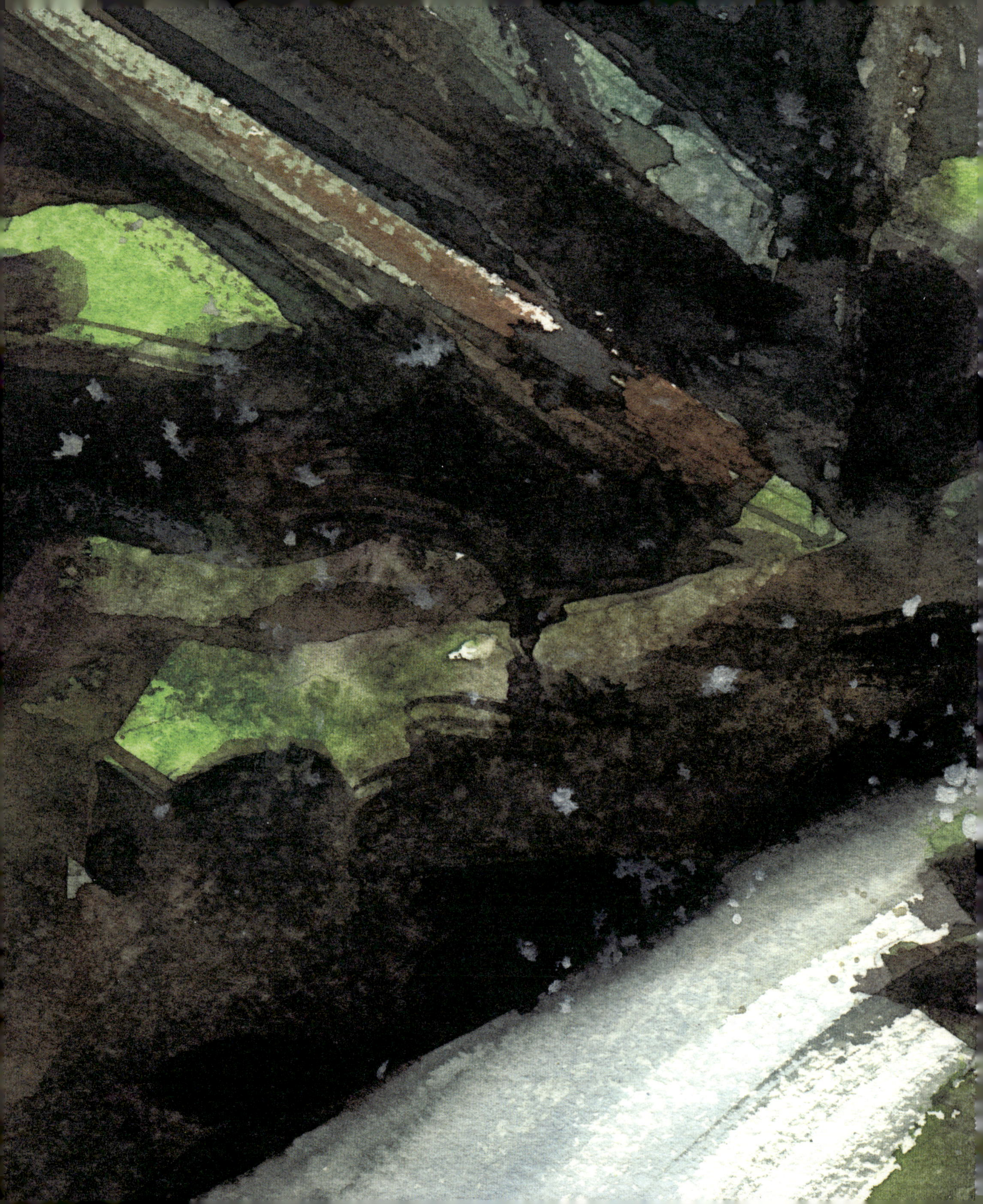

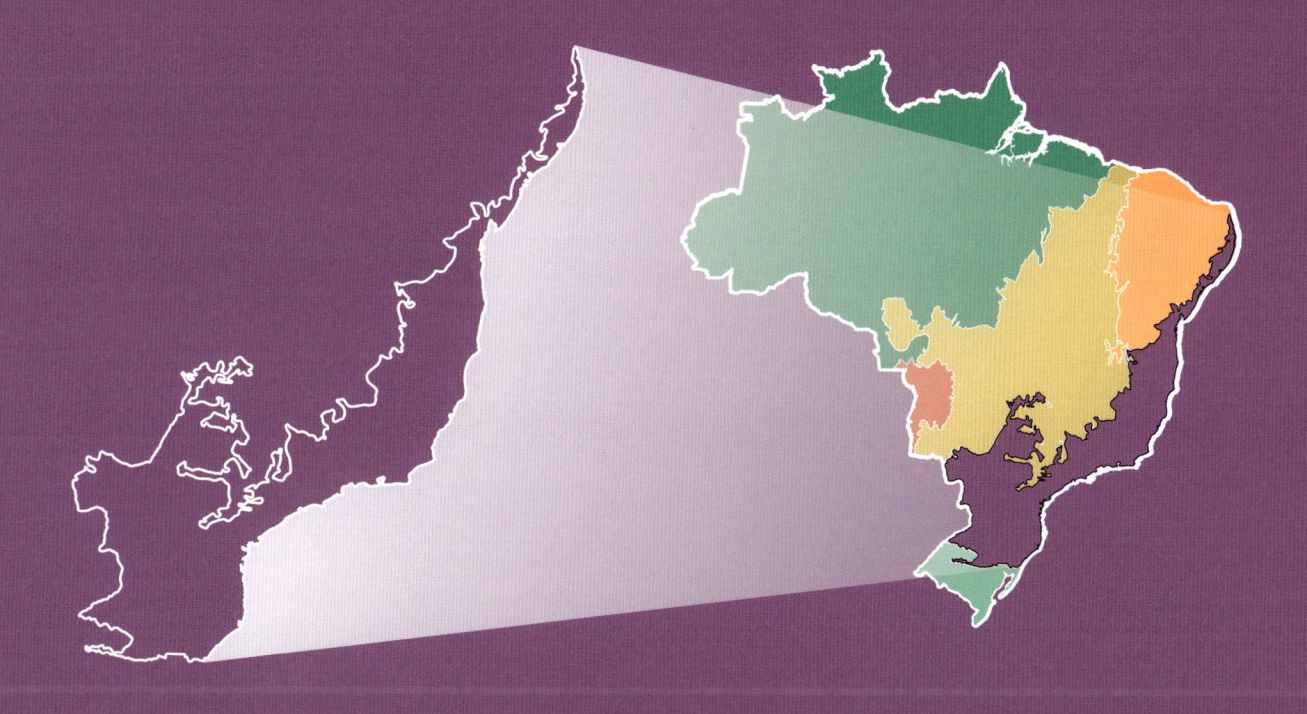

→ **Area in Brazil:** 1.107.419 km² (13% of the Brazilian territory) → **Brazilian States where it occurs:** AL, BA, ES, GO, MG, MS, PB, PE, RJ, RN, RS, SC, SE, SP → **Main river basins:** Uruguai, Iguaçu, Paranapanema, Tietê, Paraíba do Sul, Doce and others → **Fish species recorded:** ~1000 (~30% of the freshwater Brazilian fishes)

This is the third largest Biome in Brazil. Its geographical range is unusual, stretching along a variably narrow band along the coast of the country on the Atlantic Ocean, hence its name. This is the latitudinally widest Biome, i.e., the longest on a north-south axis. It is also the one present in most States in the country. Originally, the Mata Atlântica had 85% of its area covered by forest formations, mostly ombrophylous forests (Dense, Open and Mixed), and also Semi-deciduous and deciduous Estational Forests. Nowadays only about 15% of its original vegetation cover remain, mostly concentrated in small pockets of secondary-growth forest, i.e., altered by human activity and restored in recent times. Such massive deforestation is related with the location of the Biome, mostly concentrated in the southern and southeastern regions of the country, which also happen to be the most densely populated. Urbanization and industrialization, associated with population growth and a long history of human occupation in the region have profoundly impacted the condition of the Biome. In general the climate is humid and hot, although much of the remaining tracts are in cooler high-elevation areas, and under constant moist oceanic winds. The predominant tree size is medium to tall, with a dense canopy allowing little light through. So it is a dark moist forest type. The Mata Atlântica is one of the most biodiversity-rich forests. Part of that richness is explained by its altitudinal gradient, which offers a wide variety of environments which translate into different selection pressures on the organisms living therein. This, in turn, results in varied evolutionary responses which ultimately positively influence biodiversity levels. Part of the Mata Atlântica covers the Serras do Mar and Serra da Mantiqueira, which are some of the highest areas in Brazil. Besides its species richness, the Mata Atlântica also has an enormous number of endemics. Being so species-rich, having so many endemics and being so impacted, it is expected that a substantial portion of its species is under threat. Indeed, the Red Book of Threatened Brazilian Species shows that the Mata Atlântica is the Biome with the most threataned species, both proportionately and in total. Half of all threatened Brazilian species occur in the Mata Atlântica.

Pirapitinga-do-sul

Characiformes › Bryconidae

Brycon opalinus
(Cuvier, 1819)

Pirapitinga-do-sul

Compartilha com a pirapitinga-do-cerrado a preferência por rios de águas mais frias e claras, com corrente moderada a rápida, em áreas de cabeceiras com vegetação ripária bem preservada. Entretanto, essa espécie é típica de drenagens do bioma Mata Atlântica. É exclusiva das cabeceiras dos rios Doce e Paraíba do Sul, regiões bastante alteradas pelo homem. Assim, atualmente as populações de pirapitinga-do-sul encontram-se bastante fragmentadas, sendo que em diversos locais foram extintas pela perda de habitat. São onívoros típicos, alimentando-se de matéria vegetal e animal em proporções equivalentes, sempre alóctone, ou seja, de origem de fora do rio, como a matéria proveniente de matas ciliares. Não fazem grandes migrações para a reprodução, que ocorre em dois picos, um no verão e outro no outono.

This fish shares with the pirapitinga a preference for cool clear waters with moderate to fast currents, in areas with well-preserved riparian forest. Its geographical distribution is different, however, occurring in the Atlantic Forest biome, exclusively in headwaters of the Paraíba do Sul and Doce rivers. This is a highly impacted area and habitat loss has extirpated most populations, with those remaining being presently very fragmented. They are typical omnivores, feeding in roughly equal amounts on vegetable and animal sources, of allochthonous origin (i.e., originating outside of the river). The species does not make large migrations and its reproduction occurs in two peaks, one in the summer and another in the fall.

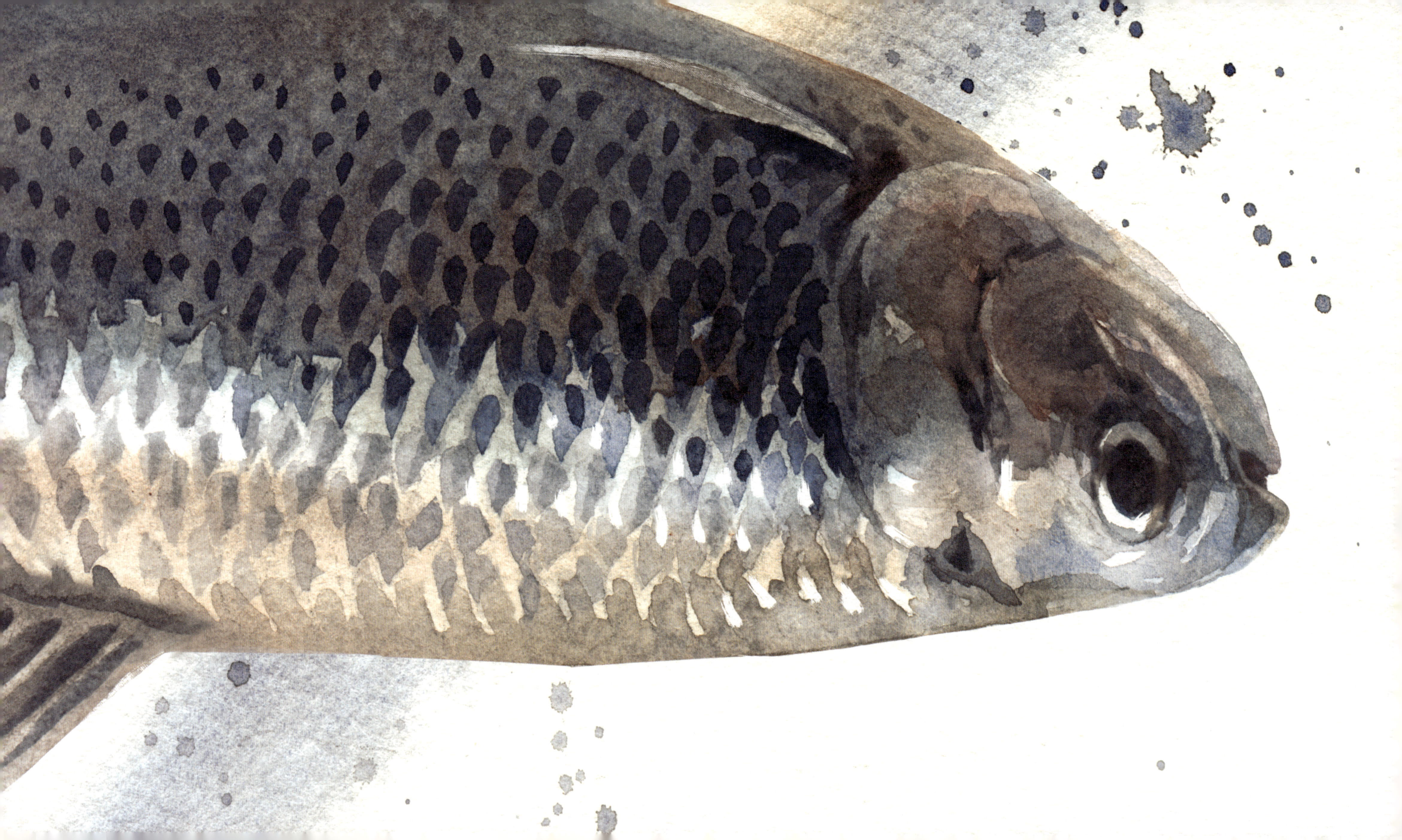

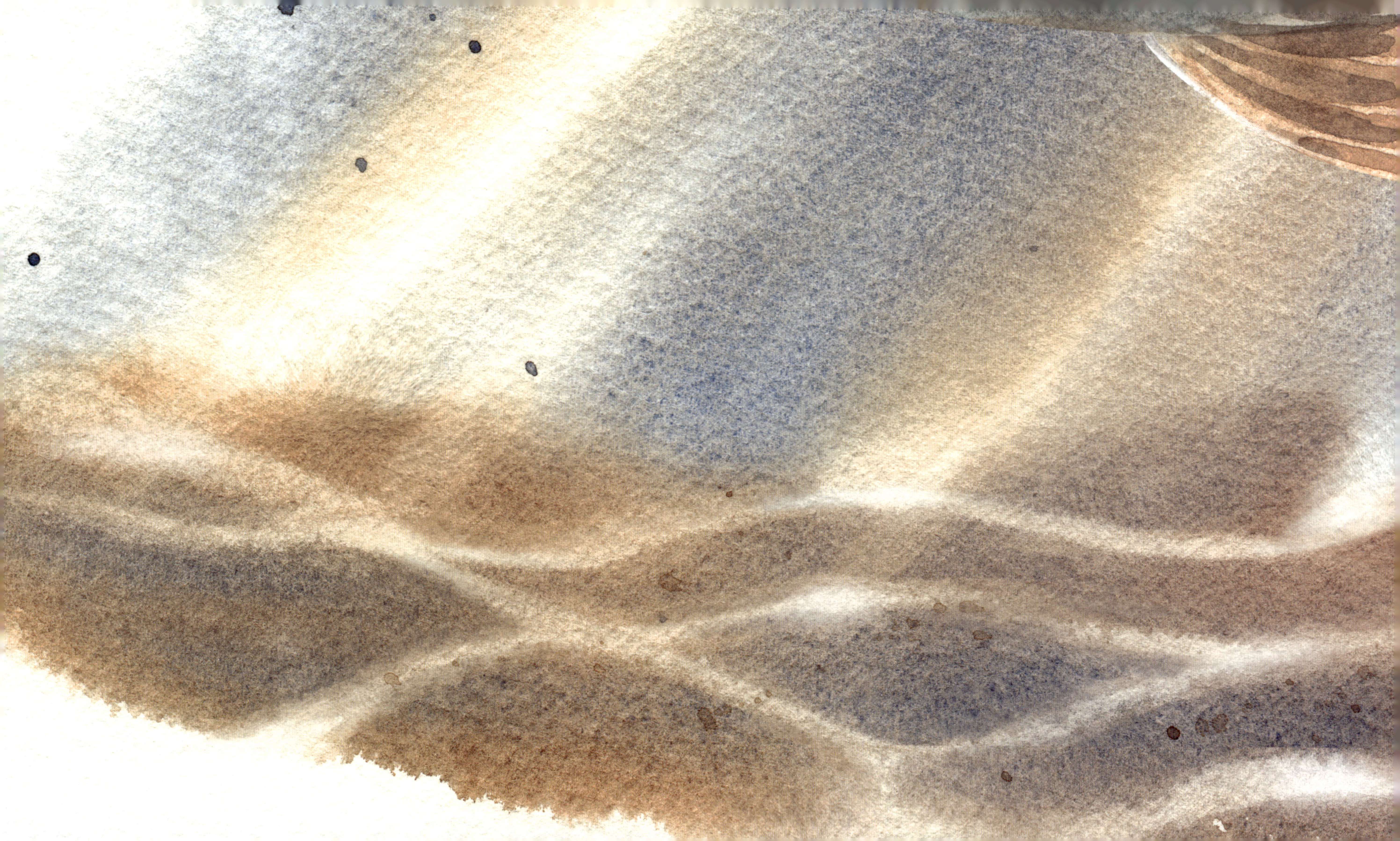

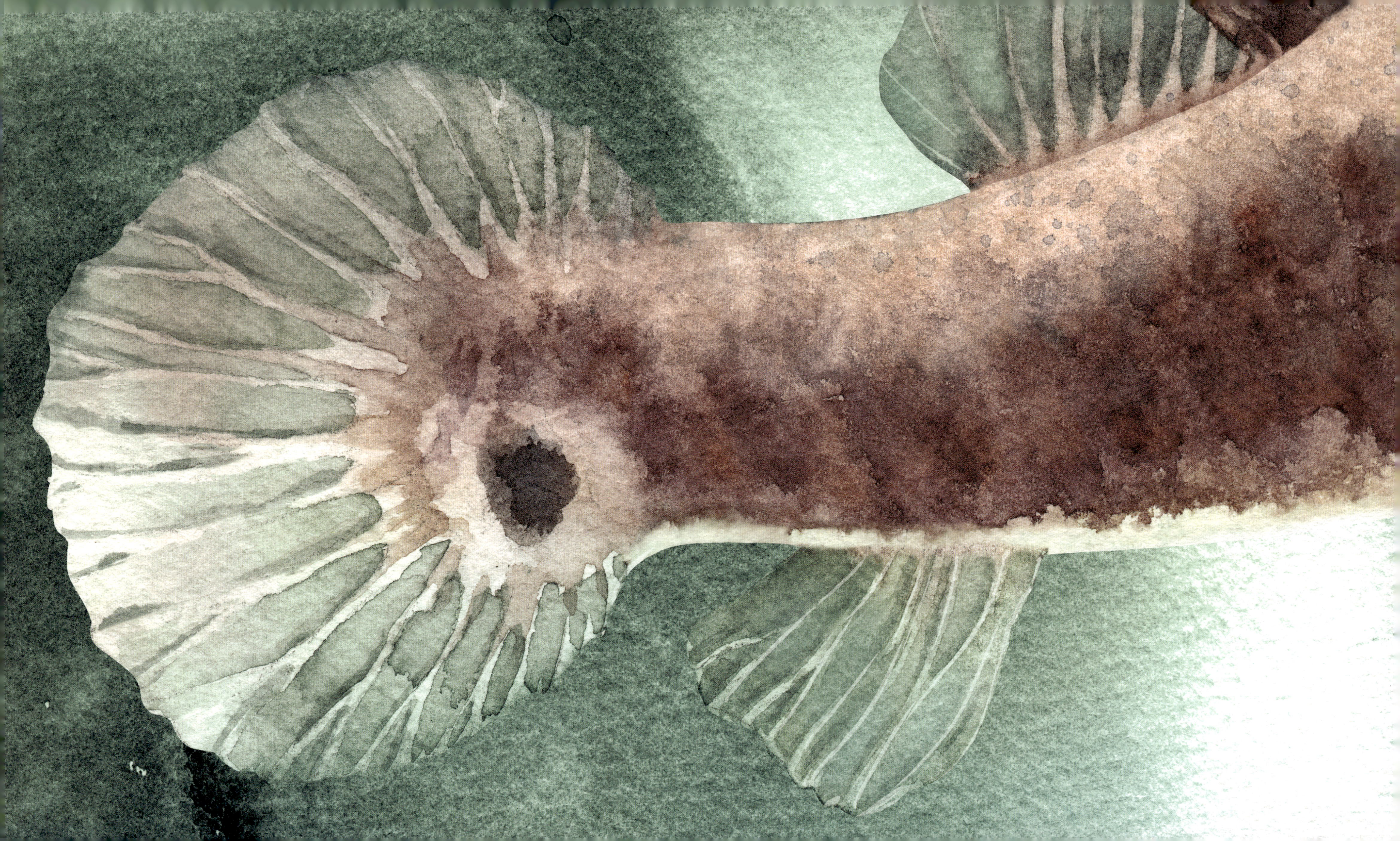

Killifish do mangue

Cyprinodontiformes » Rivulidae

Kryptolebias hermaphroditus
Costa, 2011

Mangrove killifish

Embora pertença à família Rivulidae, não é um peixe-anual como muitos peixes do grupo. Entretanto, uma característica ainda mais incomum é encontrada em alguns *Kryptolebias*: são alguns dos únicos vertebrados a terem hermafroditismo autofecundante. Isso significa que no corpo do mesmo indivíduo há testículos e ovários funcionais, isto é, produzindo gametas. Esses gametas se encontram internamente e geram um ovo que é geneticamente um clone do indivíduo que os produziu. Alguns peixes marinhos, como certas espécies de garoupas (Serranidae) e gobídeos (Gobiidae) também são hermafroditas com ovários e testículos funcionais, mas somente algumas espécies de *Kryptolebias* fertilizam os próprios ovos que produz. Em *Kryptolebias marmoratus*, a conversão de indivíduos hermafroditas em machos, com manchas laranjas no flanco, pode ser induzida em laboratório por meio da submissão destes a temperaturas maiores que 30°C. Espécies do gênero *Kryptolebias* exemplificam a flexibilidade de categorias e estratégias sexuais no mundo biológico. Por apresentarem características reprodutivas tão singulares, espécies de *Kryptolebias*, principalmente *K. marmoratus*, tornaram-se modelos de estudos de biologia evolutiva, genética de populações e desenvolvimento embrionário.

Although this fish belongs to the family Rivulidae, it is not an annual species like so many others in the group. On the other hand, a trait yet more remarkable is found in some species of *Kryptolebias*. They include the only vertebrates capable of self-fertilizing hermaphroditism. That means that the same individual has functional ovaries and testes producing eggs and sperm at the same time. The gametes meet internally and produce an individual which is a genetic clone of the parent fish. Some marine fish species, such as certain groupers (Serranidae) and gobies (Gobiidae) are also hermaphrodites with simultaneously active ovaries and testes, but they do not self-fertilize. Only *Kryptolebias* is capable of fertilizing its own eggs. In *Kryptolebias marmoratus*, hermaphroditic individuals can be converted to exclusively males by exposing them to water temperatures above 30°C. The males are easily recognized by having orange spots on the flanks. Species of *Kryptolebias* demonstrate the flexibility of sexual categories and strategies in biology. Because of their unique reproductive traits, species of *Kryptolebias*, especially *K. marmoratus*, have become models in studies of evolutionary biology, population genetics, embryology and genetics.

CATEGORIA DE AMEAÇA • RED LIST CATEGORIES: LC

BIOMAS QUE HABITA • BIOMES OF OCCURENCE: ATL

ESCALA • SCALE: 5 cm

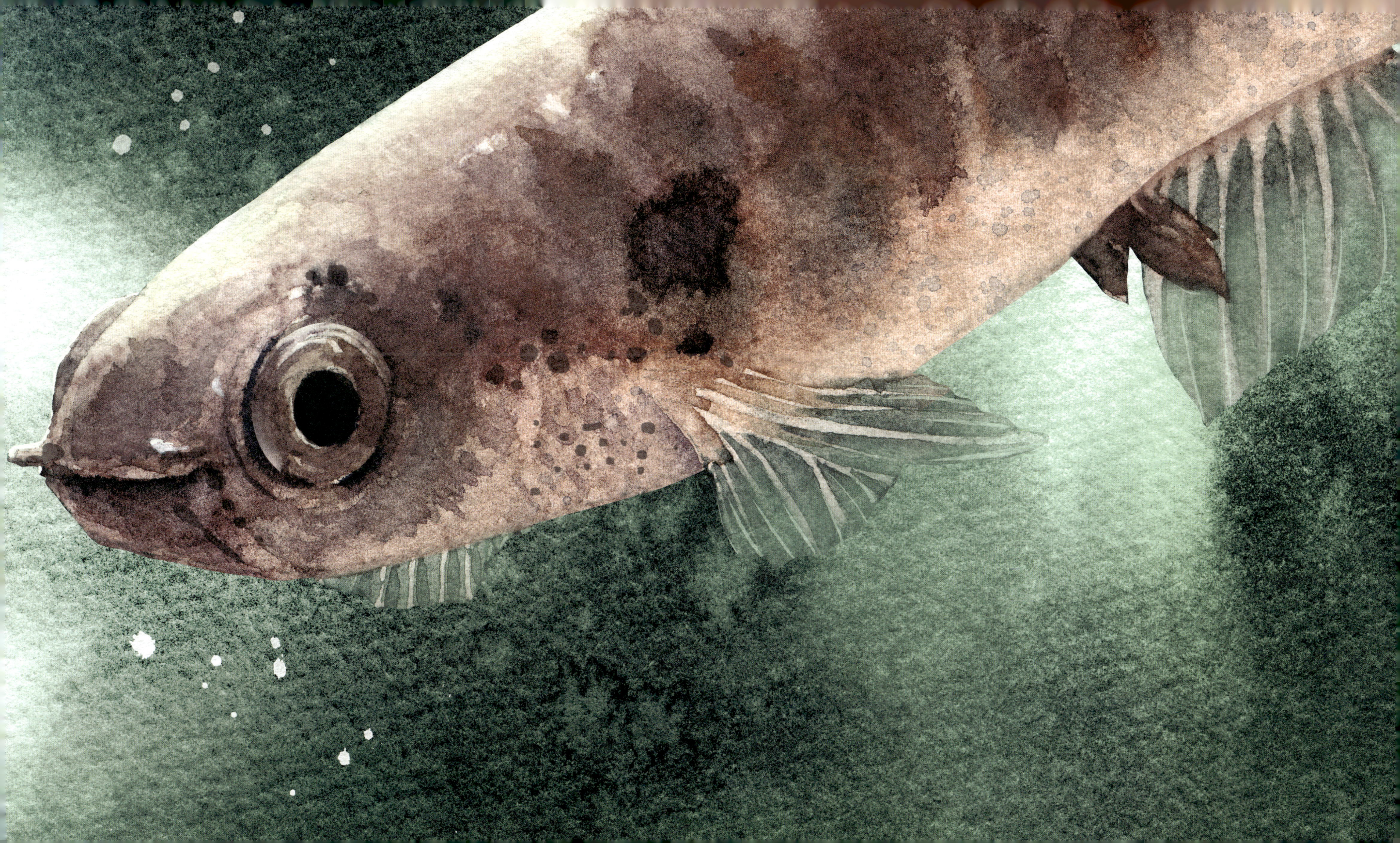

Surubim-do-rio-doce

Siluriformes » Pimelodidae

Steindachneridion doceanum (Eigenmann & Eigenmann, 1889)

Doce's catfish

Estamos vivendo um tempo de intensa e descontrolada alteração ambiental induzida pelos seres humanos. Com nossa população crescendo vertiginosamente em todo o planeta, os habitat naturais estão desaparecendo com rapidez. A devastação é particularmente grave em locais onde a população humana é mais concentrada e geralmente os habitat de água doce são os mais prejudicados. Nossas sociedades usam os rios para inúmeras finalidades, como abastecimento de água, pesca, recreação, geração de energia, despejo de resíduos residenciais e industriais e navegação. Obviamente, os rios não podem tolerar tal nível de abuso e estão se transformando rapidamente em canais mortos, tóxicos e desprovidos de vida macroscópica. No Brasil, a maioria da população está concentrada no sudeste do país onde os cursos de água são mais afetados e os peixes grandes são os mais atingidos. *Steindachneridion doceanum* é um exemplo de convergência de todos esses infelizes fatores e sofre com literalmente o pior dos cenários. É um bagre migratório relativamente grande (aproximadamente meio metro de comprimento) com populações naturalmente pequenas, endêmicas de uma única bacia, a do rio Doce, em uma região altamente povoada e vítima do alto impacto. A lista oficial de espécies ameaçadas do Brasil coloca *S. doceanum* como criticamente ameaçada, mas isso é irrelevante na prática e pouco se fez para impedir a construção contínua de barragens exatamente onde estava a maioria das populações restantes. Para finalizar, o rio Doce sofreu uma grande catástrofe ambiental em 2015, com a ruptura de uma barragem de rejeitos que descarregou grandes quantidades de resíduos de mineração de ferro diretamente em sua corrente, sufocando quase todo o canal principal com uma lama tóxica. Esse peixe é um habitante dos canais principais e, portanto, há pouca esperança de que tenha sobrevivido ao desastre no canal principal do rio. Alguns indivíduos permanecem na boca de alguns grandes afluentes, mas seu destino é sombrio. Desespero à parte, o *Steindachneridion doceanum* costumava ser um habitante de trechos profundos ou poços no canal principal do rio Doce e de alguns de seus grandes afluentes, especialmente em locais de fluxo rápido sobre leitos rochosos imediatamente à jusante das cachoeiras. Como a maioria dos bagres, é um carnívoro. O gênero *Steindachneridion* tem seis espécies viventes com distribuições geográficas amplas e não sobrepostas. Curiosamente, ele também contém duas espécies fósseis que viveram no Oligoceno (aproximadamente há 23-44 milhões de anos).

We are living in a time of runaway environmental destruction induced by humans. With our population exploding everywhere around the planet, natural habitats are disappearing fast. The ravaging is particularly severe in places where human population is densest. Usually, it is freshwater habitats that suffer the most. Our societies want to use rivers for water supply, fishing, recreation, energy-generation, sewage disposal, industrial residue outlet, navigation etc. Obviously, rivers cannot tolerate such level of abuse and are quickly turning into toxic dead channels devoid of macroscopic life. In Brazil, most of the population is concentrated in the southeast of the country and accordingly this is where water courses suffer the most. And large fishes are the worst hit. *Steindachneridion doceanum* is a focal point of all possible unfortunate factors. It is literally the worst of the worst. It is a relatively large migratory catfish (approximately half a meter long) with naturally small populations, endemic to a single river drainage (the Rio Doce, as its name suggests) in a highly-populated and highly-impacted region. The official listing of *S. doceanum* as critically endangered in Brazilian law is meaningless in practice and did little to stop the continuing construction of dams exactly where most of its remaining populations were. To top it off, the Rio Doce suffered a major environmental catastrophe in 2015 with the rupture of a tailing dam which discharged massive amounts of iron-ore mining refuse directly into its current, smothering almost the entire main channel in solid toxic mud. This fish is an inhabitant of the main channels and therefore there is little hope that it survived the disaster. A few individuals have lingered at the mouth of some large tributaries, but its fate is bleak. Despair aside, *Steindachneridion doceanum* used to be an inhabitant of deep sectors or pools in the main channel of the Rio Doce and of some of its large tributaries, especially in fast-flowing sectors over rocky beds immediately downstream from waterfalls. As most catfish, it is a carnivore. The genus *Steindachneridion* contains six recent species with largely non-overlapping geographical distributions. Interestingly, it also contains two fossil species from the Oligocene (approximately 23-44 million years ago).

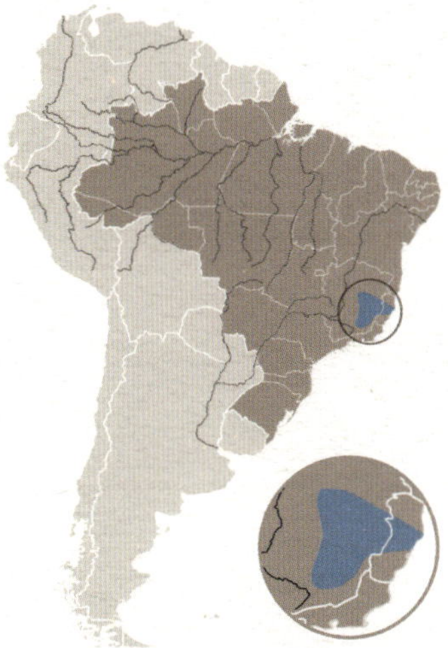

CATEGORIA DE AMEAÇA
• RED LIST CATEGORIES

LC · NT · VU · EN · **CR** · EW · EX

BIOMAS QUE HABITA •
BIOMES OF OCCURENCE

AMZ · CER · CAA · PTN · **ATL** · PMP

ESCALA • SCALE

45 cm

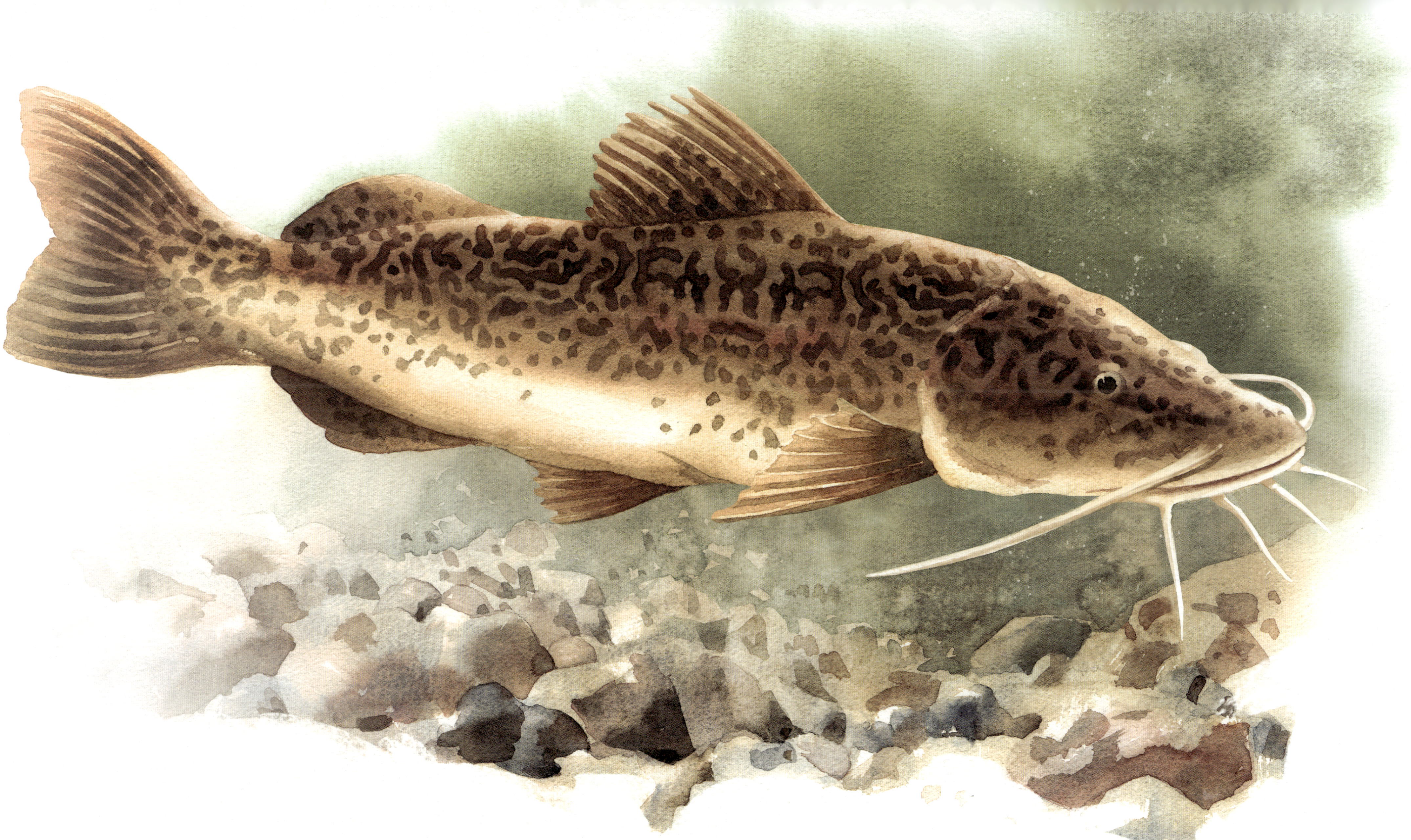

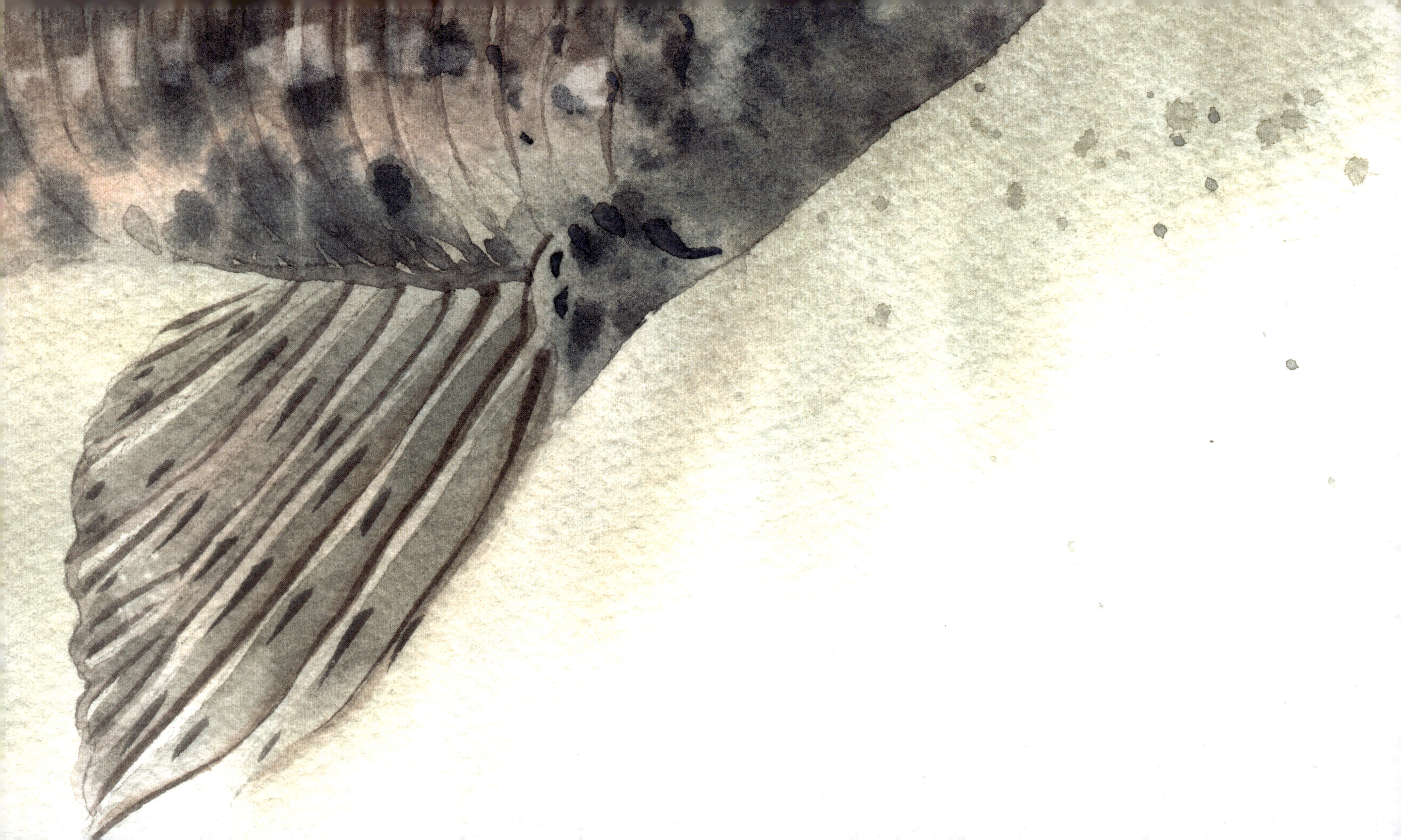

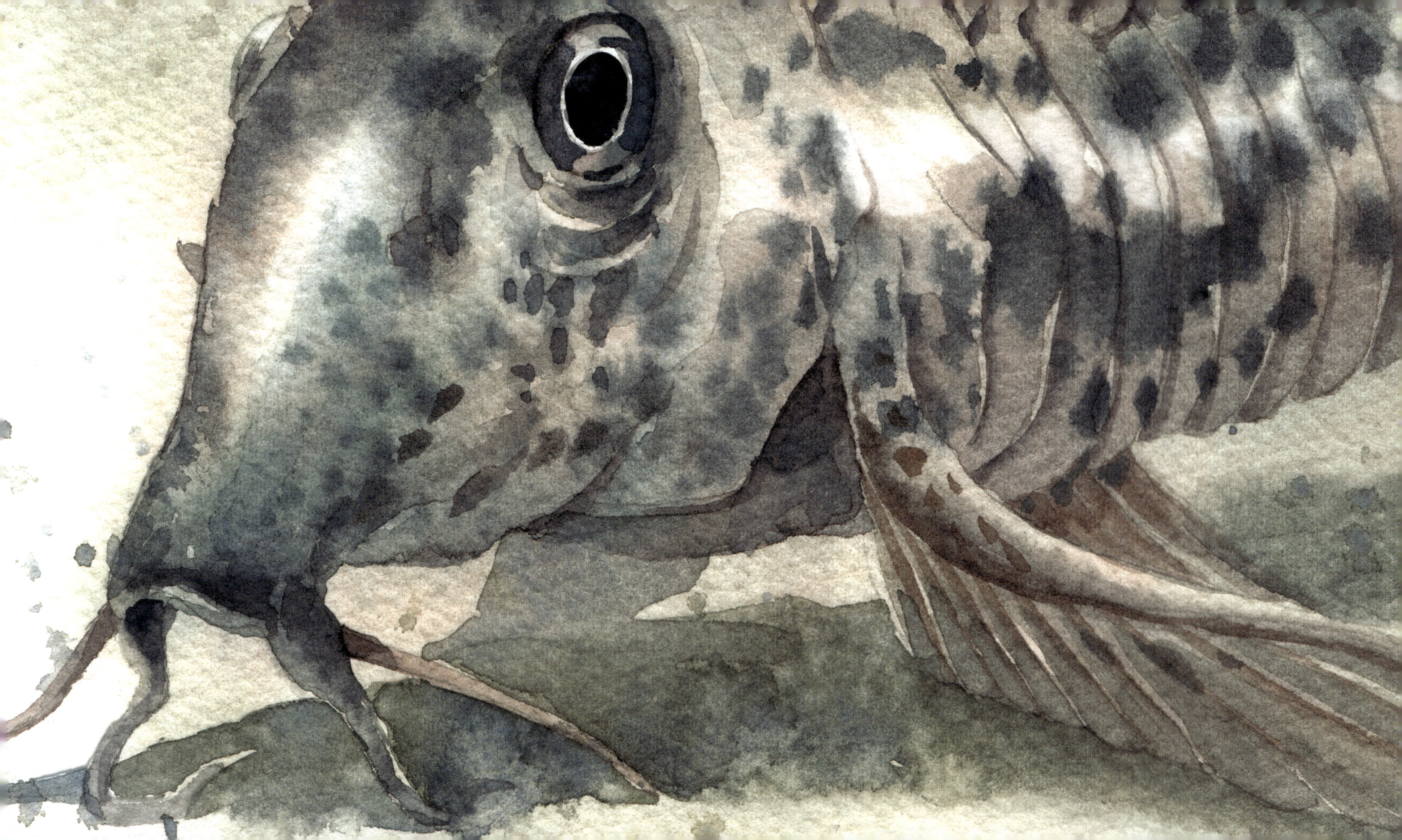

Coridora vela

Siluriformes 〉 Callichthyidae

Scleromystax macropterus

(Regan, 1913)

Hi fin peppered cory

CATEGORIA DE AMEAÇA
• RED LIST CATEGORIES

LC NT VU **EN** CR EW EX

BIOMAS QUE HABITA •
BIOMES OF OCCURENCE

AMZ CER CAA PTN **ATL** PMP

ESCALA
• SCALE

4 cm

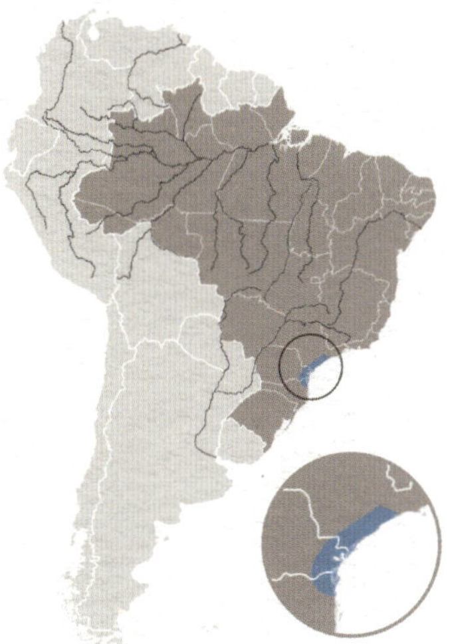

As inúmeras pequenas bacias hidrográficas ao longo da costa sudeste do Brasil são um local de grande diversidade de peixes. Elas já foram interconectadas no passado, mas se tornaram isoladas em razão do aumento do nível do mar após a última glaciação. Os peixes que nela ocorrem são principalmente de pequeno tamanho corporal. *Scleromystax macropterus* é um membro típico dessa rica comunidade liliputiana. Observar um cardume de *Scleromystax* dedicado a suas tarefas em um pequeno paraíso de águas claras, como um jardim, é uma experiência visual muito agradável. Essa espécie é um bagre bem colorido, dotado de placas resistentes e especializado em explorar os recursos no fundo de pequenos rios e riachos. Alimenta-se de invertebrados que vivem na areia, como larvas de insetos, minhocas e pequenos crustáceos, misturados a uma variedade de detritos de plantas. As nadadeiras peitorais e dorsais de *Scleromystax macropterus* são excepcionalmente grandes, especialmente em machos adultos, o que os torna membros particularmente vistosos na comunidade.

The myriad small river basins along the Southeastern Brazilian coast are a hotspot of fish diversity. They were interconnected in the past but became isolated due to rising sea levels after the last glaciation. The fishes therein are mostly of small body size. *Scleromystax macropterus* is a typical member of that rich lilliputian community. Watching a school of *Scleromystax* happily going about their business in their little garden-like clear water paradise is a most pleasing natural history experience. This species is a nicely-colored armored catfish specialized in exploring the resources at the bottom of small rivers and creeks. It feeds on invertebrate inhabitants of sand, like insect larvae, worms, and tiny crustaceans, with an assortment of plant debris mixed in. The pectoral and dorsal fins of *Scleromystax macropterus* are exceptionally large, especially in mature males, making it a particularly showy member of the bottom-feeding community.

Roncador

Siluriformes › Doradidae

Wertheimeria maculata

Steindachner, 1877

Snoring catfish

    Algumas espécies são tão distintas que requerem um gênero próprio, não havendo parentes próximos o suficiente para compartilhar seu lugar na árvore da vida. É o caso do bagre *Wertheimeria maculata*. A espécie ocorre apenas em duas bacias costeiras, os rios Jequitinhonha e Pardo, onde é encontrada nos principais canais. Seus pontos preferidos são poços profundos com fundos arenosos ou rochosos. *Wertheimeria* é um verdadeiro onívoro e sua dieta inclui grandes quantidades de frutas e outras matérias vegetais, além de insetos e outros invertebrados, tanto aquáticos quanto terrestres. É um peixe notavelmente primitivo em sua família, Doradidae, o que significa que a primeira divisão evolutiva do grupo foi entre *Wertheimeria*, por um lado, e todos os outros bagres doradídeos, por outro. Portanto, *Wertheimeria* não é um membro típico de sua família e, de fato, sua alocação foi controversa no passado. Além de ser um grande e belo peixe, a *Wertheimeria* é um elemento-chave para entender a evolução dos bagres. Sua conservação é definitivamente uma prioridade. Sobre o nome estranho do gênero, sua origem é bastante simples. O coletor dos primeiros espécimes conhecidos, em 1865, era um sujeito chamado Ludwig Wertheimer. Assim, o cientista que originalmente descreveu a espécie a batizou em sua homenagem.

    Some species are so distinctive that they require a genus all for themselves, there being no relatives close enough to share their slot. This is the case with the catfish *Wertheimeria maculata*. The species occurs only in two coastal basins, the Jequitinhonha and the Pardo rivers, where it is found in the main channels. Its preferred spots are deep pools with sandy or rocky bottoms. *Wertheimeria* is a true omnivore and its diet includes large amounts of fruit and other plant matter, along with insects and other invertebrates, both aquatic and terrestrial. *Wertheimeria* is a remarkably primitive fish in its family, the Doradidae, which means that the first evolutionary split in the group was between *Wertheimeria*, on the one hand, and all other doradid catfishes on the other. So, *Wertheimeria* is not a typical member of its family and, in fact, its placement has been controversial in the past. Besides being a beautiful large catfish, *Wertheimeria* is a key element in understanding the evolution of catfish. So, its conservation is definitely a priority. About the strange genus name, its origin is quite simple. The collector of the first specimens known, back in 1865, was a fellow named Ludwig Wertheimer. So the scientist who originally described the species named it in his honour.

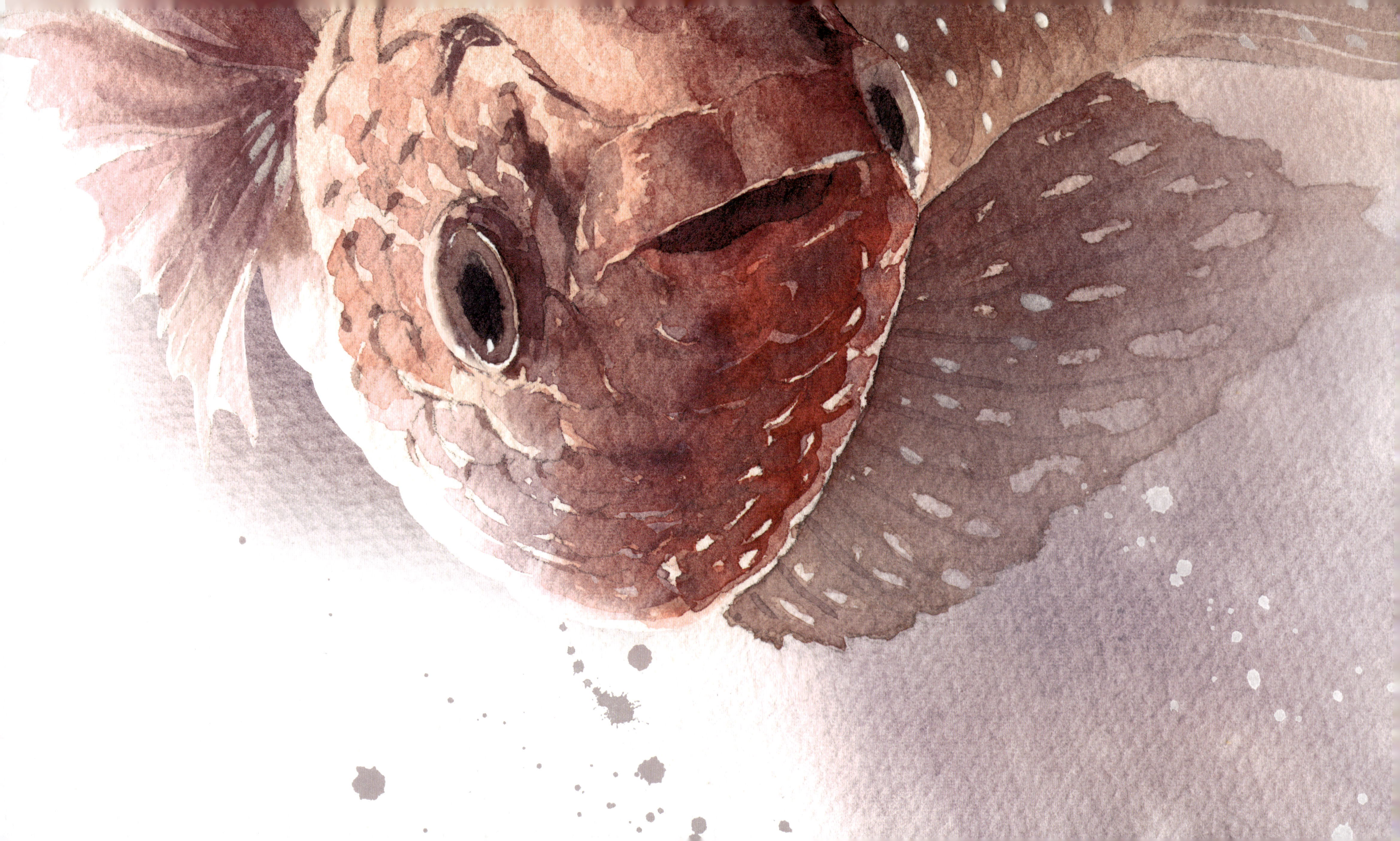

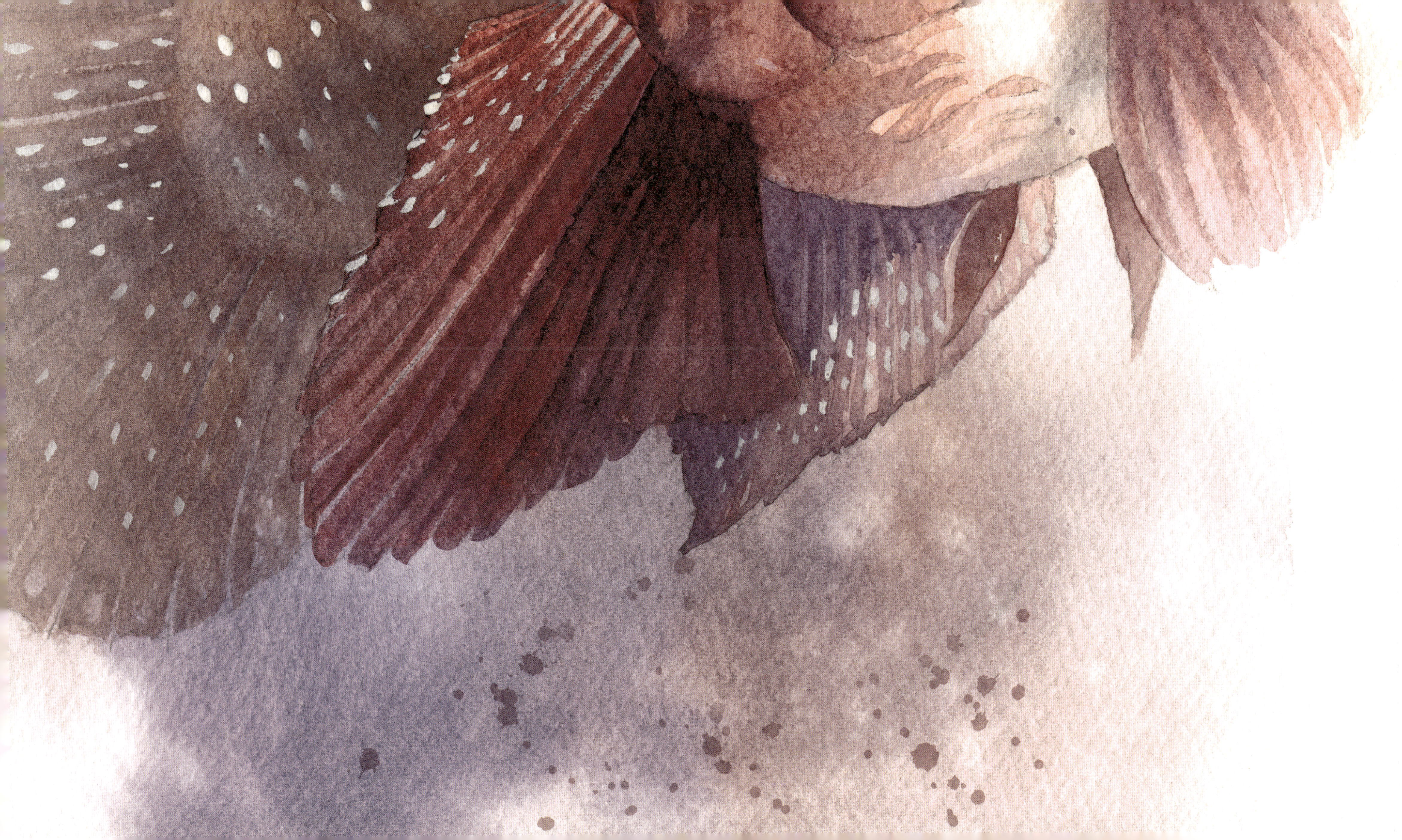

Peixe-anual-do-Rio

Cyprinodontiformes 》 Rivulidae

Nematolebias whitei

(Myers, 1942)

Rio pearlfish

Até o início da década de 1980 era uma espécie muito comum e abundante em brejos e poças temporárias na região de Barra de São João, Búzios, Cabo Frio, no estado do Rio de Janeiro. Embora atualmente ainda existam populações remanescentes da espécie, a maior parte de seus ambientes foram severamente destruídos por empreendimentos imobiliários e aterros, e em vários locais onde a espécie era encontrada, foi localmente extinta. As poças temporárias onde a espécie vive secam, quando todos os adultos morrem e os ovos atravessam um período de diapausa, como ocorre em diversos peixes-anuais. Os indivíduos dessa espécie alimentam-se de pequenos crustáceos e larvas de insetos aquáticos e há dimorfismo sexual, com os machos apresentando colorido mais intenso que as fêmeas e nadadeiras mais alongadas. Atualmente, é considerada uma das espécies mais ameaçadas do Brasil, constando na lista nacional de espécies ameaçadas como Criticamente Ameaçada (CR).

Until the 1980´s, this was a very common species in swamps and pools in the region of Barra de São João, Búzios, Cabo Frio in the State of Rio de Janeiro. Although there are still some remnant populations, most of its habitat has been destroyed by building projects and landfills and the species is locally extinct in a majority of its former range. As with many annual killifishes, they live in temporary water bodies (mostly small pools and rain-flooded areas) which dry out in the dry season. Their eggs survive in diapause, buried in the substrate, and will hatch when rains return and fill the pools again. *Nematolebias whitei* feeds on small crustaceans and aquatic insect larvae. There is pronounced sexual dimorphism, with males being more colorful and having longer fins than females. Currently, it is considered as a critically endangered species in Brazil.

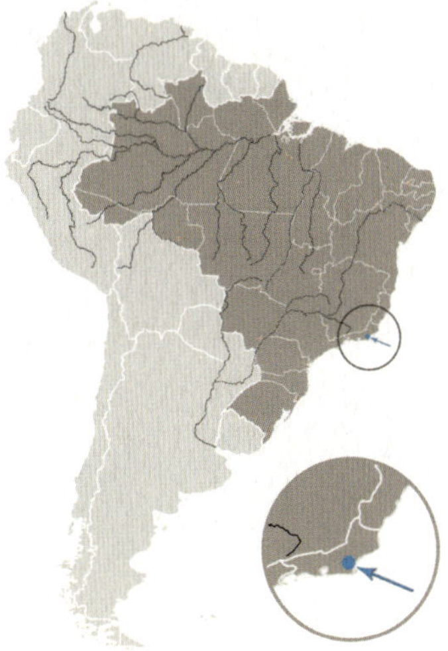

CATEGORIA DE AMEAÇA
• RED LIST CATEGORIES

(LC) (NT) (VU) (EN) (**CR**) (EW) (EX)

BIOMAS QUE HABITA •
BIOMES OF OCCURENCE

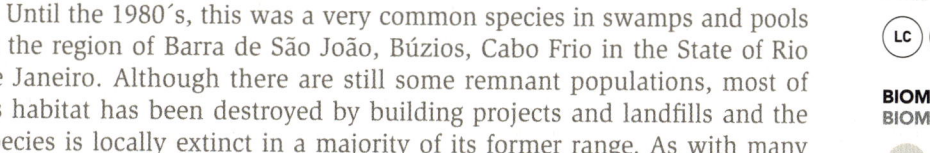

(AMZ) (CER) (CAA) (PTN) (**ATL**) (PMP)

ESCALA • SCALE

8 cm

Tetra-véu

Characiformes › Characidae

Nematocharax venustus
Weitzman, Menezes & Britski, 1986

Northeastern veilfin tetra

É uma linhagem exclusiva das drenagens do nordeste brasileiro. O dimorfismo sexual é bastante pronunciado, com o macho apresentando pequenos ganchos na nadadeira anal e nadadeiras dorsal, pélvica e anal com prolongamentos filamentosos. Essa característica serviu de inspiração para a escolha do nome científico da espécie: *nemato* (fio) e *charax* (nome usado em referência aos lambaris); *venustus* (gracioso, em alusão à beleza dos filamentos das nadadeiras quando movimentados). O tetra-véu alimenta-se de larvas de insetos, pequenos crustáceos e matéria vegetal. Em aquário pode ser agressivo com outras espécies de tamanho semelhante.

This fish represents a lineage exclusive to the river drainages of the Brazilian northeast. Sexual dimorphism is pronounced in *Nematocharax*, with males having hooks over the anal fin and long filaments on the dorsal, pelvic and anal fins. The latter characteristic served as inspiration for its scientific name: *nemato* (thread) and *charax* (a type of characin); and *venustus* (gracious, in allusion to the beauty of the moving filaments in the live fish). The veil tetra feeds on insect larvae, small crustaceans and vegetable matter. In aquarium, it is reported to be aggressive towards similar-sized species.

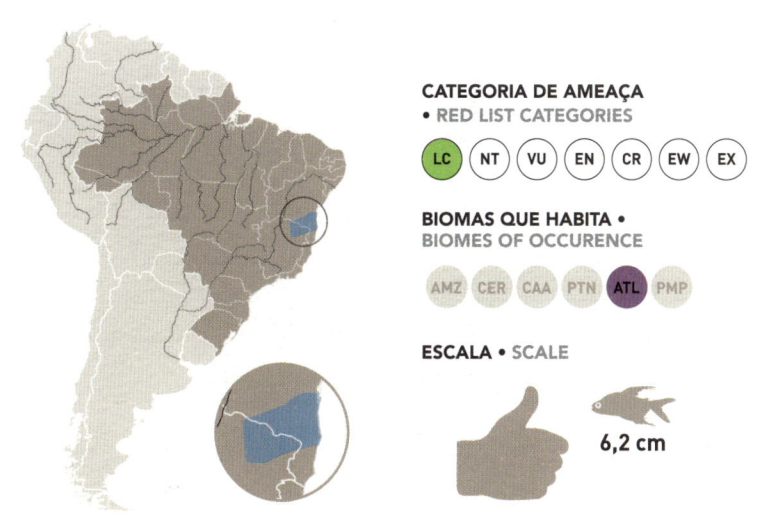

CATEGORIA DE AMEAÇA • RED LIST CATEGORIES
LC | NT | VU | EN | CR | EW | EX

BIOMAS QUE HABITA • BIOMES OF OCCURENCE
AMZ | CER | CAA | PTN | ATL | PMP

ESCALA • SCALE
6,2 cm

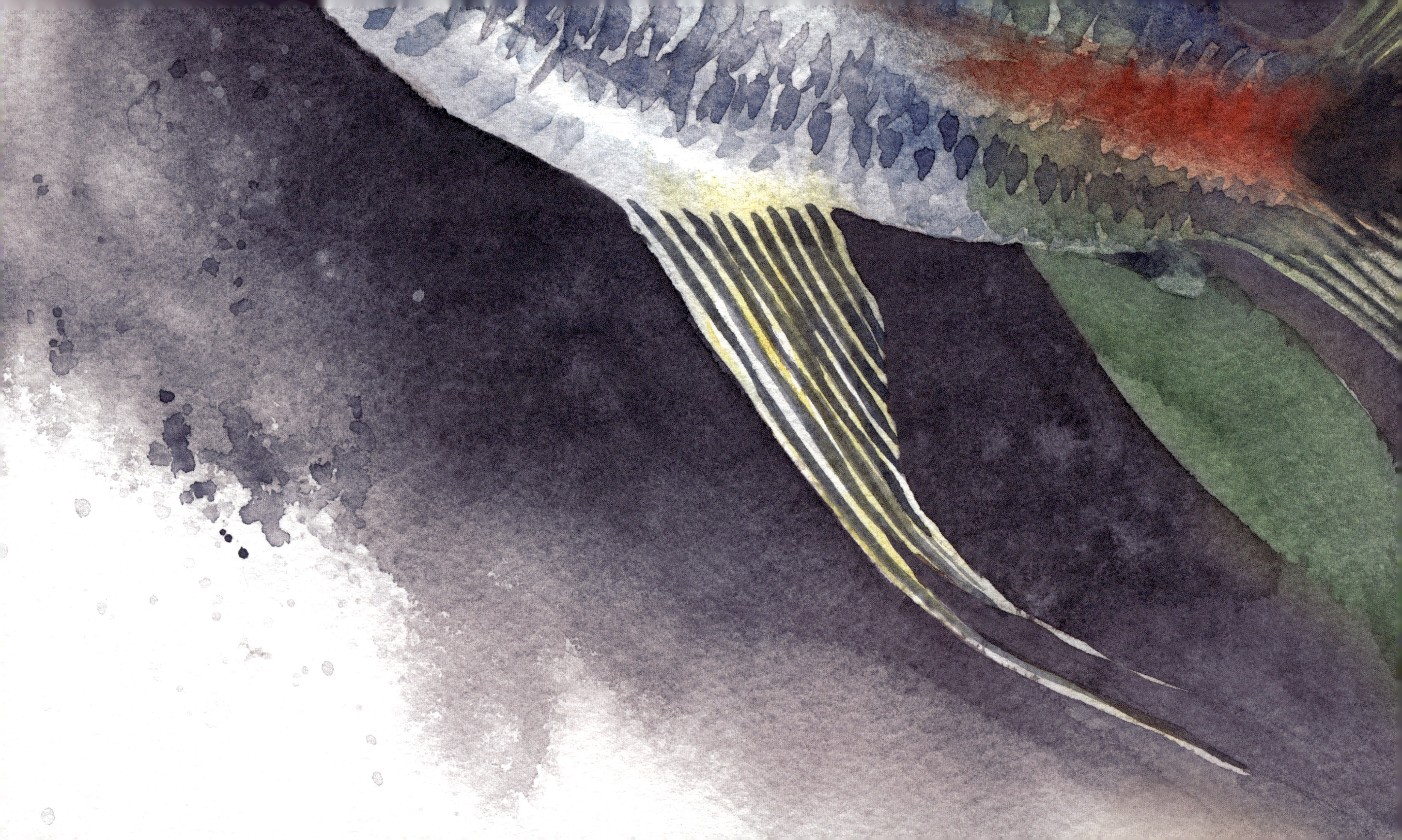

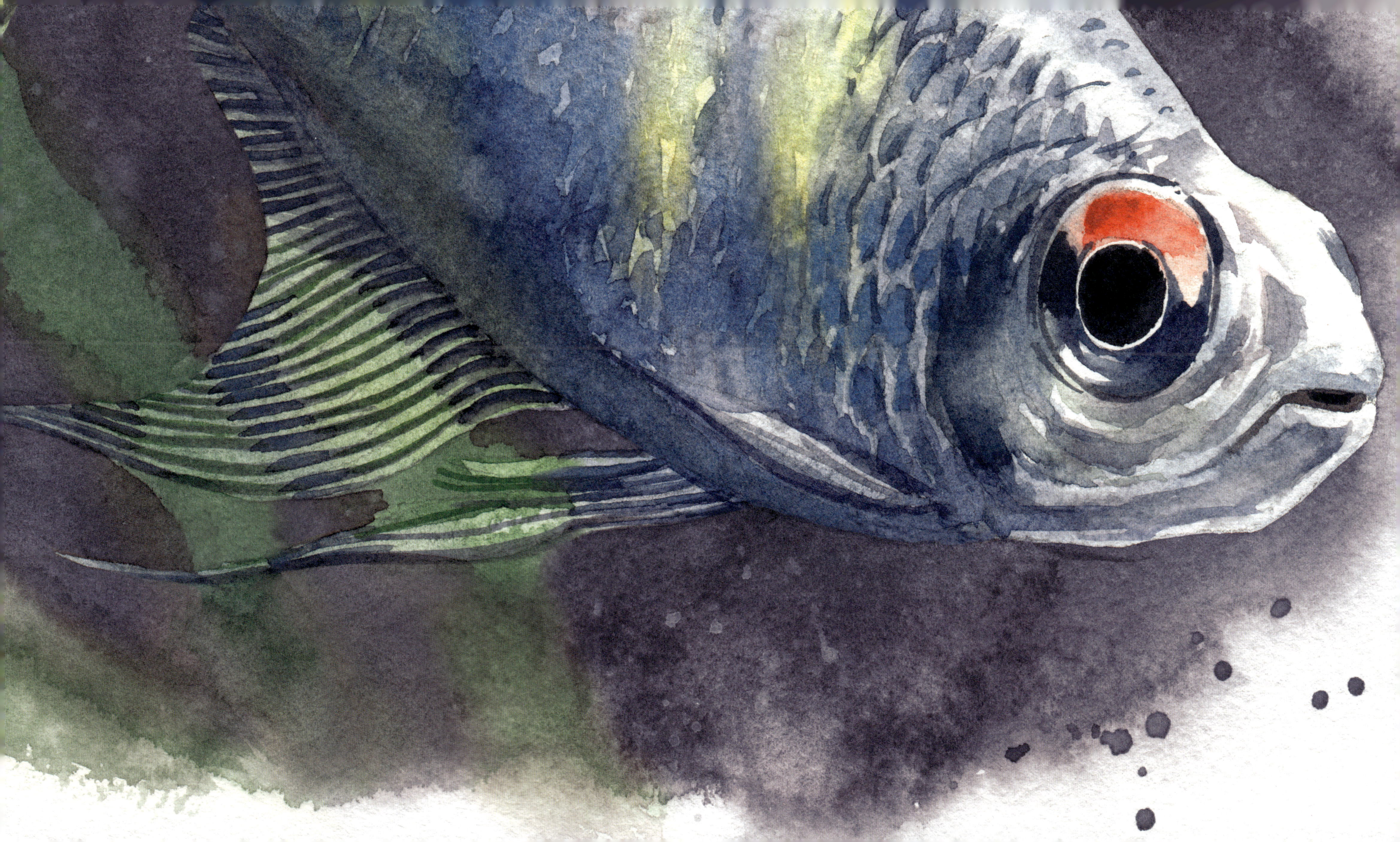

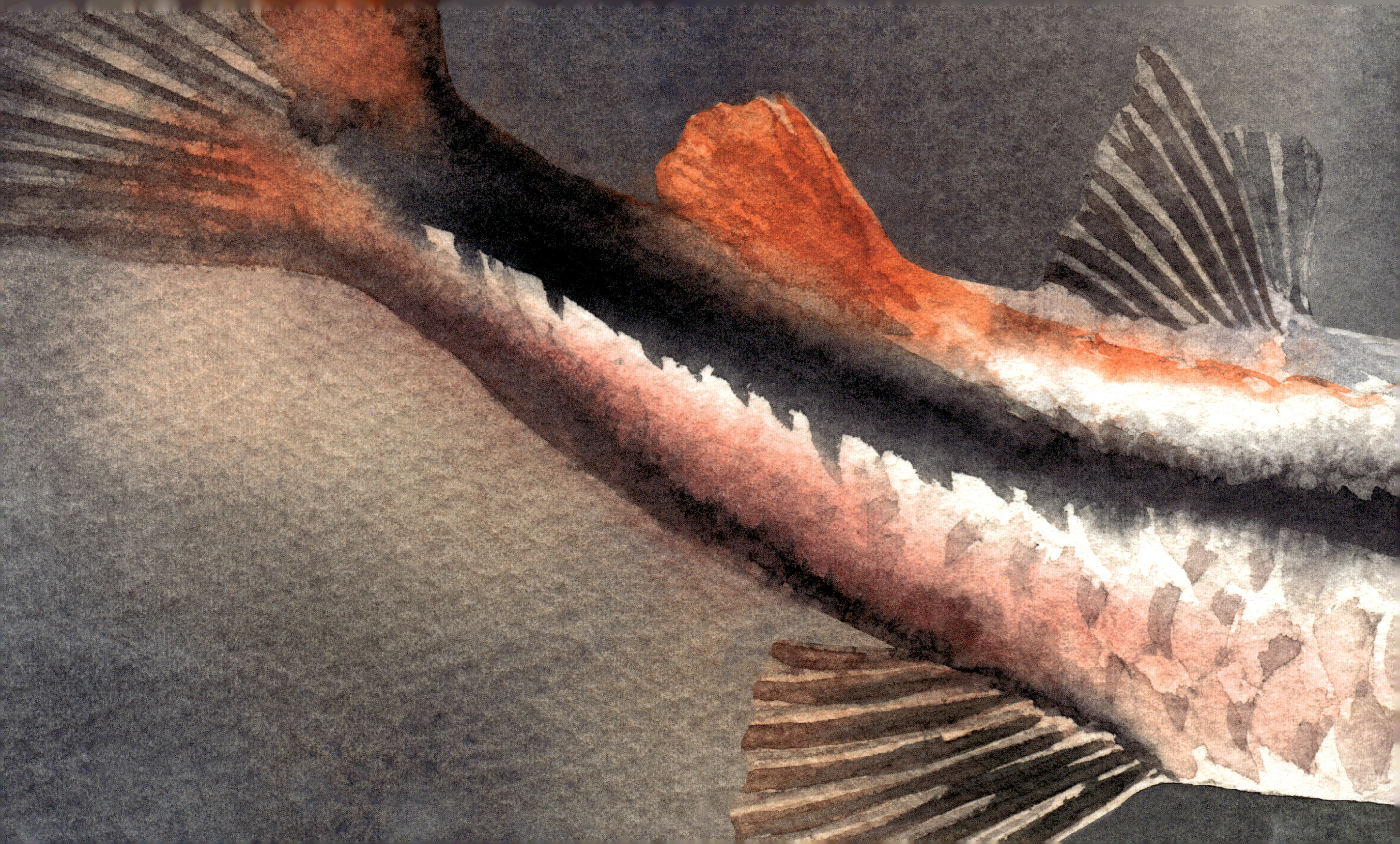

Lápis dourado

Characiformes › Lebiasinidae

Nannostomus beckfordi

Günther, 1872

Golden pencilfish

    Conhecido popularmente como lápis dourado, tem corpo alongado e provido de uma faixa escura margeada acima e abaixo por tons avermelhados, mais intensos nos machos que nas fêmeas. Outra diferença entre os sexos é que a margem distal da nadadeira anal é arredondada nos machos e mais reta nas fêmeas. Como a etimologia do gênero informa (*nanus* = anã, pequena + *stomus* = boca), tem boca minúscula que usa para capturar invertebrados pequenos. É uma espécie amplamente distribuída pela América do Sul, preferindo áreas de águas calmas, como lagoas e brejos com densa vegetação. A presença dessa espécie na Caatinga e na Mata Atlântica é questionável e deve ter sido introduzida por aquaristas. É popular no mercado de aquariofilia por ser colorida e dócil com seus companheiros de tanque.

    Known popularly as golden pencilfish, this species has an elongate body with a dark stripe framed by red tones, more intense in males than in females. Another difference between the sexes is that the edge of the anal fin is curved in males and straight in females. As the etymology of its name suggests (*nanus* = dwarf, small + *stomus* = mouth), it has a diminutive mouth used to capture tiny invertebrates. The pencil fish is broadly distributed in South America and prefers calm waters as lakes and marshlands with dense vegetation. The presence such species in the Caatinga and Atlantic Forest is doubtful and probably due to introduction by aquarists. It is popular in the aquarium trade because of its coloration and docility with tank companions.

CATEGORIA DE AMEAÇA • RED LIST CATEGORIES
LC | NT | VU | EN | CR | EW | EX

BIOMAS QUE HABITA • BIOMES OF OCCURENCE
AMZ | CER | CAA | PTN | ATL | PMP

ESCALA • SCALE 
6,5 cm

(PTN) PANTANAL

→ **Área no Brasil:** 150.988 km² (1,8% do território nacional)
→ **Estados onde ocorre:** MS, MT
→ **Principais bacias hidrográficas:** afluentes do rio Paraguai (e.g. Cuiabá, Taquari, Piquiri, Miranda, Aquidauana e outros)
→ **Espécies de peixes registradas:** ~250 (~7% dos peixes brasileiros de água doce)

Embora o Pantanal seja considerado a maior planície alagada contínua do mundo, é o menor bioma brasileiro, se estendendo apenas pelos Estados de Mato Grosso e Mato Grosso do Sul, com maior extensão neste último. É o único bioma brasileiro que não faz limite com regiões costeiras. Ainda que seja pequeno, é de longe o mais difícil de ser delimitado. Diferentemente dos outros biomas que são definidos por conjuntos de fauna e flora, com uma tipologia vegetal bem característica, o Pantanal apresenta enormes variações geomorfológicas e de fitofisionomias. É definido, sobretudo, por seu relevo e sistema hidrológico. A pluviosidade não é uniforme no Pantanal, havendo menor precipitação na porção meridional. Já as bordas planálticas possuem maiores índices de pluviosidade, que diminuem em direção à planície pantaneira próxima à calha do rio Paraguai. Há marcada alternância de estações chuvosas e secas, com período úmido em geral de outubro a março, quando a maior parte da planície pantaneira fica inundada. Devido a tantas variantes, o Pantanal é um bioma com paisagens muito diversas, com várias sub-regiões distintas, como os "pantanais" de Cáceres, Poconé, Barão de Melgaço, Paraguai, Paiaguás, Nhecolândia, Abobral, Aquidauana, Miranda, Nabileque e Porto Murtinho. A fitofisionomia mais abundante é a Savana, mas um mosaico de outras formações também está presente como a Savana-Estépica e as Florestas Estacionais Semidecidual e Decidual. O Pantanal abriga ricas e pujantes fauna e flora, mas detém relativamente poucas espécies endêmicas. É um dos biomas mais conservados do país, embora recentemente esteja havendo aumento da supressão da vegetação nativa, principalmente nas áreas planálticas que circundam a planície pantaneira.

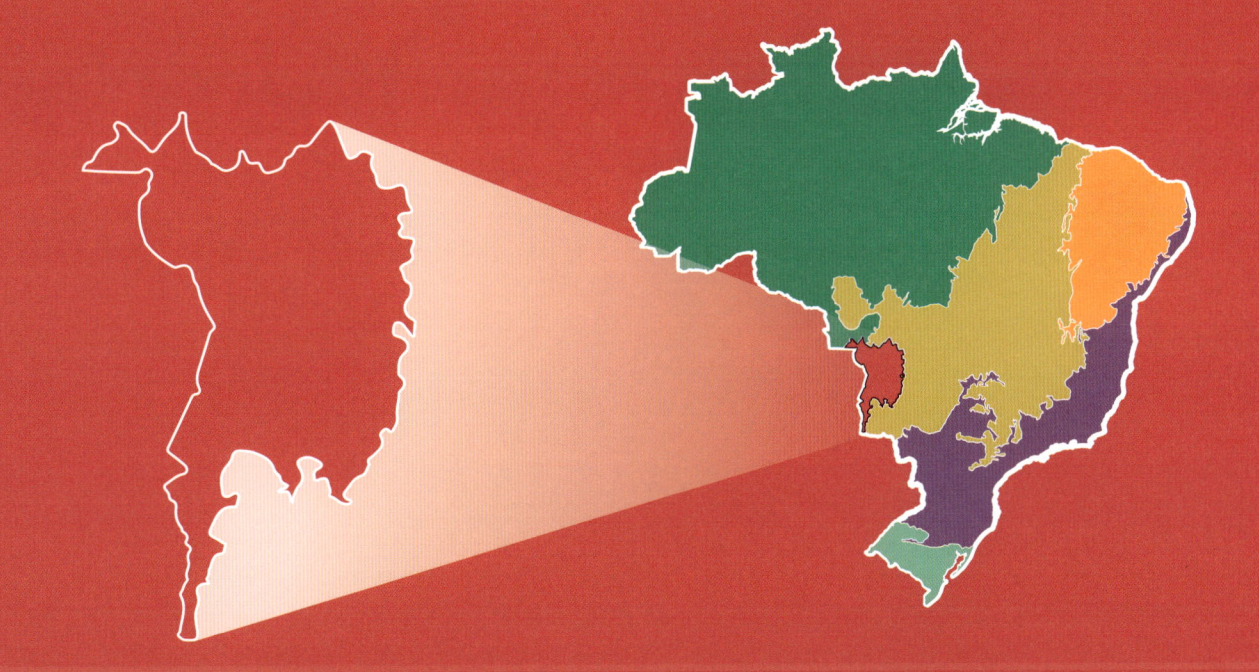

Although the Pantanal is the largest continuous wetlands in the world, it is the smallest Brazilian biome, occupying only the States of Mato Grosso and mostly Mato Grosso do Sul. It is also the only biome which does not reach the coastline. Despite its small size, this is by far the most difficult biome to delimit objectively. Differently from other biomes, the Pantanal cannot be defined by its fauna and flora or its vegetation typology, and displays vast variation of geomorphology and phytophysiognomies. It is defined mostly by terrain relief and hydrological system. Rainfall is not uniform in the Pantanal, with its northern reaches receiving far more rain than the rest. The highland margins also receive more rain, which decrease towards the lowlands near the Rio Paraguay. There is pronounced contrast between the wet and dry seasons, with the former usually in the period between October and March, when most of the Pantanal plains are inundated. Because of so many variables, the Pantanal has several subregions, such as the "pantanais" of Cáceres, Poconé, Barão de Melgaço, Paraguai, Paiaguás, Nhecolândia, Abobral, Aquidauana, Miranda, Nabileque and Porto Murtinho. The most common vegetation type is Savannah, but several other exist, such as Savannah-Steppe and decidual and semi-decidual forests. The Pantanal contains exuberant fauna and flora, but relatively few endemic species. It is one of the best-preserved biomes in Brazil, although recently there have been significant destruction of its native vegetation, especially on the highlands surrounding the wetland plain.

→ **Area in Brazil:** 150.988 km² (1,8% of the Brazilian territory)
→ **Brazilian States where it occurs:** MS, MT
→ **Main river basins:** tributaries of the rio Paraguay (e.g. Cuiabá, Taquari, Piquiri, Miranda, Aquidauana, and others)
→ **Fish species recorded:** ~250 (~7% of the freshwater Brazilian fishes)

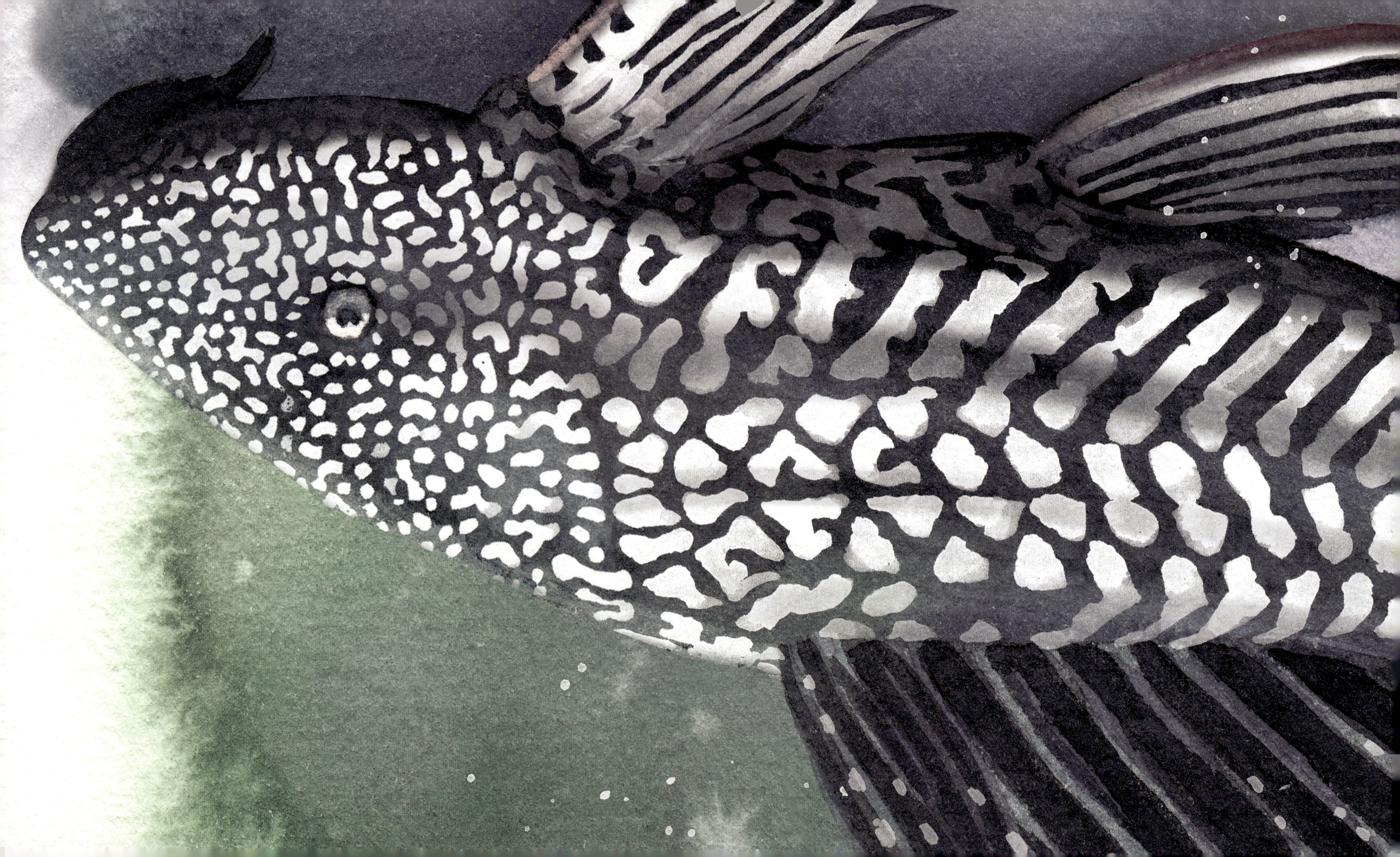

Bodó

Siluriformes › Loricariidae

Pterygoplichthys ambrosettii

(Holmberg, 1893)

Snow king pleco

É uma espécie endêmica da bacia do Paraguai e um dos cascudos mais comuns no Pantanal, onde é presa e um dos alimentos preferidos da ariranha *(Pteronura brasiliensis)*. Comparado a outros cascudos, pode ser considerada uma espécie de grande porte e, assim como eles, alimenta-se de algas e microrganismos que raspam no fundo dos rios. Os machos escavam túneis nas margens dos rios, onde os ovos são depositados pelas fêmeas e defendidos pelos machos. Possui estômago adaptado a permitir trocas gasosas e consegue sobreviver mesmo em ambientes com baixa taxa de oxigenação. Essa mesma forma de respiração permite que possam ser vendidos vivos em peixarias, mesmo depois de longos períodos fora da água. Algumas espécies de *Pterygoplichthys* foram introduzidas em outros países e até em outros continentes onde não ocorrem naturalmente. Em alguns casos desenvolveram enormes populações, sendo um raro exemplo de espécie de peixe brasileira invasora e que tenha se estabelecido com muito sucesso.

This species is endemic to the Rio Paraguai drainage and one of the most common mailed catfishes in the Pantanal, where it is a favorite prey of the giant river otter, the ariranha *(Pteronura brasiliensis)*. Compared to other mailed catfishes, it is a relatively large species and it feeds on algae and microorganisms that they scrape along with detritus from the bottom of rivers. The males dig hole at the river banks, where females lay their eggs. The male then fertilizes and protects them. The stomach of *P. ambrosettii* is adapted for aerial respiration so that the fish can survive in poorly-oxygenated waters by swallowing air. This trait explains how they are sold alive in local markets, even after being out of the water for long periods. Some species of *Pterygoplichthys* have been introduced in other countries and even other continents where they did not naturally occur. In some cases, the established populations are very large and this is one of the few examples of an invasive Brazilian fish species.

CATEGORIA DE AMEAÇA • RED LIST CATEGORIES: LC

BIOMAS QUE HABITA • BIOMES OF OCCURENCE: PTN

ESCALA • SCALE: 42 cm

CONTEÚDO INTERATIVO / INTERACTIVE CONTENT

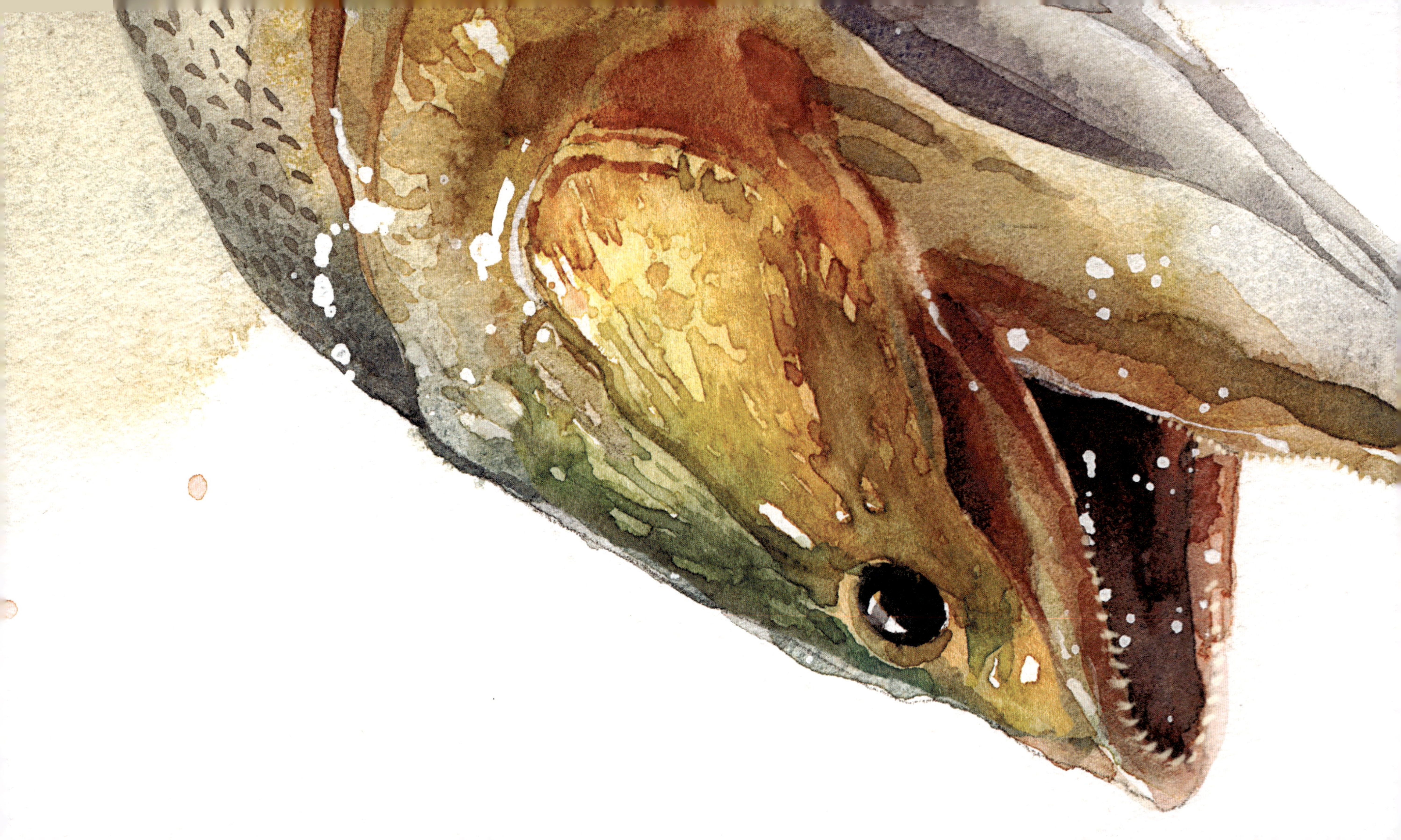

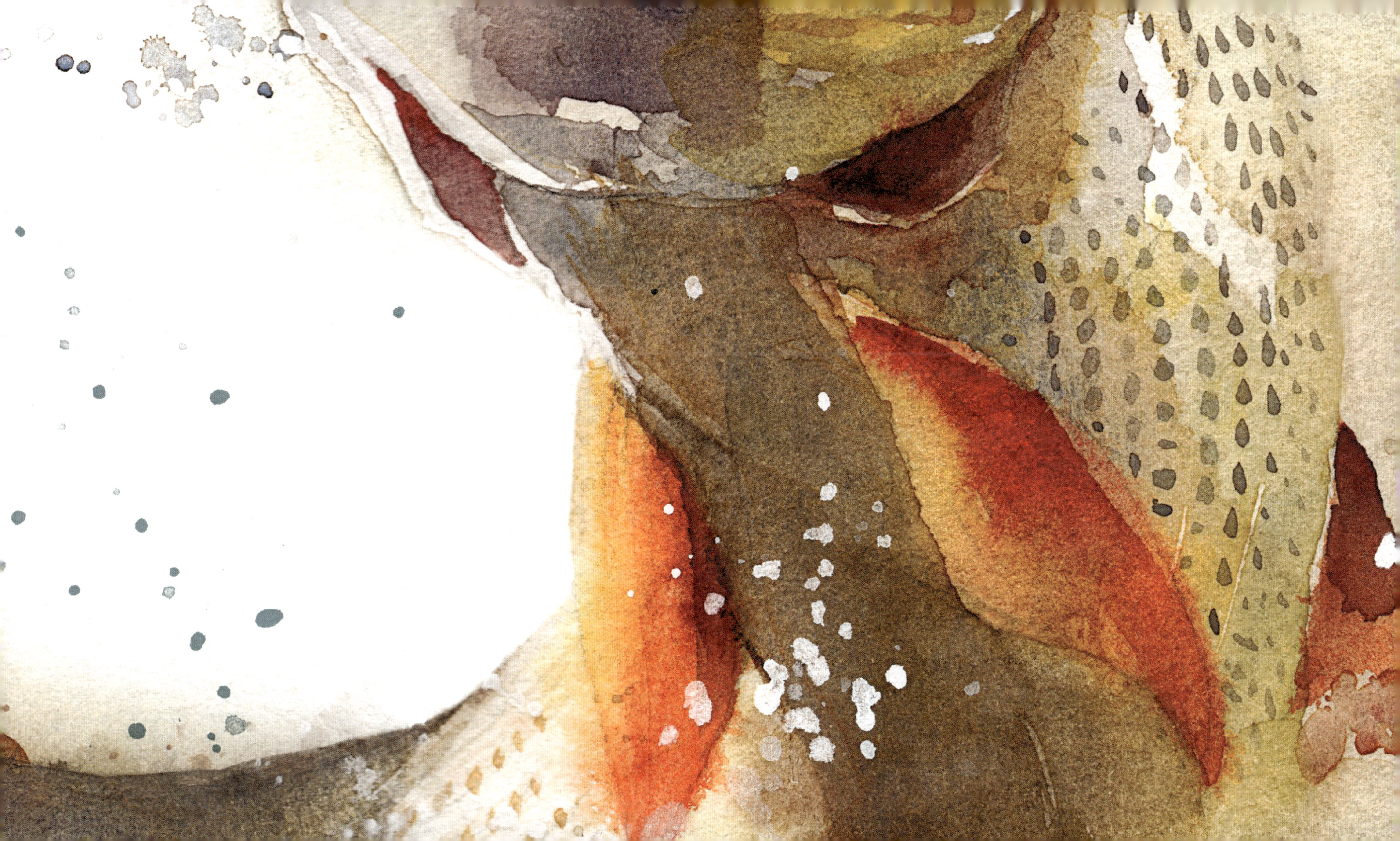

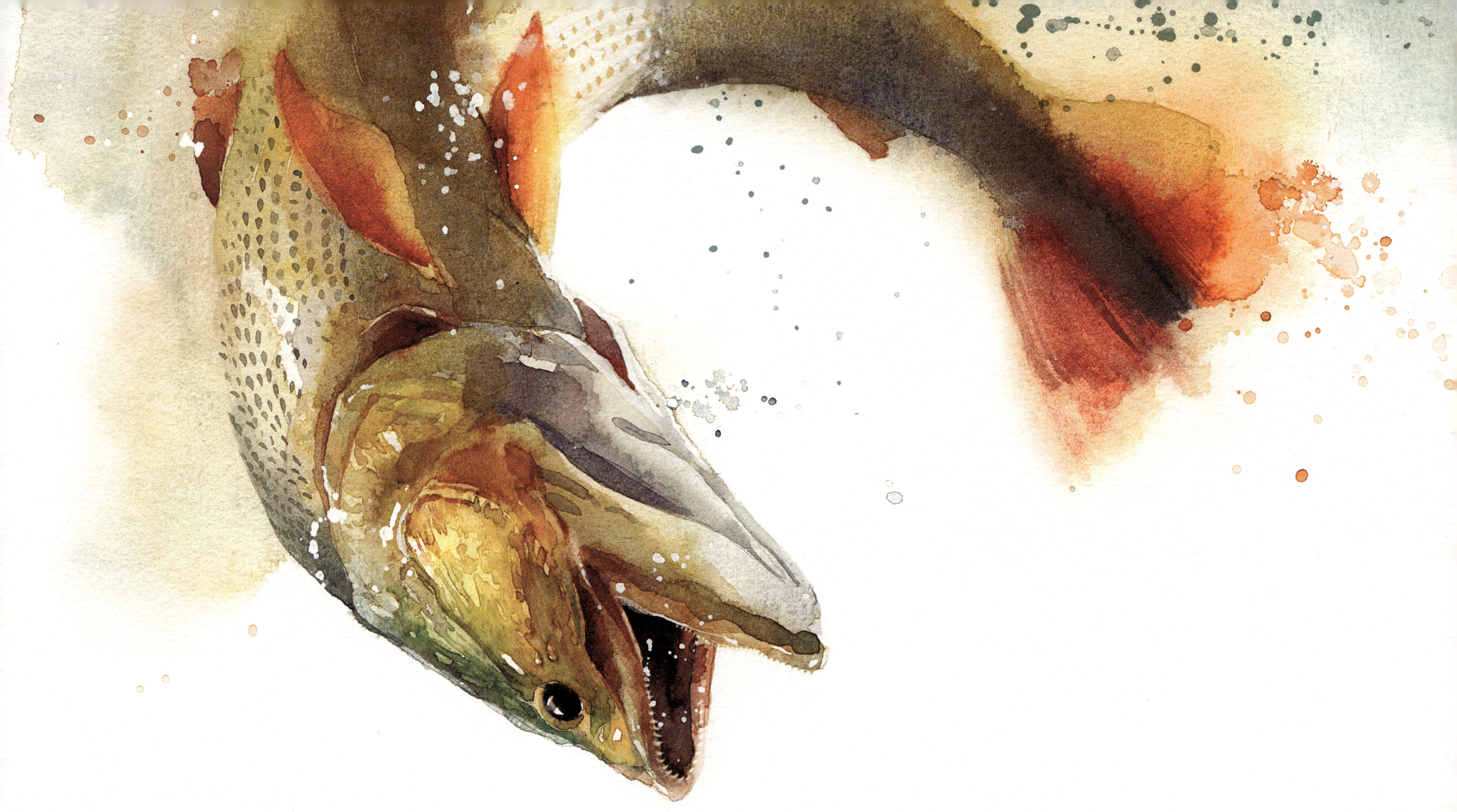

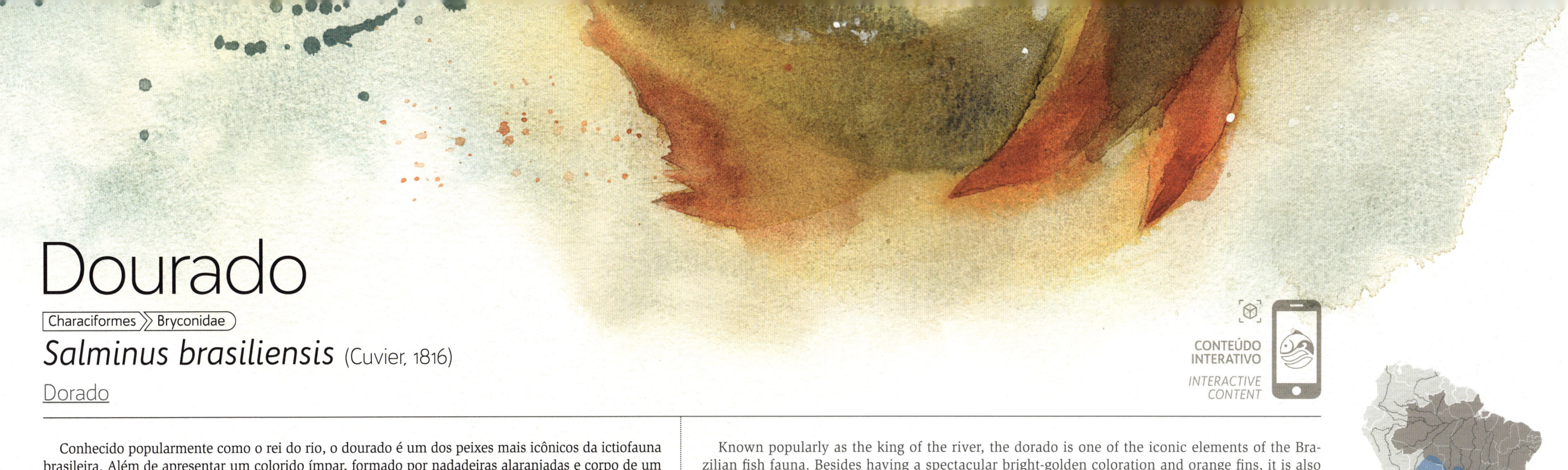

Dourado

Characiformes » Bryconidae

Salminus brasiliensis (Cuvier, 1816)

Dorado

Conhecido popularmente como o rei do rio, o dourado é um dos peixes mais icônicos da ictiofauna brasileira. Além de apresentar um colorido ímpar, formado por nadadeiras alaranjadas e corpo de um amarelo reluzente como ouro, é também renomado por ser uma iguaria culinária e um bravo lutador quando fisgado. É uma espécie de grande porte que alcança 30 kg e até mais de 1 m de comprimento. Apesar de muito presente no imaginário popular, o dourado frequentemente é objeto de duas imprecisões a seu respeito. A primeira é que seu nome científico seria *Salminus maxillosus*. Esse erro se deve ao fato de que o nome *Salminus maxillosus* Valenciennes em Cuvier & Valenciennes 1850 foi atribuído ao dourado na literatura durante muito tempo, sendo que somente na década de 1990 pesquisadores propuseram que o nome *Salminus brasiliensis* Cuvier 1816 se referia à mesma espécie. Como o nome *S. brasiliensis* é mais antigo, ele tem prioridade e, portanto, o nome *S. maxillosus* não deve ser mais usado para a espécie. A segunda incorreção sobre o dourado está relacionada a sua distribuição geográfica. Contrariamente ao que a maioria dos brasileiros pensa, o dourado não é exclusivo das bacias do rio Paraná-Paraguai, mas também tem ocorrência na Amazônia. Na bacia Amazônica, a espécie é encontrada na drenagem do rio Madeira no Brasil, enquanto em outras partes dessa bacia, como no território peruano ou na drenagem do rio Araguaia-Tocantins, ocorre outra espécie de dourado. *Salminus brasiliensis* foi introduzido na bacia do rio Paraíba do Sul na década de 1940, há tanto tempo que nem mesmo os moradores locais sabem que a espécie não é nativa. Os dourados adultos são essencialmente piscívoros, sendo grandes predadores de curimbas (*Prochilodus* spp.). Quando jovens, além de peixes pequenos, alimentam-se de insetos aquáticos e crustáceos. Indivíduos maduros fazem migrações anuais para a reprodução durante a estação chuvosa, geralmente em direção às cabeceiras dos rios, fenômeno conhecido popularmente como piracema. Com base na marcação e recaptura de indivíduos, há registros de dourados com deslocamento de mais de 1000 km. Existe dimorfismo sexual: as fêmeas atingem maior tamanho e os machos maduros apresentam pequenos ganchos na nadadeira anal. Essas estruturas podem ser identificadas pela aspereza da nadadeira anal, principalmente nos raios mais anteriores. Evolutivamente, os dourados são parentes muito próximos das tabaranas (*Salminus hilarii*) e, em menor grau, das matrinxãs, jatuaranas e piabanhas (*Brycon* spp.).

Known popularly as the king of the river, the dorado is one of the iconic elements of the Brazilian fish fauna. Besides having a spectacular bright-golden coloration and orange fins, it is also highly regarded as a culinary delicacy and as a great fighter when caught on line. It is a large species, reaching 30 kg in weight and over one meter in length. Despite its eminence in popular and scientific realms, there are two very widespread misconceptions about the dorado. The first one is that its scientific name is *Salminus maxillosus*. In the 1990´s, researchers discovered that its actual name should be *Salminus brasiliensis*. The former name is from 1850 while the second is from 1816. Following rules of priority in zoological nomenclature, the older name must have priority and is therefore *S. brasiliensis* is the correct one. The second misconception regards its geographical distribution. Contrary to what most Brazilians think, the dorado is not exclusive to the Parana-Paraguay basin, but occurs also in the rio Madeira of the Amazon basin. Elsewhere in the Amazon, like in the Araguaia Tocantins and the Madeira itself, there is another species of dorado. *Salminus brasiliensis* was introduced in the rio Paraíba do Sul in the 1940´s, so long ago that today not even local people know that it is not native to that basin. Adult dorados are piscivores, being major predators of curimbas (*Prochilodus* spp.). When young, they feed also on crustaceans and aquatic insects, in addition to small fish. Mature individuals make reproductive migrations, normally towards the headwaters and in the rainy season, a phenomenon known as piracema. Tag-release experiments showed that some dorados move over 1000 km in the course of their travels. There is sexual dimorphism, with females reaching a larger size and males having hooks over the anal fin. The latter structures can be easily identified by the rough texture of the anal fin in males, especially over the more anterior rays. Evolutionarily, the dorado is a close relative of the tabarana (*Salminus hilarii*) and, more distantly, to the matrinxã, jatuarana e piabanha (*Brycon* spp.).

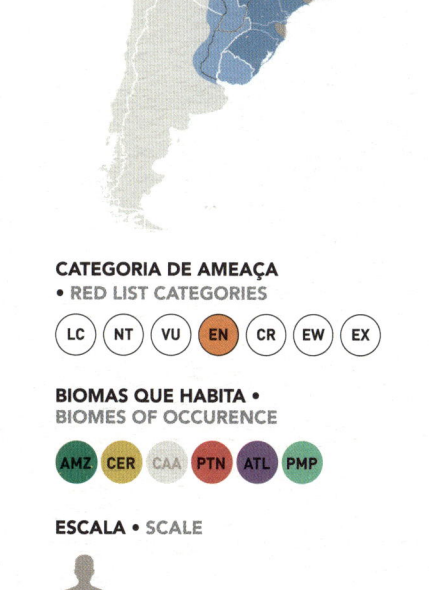

CATEGORIA DE AMEAÇA • RED LIST CATEGORIES

LC NT VU **EN** CR EW EX

BIOMAS QUE HABITA • BIOMES OF OCCURENCE

AMZ CER CAA PTN ATL PMP

ESCALA • SCALE

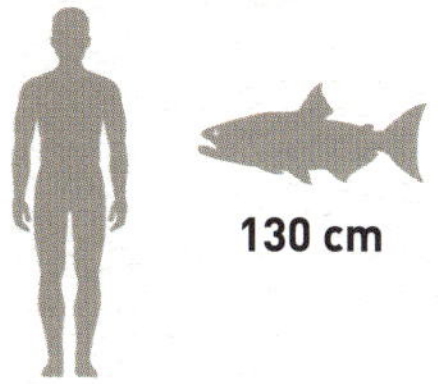

130 cm

70

Piranha-vermelha

Characiformes ≫ Serrasalmidae

Pygocentrus nattereri Kner, 1858

Red piranha

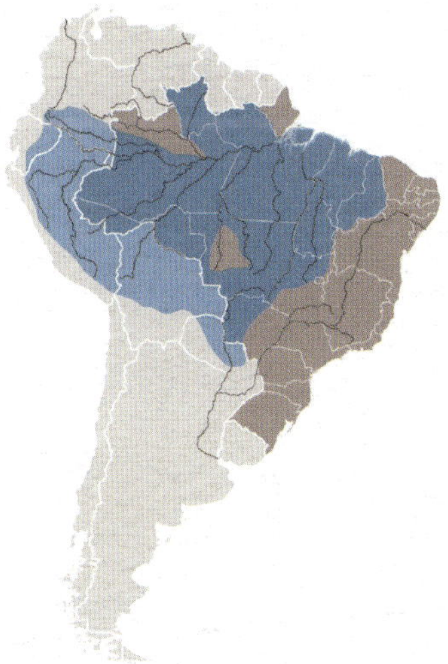

As piranhas talvez sejam os peixes de água doce com a pior reputação em todo o mundo, tendo se tornado até mesmo tema de filmes de terror. Esses filmes, porém, em nada retratam o comportamento natural da espécie e somente contribuem para fomentar o repúdio do grande público em relação à já desgastada imagem desses peixes. Apesar de serem animais realmente agressivos e grandes predadores, há muito mais folclore do que realidade em piranhas devorando seres humanos. Na literatura científica há alguns registros confirmados de piranhas que comeram carne humana, mas em quase todos os casos foi constatado que as pessoas já estavam mortas por outras causas, como afogamento. Muito mais comuns são os casos de mordidas e lacerações causadas a banhistas. O perfil desses acidentes é de uma única mordida geralmente em defesa de sua prole e/ou defesa do território de desova. Outro caso frequente de acidente é por manuseio inadequado dos animais fora da água. Certamente mais pessoas já foram feridas por piranhas fora da água do que dentro dela. Ao contrário do que se pensa, nem todas as espécies de piranhas são obrigatoriamente carnívoras. Na verdade, variam sua dieta alimentar durante o crescimento, em função da época do ano e da espécie. Jovens da piranha-vermelha alimentam-se de pequenos insetos aquáticos, crustáceos e pedaços de nadadeiras e escamas de outros peixes. Quando crescem, diferentemente de muitas outras espécies de piranhas, caçam em grupos que chegam a ter centenas de indivíduos. Habitam tanto lagos como a calha principal dos rios, tornando-se mais agressivas em lagoas no período da seca, quando a oferta de alimentos é menor. Em determinadas condições, os grupos podem convergir em um frenesi alimentar para devorar uma grande presa. Atacam a presa arrancando um pedaço e logo se afastam para evitar que sejam mutiladas pelos colegas de grupo. A maioria das presas são peixes de pequeno a médio porte; já as presas grandes geralmente são animais terrestres.

The piranhas are the most infamous freshwater fishes worldwide and have even been the subject of horror movies. Those films do not represent at all the natural behavior of the species and only add to the layperson´s disgust towards those fishes. While they are indeed great aggressive predators, there is more myth than reality in stories about piranhas devouring humans. In the scientific literature there are confirmed reports of piranhas feeding on human flesh but in almost all cases the victim was already dead from other causes, such as drowning. Far more common are cases of bites and lacerations inflicted on bathers. A majority of such accidents are single-bite events related to the defense of nests or offspring, or spawning territory. Another common occurrence is the inappropriate handling of live specimens out of the water. Certainly more people have been bitten by piranhas out of the water than in the water. In reality, contrary to popular belief, not all species of piranhas are mandatory carnivores. Their diet changes along growth, according to season and species. Young red piranha feed on small aquatic insects, crustaceans and bits and pieces of fins and scales of other fishes. Once grown, and differently from many other species of piranhas, they hunt in groups of over one hundred individuals. The red piranha inhabits both lakes and the main channels of rivers and becomes more aggressive in lagoons during the dry season, when food is scarce. In some circumstances, groups will converge into a feeding frenzy and quickly devour a large prey. They will bite off a chunk of flesh and quickly swim away to avoid being mutilated by their peers. Most of their prey are small- to medium-size fishes, while large prey are usually terrestrial animals.

CATEGORIA DE AMEAÇA
• **RED LIST CATEGORIES**

LC · NT · VU · EN · CR · EW · EX

BIOMAS QUE HABITA •
BIOMES OF OCCURENCE

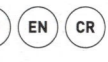

AMZ · CER · CAA · PTN · ATL · PMP

ESCALA • **SCALE**

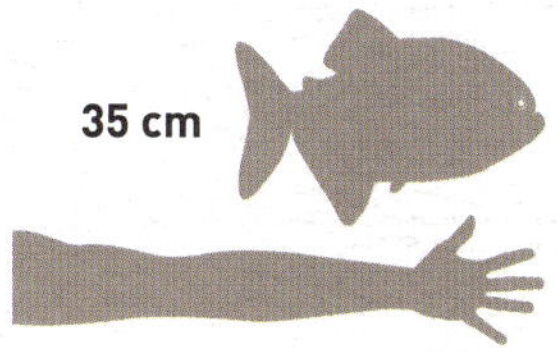

35 cm

Sauá

Characiformes > Characidae

Tetragonopterus argenteus

Cuvier, 1816

Saua

O sauá é um lambari de corpo alto e com nadadeiras pélvica e anal avermelhadas, mas os detalhes de pigmentação mais evidentes do corpo desse peixe são os grandes olhos atravessados por uma barra vertical escura e uma mancha arredondada no final do pedúnculo caudal, ambas adaptações para confundir os predadores. A barra vertical ajuda a quebrar a silhueta dos olhos, disfarçando onde é a cabeça do animal, enquanto a mancha caudal funciona como um olho falso para que o predador, que geralmente ataca por trás, chegue pela frente, e o sauá consiga percebê-lo o quanto antes. Amplamente distribuída pela América do Sul, a espécie ocorre na bacia do baixo rio Paraná, Paraguai, Amazonas, Orinoco e nas drenagens do nordeste. Onívoros, têm dieta bastante ampla, que inclui insetos, mas principalmente sementes e frutas. São diurnos e formam grandes grupos. Os machos e as fêmeas são muito parecidos, exceto pela presença de pequenos ganchos ósseos nas nadadeiras dos machos. No Pantanal são frequentemente usados como isca para a pesca de bagres.

The saua is a deep-bodied characid with red pelvic and anal fins. The most noticeable color traits of the species are a dark vertical bar crossing the eye and a round spot at the base of the caudal fin. Both characteristics are meant to confuse predators, by disguising the real eye and faking an illusory eye at the wrong end of the animal. Since predators approach their prey by the apparent rear end, the sauá actually sees the deceived predator right upfront, thus taking immediate evasive action. Broadly distributed throughout South America, the species occurs in the lower rio Paraná, Paraguay, Amazonas, Orinoco and northeastern Brazilian drainages. Their diet is omnivorous, including insects but mainly seeds and fruit. They are diurnal and congregate in large groups. Males and females are very similar, except that males have small hooks on the anal fin. In the Pantanal, *Tetragonopterus argenteus* is commonly used as bait for catfish.

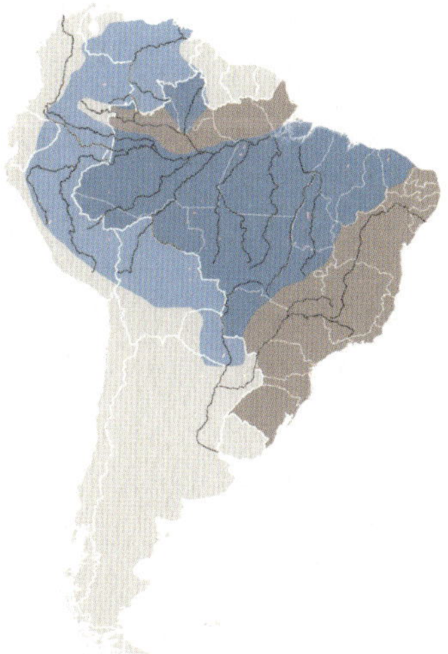

CATEGORIA DE AMEAÇA
• RED LIST CATEGORIES

LC · NT · VU · EN · CR · EW · EX

BIOMAS QUE HABITA •
BIOMES OF OCCURENCE

AMZ · CER · CAA · PTN · ATL · PMP

ESCALA • SCALE

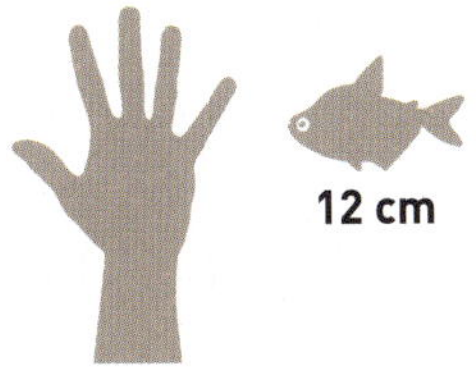

12 cm

73

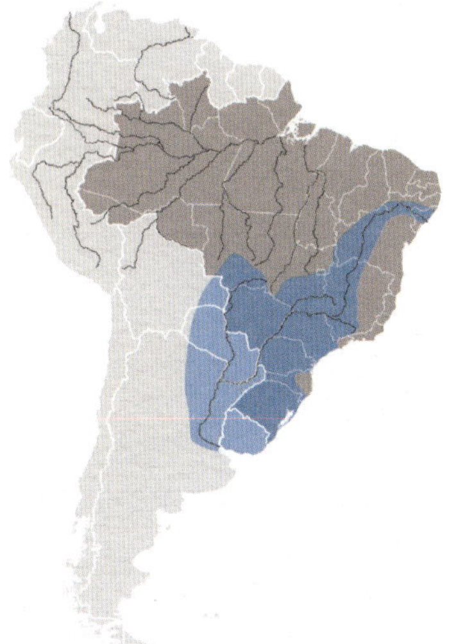

CATEGORIA DE AMEAÇA
• RED LIST CATEGORIES

LC NT VU EN CR EW EX

BIOMAS QUE HABITA •
BIOMES OF OCCURENCE

AMZ CER CAA PTN ATL PMP

ESCALA
• SCALE

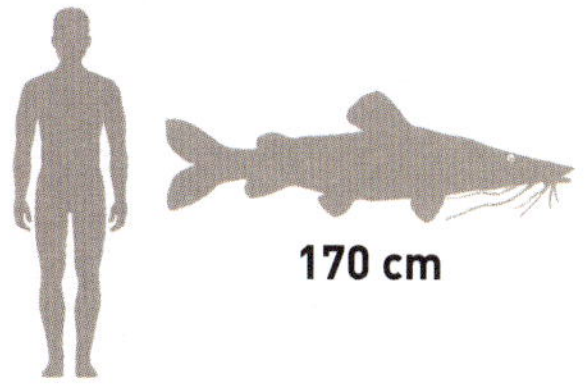

170 cm

Pintado

Siluriformes ≫ Pimelodidae

Pseudoplatystoma corruscans

(Spix & Agassiz, 1829)

Spotted shovelnose catfish

Esse bagre tem uma distribuição geográfica interessante, abrangendo as bacias dos rios Paraná, Paraguai e São Francisco. *Pseudoplatystoma corruscans* é um grande bagre predador que vive em porções profundas de grandes rios e migra para reprodução. Atinge aproximadamente 1,7 m de comprimento, o que o torna um dos maiores peixes em seu habitat. Costuma caçar mais ativamente ao amanhecer e no pôr do sol, quando podem se aproximar das margens dos rios em busca de presas. Seu padrão de cor pintado o diferencia facilmente de seus parentes próximos predominantemente listrados, como o caparari *(P. tigrinum)* e o sorubim *(P. punctifer)* ambos da Amazônia, e a cachara *(P. reticulatum)* do rio Paraguai e baixo Paraná. O pintado tem segregação espacial por tamanho na estação seca, com grandes espécimes concentrados nos canais fluviais centrais e os menores vivendo em tributários de águas mais rasas. Como todos os grandes bagres migratórios, *P. corruscans* é severamente afetado pela construção de barragens, que interrompem suas rotas de migração e diminuem ou impedem sua reprodução. Juntamente com a poluição e a sobrepesca, a combinação de todos esses abusos ambientais tem gradualmente extirpado esse bagre de grande parte de suas áreas de ocorrência naturais.

This catfish has an interesting geographical distribution spanning the Paraná, Paraguay and São Francisco basins. *Pseudoplatystoma corruscans* is a large predatory catfish that lives in deep portions of large rivers and migrates for reproduction. It reaches approximately 1.7 m in length making it one of the largest fishes in its habitat. Its most active hunting hours are at dawn and sunset, when it can approach the banks of rivers in search of prey. Its mottled color pattern distinguishes it easily from its predominantly striped close relatives, caparari *(P. tigrinum)* and sorubim *(P. punctifer)* both from the Amazon, and cachara *(P. reticulatum)* from the Paraguay and lower Paraná rivers. *Pseudoplatystoma corruscans* has spatial segregation by size in the low water season, with large specimens concentrating in large river channels and smaller ones in shallow water tributaries. Like all large migratory catfish, *P. corruscans* is severely affected by the construction of dams, which interrupt its migration routes and decrease or impede its reproduction. Along with pollution and overfishing, the summation of all such environmental abuse may well extirpate this catfish from most of its natural range.

Jaú

Siluriformes › Pimelodidae

Zungaro jahu
(Ihering, 1898)

Jau

Este enorme bagre está entre os maiores da América do Sul. Com 1,5 m de comprimento, *Zungaro jahu* não é tão comprido quanto a piraíba (*Brachyplatystoma filamentosum*, também neste volume), mas rivaliza em robustez, podendo atingir por volta de 150 kg. Embora seja o segundo lugar geral entre os bagres, é o maior peixe do sistema Paraná-Paraguai, uma vez que a piraíba não existe lá. Vive em grandes rios, concentrando-se em setores profundos logo abaixo de cachoeiras ou corredeiras. Como a maioria dos outros grandes bagres do mundo, o jaú é um predador, alimentando-se principalmente de peixes. Seu apetite é refletido em seu nome popular, que significa "grande comedor" na língua tupi. O jaú realiza migrações reprodutivas no início da estação das cheias, desovando nos cursos superiores de grandes rios. Uma fêmea madura é extremamente fecunda, com milhões de óvulos nos ovários. Os jovens apresentam um bonito padrão de colorido manchado, que gradualmente se transforma no marrom amarelado uniforme dos adultos. O jaú (*Zungaro jahu*) é exclusivo do sistema fluvial do Paraná-Paraguai, enquanto o *Zungaro zungaro*, seu parente próximo, vive na Amazônia. Ambas as espécies costumavam ser incluídas no gênero *Paulicea*, mas mais tarde foi descoberto que a alocação correta estava em *Zungaro*, uma mudança oriunda das complexidades relacionadas às regras da nomenclatura zoológica.

This massive catfish is among the largest in South America. At, 1.5 m long, *Zungaro jahu* it is never as long as the largest piraíba (cf. *Brachyplatystoma filamentosum*, this volume), but can reach a close weight, around 150 kg. Although it is a second place overall, it is still the largest fish in the Paraná-Paraguay system, since the piraíba does not exist there. It lives in large rivers, concentrating on deep sectors just below waterfalls or rapids. As most other large catfish anywhere in the world, the jau is a predator, feeding mostly on fish. Its appetite is reflected in its popular name, which means means "big eater" in Tupi language. *Zungaro jahu* undertakes reproductive migrations at the beginning of the flood season, spawning in the upper courses of large rivers. A mature female is extremely fecund, holding millions of eggs in her ovaries. The young have an attractive mottled color pattern, which gradually turns into the rather dull uniform yellowish-brown of adults. *Zungaro jahu* is exclusive to the Paraná-Paraguay river system, while the closely related *Zungaro zungaro* lives in the Amazon. Both species used to be included in the genus *Paulicea*, but later it was discovered that the correct allocation was in *Zungaro*, mostly due to intricacies related to rules of zoological nomenclature, rather than to any increase in knowledge about those fish.

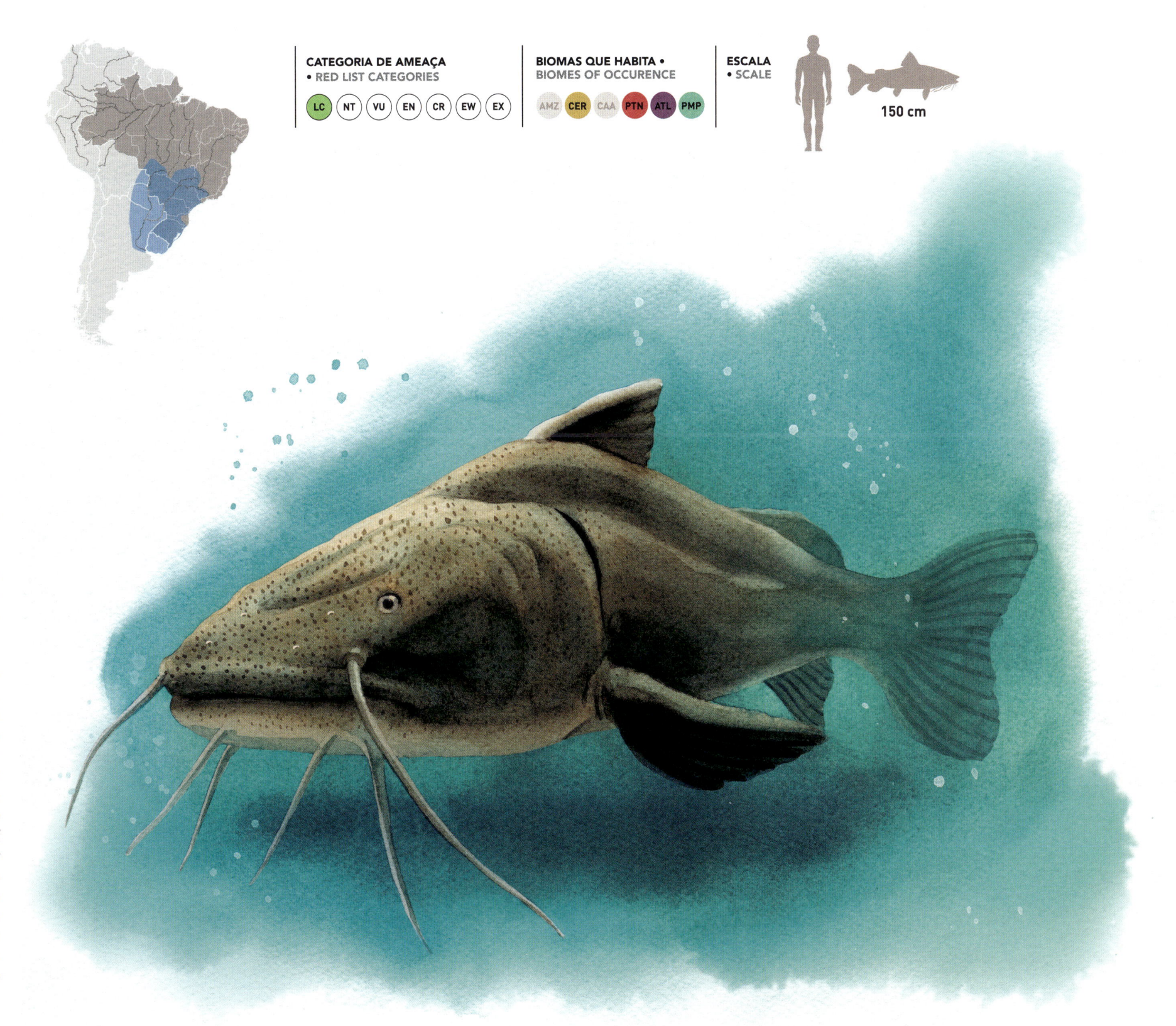

CATEGORIA DE AMEAÇA • RED LIST CATEGORIES: LC

BIOMAS QUE HABITA • BIOMES OF OCCURENCE: CER, PTN, ATL

ESCALA • SCALE: 150 cm

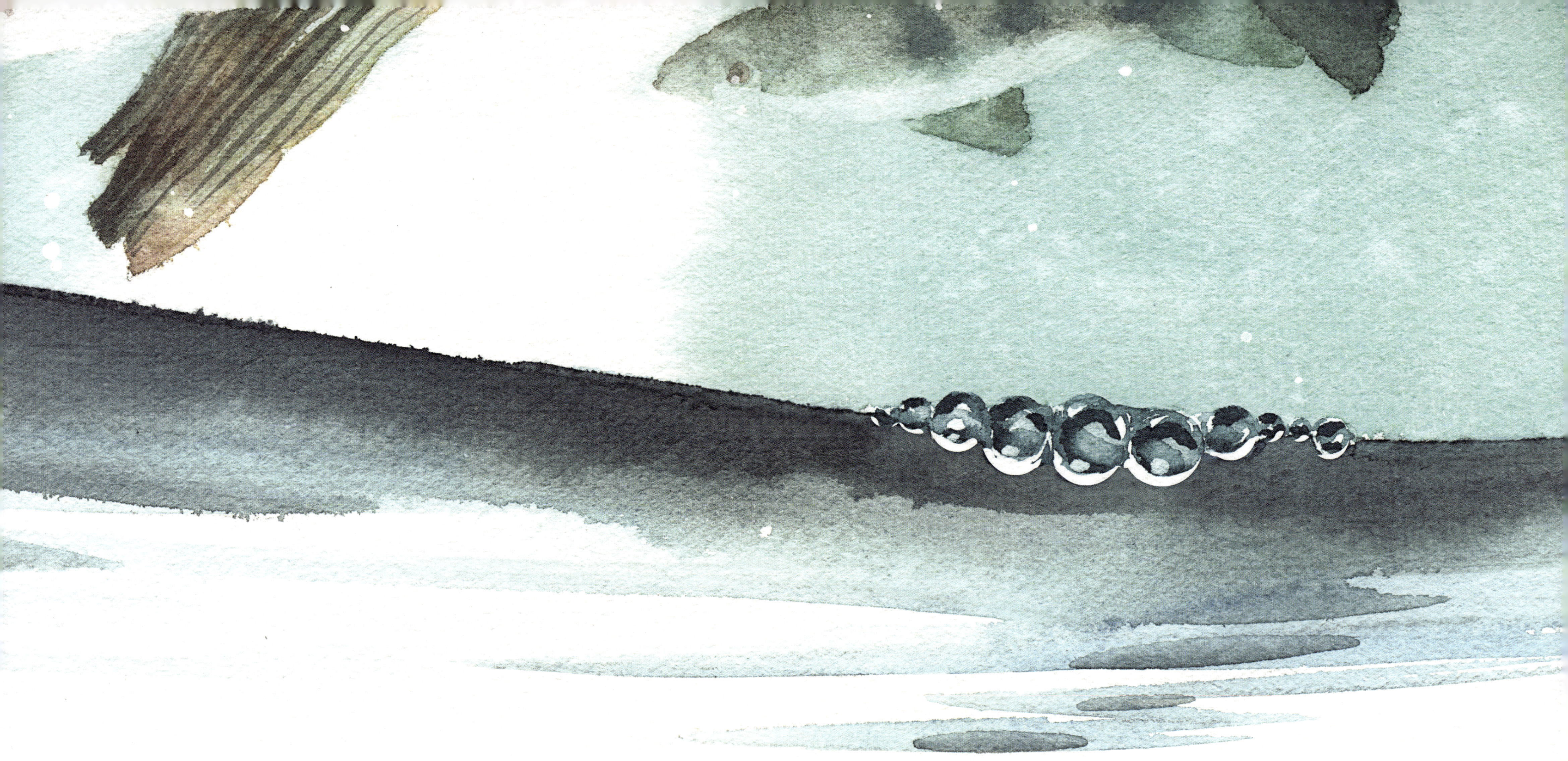

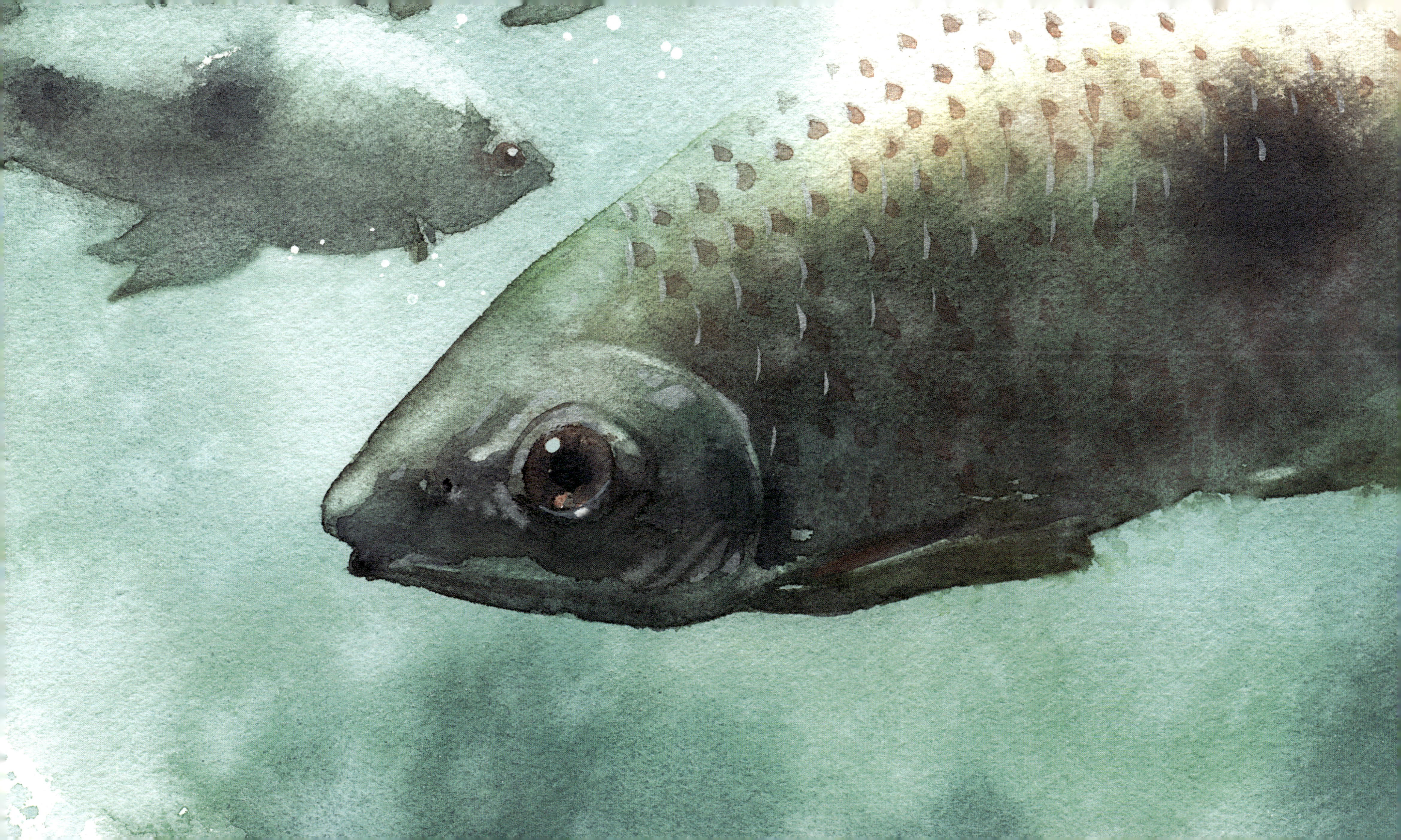

Piau-três-pintas

Characiformes >> Anostomidae

Leporinus friderici
(Bloch, 1794)

Threespot piau

As diferentes espécies de piaus e afins apresentam três principais tipos de padrões gerais de coloração: faixas horizontais, barras verticais ou bolinhas. O piau-de-três-pintas é um clássico exemplo do último tipo. Mas não é assim durante toda a vida. Os exemplares jovens, ao invés de três bolinhas no corpo, têm barras verticais escuras. A maioria, senão todas, das mais de oitenta espécies de piaus e aracus, apresenta barras verticais quando jovens e à medida que crescem podem modificar esta coloração. Quando pequenos, os piaus também têm a boca completamente diferente da dos adultos. Nos estágios iniciais de vida ela é voltada para cima e, à medida que se desenvolvem, a boca gradualmente se desloca para uma posição mais ventral, típica dos adultos. Os piaus são animais onívoros, alimentando-se de crustáceos, sementes e insetos aquáticos. Podem formar grandes cardumes e participam da piracema para reprodução. As fêmeas alcançam tamanho corporal maior que os machos.

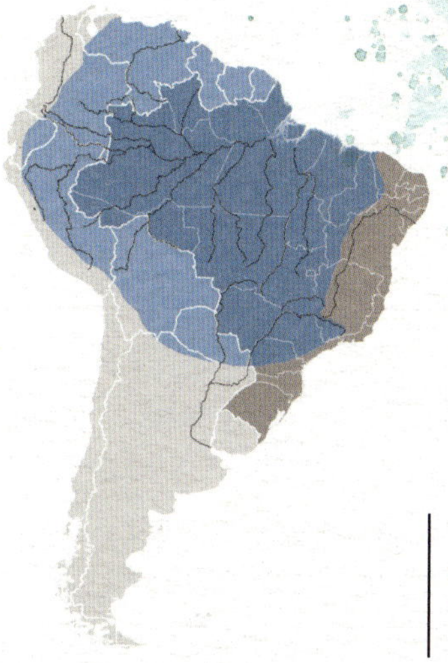

The many species of piau and related fishes fit into three well-defined patterns of coloration: horizontal stripes, vertical bars and spots. The threespot piau obviously belongs to the latter category. However, it is not like that its entire life. Young specimens have vertical dark bars and the spotted pattern only comes with growth. In fact, a majority of piau species have vertical bars when young and the different color patterns come later. The mouth shape of the young is also entirely different from those of adults. Initially, it is turned upwards, with age it gradually turns downward, in typical adult morphology. The piaus are omnivores, feeding on crustaceans, seeds, and aquatic insects. They may form large schools and participate in piracema for reproduction. The females are larger than males.

CATEGORIA DE AMEAÇA • RED LIST CATEGORIES: LC NT VU EN CR EW EX

BIOMAS QUE HABITA • BIOMES OF OCCURENCE: AMZ CER CAA PTN ATL PMP

ESCALA • SCALE: 40 cm

Mato-Grosso

Characiformes 〉 Characidae

Hyphessobrycon eques

(Steindachner, 1882)

Serpae tetra

A origem do nome científico do peixinho mato-grosso não tem explicação clara. A palavra *eques* significa cavaleiro e aparentemente é uma referência à mancha umeral preta e com formato de sela presente na lateral do corpo da espécie. Dentre os peixes nativos do Brasil, o mato-grosso é um dos mais comuns em aquário em razão de sua beleza e da facilidade de ser mantido. Sua coloração vívida de tons vermelhos e laranja com contraste preto enfeita aquários em todos os cantos do país e do mundo. É uma espécie de ampla distribuição na América do Sul, e além de ocorrer no Brasil, pode ser encontrada também na Argentina, na Bolívia, no Paraguai, no Peru, nas bacias do rio Paraná, Paraguai e Amazonas. Preferem habitar locais com plantas aquáticas onde formam pequenos cardumes de dezenas de indivíduos. Apesar de miúdos, são relativamente agressivos e inquisitivos, principalmente com espécies de tamanho menor. Alimentam-se de insetos, crustáceos e matéria vegetal.

The origin of the scientific name of this fish is a mystery. The word *eques* means horseman and apparently is an allusion to the dark saddle-shaped humeral mark on the sides of this species. Among native Brazilian fishes, this is one of the most common due to its beauty and easy maintenance. Its vivid coloration, combining red and orange tints and contrasting black, graces aquaria all over the world. Besides Brazil, the species occurs broadly in South America, including Argentina, Bolivia, Paraguay and Peru, in the Paraná, Paraguay and Amazon basins. They occur in places with aquatic vegetation where they gather in small schools of tens of individuals. Although minute in size, they are aggressive and bold, especially with yet-smaller species. They feed on insects, crustaceans and vegetable matter.

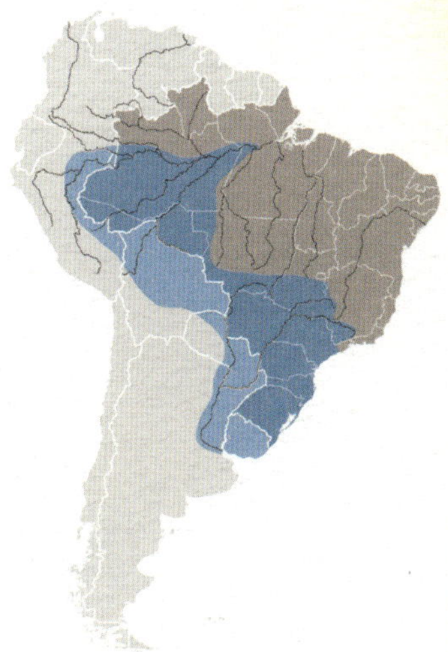

CATEGORIA DE AMEAÇA • RED LIST CATEGORIES: LC

BIOMAS QUE HABITA • BIOMES OF OCCURENCE: AMZ, CER, PTN

ESCALA • SCALE: 1:1 — 3,5 cm

Piramboia

Ceratodontiformes » Lepidosirenidae

Lepidosiren paradoxa
(Fitzinger, 1837)
South American lungfish

Certamente esse é o peixe de água doce mais bizarro do Brasil. É parte de uma linhagem de peixes muita antiga que vive aqui há mais de 100 milhões de anos, quando o continente sul-americano ainda era unido à África e à Austrália, formando a Gondwana. Seu nome popular significa peixe-cobra em tupi, uma alusão ao formato do corpo alongado. Suas nadadeiras peitorais e pélvicas são finas e filamentosas, sem raios como nos outros peixes. De todas as espécies de peixes brasileiros, a piramboia é o nosso parente mais próximo. Essa hipótese já foi confirmada tanto por sequências de DNA quanto por características anatômicas que compartilhamos com esses peixes. Dentre as mais óbvias é possível citar a comunicação entre a narina e a cavidade bucal (coana) e a presença de pulmão para respirar ar. Sim, as piramboias precisam de ar para respirar e, por mais estranho que possa parecer, quando impossibilitadas disso, morrem afogadas. Entretanto, esses animais são capazes de um comportamento ainda mais singular, pois preferem viver em lagoas que podem secar completamente no período de estiagem. Para não morrerem esturricadas ao Sol, escavam uma câmara no fundo da lagoa com profundidade de até 50 cm e produzem uma secreção de muco que as envolve, formando um casulo. Nessa etapa podem ser conhecidas como peixe-batata, pela semelhança de seu casulo com o tubérculo. Quando alojadas, as piramboias respiram exclusivamente usando o pulmão, ficam sem se alimentar e reduzem drasticamente o metabolismo. Podem sobreviver meses no casulo aguardando a chegada da nova estação chuvosa, quando emergem ao detectarem a umidade. Durante o período reprodutivo, os machos cuidam dos filhotes e sua nadadeira pélvica se modifica, ficando bastante vascularizada e com a aparência de uma pena vermelha. O pai agita essa nadadeira próximo aos ovos para supri-los de oxigênio. Quando jovens, as piramboias apresentam quatro brânquias externas, à semelhança de algumas salamandras. Há registro na literatura de que os jovens podem ser tóxicos e têm manchas amarelas brilhantes na pele, possivelmente relacionadas com uma coloração de advertência a potenciais predadores. São essencialmente noturnos e alimentam-se principalmente de moluscos e pequenos peixes.

This is certainly the most bizarre freshwater fish in Brazil. *Lepidosiren* is part of a very ancient lineage of fishes which was already here 100 million years ago, when the South American continent was still united to Africa and Australia, forming Gondwana. Its popular name means snake-fish in Tupi language, an allusion to the elongate body shape. Its pectoral and pelvic fins are filamentous, without fin rays as in other fishes. The piramboia is actually part of a lineage which includes the land vertebrates: amphibians, reptiles, birds and mammals. Therefore, of all Brazilian fish this is the one most closely related to us. This hypothesis has been confirmed by numerous lines of evidence, including both DNA sequences and comparative anatomy. The piramboia shares with us, for example, the presence of a choana, ie., a communication between the nostrils and the throat. They also have air-breathing lungs, just like ourselves. Oddly enough, the piramboia will drown if kept from breathing air. But this fish has more oddities in stock. The preferred habitat of the piramboia is temporary lagoons which may dry up completely in the dry season. In response to that, the fish digs a 50 cm tunnel at the bottom of the lagoon, ending in a small chamber. Therein, the fish encapsulates itself in a loop position and secretes mucus which will form a cocoon. Then the piramboia will breathe air exclusively, cease eating altogether and dramatically reduce its metabolism. The fish will remain in that situation for months, until the rains return and it emerges to a normal life again. During reproduction, the males alone take care of the nest. His pelvic fins turn into a red feather-like structure which secretes oxygen to the eggs and young. When young, the piramboia has large external gills, like those of some salamanders. The juveniles also have yellow spots over the body and this may be a warning signal to potential predators since there are indications that the young piramboia may be toxic. Piramboias are predominantly nocturnal, feeding on mollusks, crustaceans and small fishes.

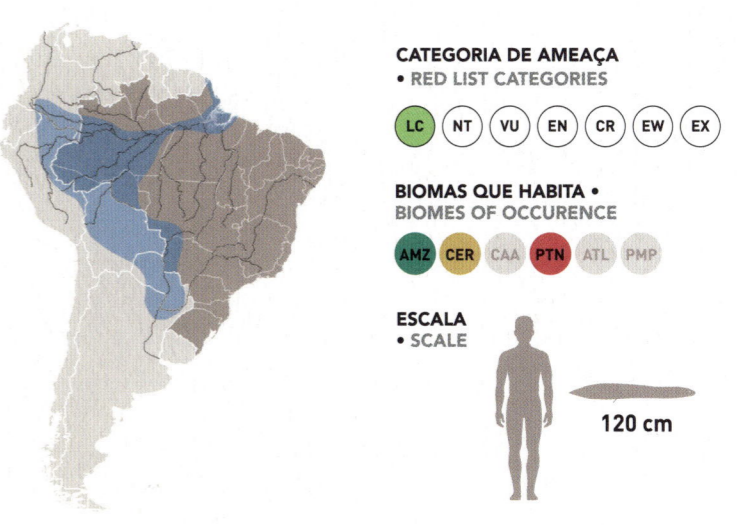

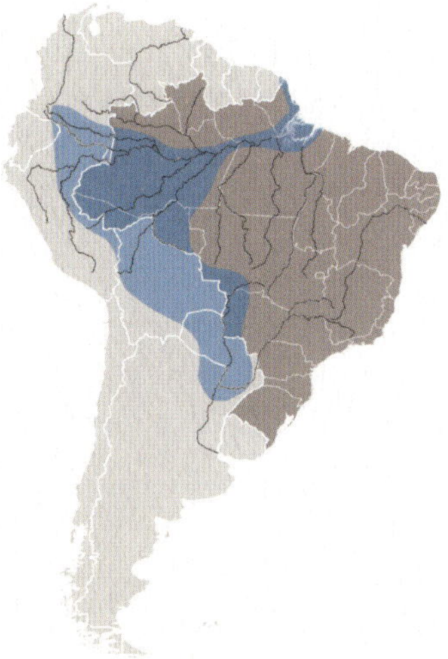

CATEGORIA DE AMEAÇA
• RED LIST CATEGORIES

(LC) (NT) (VU) (EN) (CR) (EW) (EX)

BIOMAS QUE HABITA •
BIOMES OF OCCURENCE

(AMZ) (CER) (CAA) (PTN) (ATL) (PMP)

ESCALA
• SCALE

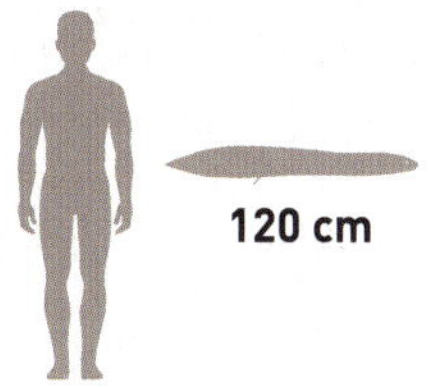

120 cm

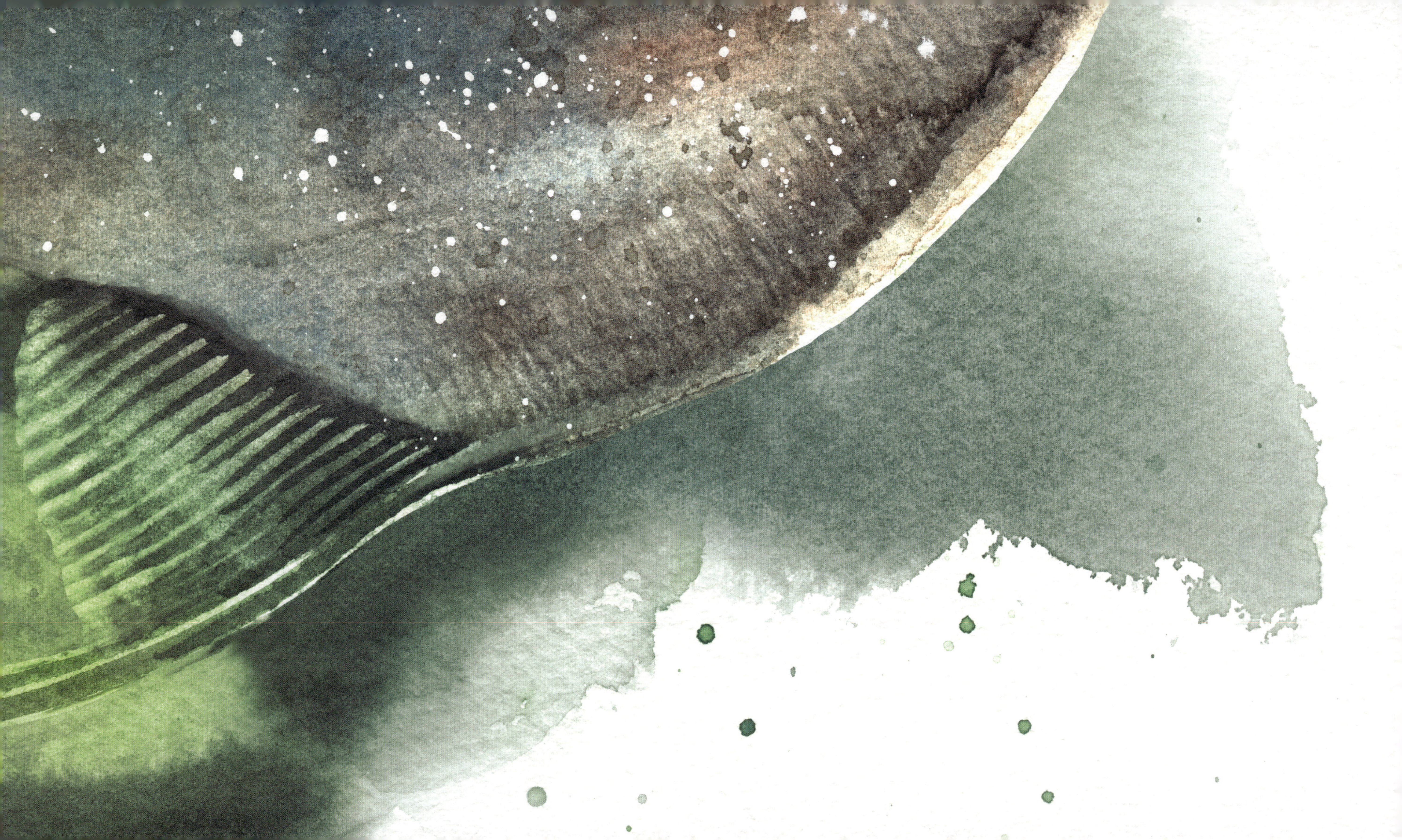

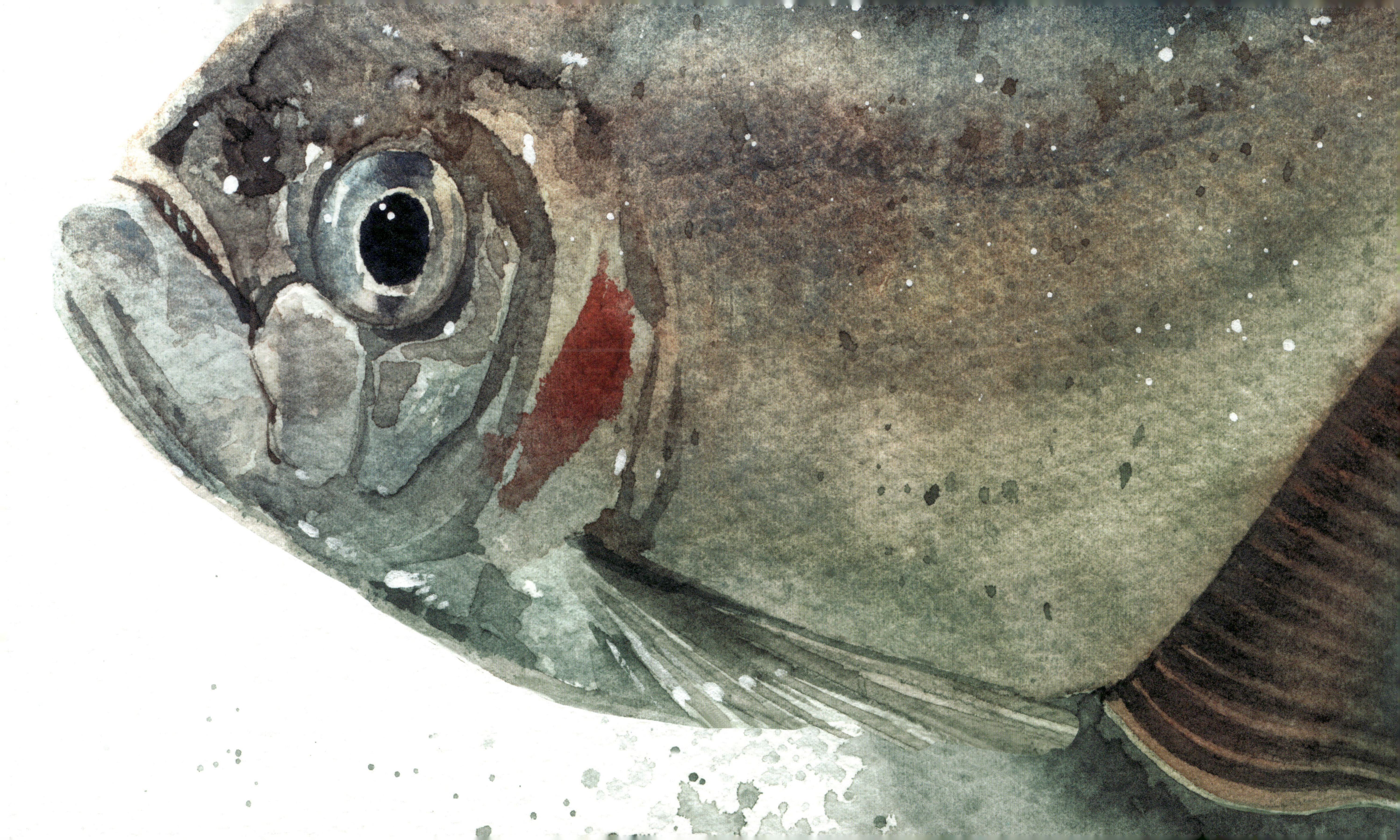

Piranha-queixuda

Characiformes » Serrasalmidae

Catoprion mento (Cuvier, 1819)

Wimple piranha

Sua principal característica morfológica é o prognatismo, ou seja, tem a mandíbula inferior desproporcionalmente desenvolvida. Essa característica é tão marcante que até lhe rendeu uma menção em seu nome científico, já que "mento" em Latim significa "queixo". São territoriais, atacando outros da mesma espécie que se aproximam de sua área. Geralmente são solitários, usando plantas como esconderijo para emboscar presas. É um dos poucos peixes brasileiros adaptados a se alimentar basicamente de escamas, sendo o único do grupo das piranhas especializado nesse nicho ecológico. Apesar desta preferência, pode também consumir pequenos peixes, camarões ou insetos. Ataca geralmente por meio de um bote curto e rápido com a boca bem aberta para que seus numerosos dentes raspem as escamas da presa. Com o choque da colisão, as escamas então se desprendem do corpo da presa e são ingeridas pelo *Catoprion mento*. Embora não pareça, escamas são uma fonte de alimento razoavelmente nutritiva. Além de serem formadas por cálcio, fosfato, colágeno e minerais, as escamas são cobertas por uma camada de muco rica em proteínas. Mas, de fato, não devem ser tão nutritivas a ponto de permitir um tamanho avantajado dos peixes que se alimentam delas. Raramente os peixes lepidófagos, isto é, comedores de escamas, ultrapassam 20 cm. Mas comer escamas tem suas vantagens, já que é um produto abundante e presente na maioria dos peixes. Além disso, pode ser considerado um recurso renovável, pois após serem retiradas do corpo do peixe as escamas se regeneram geralmente em menos de um mês.

An overdeveloped and prognathous lower jaw is the most evident trait of this species. Such morphology is so pronounced that it deserves mention in its scientific name, since "mento" means "chin" in Latin. The fish is territorial and will attack any members of its own kind that gets close. Expectedly, it is solitary and hides amidst aquatic vegetation to ambush its prey. It is one of the few Brazilian fishes adapted to feed on scales of other fish, and the only member of the piranha group specialized in such niche. It will also occasionally eat small fish, shrimp or insects. Its scale-eating is done by a short quick strike with a wide open mouth so that its numerous teeth dislodge scales on impact, which are then promptly eaten. Curiously enough, fish scales are a surprisingly hearty source of nutrition, rich in proteins and minerals. The mucus layer that covers scales goes into the package and provides additional nutrients. There are advantages in having scales as food source. They are abundant, since most fish species are scaled, and they are a renewable resource, growing back in less than a month. Of course, there must be limits on how much a scale-based diet supports the growth of a fish, since scale-eating species (i.e., lepidophagous) are rarely larger than 20 cm.

CATEGORIA DE AMEAÇA
• RED LIST CATEGORIES

LC NT VU EN CR EW EX

BIOMAS QUE HABITA •
BIOMES OF OCCURENCE

AMZ CER CAA PTN ATL PMP

ESCALA • SCALE

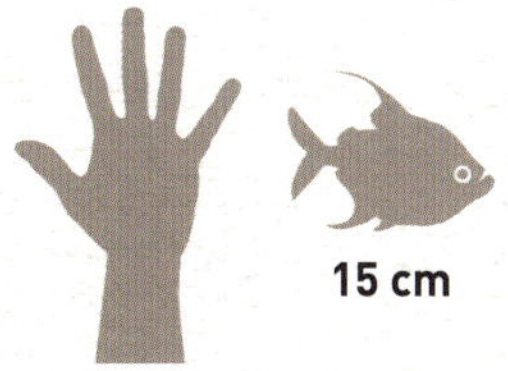

15 cm

85

Piraputanga

Characiformes 》 Bryconidae

Brycon hilarii

(Valenciennes, 1850)

Piraputanga

O nome popular da espécie, piraputanga, parece ser uma variante de pirapitanga (peixe pitanga, em tupi), em referência ao intenso colorido avermelhado de suas nadadeiras. É uma espécie bastante conhecida pelos pescadores esportivos brasileiros, porém a maioria não faz ideia de que ela também habita rios da bacia Amazônica na Colômbia, no Equador e no Peru. Tem hábito onívoro, com até três quartos de sua dieta compostos por material vegetal, como frutos e sementes. Nem todas as sementes são destruídas durante a digestão, fazendo com que o peixe atue como um dispersor de várias espécies vegetais. Também se alimenta de artrópodes, caramujos e peixes pequenos. É uma das espécies mais importantes do Brasil em termos iconográficos, e uma das principais atrações aos turistas que mergulham nos rios da região da serra da Bodoquena, em Bonito, Mato Grosso do Sul. É provável que seja a espécie de peixe brasileiro de água doce mais fotografada em seu ambiente natural. Seus comportamentos são relativamente bem conhecidos. Destaca-se a curiosa associação entre piraputangas e macacos-prego (*Cebus apella*), em que esses peixes são atraídos pelos ramos, folhas e frutos que os macacos derrubam na água enquanto comem frutos na vegetação marginal de riachos. Dessa forma, o cardume de piraputangas segue o bando de macacos-prego a fim de se alimentar dos frutos que caem. Há registros de exemplares de dourados (*Salminus brasiliensis*) de médio porte nadando em meio ao cardume de piraputangas de tamanho similar como estratégia para predá-las. Sua carne também é bastante apreciada pelos seres humanos.

The popular name of this species, piraputanga, seems to be a variant of pirapitanga (pitanga-fish, in Tupi language), in reference to the intense red color of its fins (pitanga is a small bright red regional fruit). This is a very well-known fish among sports fishermen, but most do not realize that it is also a common fish in the parts of the Amazon basin in Colombia, Ecuador and Peru. The piraputanga is an omnivore, with up to three-fourths of its diet composed of vegetable matter, like fruit and seeds. Not all seeds are destroyed during digestion, so that the fish acts as a disperser of seeds for various plant species along rivers. It also feeds on arthropods, snails and small fish. Iconographically, the piraputanga is probably the most important Brazilian fish. It is one of the main tourist attractions in the Bodoquena Range, region of Bonito, Mato Grosso do Sul and is probably the most photographed Brazilian freshwater fish in its natural habitat. Its behavior and ecology are relatively well-known. Most interesting is its association with capuchin monkeys (*Cebus apella*), where fishes are attracted by falling branches, fruit and leaves that the primates knock in the water during their feeding on riparian trees. The piraputanga follows groups of monkey in order to feed on falling fruit. There are records of medium-sized dourados (*Salminus brasiliensis*) swimming amongst schools of similar-sized piraputanga as a predation strategy. Its flesh is also appreciated by humans.

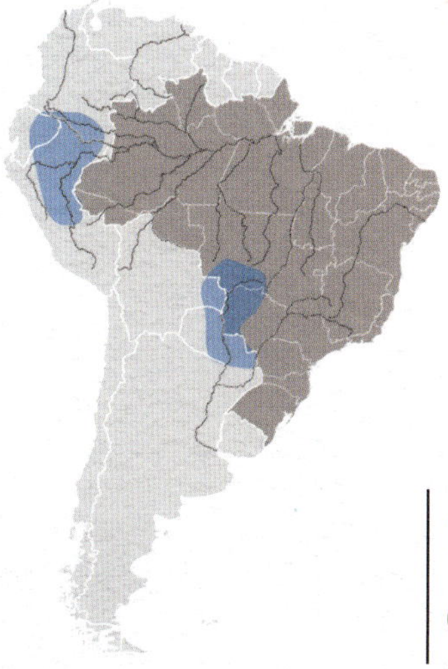

CATEGORIA DE AMEAÇA
• RED LIST CATEGORIES

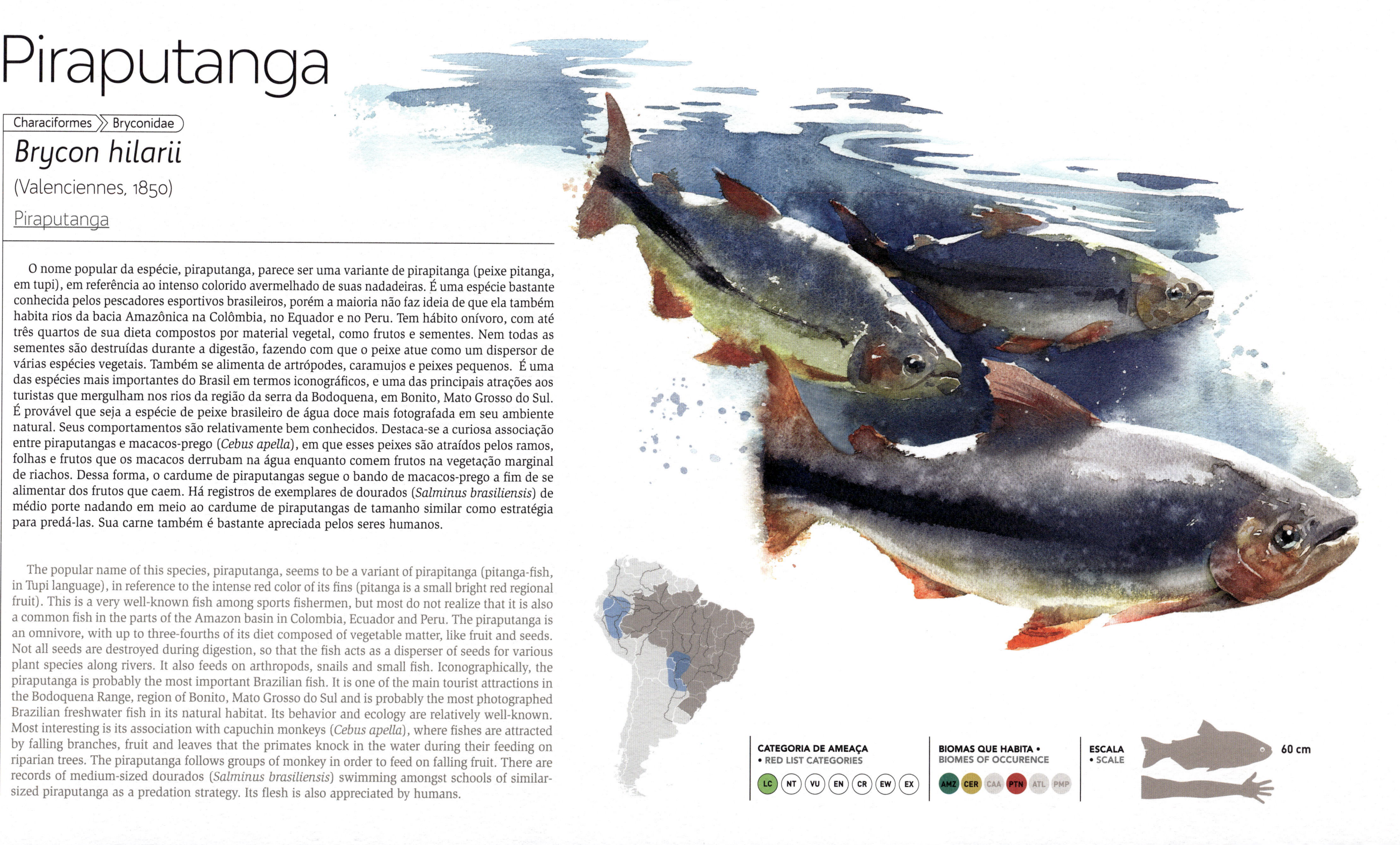

LC · NT · VU · EN · CR · EW · EX

BIOMAS QUE HABITA •
BIOMES OF OCCURENCE

AMZ · CER · CAA · PTN · ATL · PMP

ESCALA
• SCALE

60 cm

Oscar

Cichliformes › Cichlidae

Astronotus crassipinnis
(Heckel, 1840)

Velvet cichlid

Também é conhecido popularmente como acará-açu, que quer dizer acará grande, devido ao tamanho avantajado que a espécie atinge. Alimenta-se principalmente de peixes e invertebrados, embora haja registros que também possa se alimentar de sementes. Esses peixes reproduzem-se durante o período de cheia, quando formam casais que constroem um ninho e cuidam de seus filhotes. No mercado de aquariofilia, o acará-açu é conhecido como oscar, enquanto entre os pescadores esportivos é chamado de apaiari. Em comum com os tucunarés, apresenta um ocelo marcante na nadadeira caudal, que já foi sugerido como uma adaptação para fingir um olho e, consequentemente, dificultar ao predador a determinação de onde está a cabeça e a cauda do peixe, assim dificultando que piranhas arranquem pedaços de sua cauda. São muito semelhantes morfologicamente a *Astronotus ocellatus*, de que se diferem apenas pela ausência de ocelos na nadadeira dorsal. Estudos moleculares apontam que a presença ou não desta característica não é suficiente para a separação das espécies e mais estudos são necessários.

This fish is known popularly also as acará-açu, meaning big-acará, due to the large size reached by the species. They feed mainly on fish and invertebrates, although there are records of seed-eating as well. It breeds during the high-water season when they form pairs that build a nest and care for the young together. In the aquarium trade it is known as Oscar while in the sports fishing it is called apaiari. It shares with the tucunaré a large ocellus on the caudal fin, which has been suggested as an eye imitation which confuses piranhas and diverts their bites. This species is morphologically similar to *Astronotus ocellatus*, which is commonly differentiated by the presence of ocelli on the dorsal fin. Molecular studies, however, have shown that this trait is not entirely reliable to distinguish the two species and further studies are needed.

CATEGORIA DE AMEAÇA • RED LIST CATEGORIES
LC | NT | VU | EN | CR | EW | EX

BIOMAS QUE HABITA • BIOMES OF OCCURENCE
AMZ | CER | CAA | PTN | ATL | PMP

ESCALA • SCALE
40 cm

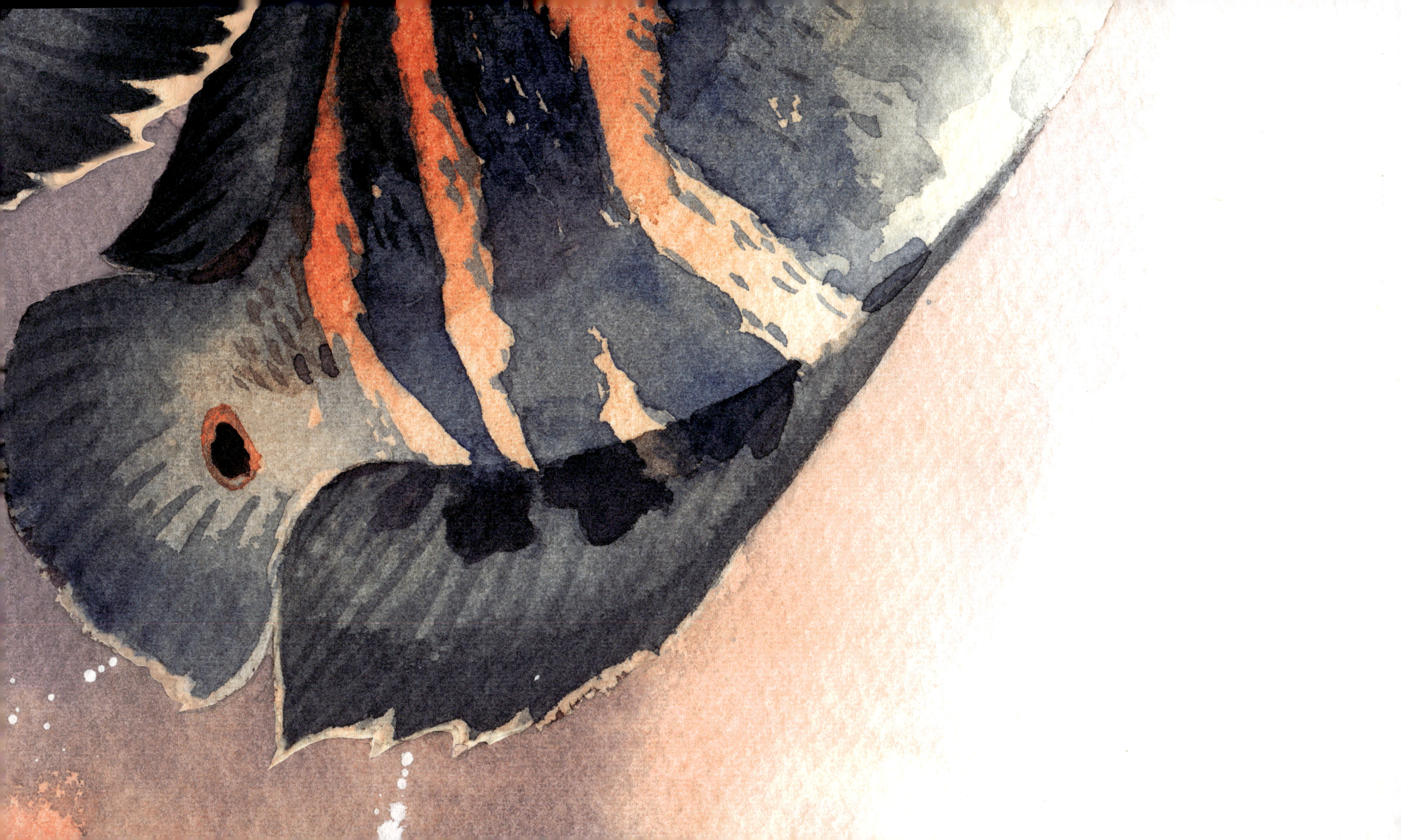

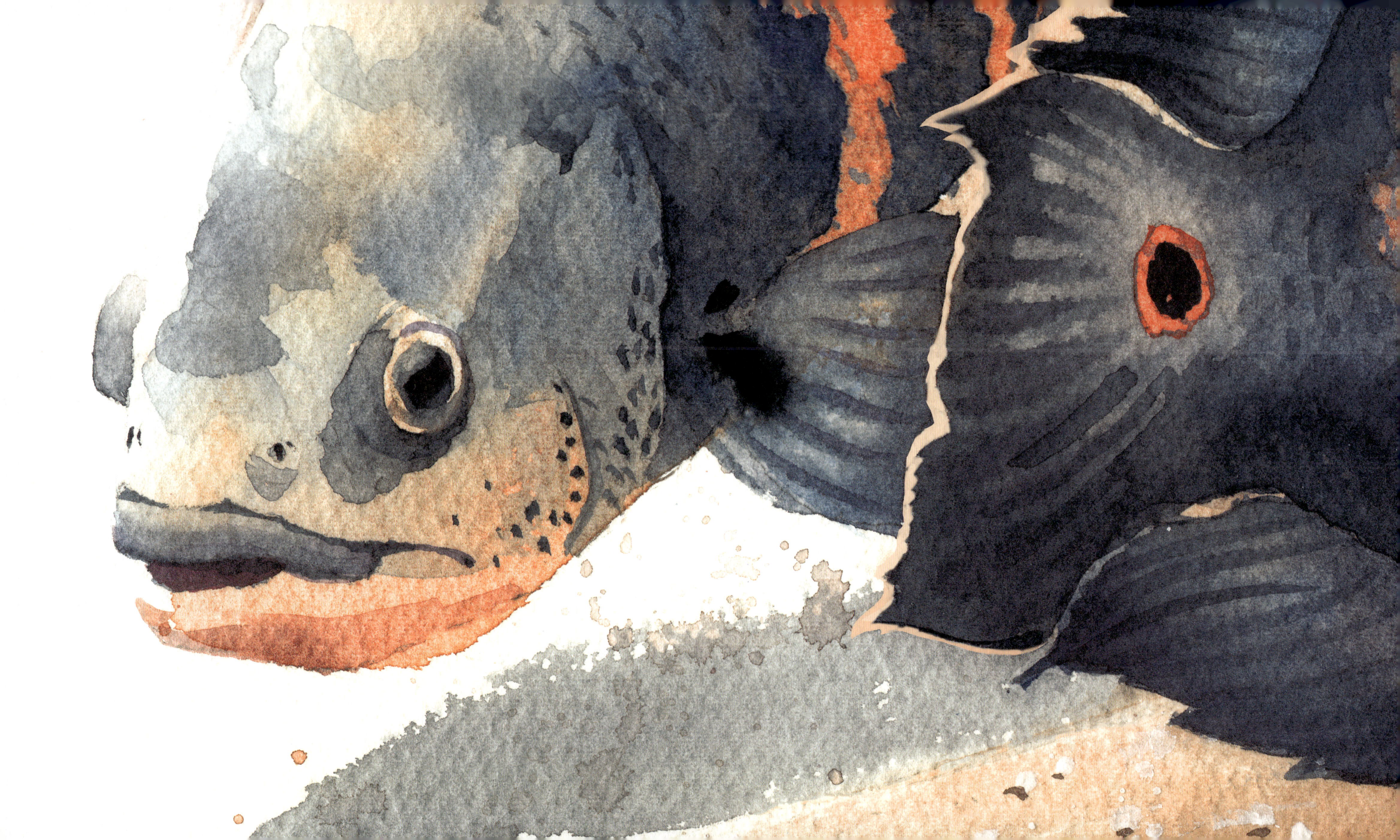

AMZ AMAZÔNIA

- **Área no Brasil:** 4.212.742 km² (49,5% do território nacional)
- **Estados onde ocorre:** AC, AM, AP, MA, MT, PA, RO, RR
- **Principais bacias hidrográficas:** Amazonas e seus afluentes (e.g. Madeira, Purus, Juruá, Solimões, Japurá, Negro, Trombetas, Tapajós, Xingu e muitos outros)
- **Espécies de peixes registradas:** ~2000 (~60% dos peixes brasileiros de água doce)

O Bioma Amazônico é de longe o que o ocupa a maior extensão do território brasileiro. Abrange por completo os Estados do Acre, Amazonas, Amapá, Pará e Roraima, casos exclusivos no Brasil, exceto pelo Cerrado que cobre todo o DF e a Caatinga no Ceará. Tem extensa divisa com o Cerrado e uma breve fronteira com o Pantanal. Sua cobertura vegetal é predominantemente de Floresta Ombrófila Densa, com dossel alto, de até 50 m de altura. Algumas árvores de grande porte típicas são: castanheira-do-Pará (*Bertholletia excelsa*), sucupira (*Diplotropis purpurea*) e a seringueira (*Hevea brasiliensis*). O Bioma Amazônico se estende por diferentes formações geológicas e climáticas o que lhe confere uma grande diversidade de formações vegetais, um mosaico composto por Mata de várzea, Mata de terra firme, Igapó, Campinaranas e outras. Em geral, o clima é quente, porém muito úmido. Seus peixes estão adaptados aos ciclos de seca e cheias dos rios, e tem sua alimentação e reprodução profundamente influenciadas pelos pulsos de subida da água. Existem três tipos de água nos rios amazônicos: branca, preta e clara. O primeiro tipo ocorre em rios que transportam grande quantidade de sedimentos, majoritariamente provenientes da erosão de terras andinas, como é o caso do rio Madeira, Purus, Juruá etc. São esses rios os grandes responsáveis pelo aporte energético do bioma, sendo os mais ricos em diversidade e biomassa de peixes. Os rios de água preta têm pH ácido, estão concentrados na região mais central do rio Amazonas e tem como principal expoente o rio Negro. Suas águas são ricas em espécies de peixes exclusivos e famosos como o Tetra-Neon (*Paracheirodon axelrodi*). Já os rios de água clara como o Juruena, Teles Pires, Iriri, Trombetas e Jari drenam terrenos mais antigos, como os Escudos Brasileiro e das Guinas. São rios detentores de grande energia, repletos de corredeiras e cachoeiras que limitam a dispersão da fauna. Com isso, os peixes encontrados nos trechos mais a montante são muito diferentes daqueles encontrados nos trechos mais baixos. Essa é a região mais ameaçada da Amazônia, situando-se no arco do desmatamento e sofre com a expansão agropecuária e construção de hidrelétricas. A Amazônia é um dos domínios economicamente mais valiosos do planeta. Sua riqueza de biomoléculas e variedade de patrimônio genético representam uma biblioteca natural de utilidades quase infinita, ainda praticamente desconhecida. A preservação deste bioma representa uma riqueza potencialmente muito maior que sua módica conversão à agropecuária.

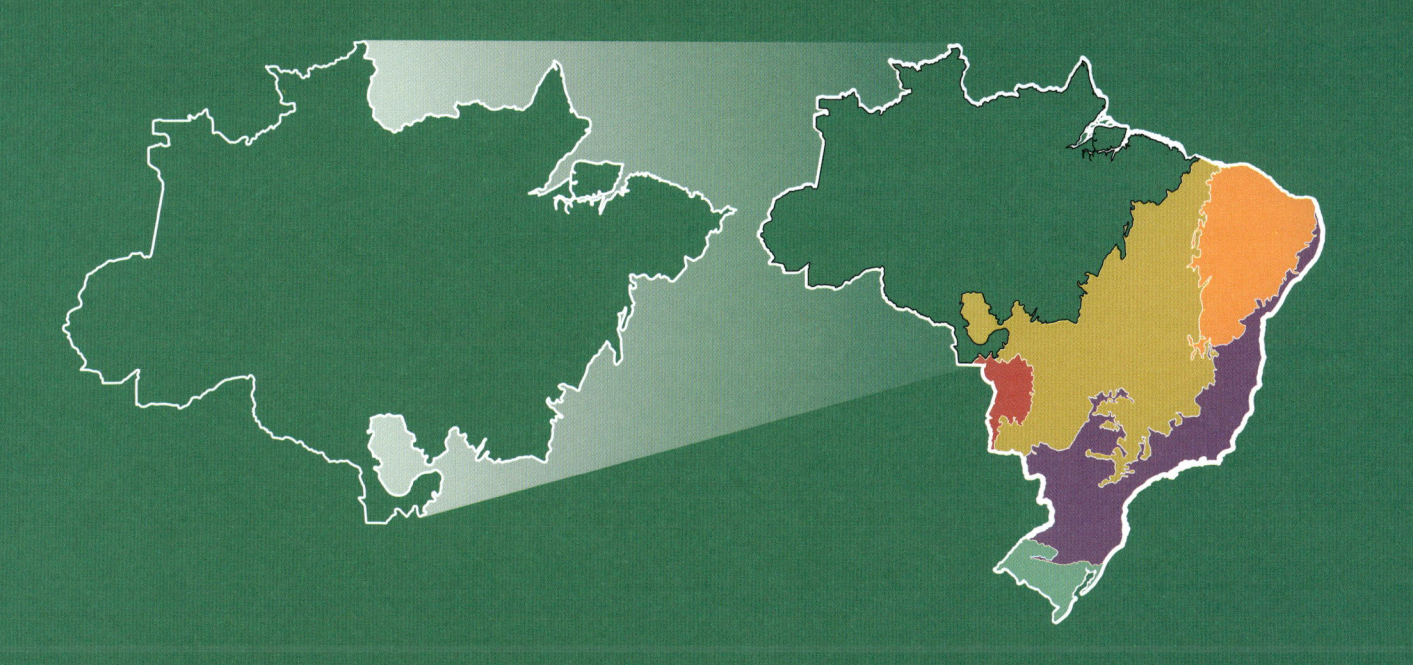

- **Area in Brazil:** 4.212.742 km² (49,5% of the Brazilian territory) - **Brazilian States where it occurs:** AC, AM, AP, MA, MT, PA, RO, RR - **Main river basins:** Amazonas and its tributaries (e.g. Madeira, Purus, Juruá, Solimões, Japurá, Negro, Trombetas, Tapajós, Xingu, and many others) - **Fish species recorded:** ~2000 (~60% of the freshwater Brazilian fishes)

The Amazonian biome is the one which occupies the largest part of the Brazilian territory, by far. It entirely covers the States of Acre, Amazonas, Amapá, Pará and Roraima. The Amazonian biome has an extensive border with the Cerrado and a short one with the Pantanal. Its vegetation cover is composed predominantly of Dense Ombrophylous Forest, with high canopy, up to 50 m. Some typical large-sized trees are: castanheira-do-Pará (*Bertholletia excelsa*), sucupira (*Diplotropis purpurea*) and seringueira (*Hevea brasiliensis*). The Amazonian Biome covers various climatic and geological realms, with vast diversity of vegetable formations, including flooded forest, terra firme forest, Igapó, Campinaranas, among others. In general the climate is hot and very humid. Its fishes are adapted to the flood-drought cycle and their feeding and reproduction are strongly affected by those seasonal changes. There are three water types in Amazonian rivers: white, black and clear. White water occurs in rivers that carry a large load of sediments, mostly resulting from erosion of the Andean range, as the rios Madeira, Purus, Juruá etc. Those are rivers bearing a large part of the energy input into the biome and are the richest in diversity and biomass of fishes. Blackwater rivers have acidic pH and are mostly concentrated in the central Amazonian realm. Their mightiest representative is the Rio Negro. Its waters teem with exclusive and famous fishes, such as the Neon Tetra (*Paracheirodon axelrodi*). Finally, clearwater rivers, like the Juruena, Teles Pires, Iriri, Trombetas and Jari drain old terrain, mostly the Brazilian and Guyana Shields. They are for the most part high-energy rivers, with many rapids and waterfalls which limit dispersion of fishes. Because of that, the fish community in the upper courses is very different from that in the lower parts. This is the most highly threatened region in the Amazon, located at the heart of the deforestation arc, under attack by expansion of agriculture, livestock and hydroelectric dams. The Amazon is one of the economically richest biomes anywhere, with an almost infinite reservoir of yet unexplored biomolecules and genetic resources. The preservation of this Biome represents potential richness far greater than its comparatively modest conversion into cattle and soy.

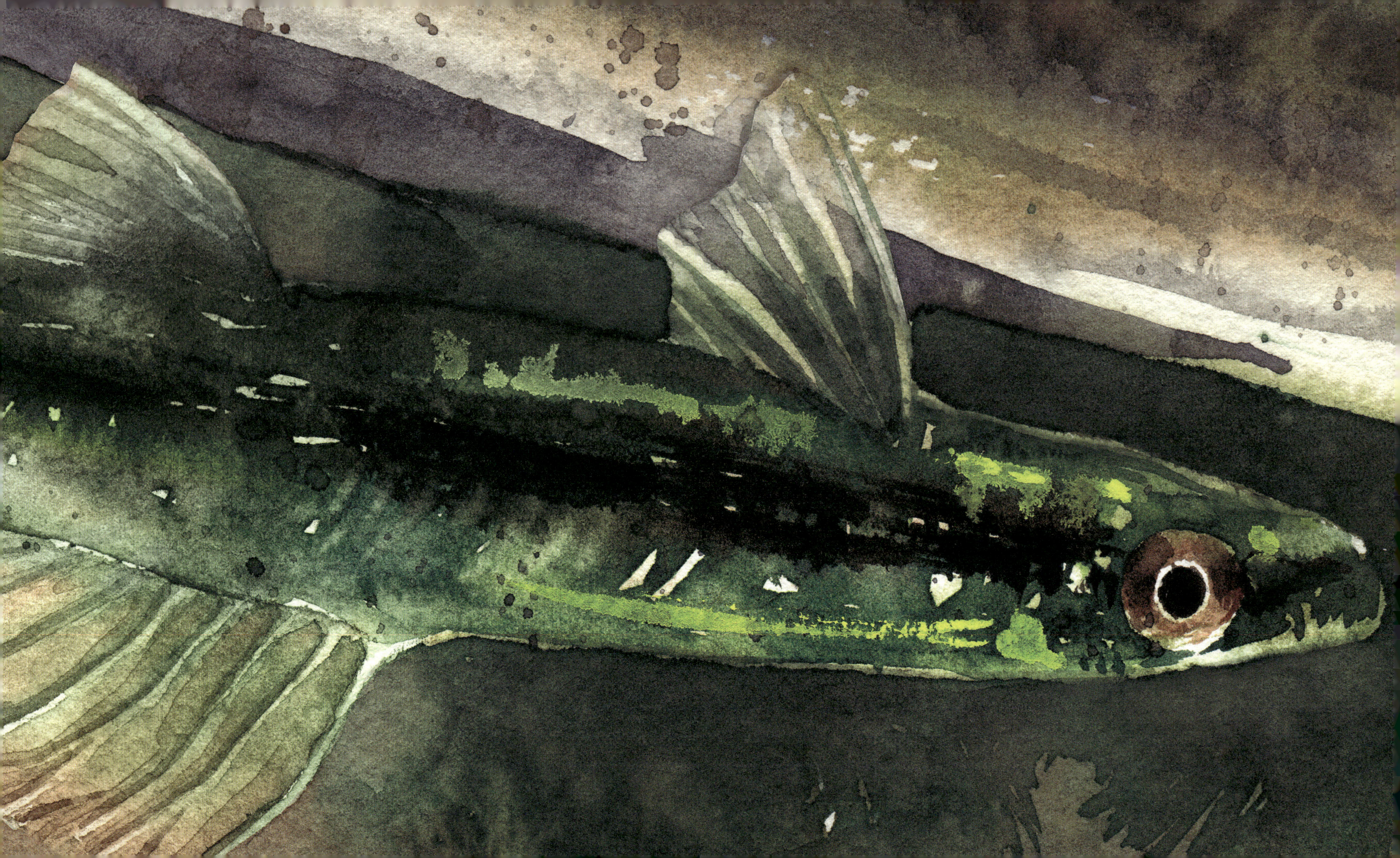

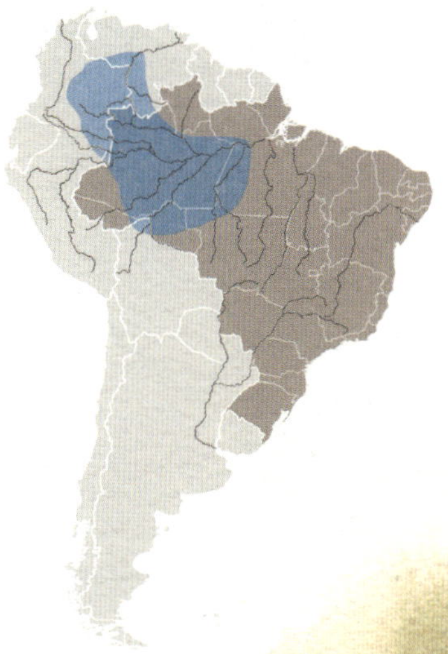

Peixe-camaleão

Characiformes › Crenuchidae

Ammocryptocharax elegans
Weitzman & Kanazawa, 1976

Chameleon characin

A coloração esverdeada do peixe-camaleão reflete muito de seu comportamento em vida, quase sempre associado à vegetação aquática. Tem a capacidade de mudar de cor, do verde brilhante ao marrom-escuro, como forma de camuflagem ao ambiente, evitando predação. Suas nadadeiras peitoral e pélvica são curvadas, uma adaptação que lhes permite se segurar em plantas submersas mesmo em correntezas fortes. São animais diurnos e caçam insetos que encontram visualmente graças à capacidade de mover levemente a cabeça e os olhos.

The greenish color of the chameleon characin closely matches its lifestyle, almost always closely associated with aquatic vegetation. However, the fish can change its color dramatically, from bright green to dark brown, when necessary to match the different colors of the surrounding dead vegetation, thus avoiding predation. The disguise is further enhanced by their swimming mode, which mimics the movements of drifting plant debris in the water. The tips of its pectoral and pelvic fins are curved, forming hook-like appendages allowing them to hold on to aquatic plants against strong currents. They are diurnal animals and hunt insect larvae, which they locate by being able to move their head and eyes.

76

Candiru-verdadeiro

Siluriformes › Trichomycteridae

Vandellia cirrhosa Valenciennes, 1846

Vampire catfish

O candiru é uma lenda presente em qualquer relato de aventuras na Amazônia. São os peixes famosos que têm a reputação de penetrar na uretra de banhistas descuidados. Relatos destes eventos desagradáveis são antigos e podem ser encontrados nos primeiros registros de viajantes na Amazônia. De fato, muitas dessas histórias são boatos. Mas onde há fumaça, há fogo. Hoje em dia, sabemos que esses acidentes são raros, mas verdadeiros. O gênero de bagre *Vandellia* inclui muitas espécies diferentes, todas estritamente hematófagas quando adultas, ou seja, alimentam-se exclusivamente de sangue. Apesar da má reputação, as espécies de *Vandellia* são um caso extraordinário de adaptação alimentar e, além dos morcegos vampiros, são os únicos vertebrados que se alimentam exclusivamente de sangue. Normalmente elas entram na câmara branquial de outros peixes, laceram um dos grandes vasos sanguíneos e bebem o sangue que flui do corte. Uma vez cheias, elas deixam o anfitrião e vão descansar. Como a *Vandellia* localiza o local exato para entrar? Por uma combinação de visão, cheiro e detecção da corrente de água que sai da câmara branquial. Acontece que, por uma simples combinação de fatores infelizes, elas podem ocasionalmente confundir o fluxo de urina com uma potencial corrente da câmara branquial de algum peixe. Provavelmente o cheiro de ureia também é um fator, já que os peixes normalmente excretam amônia, quimicamente semelhante à ureia, através das brânquias. De qualquer forma, o resultado é trágico para todas as partes envolvidas. O candiru entra em um orifício natural de um mamífero (às vezes humano, às vezes não humano) muito inadequado para ela e morre ali dentro pouco depois. O infeliz banhista sofre provavelmente o episódio mais doloroso de sua vida. A cabeça do candiru é dotada de dentes especializados, formando um sistema de ganchos reversos que a ancora firmemente dentro da câmara branquial do hospedeiro (ou do canal urinário do infeliz banhista). A remoção requer intervenção cirúrgica. Esse terrível acidente é extremamente raro, mas já foi cientificamente documentado.

The vampire catfish is the object of legend in any account of Amazonian adventures. They are the infamous fish reputed to enter the urethra of careless bathers. Reports of such unpleasant events are old, and can be found in the earliest accounts of travelers in the Amazon. In fact, most such stories are based on hearsay, often from local indians and riverine folk. Nowadays, we know that such accidents are rare, but true. *Vandellia* catfish includes many different species, all of them strictly hematophagous as adults, i.e., they feed exclusively on blood. Despite such reputation, species of *Vandellia* are an extraordinary case of feeding adaptation and are the only vertebrates that feed exclusively on blood other than vampire bats. Normally they will enter the gill chamber of other fish, lacerate one of the main blood vessels in there and drink the blood that flows from the cut. Once full, they leave the host and go rest on the bottom. How they locate the exact place to enter? By a combination of vision, smell and detection of the outflowing water from the gill chamber. It just happens that by a sheer combination of unlucky factors, they will on occasion mistake the outflow of urine for a potential gill chamber current. The scent of urea is probably also a cue, since fish normally excrete chemically-similar ammonia through the gills. In any event, the result is tragic for all parts involved. The candiru enters a very inappropriate natural orifice of a mammal (sometimes human, sometimes non-human) and dies inside shortly thereafter. The unfortunate bather undergoes probably the most excruciatingly painful episode in a lifetime. The head of the candiru is provided with specialized teeth forming a system of backward hooks that firmly anchor it inside the gill chamber of the host (or the urinary canal of the unfortunate bather). Removal requires surgical intervention. Such ghastly accident is exceedingly rare, but it has been medically documented.

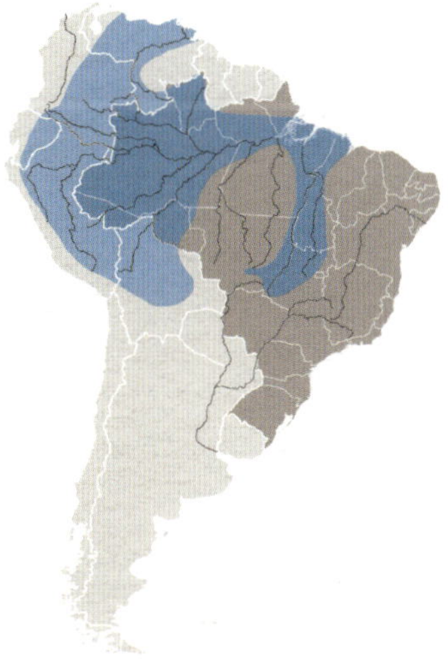

CATEGORIA DE AMEAÇA • RED LIST CATEGORIES

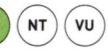

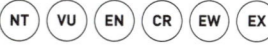

LC · NT · VU · EN · CR · EW · EX

BIOMAS QUE HABITA • BIOMES OF OCCURENCE

AMZ · CER · CAA · PTN · ATL · PMP

ESCALA • SCALE

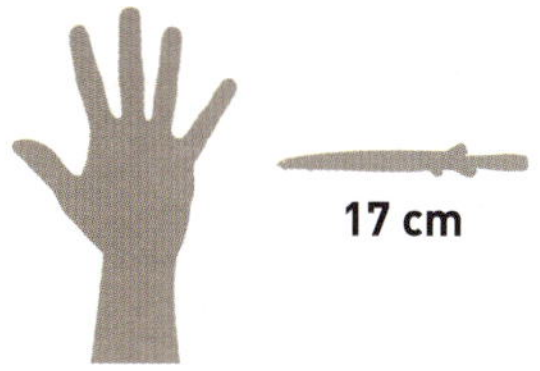

17 cm

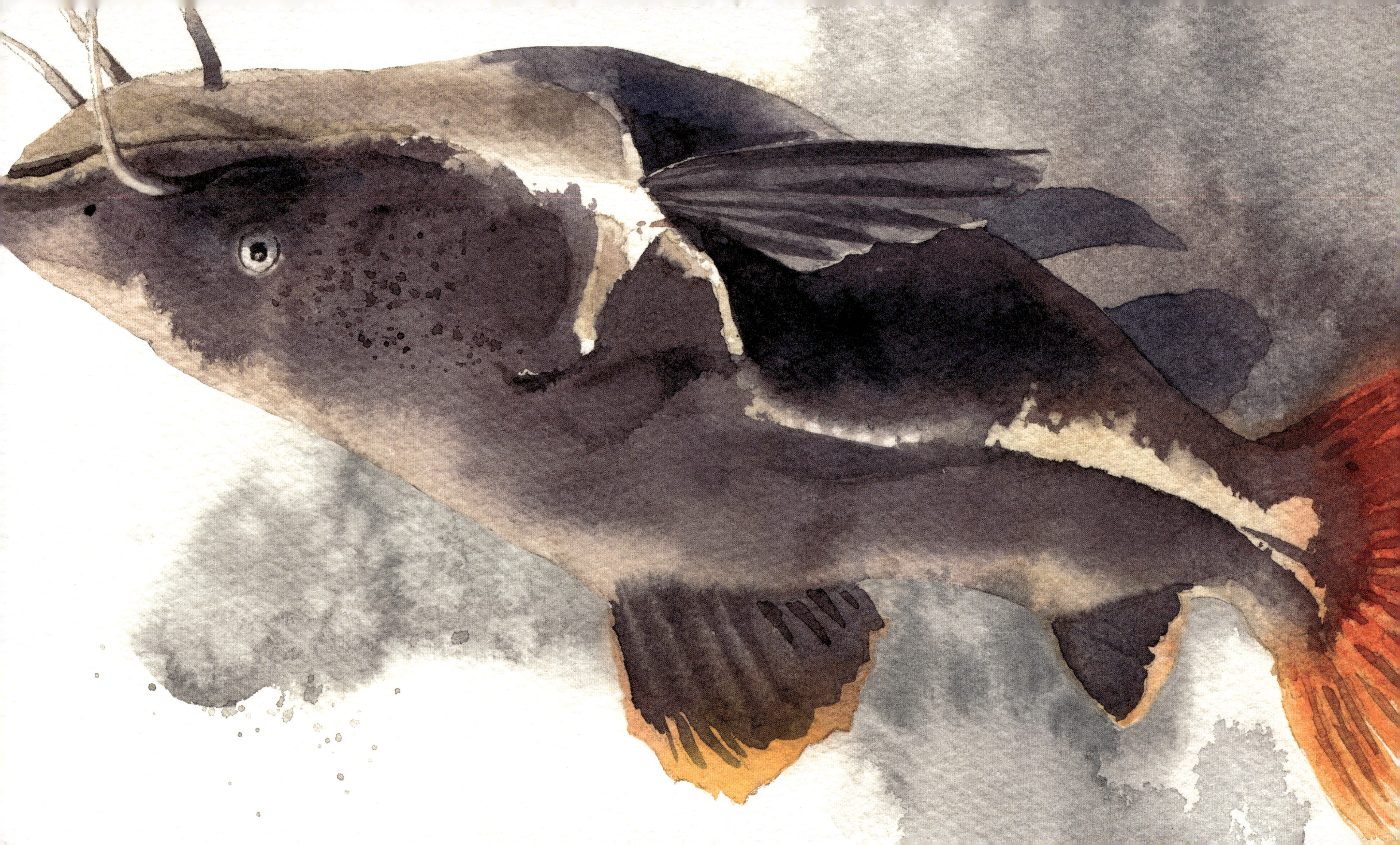

Pirarara

Siluriformes › Pimelodidae

Phractocephalus hemioliopterus
(Bloch & Schneider, 1801)

Red tailed catfish

O nome pirarara é de origem tupi e significa peixe-arara, em referência à coloração de sua cauda. Trata-se de uma das maiores espécies de peixes de água doce do Brasil, já que atinge 60 kg e mais de 1,5 m de comprimento, tamanho que a torna uma das espécies brasileiras mais atrativas para pescadores esportivos. Sua carne geralmente é apreciada como alimento, apesar de algumas populações a rejeitarem devido a sua coloração escurecida. São essencialmente piscívoros, mas também se alimentam de tartarugas e caranguejos. Durante o período de cheia dos rios amazônicos, invadem as florestas alagadas (igapós), onde se alimentam de frutos. Apesar do grande porte, é uma espécie popular entre aquaristas. Seu comportamento agressivo torna praticamente inviável a coabitação em aquários com espécies de pequeno porte, e não são raros os casos em que morrem engasgadas tentando engolir companheiros de tanque ou até mesmo objetos do cenário, como pedras. Essa agressividade traz má fama à espécie, que em algumas comunidades tradicionais amazônicas é reportada como perigosa e possível causadora de mortes por afogamento, principalmente de crianças, algo que ainda necessita de comprovação. Sua evolução é relativamente bem conhecida, sendo parte de um grupo de bagres antigos cujo parente mais próximo no Brasil é o jundiá-onça da Amazônia (*Leiarius* sp.). Apesar de atualmente estar restrita à bacia Amazônica, fósseis de outras espécies de pirararas hoje extintas foram encontrados em diversas regiões da América do Sul, como na Argentina e na costa da Venezuela, onde viviam há pelo menos 10 milhões de anos.

The name pirarara is from the Tupi language and means "macaw fish" (arara is macaw in Tupi), in reference to the red color of its tail. This is one of the largest freshwater fishes in Brazil, reaching over 1.5 m and 60kg, and also one of the most sought-after by sport anglers. Its meat is generally appreciated as food, although some communities despise it because of its dark color. The pirarara is mainly a piscivore, although they also feed on turtles and crabs. During the rainy season they invade the flooded forest (Igapó) where they feed on fruit. Despite its large size, *Phractocephalus* is a highly appreciated fish among aquarists. Its aggressive behavior makes it an unsuitable companion for anything smaller than itself and sometimes the fish chokes to death trying to swallow too large a meal, occasionally even trying to eat decoration objects such as stones. Their voraciousness lends them a bad reputation and in some riverine communities the pirarara is considered as a dangerous species, responsible for deaths by drowning, especially among children. The evolution of the pirarara is relatively well-known, and it is part of an ancient radiation of large catfishes. Its closest living relative is the jundiá-onça of the Amazon (*Leiarius* sp.). Although today restricted to the Amazon basin, fossils of other species of pirarara have been found in various regions of South America, as in Argentina and the coast of Venezuela, where they lived at least 10 million years ago.

Dourada

Siluriformes › Pimelodidae

Brachyplatystoma rousseauxii (Castelnau, 1855)

Dorado catfish

Por que os animais realizam migrações reprodutivas? Por que se preocupar com viagens tão desgastantes? Não seria melhor ficar no mesmo lugar o tempo todo? A resposta é não e a razão é bastante simples. Os melhores lugares para dar à luz e jovens crescerem podem ser muito diferentes dos melhores para os adultos se alimentarem e sobreviverem. Nesse aspecto, as migrações de peixes de água doce não são diferentes das de outros grupos de animais. Migrações são uma resposta às pressões ecológicas divergentes para ovos, jovens e adultos. A dourada é um peixe campeão em termos de distância. Este bagre realiza a maior migração de água doce do mundo. Peixes adultos nadam da foz do rio Amazonas até as cabeceiras desse rio no sopé dos Andes, uma jornada épica que pode ultrapassar 5 000 km contra a corrente do rio. Uma vez lá, os adultos desovam e os filhotes começam sua jornada à jusante, flutuando passivamente na corrente, descendo o rio por cerca de 15 a 30 dias até chegarem ao estuário. O destino é um paraíso, onde podem se alimentar da rica fauna de invertebrados estuarinos e estarão a salvo de grande parte dos potenciais predadores da Amazônia. Durante esta fase, eles deverão respeitar seus limites de tolerância à salinidade da água de acordo com os ciclos de inundação e seca e também da maré, sempre visando os locais de alimentação mais ricos possíveis, mas que não sejam perigosamente salgados. Na foz do rio Amazonas, as alterações de salinidade podem ser realmente extraordinárias. Mas sua gula compensa e, em aproximadamente três anos, as douradas já cresceram o suficiente para se deslocar com segurança para a região do médio-baixo Amazonas (ou região equivalente em algumas outras bacias onde ocorrem) para tirar proveito de peixes, uma fonte de alimento mais adequada a sua nova massa corporal. Depois de mais um ano adicional de comilança e rápido crescimento, as douradas já estão praticamente no topo da cadeia alimentar, tendo se tornado um dos maiores peixes amazônicos (até 2 m). Nesse estágio, a dourada está em condições de fazer o que bem entender, e alguns indivíduos sentem-se prontos para arriscar sua migração reprodutiva. Sua longa jornada é de ida e volta, e elas podem repeti-la por muitos anos de reprodução sazonal, continuando a crescer a um ritmo constante. Os números desta espécie sempre foram impressionantes, com uma biomassa que talvez tenha fornecido mais proteína aos seres humanos do que qualquer outra fonte na Amazônia. Em razão dos grandes deslocamentos, podem ser considerados como grandes pacotes de proteínas autopropulsoras "entregues" de forma autônoma, mesmo para as comunidades mais remotas da Amazônia. As populações de douradas eram aparentemente saudáveis o suficiente para suportar enormes pressões de pesca a longo prazo. Infelizmente, tudo isso está mudando para pior, pois a construção de barragens hidrelétricas interrompe algumas rotas migratórias, especialmente a rota Madeira-Mamoré, que já foi palco das mais espetaculares concentrações da espécie. *Brachyplatystoma rousseauxii* tem uma forma corporal lindamente aerodinâmica, ainda mais notável por sua impactante cor prata/dourada-metálica que a distingue de imediato de seus parentes mais próximos.

Why do animals undertake reproductive migrations? Why bother with such strenuous traveling? Wouldn´t it be better just to stay at the same place all the time? The answer is no and the reason is actually quite simple. The best places to give birth and raise young are often very different from the best places for adults to feed and survive. It this aspect, migrations of freshwater fish are no different from all the others. They are a response to diverging ecological pressures for eggs, young and adults. *Brachyplatystoma rousseauxi* is a champion traveler. This giant catfish undertakes the largest freshwater migration in the world. Adult fish swim up from the mouth of the Amazon all the way to the headwaters in the Andean foothills, an epic journey which may exceed 5000 km, against currents. Once there, spawning takes place and hatchlings begin their downstream journey, passively drifting in the downstream current for some 20 days until they reach the estuary. This destination is now their all-you-can-eat paradise, with the young feasting on the rich estuarine invertebrate fauna and safe from most potential Amazonian predators. During this phase, they will follow their salinity-tolerance thresholds according to the tidal and flood, and drought cycles, always aiming at the richest possible feeding grounds which are not dangerously salty. In the realm of the mouth of the Amazon, such grounds are vast beyond the imagination. Their gluttony pays off and in approximately three years they have grown big enough to move safely into the low-middle Amazon (or equivalent region of a few other basins where they occur) to take advantage of another source of food which is more adequate for their newly acquired bulk: fish. Another year or so of predatory appetite and fast growth and they are now practically on top of the food chain, and one of the largest fish to be found in the Amazon (up to 2 m). At this stage, *B. rousseauxii* is ready to do as they please and some of them decide to venture their reproductive migration. Their journey does not kill them, and they can actually go back and forth for many years of seasonal reproduction, continuing to grow at a steady pace. The numbers of this fish have always been impressive, with a biomass that probably provided more protein for humans than any other single source in the Amazon. Best still, because of their traveling, they were huge self-propelling protein packages delivered autonomously even to the remotest communities in the Amazon. Their populations were apparently healthy enough to sustain enormous long-term fishing pressures. Unfortunately, all that is changing for the worse, as the construction of hydroelectric dams interrupts some migratory routes, especially those along the Madeira-Mamoré route, once the stage for their most spectacular gatherings. *Brachyplatystoma rousseauxii* has a beautifully streamlined body shape, made even more impressive by their striking metallic-silver color which distinguishes them at a glance from close relatives.

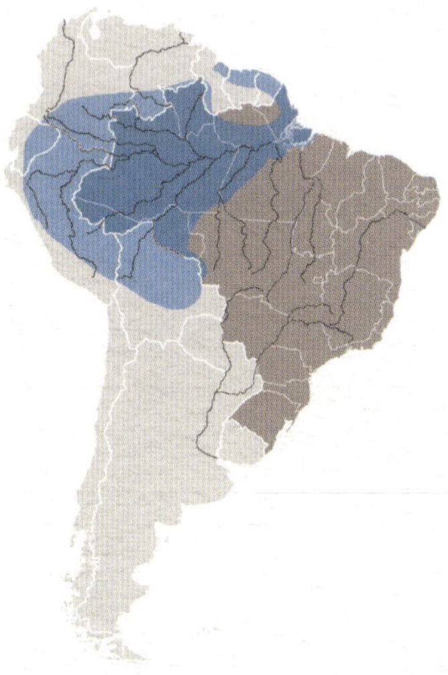

CATEGORIA DE AMEAÇA
• RED LIST CATEGORIES

LC · NT · VU · EN · CR · EW · EX

BIOMAS QUE HABITA •
BIOMES OF OCCURENCE

AMZ · CER · CAA · PTN · ATL · PMP

ESCALA • SCALE

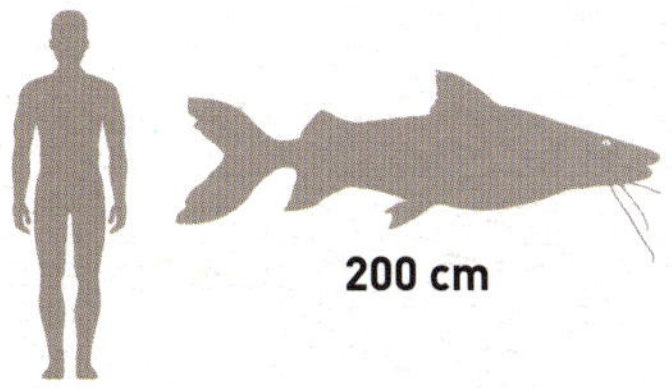

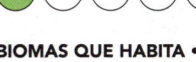

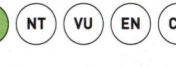

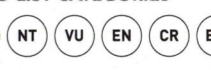

200 cm

CONTEÚDO INTERATIVO

INTERACTIVE CONTENT

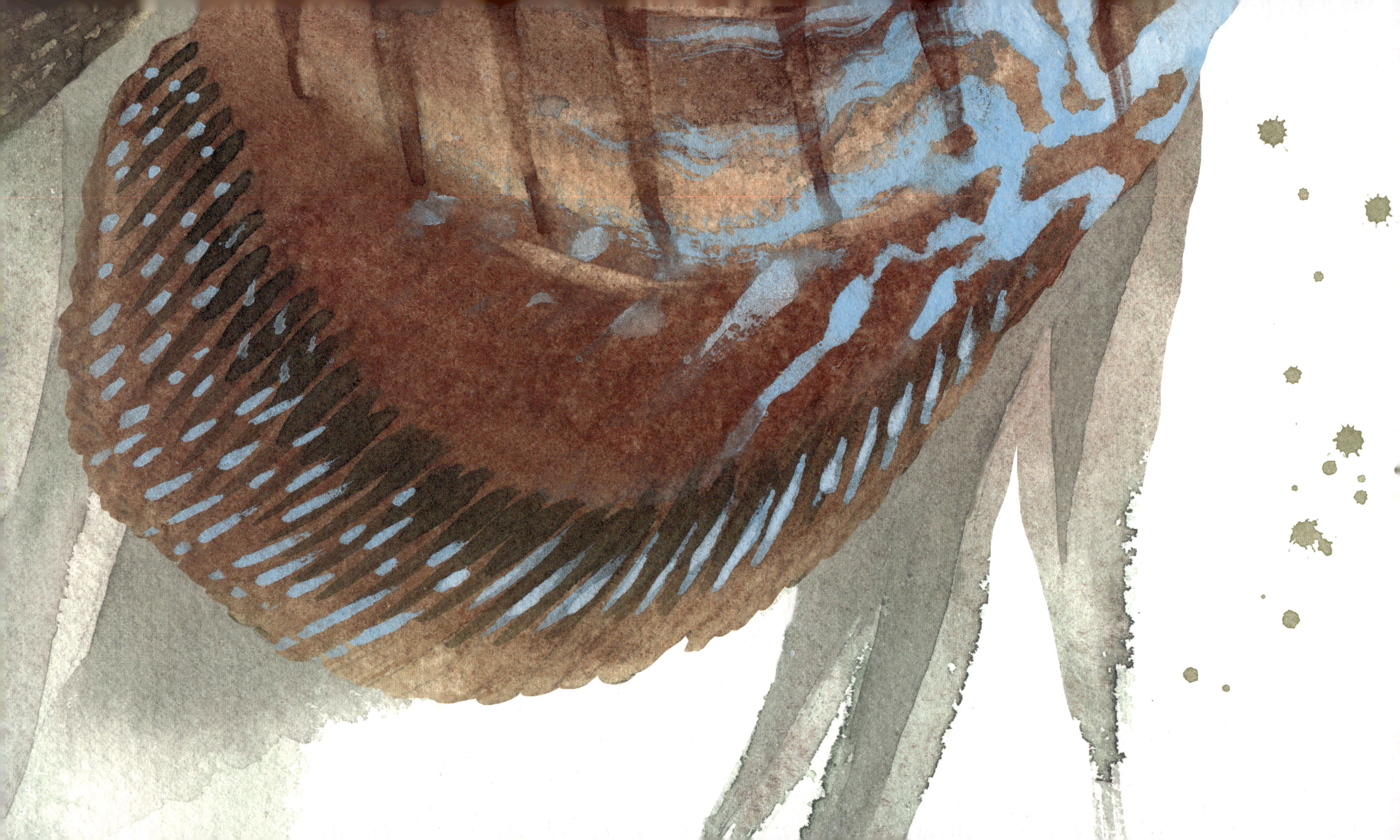

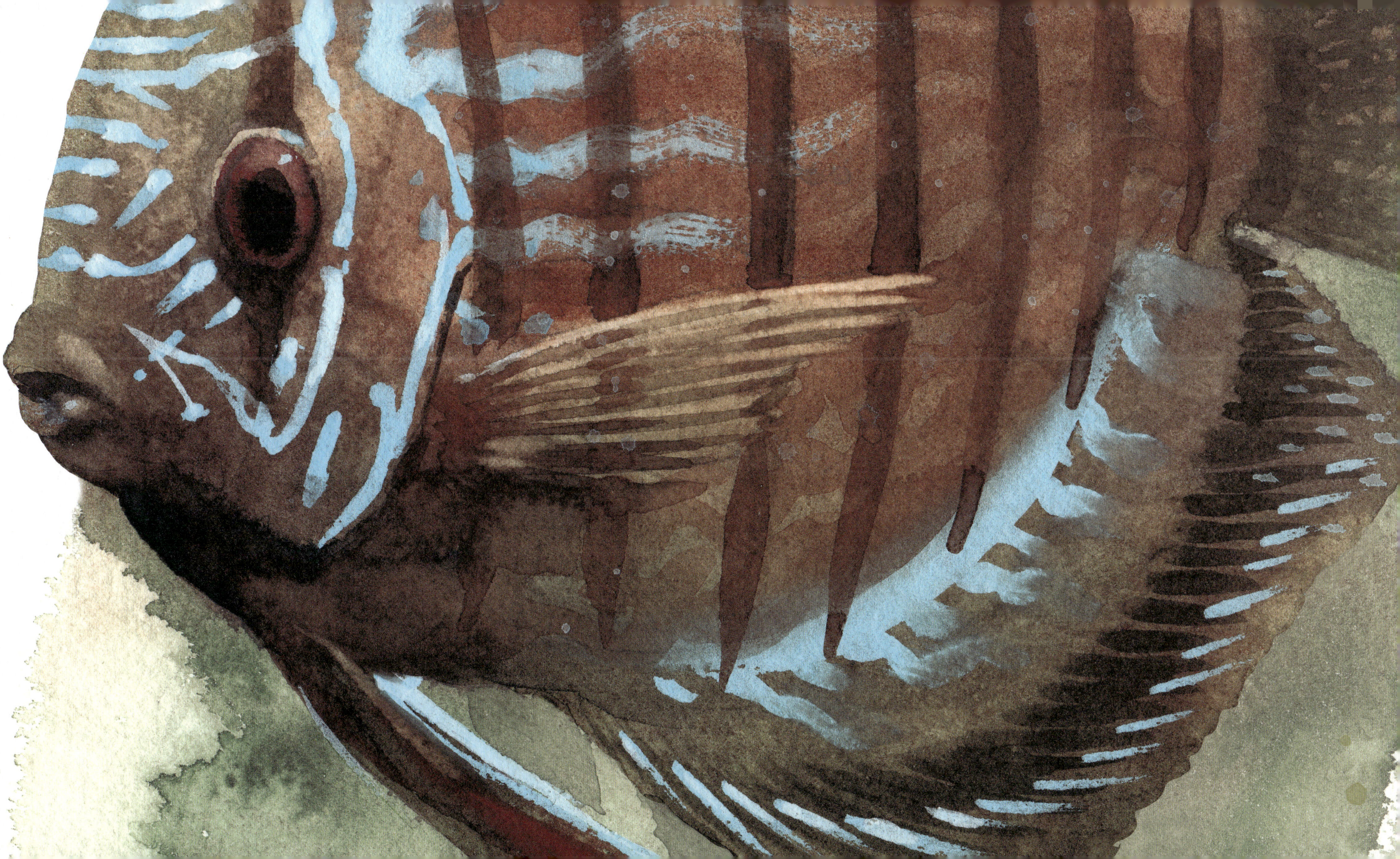

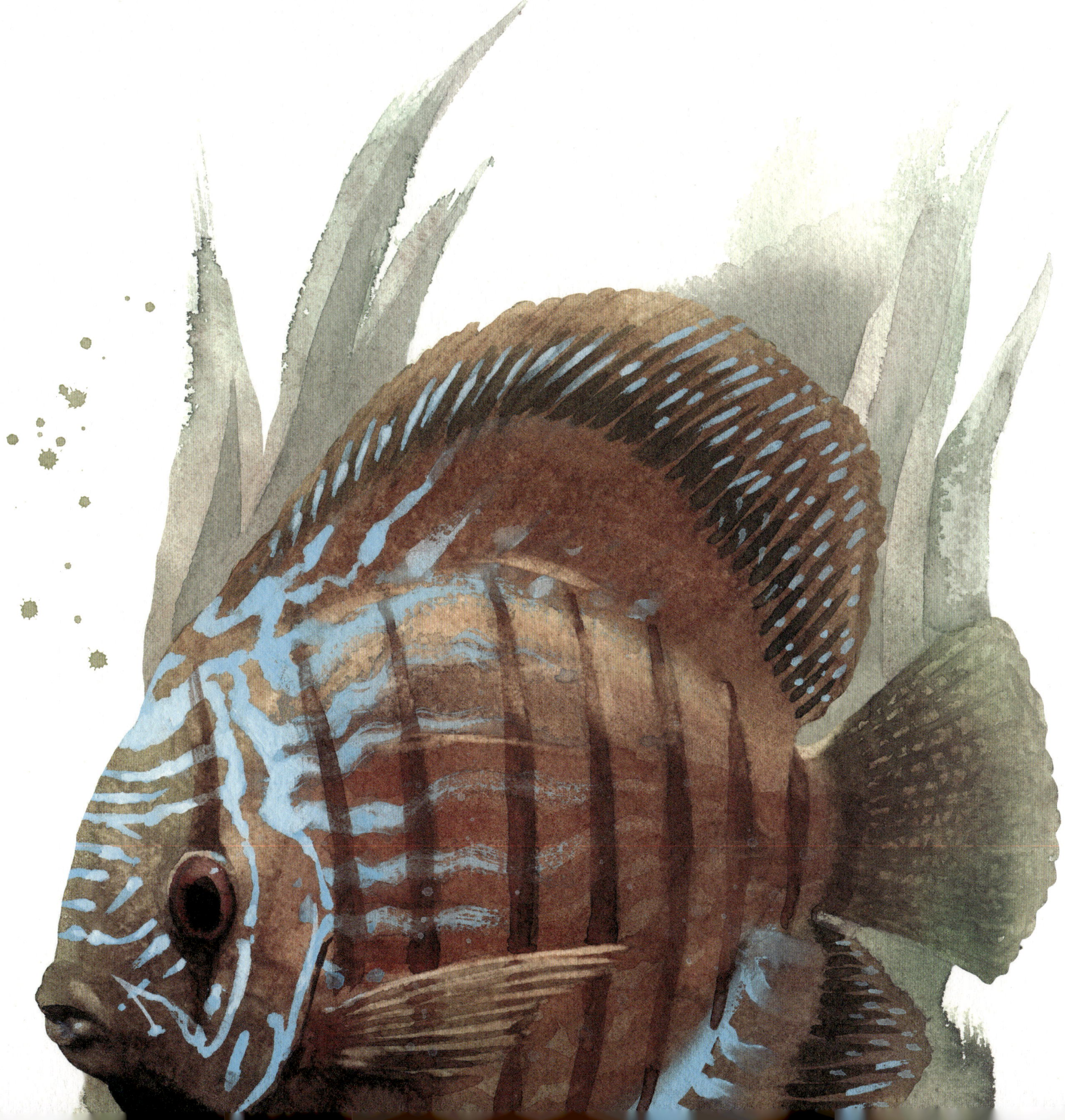

Acará-disco-azul

Cichliformes › Cichlidae

Symphysodon aequifasciatus Pellegrin, 1904

Blue discus

Como o nome popular acará-disco-azul já indica, esse peixe tem o corpo arredondado e achatado lateralmente, coberto por escamas diminutas. No ambiente natural podem ser encontradas quatro espécies do gênero *Symphysodon*, embora haja muita controvérsia na literatura científica sobre a delimitação de cada uma delas. A complexidade da questão advém de dois fatores: a coloração é bastante variável dentro das espécies; e as diferentes espécies podem reproduzir-se entre si, gerando híbridos intermediários tanto em termos genéticos quanto morfológicos. Como resultado, o acará-disco pode ser considerado um dos peixes do Brasil mais estudados geneticamente e, ainda assim, continua a ser um dos grupos mais controvertidos em termos de taxonomia. Outras dezenas de variedades morfológicas com diferentes cores, como laranja, vermelha e branca, já foram selecionadas artificialmente pelo mercado da aquariofilia. É um peixe muito valorizado no mercado porque, além de belo, tem temperamento dócil com seus colegas de tanque. Alimenta-se de algas e artrópodes que encontram associados à vegetação marginal dos rios e lagos amazônicos. Os filhotes recém-nascidos alimentam-se de um muco produzido pela pele dos pais, comportamento que pode durar até um mês.

As the popular name indicates, this fish has a discoid shape, extremely compressed laterally and covered with minute scales. In its natural habitat, there are four recognized species of discus fish, although there is much controversy in the scientific literature about their validity and delimitation. The discussion arises from two main facts: first, there is much variation in coloration within each species; second, the different species can interbreed, generating hybrids that are intermediate both genetically and in morphology. The discus is one of the best known fishes genetically in Brazil, and still it remains one of the most controversial in taxonomy. In addition to the natural species and varieties, tens of artificially-selected breeds have been developed in the aquarium trade, some with spectacular yellow, orange-red or white color. It is a cherished fish among aquarists, both for its beauty and for its friendly behavior towards tank mates. The discus feeds on arthropods and algae associated with submerged vegetation in its rivers. The fry feed on mucus produced by the skin of the parents, up to one month old.

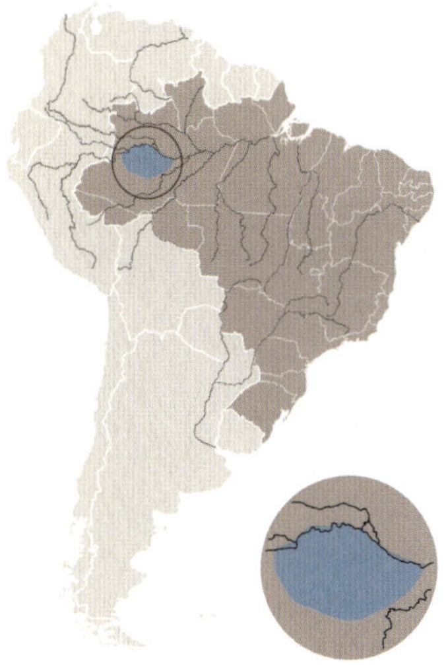

CATEGORIA DE AMEAÇA
• RED LIST CATEGORIES

LC NT VU EN CR EW EX

BIOMAS QUE HABITA •
BIOMES OF OCCURENCE

AMZ CER CAA PTN ATL PMP

ESCALA
• SCALE

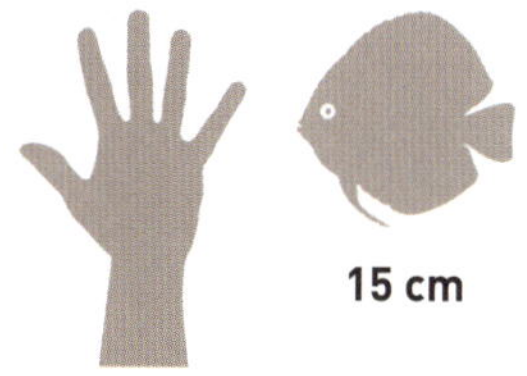

15 cm

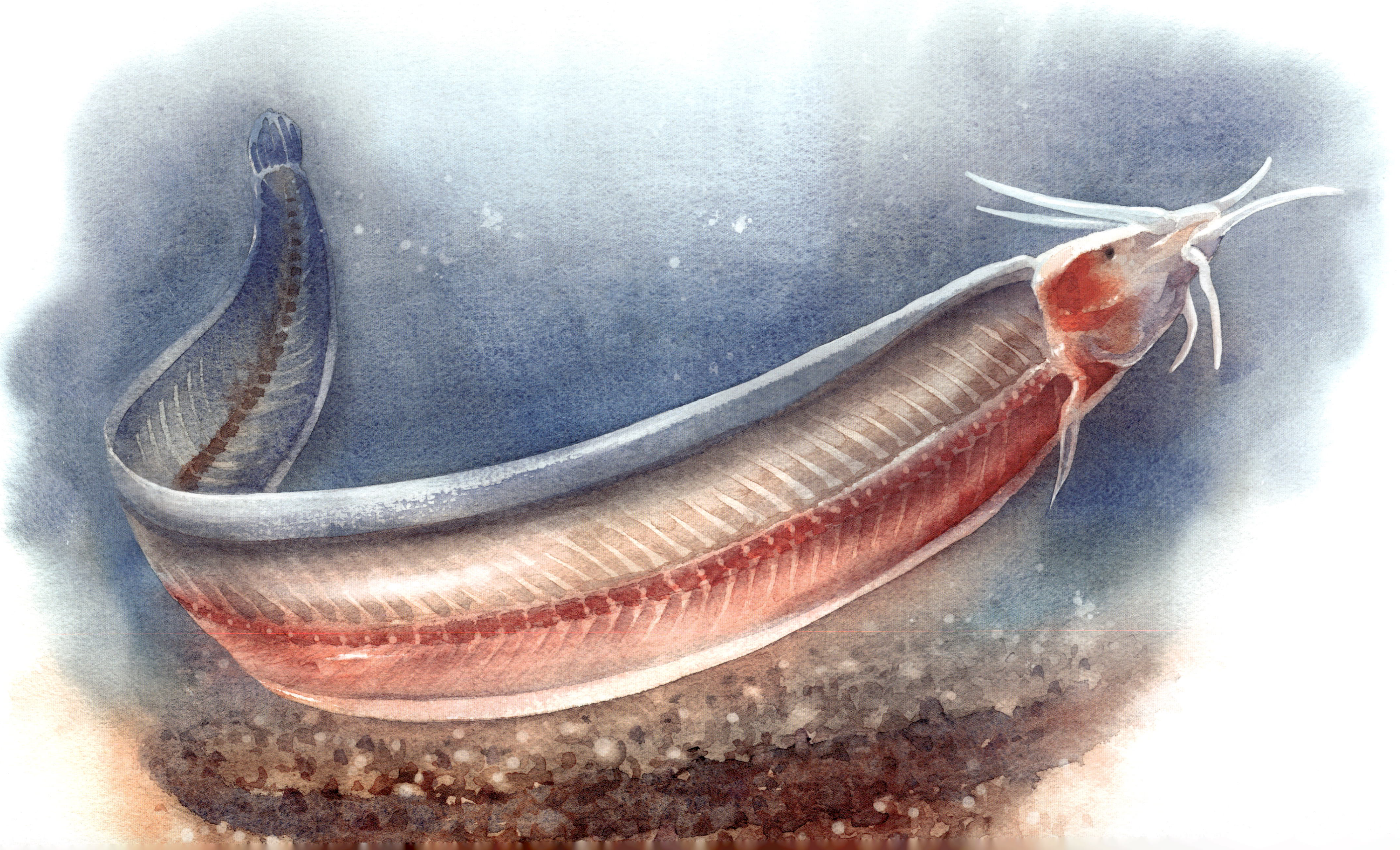

104

Candiru-anfioxo

Siluriformes » Trichomycteridae

Pygidianops amphioxus de Pinna & Kirovsky, 2011

Lancelet catfish

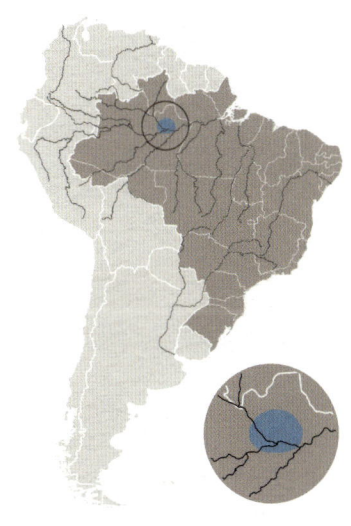

As areias dos rios escondem uma multidão surpreendente de peixes estranhos que raramente são vistos. Eles geralmente têm uma aparência bizarra, resultado de uma adaptação à vida entre os grãos de areia. O caso mais extremo é esse peixe. Evolutivamente, perdeu ou reduziu as nadadeiras, a pigmentação e os olhos. Seu corpo tem a forma de um pequeno torpedo alongado, com quilhas ventrais que o ajudam a se mover pelo meio onde vive. O *Pygidianops amphioxus* é, de fato, tão estritamente adaptado ao ambiente que nunca deixa a areia. Ele vive permanentemente enterrado e, caso seja forçado a sair, mergulha de volta imediatamente. É um peixe extremamente rápido e pode se mover dentro da areia quase como se estivesse nadando. Quando removido de seu habitat e colocado em um recipiente, fica deitado de lado porque fora da areia mal consegue manter uma posição reta. Um *Pygidianops* fora da areia é como um peixe fora d'água. Apesar de sua aparência delicada, *Pygidianops* é realmente uma criatura bastante dura. Sua pele é espessa, lisa e resiste a uma vida de atrito permanente contra grãos de areia afiados. Os barbilhões são robustos, novamente uma adaptação ao constante choque frontal com o substrato granulado, que destruiria barbilhões delicados em pouco tempo. A maior parte do corpo de *Pygidianops* é muscular, novamente uma necessidade de se mover entre a areia, muito mais densa que a água. Para um peixe tão pequeno, um grão de areia é do tamanho de uma bola de tênis para nós. Imagine quanta força precisaríamos para nos mover quando enterrados em rochas do tamanho de bolas de tênis. Esse peixe não ocorre em qualquer areia, mas somente na que esteja limpa e frouxa e seja de granulação média, geralmente imediatamente à jusante de cachoeiras, principalmente nos afluentes do rio Negro. Possui parentes em toda a Amazônia, onde quer que haja ambientes adequados. O *Pygidianops amphioxus* alimenta-se de minúsculos invertebrados que compartilham seu habitat arenoso.

The sands of rivers hide a surprising multitude of strange fish that are rarely seen. They are usually very odd in appearance, a result of long-term adaptation to life among sand grains. The most extreme such case is this fish. It has lost or reduced fins, pigmentation and eyes. Its body has the shape of a small elongated torpedo, with ventral keels that help it move through its medium. *Pygidianops amphioxus* is in fact so narrowly adapted to its environment that it never leaves the sand. It lives permanently buried and if displaced by force, it dives back into it immediately. The fish is extremely fast and it can move inside the sand almost as if it was swimming. When removed from its habitat and placed in a container, it lies on its side because outside of sand it cannot even maintain a straight position. A *Pygidianops* outside of sand is like a fish out of the water. Despite its delicate appearance, *Pygidianops* is actually a tough creature. Its skin is thick, smooth and resists a lifetime of permanent attrition against sharp sand grains. The barbels are stout, again an adaptation to the constant frontal clash with the grainy substrate, which would destroy more delicate barbels in no time. Most of the body of *Pygidianops* is muscle, again a necessity to move among sand, much heavier than water. For a fish this small, a sand grain is the size a tennis ball is to us. One needs a lot of strength to move while buried in fist-sized rocks. This fish does not occur in just any sand, but only in loose clean sand of medium granulation, usually immediately downstream from waterfalls, mainly in tributaries of the Rio Negro. It has relatives throughout the Amazon, wherever suitable environments are available. *Pygidianops amphioxus* feeds on tiny invertebrates that share its sandy habitat.

CATEGORIA DE AMEAÇA • RED LIST CATEGORIES

LC | NT | VU | EN | CR | EW | EX

BIOMAS QUE HABITA • BIOMES OF OCCURENCE

AMZ | CER | CAA | PTN | ATL | PMP

ESCALA • SCALE

1:1 3 cm

Candiru-bolha

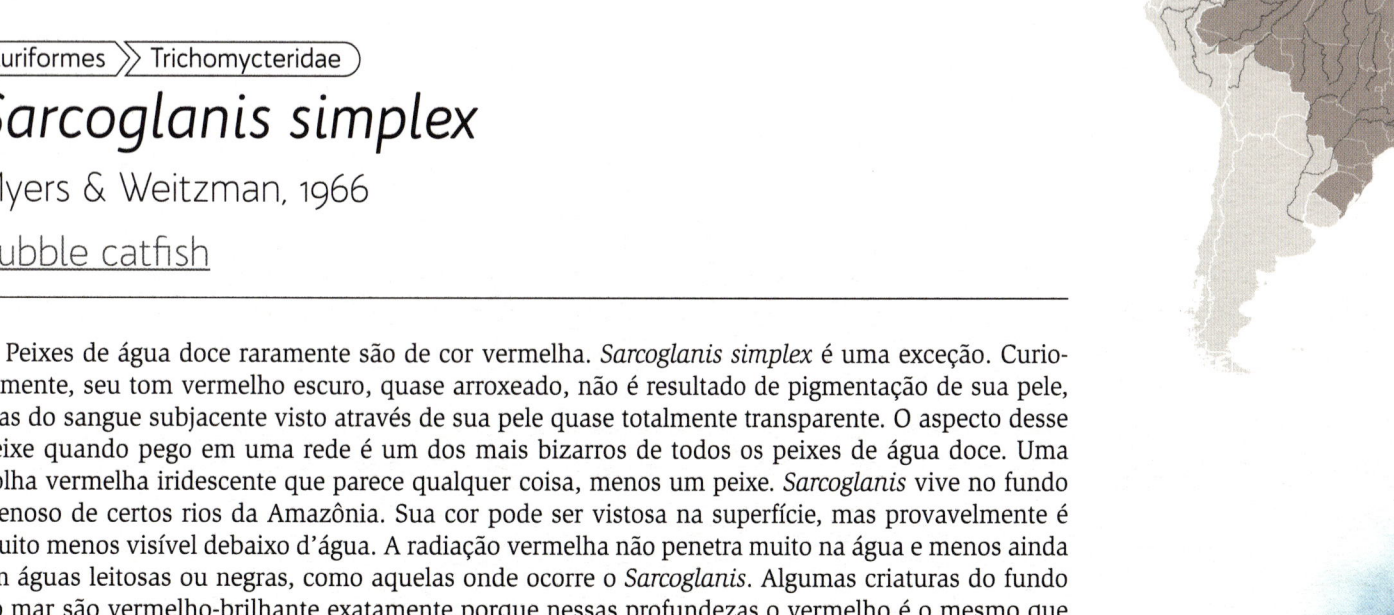

Siluriformes ≫ Trichomycteridae

Sarcoglanis simplex

Myers & Weitzman, 1966

Bubble catfish

Peixes de água doce raramente são de cor vermelha. *Sarcoglanis simplex* é uma exceção. Curiosamente, seu tom vermelho escuro, quase arroxeado, não é resultado de pigmentação de sua pele, mas do sangue subjacente visto através de sua pele quase totalmente transparente. O aspecto desse peixe quando pego em uma rede é um dos mais bizarros de todos os peixes de água doce. Uma bolha vermelha iridescente que parece qualquer coisa, menos um peixe. *Sarcoglanis* vive no fundo arenoso de certos rios da Amazônia. Sua cor pode ser vistosa na superfície, mas provavelmente é muito menos visível debaixo d'água. A radiação vermelha não penetra muito na água e menos ainda em águas leitosas ou negras, como aquelas onde ocorre o *Sarcoglanis*. Algumas criaturas do fundo do mar são vermelho-brilhante exatamente porque nessas profundezas o vermelho é o mesmo que preto, já que não há radiação vermelha para refletir. É possível que a cor de *Sarcoglanis* sirva a uma finalidade semelhante e o torne invisível contra a areia de seu habitat, evitando assim a detecção por predadores visuais. Seu corpo musculoso e robusto lhe permite enterrar-se facilmente, tarefa facilitada pelas pequenas nadadeiras dorsal, caudal, pélvica e anal. As nadadeiras peitorais, por outro lado, são bem grandes. Isso sugere que *Sarcoglanis* passe parte de seu tempo com apenas a parte posterior do corpo enterrada, com a cabeça, o tronco e as nadadeiras peitorais saindo apenas ao nível da areia. Sua dieta inclui pequenos invertebrados aquáticos que rastejam sobre ou dentro dos bancos de areia.

Freshwater fish are rarely red in color. *Sarcoglanis simplex* is a striking exception. Interestingly, its deep red, almost purplish tint, is not a result of skin pigment, but rather of underlying blood seen by transparency. Its skin is in fact almost totally transparent. The aspect of this fish when trapped in a net is one of the oddest of any freshwater fish. A bright red blob that looks like anything but a fish. *Sarcoglanis* lives in the sand at the bottom of certain rivers in the Amazon. Its color may be showy on the surface, but is probably much less visible underwater. Red radiation does not penetrate far into the water and even less so in murky or black waters as those where Sarcoglanis occurs. Some deep-sea creatures are bright red because at those depths being red is the same as being black, since there is no red radiation to reflect. It is possible that the red color of *Sarcoglanis* serves a similar purpose and makes it quite invisible against the sand of its habitat, thus avoiding detection by visual predators. Its stocky muscular body enables it to bury easily in sand, a task further facilitated by small dorsal, caudal, pelvic and anal fins. The pectoral fins, on the other hand, are very large. This suggests that *Sarcoglanis* spends some of its time with only the posterior part of the body buried, with the head, trunk and pectoral fins sticking out just at sand level. Its diet includes small aquatic invertebrates that crawl over or inside the sandbanks. But nearly nothing is known of the biology of *Sarcoglanis*, which has never been studied in its natural habitat.

CATEGORIA DE AMEAÇA • RED LIST CATEGORIES: **LC** NT VU EN CR EW EX

BIOMAS QUE HABITA • BIOMES OF OCCURENCE: **AMZ** CER CAA PTN ATL PMP

ESCALA • SCALE: **1:1** 2,1 cm

Piracatinga

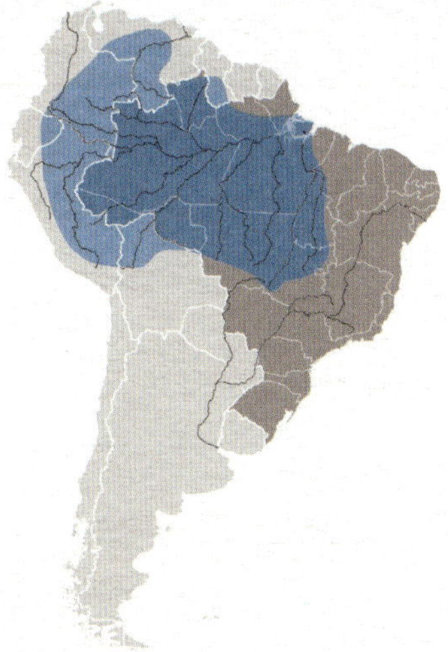

Siluriformes › Pimelodidae

Calophysus macropterus
(Lichtenstein, 1819)

Vulture catfish

A voracidade de alguns peixes da Amazônia é lendária, sendo as piranhas as personagens que carregam a maior fama. Entretanto, existem outros candidatos menos famosos a esse infame e seleto grupo de glória questionável. Um deles é o bagre *Calophysus macropterus,* conhecido popularmente como piracatinga ou "vulture catfish" (bagre-urubu, em português). Eles comem carne com um apetite de dar inveja até aos frenesis de piranhas e tubarões. São conhecidas por comer carniça, mas consomem também carne fresca. De fato, qualquer animal, peixe ou não, sangrando ou ferido na água, pode significar alimento para elas. Uma vez que a piracatinga começa seu ataque, não há como parar. As mandíbulas desse peixe são especialmente adaptadas ao seu apetite e são guarnecidas por uma série de dentes afiados, semelhantes a uma talhadeira, formando uma formidável peça cortante. Eles simplesmente arrancam pedaços de carne e os engolem inteiros. A carne da piracatinga é supostamente saborosa, mas como elas são frequentemente observadas devorando cadáveres humanos (os que se afogam nos rios, por exemplo), os habitantes locais relutam em consumir sua carne. Esse é um tabu regional, que não existe em terras distantes, onde sua carne é considerada um item importado valioso. A carne dos golfinhos de água doce (*Inia geoffrensis* e *Sotalia fluviatilis*) é usada como isca na pesca comercial da piracatinga, embora a caça a esses mamíferos seja ilegal. Por essa razão, a pesca da piracatinga também foi declarada ilegal no Brasil entre 2015 e 2020, apesar de ser um peixe muito abundante na Amazônia. Essa foi uma medida adotada para proteger os golfinhos, não a piracatinga.

The voraciousness of some Amazonian fishes is legendary, mostly personified by piranhas of unmatched fame. But there are other, less famous, contenders for this infamous echelon of questionable glory. One of them is this catfish, *Calophysus macropterus*, the piracatinga or vulture catfish. They will eat meat with an appetite that humbles most feeding frenzies of piranhas and sharks. They are known for eating carrion, but will readily consume fresh flesh. In fact, any animal, fish or otherwise, bleeding or wounded in the water means business for them. Once vulture catfish start with their attack, there is no stopping. The jaws of *Calophysus* are wonderfully adapted to their appetite, and are provided with a series of sharp chisel-like teeth forming a formidable cutting device. They simply bite off chunks of flesh and swallow them whole. The flesh of vulture catfish is supposed to be tasty, but since they are so often seen devouring human corpses of people who drowned in the river, there is a taboo against consuming them among locals. Of course, no such prejudice exists in faraway lands, where their meat is considered a valuable import. The flesh of the river dolphins (*Inia geoffrensis* and *Sotalia fluviatilis*) is used as bait in large-scale piracatinga fishing, although hunting for those cetaceans is illegal. This is the reason why fishing for *Calophysus* was also declared illegal in Brazil between 2015 and 2020, despite being a very abundant fish in the Amazon. It was a measure to protect the dolphins, not the piracatinga itself.

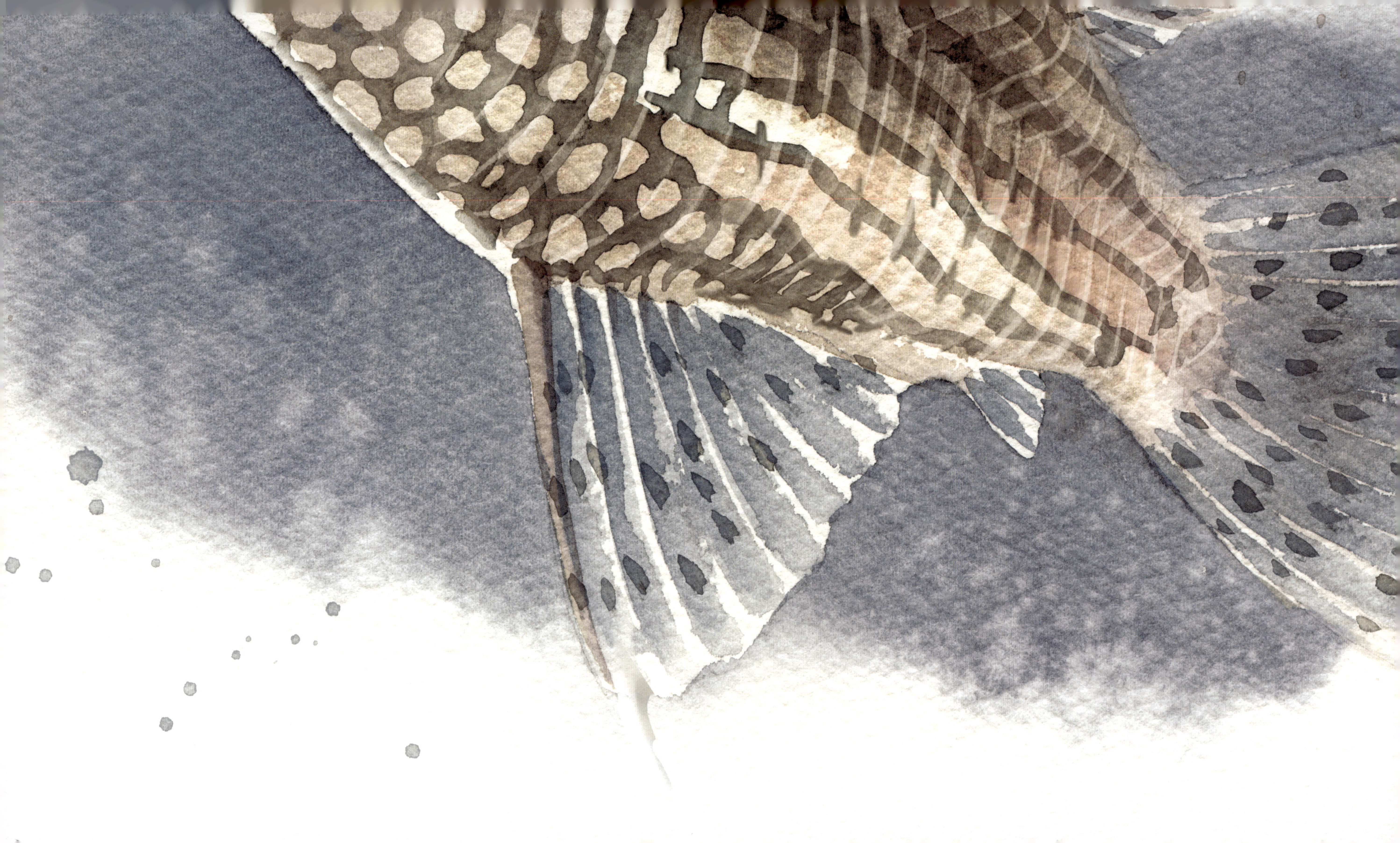

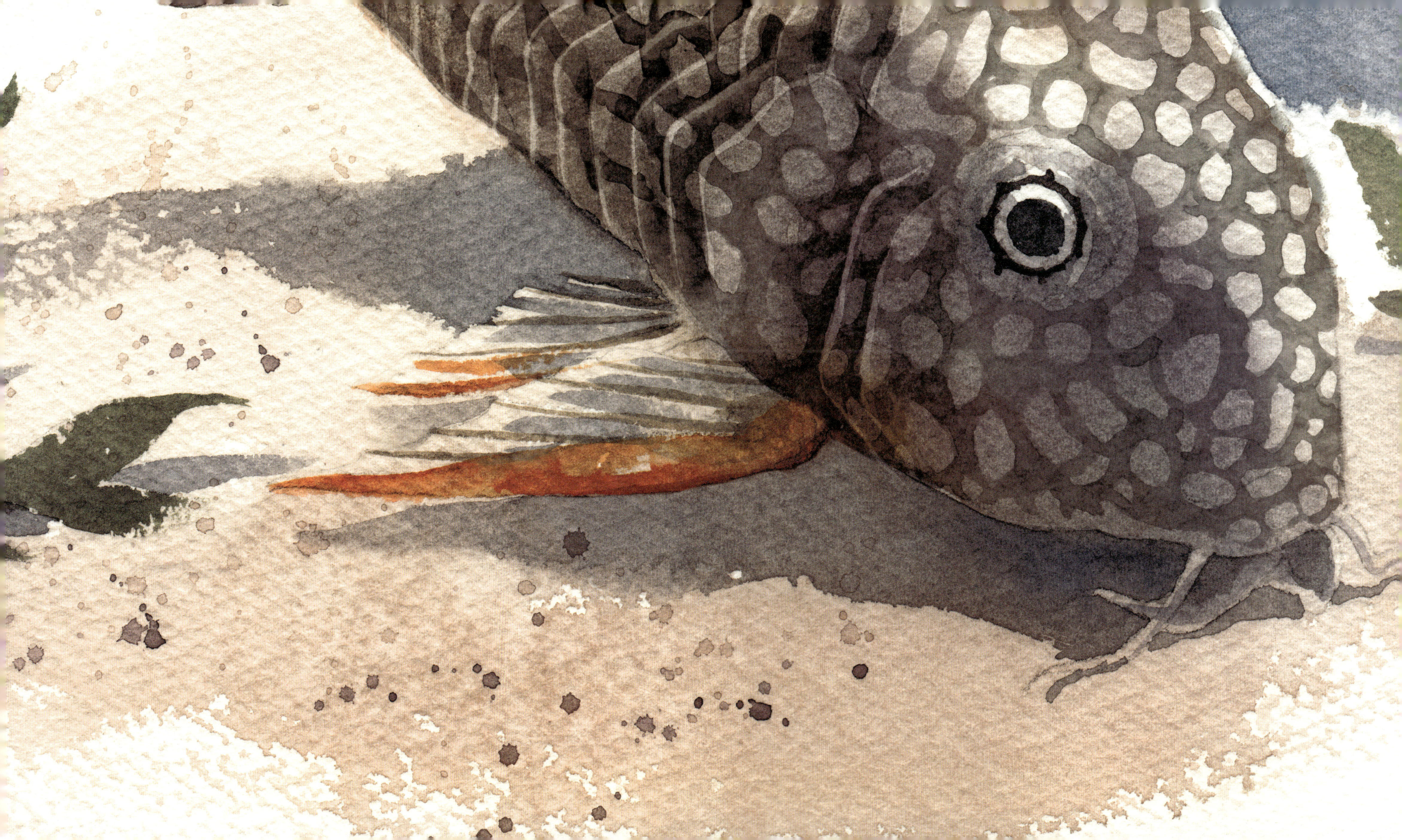

Coridora sterbai

Siluriformes ⟫ Callichthyidae

Corydoras sterbai Knaack, 1962

Sterba's cory

As espécies são agrupadas em gêneros, que são agrupados em famílias, que são agrupadas em ordens e assim por diante, formando a chamada hierarquia taxonômica que deve refletir as relações evolutivas das várias linhagens e espécies envolvidas. Como as árvores evolutivas podem ser muito assimétricas, o número de espécies por categoria pode variar bastante. Alguns gêneros têm apenas uma espécie, como *Asterophysus* e *Tarumania*, entre as que estão incluídas neste livro. Outros podem ter centenas de espécies. *Corydoras* é um exemplo desta última categoria. Atualmente, o gênero possui cerca de 175 espécies, com novas formas sendo descobertas regularmente. Uma das espécies conhecidas é *Corydoras sterbai*, nome publicado em 1962 em homenagem a um zoólogo e famoso especialista em aquários da antiga Alemanha Oriental, Günther Sterba. *Corydoras sterbai* é um pequeno bagre que vive na bacia do rio Guaporé no Brasil e na Bolívia. Com seu corpo listrado preto e branco, espinhos peitorais amarelados e comportamento de viver em grupos, tornou-se imensamente popular no comércio de aquários, de modo que a maioria dos espécimes comercializada hoje é nascida em cativeiro. É ovíparo, como a maioria dos peixes. Apesar disso, seu modo de reprodução envolve práticas bastante incomuns, que alguns chamariam de excêntricas. O macho se posiciona com o ventre perto da boca da fêmea e ela suga a área genital do macho, induzindo a ejaculação. A fêmea mantém o esperma na boca, fechando as aberturas branquiais para que nada escape e depois engole. O casal se separa e a fêmea nada para algum lugar para desovar. Seus ovos são liberados em suas nadadeiras pélvicas que se juntam formando uma taça e são mantidos ali por um tempo. Logo depois disso, o esperma que ela engoliu momentos antes é liberado através da abertura anal da fêmea sobre os óvulos, fertilizando-os. A fêmea pode, então, depositar os ovos em alguma superfície segura, onde eles irão se desenvolver por conta própria. Aparentemente, a trajetória do esperma engolido pelo trato digestório da fêmea dura cerca de um minuto e os espermatozoides passam ilesos. Se esse processo for confirmado, é possível que exista relação com a respiração aérea acessória no intestino desses peixes, algo comum em membros de sua linhagem. Se há uma rota expressa para o ar, também pode funcionar para o esperma. Esse modo de cópula é provavelmente geral em *Corydoras*, embora não tenha sido observado diretamente em todas as 175 espécies. Algumas variações foram observadas e, possivelmente, em alguns casos, o esperma nunca é engolido, mas mantido na boca da fêmea e expelido dali sobre os óvulos após sua deposição. Tal como acontece com tantas perguntas sobre os peixes, mais pesquisas são necessárias para que a variação, a importância e a evolução desse fenômeno sejam melhor compreendidas.

Species are grouped into genera, which are grouped into families and then orders etc, forming so-called taxonomic hierarchy reflective of the order of evolutionary splits of the various lineages and species involved. Because evolutionary trees can be very asymmetrical, the number of species per category can vary widely. Some genera have but a single species, like *Asterophysus* and *Tarumania*, among those include in this book. Others can have hundreds of species. *Corydoras* is an example of the latter category. The genus currently has some 175 species, with new ones being discovered regularly. One of them is *Corydoras sterbai*, reported in 1962 and named in honor of a zoologist and famous aquarium expert in former East Germany. *Corydoras sterbai* is a peaceful pretty little catfish from the Rio Guaporé basin in Brazil and Bolivia. With its exquisite striped black and white body and yellow pectoral-fin spines, along with convivial manners, it is immensely popular in the aquarium trade, so that a vast majority of specimens in captivity today are farm-raised. It is oviparous, like most fish. Despite that, its mode of reproduction involves quite unusual practices which some would label as nothing short of kinky. The male positions himself with the belly near the mouth of the female and she then sucks the male´s genital area, inducing ejaculation. The female keeps the released sperm in her mouth, closing shut the gill covers in order not to lose any, and then swallows it. The couple separates and the female swims away somewhere to spawn. Her eggs are released into a cup formed by her pelvic fins and kept there for a while. Right after that, the sperm she swallowed just moments before is released through her anal opening onto the eggs, fertilizing them. The female then can proceed to deposit the eggs on some safe surface, where they will develop on their own. The duration of the oral phase of sex is only a few seconds. Apparently, the trajectory of the swallowed sperm through the entire digestive tract of the female lasts about a minute and the spermatozoa comes out unscathed. If this process is confirmed, then it is probably made possible because these fish, as many of its relatives, has accessory aerial respiration in their intestines. If there is an express lane for air bubbles, then the same route may also be operational for sperm. This mode of fellatio-like copulation is probably general in *Corydoras*, although it has not been directly observed in all 175 of them. Some variations have been seen, and possibly in some instances, the sperm is never swallowed but instead kept in the female´s mouth and then spat out on the eggs once they are laid. As with so many questions in fish studies, much research on this phenomenon is still necessary before its variation, significance, and evolution are understood.

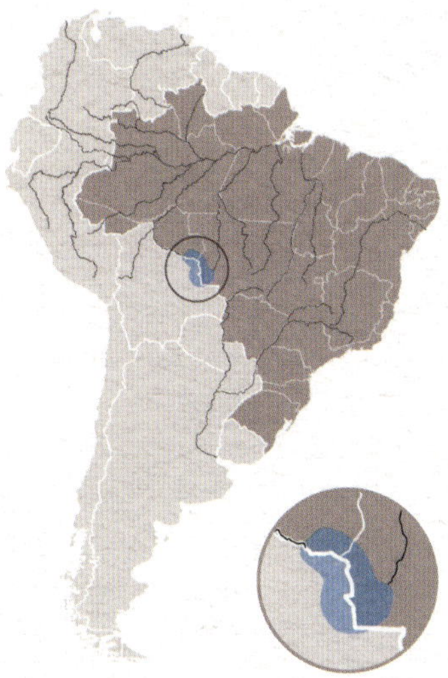

CATEGORIA DE AMEAÇA
• **RED LIST CATEGORIES**

(LC) (NT) (VU) (EN) (CR) (EW) (EX)

BIOMAS QUE HABITA •
BIOMES OF OCCURENCE

(AMZ) (CER) (CAA) (PTN) (ATL) (PMP)

ESCALA • **SCALE**

7 cm

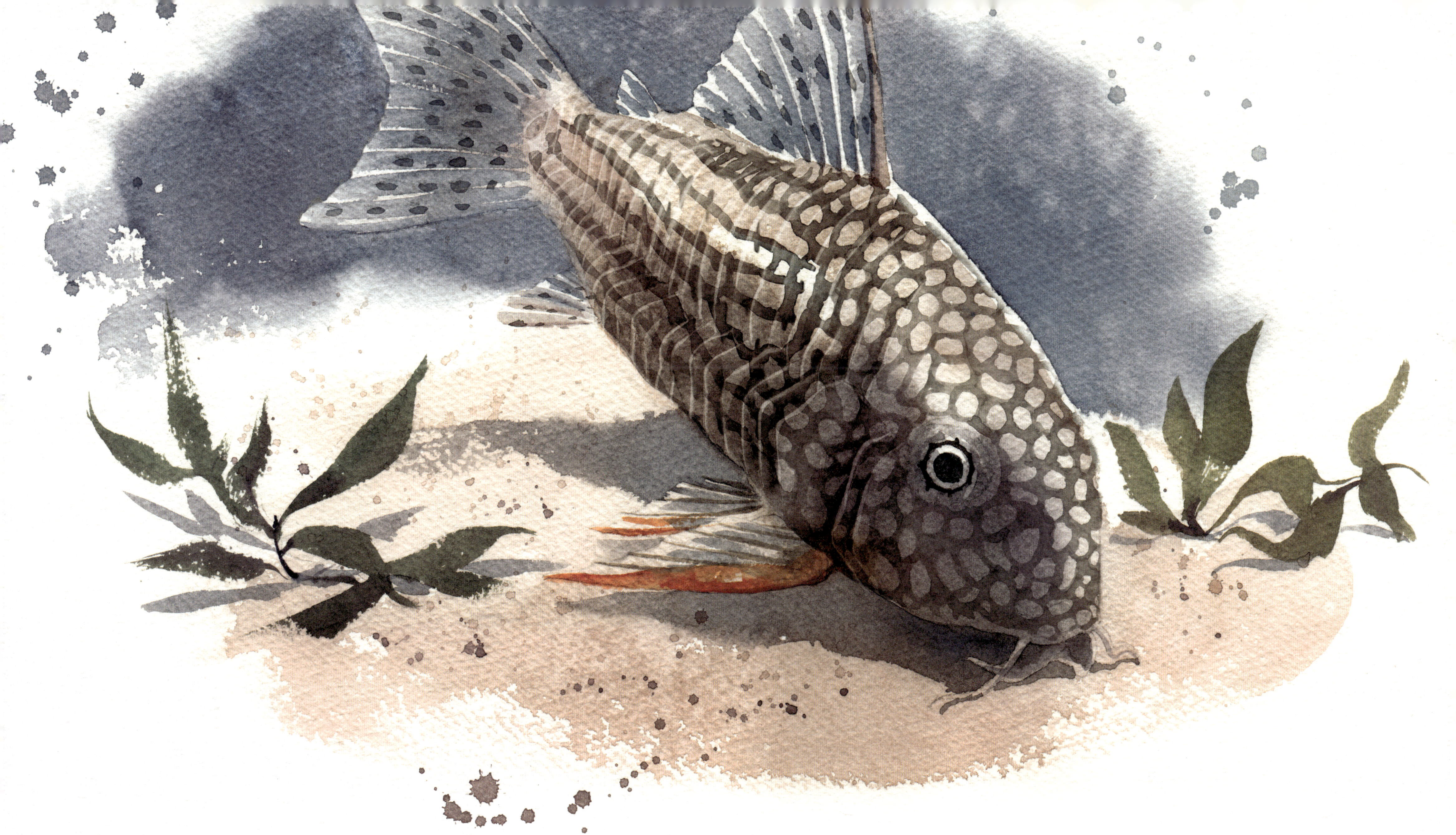

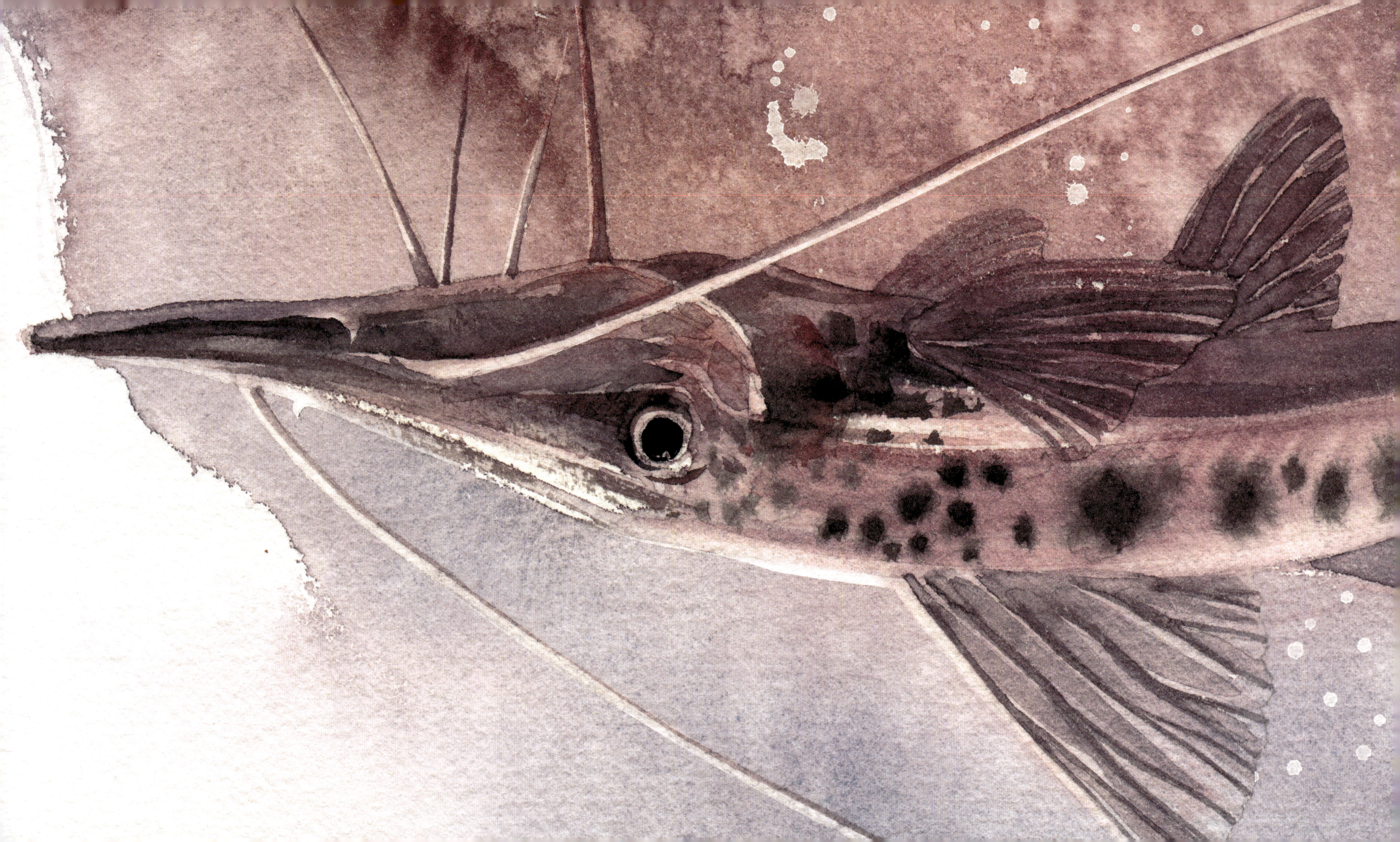

Pirapeuaua

Siluriformes › Pimelodidae

Platystomatichthys sturio
(Kner, 1858)

Sturgeon catfish

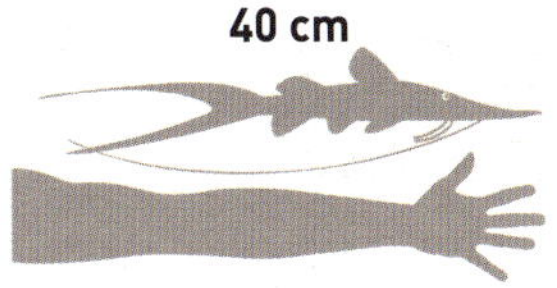

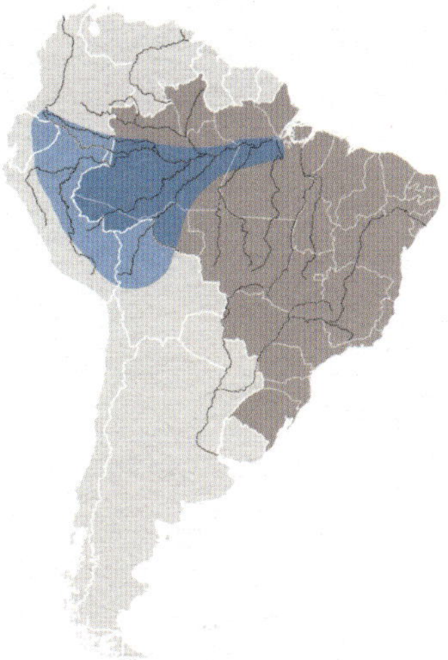

Muitas criaturas neste planeta têm características estranhas e até bizarras, que desafiam a explicação. Na maioria dos casos, isso se deve ao nosso conhecimento insuficiente sobre suas vidas e seus hábitos. O *Platystomatichthys* é comum e relativamente abundante em toda a Amazônia. Seu focinho alongado é uma das maravilhas do mundo dos bagres. Tem a maxila superior achatada e muito alongada que se projeta enormemente além da inferior. A semelhança superficial justifica seu nome específico: sturio é o nome de um esturjão. A superfície de baixo do focinho em *Platystomatichthys* é coberta com dentes pequenos e duros, formando um tapete semelhante a velcro, cobrindo toda a superfície exposta. Esta parte é exposta porque não há uma contraparte igualmente longa da mandíbula inferior. O significado funcional de tais modificações estranhas ainda é desconhecido. Dentição tipo velcro é comum em bagres. O fato é que *Platystomatichthys* é conhecido por ser um predador, caçando peixes menores. Obviamente, esse hábito alimentar não é diferente do praticado por seus parentes próximos, mas poucos exibem exagero equivalente no focinho. Em algumas espécies de *Sorubim*, parente próximo de *Platystomatichthys*, o maxilar superior é projetado de maneira semelhante. Foi relatado que espécies de *Sorubim* usam este focinho protuberante para imobilizar e capturar camarões contra o fundo dos rios. Talvez o *Platystomatichthys* faça algo similar. Mas quem pode confirmar? Uma coisa é certa: precisamos aprender mais sobre nossos peixes.

Many creatures on this planet have strange and even bizarre characteristics which defy explanation. In most cases, this is due to our deficient knowledge about their lives and habits. *Platystomatichthys* is common and relatively abundant throughout the Amazon. Its flat elongated snout is one of the wonders of the catfish world. It is a flattened and greatly elongated upper jaw which protrudes enormously beyond the lower one. The superficial similarity justifies its specific name: sturio is the name of a sturgeon. The underside of the protruding snout in *Platystomatichthys* is covered with tough small teeth, forming a velcro-like carpet covering its entire exposed surface. It is exposed because there is no equally long counterpart of the lower jaw. The functional significance of such strange modifications is yet unknown. Velcro-like dentition is common in catfishes. The fact is that *Platystomatichthys* is known to be a predator, hunting smaller fish. Of course, this feeding habit is no different from that of its close relatives, few of which display equivalent snout-exuberance. In some species of *Sorubim*, a close relative of Platystomatichthys, the upper jaw can be produced in a somewhat similar fashion. Species of *Sorubin* have been reported to use the protruding snout to immobilize and capture shrimps against the bottom. Maybe *Platystomatichthys* does something similar. But who knows? One thing is certain: we need to learn more about our fishes.

CATEGORIA DE AMEAÇA
• RED LIST CATEGORIES

(LC) (NT) (VU) (EN) (CR) (EW) (EX)

BIOMAS QUE HABITA •
BIOMES OF OCCURENCE

(AMZ) (CER) (CAA) (PTN) (ATL) (PMP)

ESCALA
• SCALE

15 cm

Peixe-sapo-amazônico

Batrachoidiformes ⟩ Batrachoididae

Thalassophryne amazonica

Steindachner, 1876

Amazonian toadfish

O peixe-sapo-amazônico pertence a um grupo tipicamente marinho, porém uma minoria da diversidade de sua família prefere viver na água doce, como é o caso de *Thalassophryne amazonica*. Espécie exclusiva da Amazônia, vive em águas ácidas com pouca matéria em suspensão, com fundo de lama ou de areia. Sua coloração discreta tem como objetivo disfarçar sua presença, mesclando o peixe ao ambiente, e é parte da estratégia de caça da espécie. O peixe-sapo fica imóvel no fundo, esperando que uma presa desavisada, como um peixe ou um crustáceo, se aproxime. Então desfere um ataque extremamente rápido, engolindo a presa inteira. A fêmea produz poucos ovos. Assim, investe mais individualmente na chance de sobrevivência de sua prole em vez de optar por uma estratégia de maior quantidade de filhotes. Os ovos são depositados e ficam grudados sob rochas e troncos, sendo guardados pelo macho. Os espinhos presentes na nadadeira dorsal e na região opercular estão conectados a glândulas produtoras de veneno. Não são animais verdadeiramente peçonhentos, pois não têm um mecanismo adaptado para injetar veneno em seus inimigos. A injeção de veneno acontece quando uma pressão é aplicada ao espinho, pressionando a glândula. Nos seres humanos isso acontece quando esses animais são manipulados de forma incorreta ou inadvertidamente pisoteados. O acidente pode provocar feridas extremamente dolorosas, causando tontura, febre e até necrose do tecido atingido.

The amazonian toadfish is part of a typically marine lineage. Only a minority of the species in this group lives in freshwater, such as *Thalassophryne amazonica*. This exclusively Amazonian species lives in acidic waters with little suspended matter and sand or muddy bottoms. Its dull coloration helps to disguise its presence against the background of its environment, fitting its hunting strategy. The Amazonian toadfish stays still on the bottom, waiting for the unaware victim, fish or crustacean, to get within range. It will then strike extremely fast, swallowing the prey whole. The female produces few eggs, thus investing in the survival of individual offspring rather than on sheer fry numbers. The adhesive eggs are deposited under logs and rocks and are guarded by the male. The spines in the dorsal fin and opercular region of the Amazonian toadfish are connected to venom-producing glands. The spines in the dorsal fin and opercular region of the Amazonian toadfish are connected to venom-producing glands. They are not truly venomous, since they do not have an active mechanism for injecting poison in their enemies. The toxic substance is simply pushed into the victim when some external pressure is applied on the spine, thus pressing the gland. In humans, this happens when the fish is manipulated incorrectly or stepped on inadvertently. Such accidents result in an extremely painful wound, causing, dizziness, fever, and even necrosis of the affected region.

Joaninha-de-pedra

Cichliformes › Cichlidae

Teleocichla cinderella

Kullander, 1988

Torrent pike cichlid

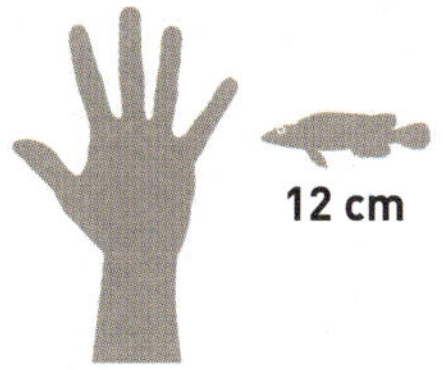

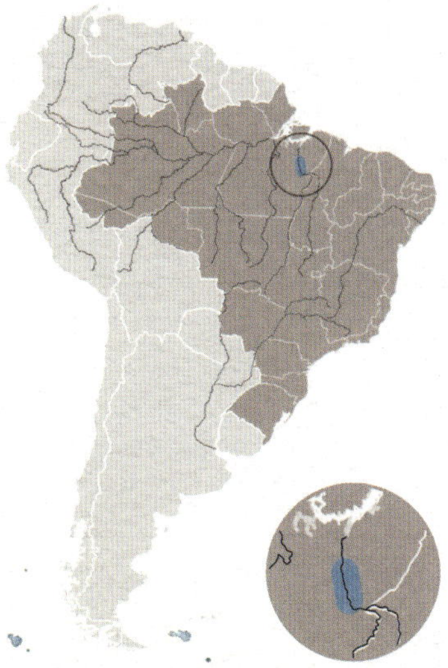

Os ciclídeos são peixes que geralmente preferem habitar águas calmas como a de lagos e brejos, mas esse não é o caso dos jacundás-de-corredeira. Eles preferem viver em meio ao turbilhão de águas correntosas, principalmente em locais com muitas pedras. Passam a maior parte do tempo em repouso sobre o substrato rochoso, onde caçam pequenos crustáceos e larvas de insetos. Ainda pouco se sabe sobre as espécies do gênero, mesmo questões sobre a identidade taxonômica delas. Por viverem em corredeiras, algumas espécies do gênero estão classificadas em categorias de ameaça. Isso ocorre porque corredeiras são formadas em razão de um desnível no rio e é exatamente essa configuração a ideal para a construção de usinas hidrelétricas. As usinas hidrelétricas transformam a energia potencial das águas dos rios em eletricidade. Quanto maior o desnível do rio, maior a geração de energia. Assim, diversas usinas hidrelétricas estão instaladas ou programadas para serem construídas em locais de maior desnível dos rios, como cachoeiras e corredeiras, exatamente o habitat de diversas espécies endêmicas de peixes, como é o caso das *Teleocichla* na Amazônia. É importante que o Brasil fomente estudos para mitigar o impacto dessas construções nas populações de peixes antes que seja tarde.

Fishes of the cichlid family usually favor quiet waters such as those of lakes, marshes, and slow sectors of rivers, but this is not the case with the torrent pike cichlid. They prefer to live in torrential waters, especially in rocky places. They spend most of their time in a still position where they can hunt for small crustaceans and insect larvae. We still know little about the species of *Teleocichla*, especially their separation and species identity. Because they prefer high-speed sectors of rivers, some species of this genus are endangered. Rapids are formed due to a steep altitudinal difference and it just happens that such places are exactly the best ones for building hydroelectric dams. Hydroelectric dams transform the potential energy of river waters into electrical energy. The greater the relief differential, the greater the power generation. Many such dams are built or planned for sectors of rivers with rapids or waterfalls, which are the only habitats of many specialized and endemic fish species, such as *Teleocichla* in the Amazon. It is most important that Brazil implements measures to mitigate the impact of such projects on fishes, before it is too late.

Traíra-cobra

Characiformes ≫ Tarumaniidae

Tarumania walkerae de Pinna, Zuanon, Rapp Py-Daniel & Petry, 2017

Snake trahira

Todos os anos, centenas de espécies novas de peixes são descobertas. A maioria delas são variações de grupos conhecidos, de modo que as espécies novas se encaixam perfeitamente em gêneros e famílias já descritos. Algumas são suficientemente distintas, morfologicamente e evolutivamente, para exigir um novo gênero para acomodá-las. Raramente descobre-se uma espécie nova que é tão diferente e tão distante evolutivamente de outras formas conhecidas que se torna necessário criar uma nova família para alocá-la. Esse é o caso de *Tarumania walkerae*, uma das mais novas famílias adicionadas à árvore evolutiva dos peixes. De acordo com as regras de nomenclatura, a família é chamada Tarumaniidae. O nome do gênero refere-se ao rio Tarumã, uma das localidades onde foi descoberto. O nome também homenageia a eminente limnologista Ilse Walker, a pessoa que coletou o primeiro espécime conhecido. Quando *Tarumania walkerae* foi descoberta pela primeira vez, os ictiólogos nem conseguiam dizer sua posição geral na classificação de peixes. Poderíamos dizer que era um peixe ósseo, mas isso era tudo. Foi preciso um trabalho de detetive para descobrir suas afinidades reais. Os dados anatômicos e de DNA agora mostram que é um membro do Characiformes, o grupo que inclui lambaris, piranhas, pacus e formas semelhantes. Dentro desse grupo, é um parente da família Erythrinidae, as traíras e jejus. Mas é um peixe muito diferente. *Tarumania* tem corpo longo, quase em forma de enguia. Sua lista de características bizarras é extensa. Sua bexiga natatória é dividida em 11 câmaras dispostas em fila ao longo da maior parte de sua extensão corporal. Essa adaptação permite um ajuste fino de flutuabilidade, de forma que o peixe pode se manter imóvel na coluna d'água, mesmo em posições contorcidas. Além disso, suas nadadeiras ventrais são capazes de movimento independente, de modo que uma delas pode apontar para a frente enquanto a outra aponta para trás, conforme mostrado na ilustração. Além disso, *Tarumania* pode nadar para diante e de marcha à ré igualmente bem. Uma criatura estranha, de fato! É claro que, tendo em vista todas suas características estranhas, *Tarumania* também vive em um ambiente bizarro. Seu habitat é a água que encharca os vastos depósitos de serrapilheira nas planícies de inundação do rio Negro. Na parte do ano em que esses lugares ficam totalmente secos na superfície, *Tarumania* sobrevive na água subterrânea, metros abaixo. Em outros momentos, os mesmos locais são completamente cobertos por água e contínuos com o rio. Ninguém sabe o que *Tarumania* faz na época de cheia, nem como sobrevive a mudanças tão drásticas ou como se reproduz. Sabemos que vive na maioria das vezes entre folhas mortas e que come camarões pequenos que compartilham o mesmo habitat. Incrivelmente, *Tarumania* ocorre não em alguma região remota no meio da floresta e longe da presença humana, mas em locais próximos à grande cidade de Manaus. Seu habitat estranho e comportamentos crípticos fizeram com que permanecesse desconhecida para a ciência até poucos anos atrás. A descoberta de *Tarumania* nos mostra o quanto ainda não sabemos sobre os habitantes aquáticos da Amazônia. Também nos faz pensar quantas outras criaturas ainda esperam ser descobertas nessas vastas águas.

Every year, hundreds of new species of fish are discovered. Most of them are variations on well-known groups, so the new species fit nicely into known genera and families. A few of them are sufficiently distinctive, morphologically and genealogically, to require a new genus to accommodate them. Rarely, a new species is discovered which is so different and so distant evolutionarily from other known forms that they have to be placed in an entirely new family. This is the case with *Tarumania walkerae*, the newest family added to the fish tree of life. According to the rules of nomenclature, the family is called Tarumaniidae. The genus name refers to the Rio Tarumã, one of the localities where it was first discovered. The species name honors eminent limnologist Ilse Walker, the person who collected the first known specimen. When *Tarumania walkerae* was first discovered, ichthyologists could not even tell its vague position in fish classification. We could say it was a bony fish, but that was all. It took some detective work to discover its actual affinities. Anatomical and DNA data now show that it is a member of the Characiformes, the group that includes tetras, piranhas, pacus and similar forms. Within that group, it is a relative of the family Erythrinidae, the traíras. But it is a very different fish. *Tarumania* has a long body, almost eel-like in shape. Its list of bizarre characteristics is long. Its swimbladder is divided into 11 chambers arranged in line along most of the body. This adaptation permits a fine adjustment of buoyancy so that the fish can stay stationary, contorted in odd positions. Also, its ventral fins are capable of independent movement, so that one of them can point to the front while the other points to the back, as shown in the illustration. Also, *Tarumania* can swim frontwards and backwards equally well. A strange creature indeed! Of course, in view of all is oddities, *Tarumania* lives in a bizarre environment. Its habitat is the water which drenches the vast leaf-litter deposits in the floodplains of the Rio Negro. Part of the year those places are entirely dry on the surface, and *Tarumania* survives in the underground water, meters below the surface. At other times, the same places are completely covered by water, and continuous with the river. Nobody knows what *Tarumania* does to survive such drastic changes, or how it reproduces. We know it lives most of the time among dead leaves and that it eats small shrimp which share the same habitat. Incredibly, *Tarumania* occurs not in some remote spot in the middle of the forest hundreds of kilometers away from human presence, but rather in locations close to the large city of Manaus. It's strange habitat and secretive habits made it remain unknown to science until a couple of years ago. The discovery of *Tarumania* shows us how much we still do not know about the aquatic inhabitants of the Amazon. It also makes us wonder how many other creatures still await discovery in those vast waters.

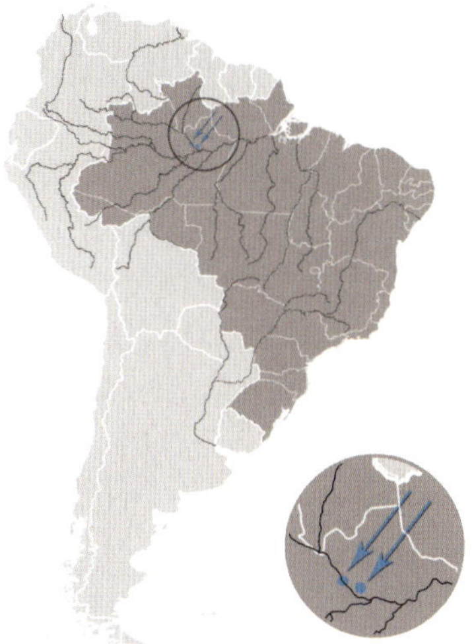

CATEGORIA DE AMEAÇA
• RED LIST CATEGORIES

LC NT VU EN CR EW EX

BIOMAS QUE HABITA •
BIOMES OF OCCURENCE

AMZ CER CAA PTN ATL PMP

ESCALA • SCALE

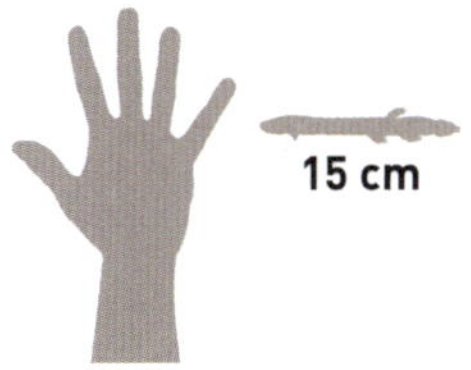

15 cm

CATEGORIA DE AMEAÇA
• RED LIST CATEGORIES

LC NT VU EN CR EW EX

BIOMAS QUE HABITA •
BIOMES OF OCCURENCE

AMZ CER CAA PTN ATL PMP

ESCALA
• SCALE

30 cm

Cascudo-viola

Siluriformes › Loricariidae

Planiloricaria cryptodon

(Isbrücker, 1971)

Spoonface whiptail

Algumas espécies do nosso planeta têm uma aparência tão estranha que podem muito bem ser incluídas em filmes de ficção científica como formas de vida alienígenas. Alguns são peixes e a *Planiloricaria* está entre elas. Esse peixe é um habitante de locais profundos dos canais fluviais, onde vive em fundos arenosos. O corpo e a cabeça são extremamente achatados, refletindo em seu nome, e são ideais para a vida em superfícies planas. A *Planiloricaria* pode desaparecer facilmente apenas se cobrindo com uma fina camada de grãos de areia. Sua boca é uma das maravilhas do mundo dos peixes. Em forma de ventosa, como vários de seus parentes de bagres, é margeada por numerosos barbilhões longos e ramificados, formando um complexo semelhante a uma raiz ao redor da abertura da boca. Esses barbilhões são cobertos com botões gustativos e constituem um formidável dispositivo de detecção química. A *Planiloricaria* varre as planícies escuras de areia com seu poderoso radar de sabor e detecta invertebrados enterrados, suas principais presas. Seus olhos pequenos não conseguem enxergar muito bem e são pouco úteis, não apenas em razão de sua posição no topo de uma vasta cabeça chata, mas também porque a escuridão de seu habitat faz da visão um sentido pouco importante. Suas presas são presumivelmente de corpo mole e incapazes de lutar, porque a *Planiloricaria* tem poucos e fracos dentes. É claro que, apesar de todas as suas estranhezas, a *Planiloricaria* é parente de outros cascudos, todos evoluídos no continente sul-americano de nosso planeta.

Some species on our planet are so strange-looking that they might well be included in sci-fi movies as alien life forms. Some of those are fishes and *Planiloricaria* is among them. This fish is an inhabitant of deep sectors of river channels, where it lives on sandy bottoms. Its extremely flattened body and head, reflected in its name, are ideally suited for life on flat surfaces. *Planiloricaria* can easily disappear in the sand by simply covering itself with a thin layer of sand grains. Its mouth is one of the wonders of the fish world. Sucker-like, as several of its mailed catfish relatives, it is surrounded by numerous long branching barbels, forming a root-like complex around the mouth opening. Those barbels are covered with taste buds and constitute a formidable chemical detection device. *Planiloricaria* scans the dark bare sand plains with its powerful taste radar and detects buried invertebrates, hunting on them for meals. Its small eyes cannot see very well and are of very little use, not only due to their position on top of a vast shield-like flat head, but also because the darkness of their habitat makes vision a rather pointless sense. Its prey is presumably soft bodied and incapable of putting up a fight because *Planiloricaria* has few and feeble teeth. Of course, for all its extraterrestrial oddities, *Planiloricaria* is very much a relative of other armored catfish, all of them evolved on the South American continent of our planet.

Bagre-onça

Siluriformes » Auchenipteridae

Liosomadoras oncinus

(Jardine, 1841)

Jaguar catfish

Os bagres são comumente lembrados como criaturas de cores opacas, que dificilmente podem ser distinguidas no fundo de um rio lamacento. Tal conceito é injusto com esses animais, já que existem mais de 3.000 espécies diferentes, em quase 40 famílias, e elas existem em todos os tamanhos, formas e cores. Essa espécie, por exemplo, é uma refutação ao estigma dos bagres com cor opaca. O bagre-onça é um peixe muito bonito, com uma cor de fundo clara coberta com elegantes marcas escuras e nebulosas. Sua beleza a tornou valorizada no meio aquariofilista, e este tem sido a fonte de muitos espécimes usados em estudos científicos. Mas beleza e boas maneiras nem sempre andam juntas, e *Liosomadoras* é um carnívoro que não se furtará em comer companheiros de aquário que possam caber em sua boca. Muito pouco se sabe sobre sua ecologia e hábitos de vida. *Liosomadoras oncinus* gosta de morar em fendas e cavidades de troncos submersos, em rios de águas negras ou claras do rio Negro e Alto Orinoco. Os machos nupciais têm o espinho da nadadeira dorsal modificado, com uma serrilha e com capacidade de se mover anteriormente a quase 90 graus. Essa modificação é utilizada para segurar firmemente a fêmea durante a cópula. Como seus parentes próximos da família Auchenipteridae, *Liosomadoras* realiza fertilização interna, com os machos tendo uma papila genital alongada semelhante a um tubo, que se estende ao longo da borda anterior da nadadeira anal, e que serve como órgão copulatório.

Catfish are normally seen as dull-colored creatures that can hardly be distinguished from a muddy river bottom. This is very far from the truth. There are over 3000 different species in almost 40 families of catfish and they come in all sizes, shapes, and colors. This species, for example, is a refutation of the dull-color paradigm. The jaguar catfish is an almost impossibly beautiful fish, with a white background color covered with elegant nebulous dark markings. Its handsomeness has made it dear in the aquarium trade, which has actually been the source of many specimens used in scientific study. But beauty and manners do not always go together, and *Liosomadoras* is a carnivore that will eat fish companions which fit its mouth. Very little is known of its ecology and life habits. *Liosomadoras oncinus* likes to dwell in crevices and cavities of submerged trunks, in blackwater or clearwater rivers of the Rio Negro and Upper Orinoco. The nuptial males have a modified dorsal-fin spine with bony bumps and which can be moved anteriorly to nearly 90 degrees. This modification is utilized to firmly hold the female during copulation. Like its close relatives in the family Auchenipteridae, *Liosomadoras* is capable of insemination and internal fertilization, with males having a tube-like elongated genital papilla extending along the anterior edge of the anal fin which serves as a copulatory organ.

CATEGORIA DE AMEAÇA • RED LIST CATEGORIES
(LC) NT VU EN CR EW EX

BIOMAS QUE HABITA • BIOMES OF OCCURENCE
(AMZ) CER CAA PTN ATL PMP

ESCALA • SCALE
10 cm

Assacu-pirarara

Siluriformes ≫ Loricariidae

Pseudacanthicus pirarara

Chamon & Sousa, 2016

Scarlet cactus pleco

O rio Xingu é um importante local de diversidade de peixes, especialmente no trecho de corredeiras conhecido como "Volta Grande". Infelizmente, grande parte dessa diversidade pode estar a caminho de desaparecer antes mesmo de aprendermos sobre ela. A razão, como costuma acontecer nos peixes de água doce em diversos locais do mundo, é a construção de barragens de hidrelétricas. As barragens são construídas preferencialmente em regiões com acentuado gradiente altitudinal, exatamente o tipo de relevo associado às regiões com mais corredeiras e cachoeiras dos rios. A construção afeta o fluxo de água, podendo causar o desaparecimento de todas as espécies que eram adaptadas ao ambiente original. Em muitos casos, essas espécies são endêmicas, ou seja, não existem em nenhum outro lugar, e podem se extinguir rapidamente. Tão rápido que algumas podem desaparecer antes mesmo de sabermos que elas existem. Esse cascudo, por exemplo, só foi formalmente descrito em 2016, apesar de ser uma espécie grande, colorida e que não é de forma alguma arisca ou difícil de ser encontrada. *Pseudacanthicus pirarara*, conhecido popularmente como "assacu-pirarara" ou "cascudo-abacaxi-escarlate", é um peixe que não pode passar despercebido. Com sua nadadeira caudal e partes de nadadeiras dorsal, pélvica e peitoral laranja brilhante, com fileiras de amarelo no corpo ao longo de suas placas ósseas dérmicas, é uma espécie que há muito tempo atrai a atenção do mercado de aquariofilia. Como muitos outros cascudos, é onívoro, mas ao contrário da maioria de seus parentes próximos, o *Pseudacanthicus pirarara* é predominantemente carnívoro. É claro que ser carnívoro não significa necessariamente ser um grande predador, e o assacu-pirarara tem apenas uma dieta rica em proteínas, gostando de comer camarões, moluscos e outros animais, quando disponíveis. Como tantos cascudos endêmicos de águas rápidas do rio Xingu, o *Pseudacanthicus pirarara* se esconde nas fendas das rochas. Sendo um peixe grande, é mais frequentemente encontrado em partes mais profundas.

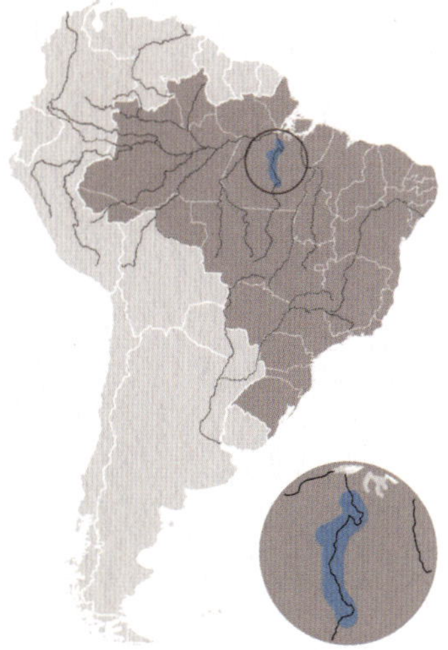

CATEGORIA DE AMEAÇA
• RED LIST CATEGORIES

LC NT VU EN CR EW EX

BIOMAS QUE HABITA •
BIOMES OF OCCURENCE

AMZ CER CAA PTN ATL PMP

ESCALA • SCALE

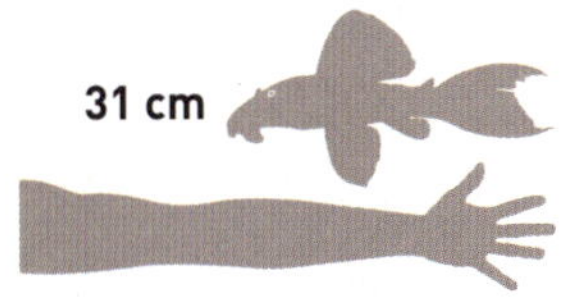

31 cm

The Rio Xingu is a hotspot of fish diversity, especially the fast flowing sector known as "Volta Grande". Unfortunately, much of this diversity is going extinct before we learn much about them. The culprit, as often the case in freshwater fishes, is the construction of dams. Dams are preferably built in regions with intense altitudinal gradient, exactly the type of relief that is associated with torrential sectors of rivers. The dam turns this fast flowing habitat into a stagnant lake, causing the disappearance of all the species which are adapted to the original type of environment. In many cases, those species are endemics which do not exist anywhere else and may go extinct really fast. So fast that it is conceivable that some may vanish before we even know that they exist. This armored catfish, for example, was only formally described in 2016, despite being a large colorful species which is by no means elusive or difficult to find. *Pseudacanthicus pirarara*, popularly known as "scarlet cactus pleco" or "scarlet pineapple pleco" is a fish that cannot pass unnoticed. With its bright orange caudal fin and parts of dorsal, pelvic, and pectoral fins, compounded by rows of yellow on the body along its dermal bony plates, it is a species which has long attracted the attention of the aquarium business. Like many other armored catfish, it is an omnivore, but contrary to most of its close relatives, *Pseudacanthicus pirarara* is predominantly a carnivore. Of course, being carnivorous does not necessarily mean predatory and the scarlet pleco probably simply needs a high-protein diet and simply enjoys eating dead shrimp, mollusks, and other animals when they are available. As so many endemic armored catfish in the high-energy sectors of the Xingu, *Pseudacanthicus pirarara* hides in rock crevices. Being a large fish, it is most often found in deep parts.

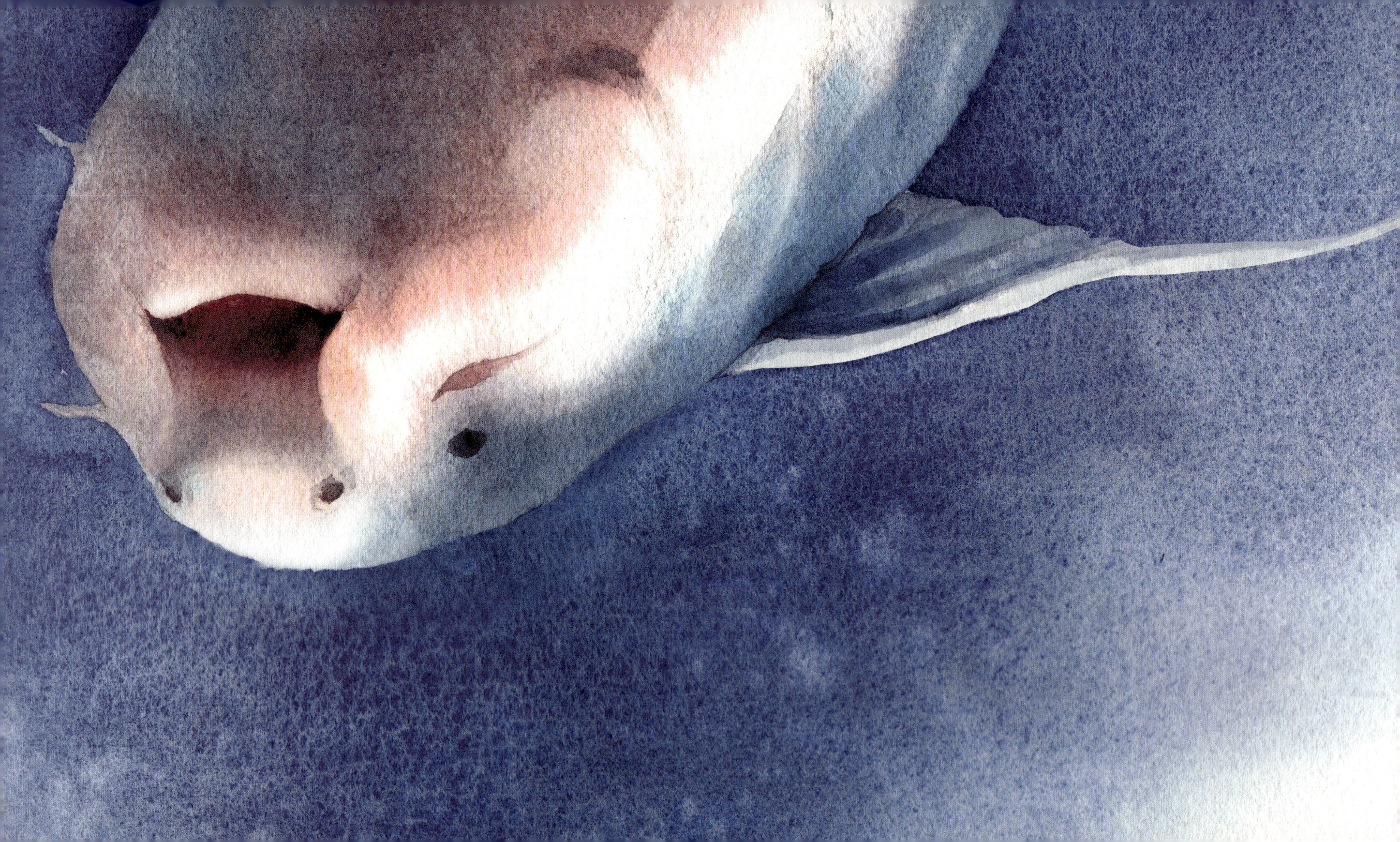

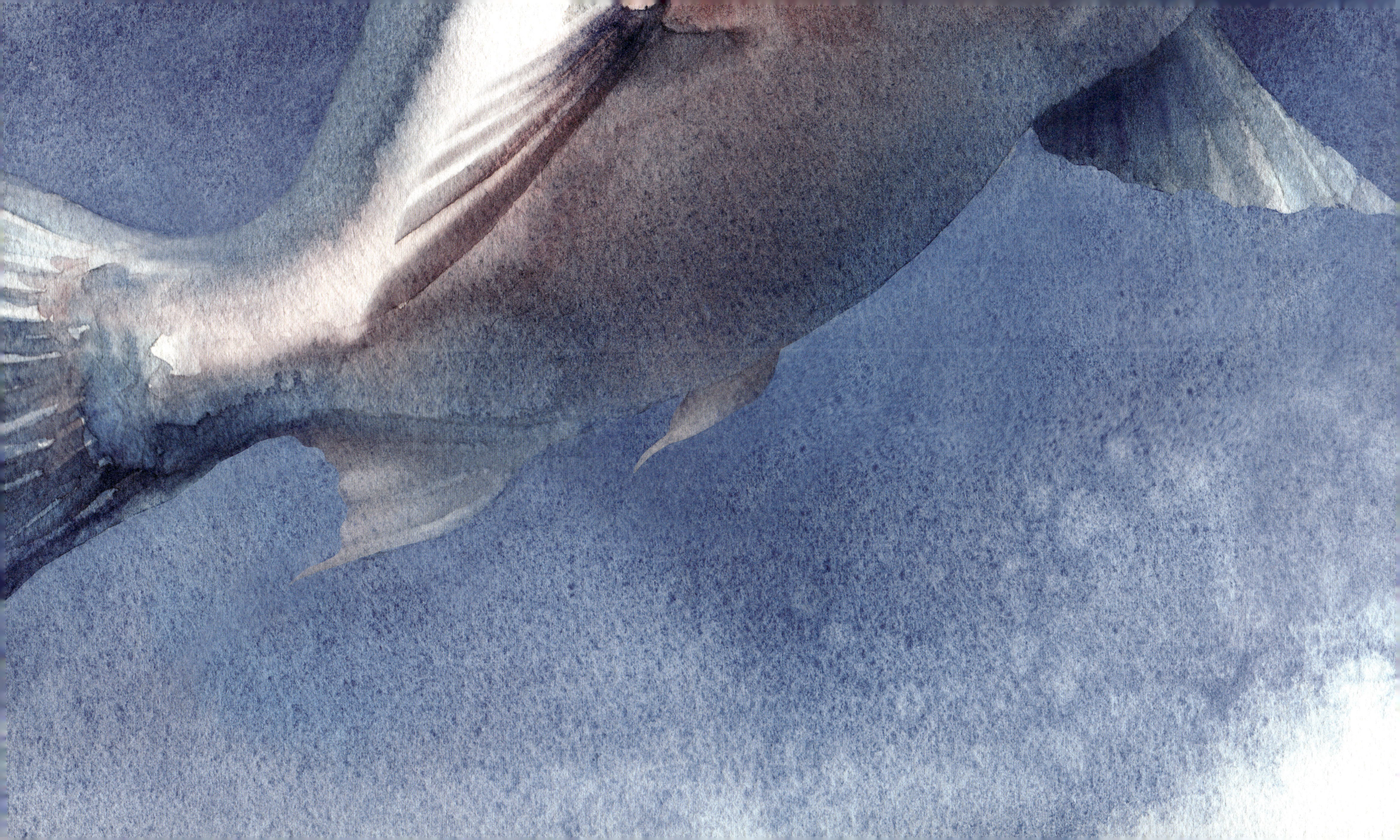

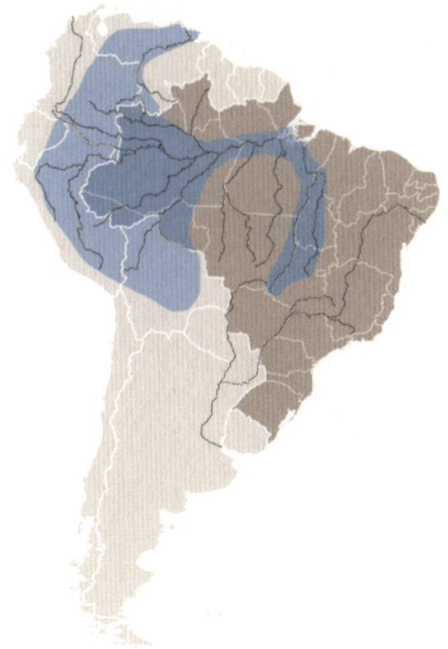

CATEGORIA DE AMEAÇA
• RED LIST CATEGORIES

LC NT VU EN CR EW EX

BIOMAS QUE HABITA •
BIOMES OF OCCURENCE

AMZ CER CAA PTN ATL PMP

ESCALA
• SCALE

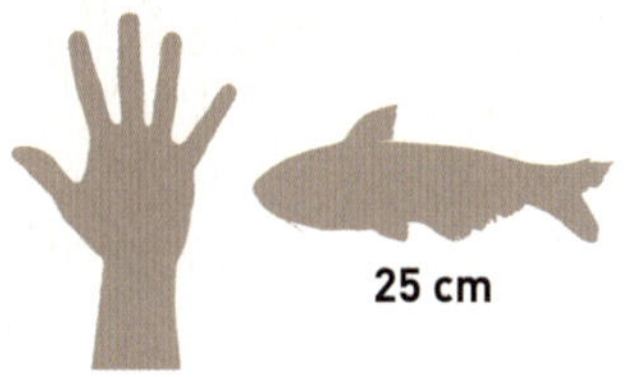

25 cm

Candiru-açu

Siluriformes 》 Cetopsidae

Cetopsis coecutiens

(Lichtenstein, 1819)

Whale catfish

As águas da Amazônia estão repletas de vida e abrigam a maior diversidade de peixes de água doce do mundo. Com tantas formas, diversas adaptações incomuns surgiram durante a evolução. O candiru-açu é uma das criaturas das profundezas que inspiram temores sombrios. É um bagre com corpo liso e bem arredondado, sem espinhos defensivos em suas nadadeiras ou escudos ósseos normalmente encontrados em outros bagres. Também é quase cego, com olhos minúsculos que podem fazer pouco mais do que distinguir sombras. Mas o candiru-açu não pode, de forma alguma, ser considerado vulnerável. Muito pelo contrário, faz parte do clã dos peixes amazônicos mais temidos. *Cetopsis coecutiens* tem uma pele resistente como couro e uma musculatura formidável em seu corpo vigoroso e cheio de energia. Acima de tudo, é equipado com uma dentição especializada que cria uma superfície de corte afiado, movida por poderosos músculos. A forma arredondada de sua cabeça se deve às maciças massas musculares que cobrem o crânio, formando uma espessa camada de carne. Com mandíbulas tão impressionantes, é capaz de arrancar grandes pedaços de carne de qualquer criatura que lhe pareça apetitosa, tanto peixes quanto mamíferos. Detecta sua vítima pelo olfato e pela vibração, atingindo a presa com sua cabeça já com a boca preparada para a mordida. O ataque é rápido e deixa para trás um orifício redondo de precisão quase cirúrgica. O candiru-açu prefere presas mortas e carniça, limpando carcaças até os ossos, mas não hesitará em atacar animais vivos também. Podem viver em diversas profundidades, tendo sido observados nas partes mais profundas e escuras do rio Negro a mais de 100 metros abaixo da superfície.

Amazon waters teem with life and are home to the largest diversity of freshwater fishes in the world. With such a multitude of forms, come all sorts of unusual adaptations. The whale catfish is one of the creatures of the deep which inspire dark fears. It is a fish with a very round smooth body, lacking defensive spines and bony shields normally seen in catfish. It is also almost blind, with tiny eyes that can do little more than distinguish shadows. But the fish is by no means vulnerable. Quite the opposite, it is in fact part of the clan of feared Amazonian fish. *Cetopsis coecutiens* has a skin tough as leather and formidable musculature at service of maniac energy and vitality. Above all, it is furnished with formidable cutting dentition powered by huge jaw muscles. The roundness of its head is due to thick muscle masses which cover the cranium in a thick case of flesh. With such impressive jaws it can bite off large chunks of meat from any creature that looks appetizing, both fish and mammal. It detects its victim by olfaction and vibration sensing, hitting it head on with a ready mouth. The attack is fast and unstoppable, leaving behind a round wound almost surgical in its neatness. *Cetopsis* prizes dead prey and carrion, cleaning corpses to the bone, but will not hesitate to attack live animals too. They live at many different depths, and have been observed in the deepest portions of the Rio Negro, over 100m below the surface.

Acari-zebra

Siluriformes › Loricariidae

Hypancistrus zebra
Isbrücker & Nijssen, 1991

Zebra pleco

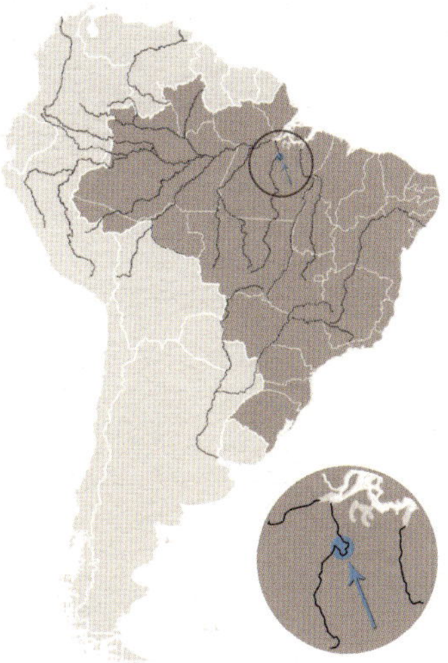

Acari é o nome pelo qual são conhecidos os cascudos na região norte do Brasil, mas zebra dispensa explicações. A espécie foi descrita cientificamente somente na década de 1990 e por seu colorido único logo se tornou um dos peixes mais desejados pelos aquaristas no mundo todo. É uma espécie com distribuição muito restrita, habitando exclusivamente as corredeiras da bacia do rio Xingu situadas em torno da região de Volta Grande do Xingu, estado do Pará. O acari-zebra é encontrado em locais relativamente rasos, entre 3 a 4 m de profundidade, em abrigos como fendas e cavidades nas pedras submersas do rio Xingu, em ambientes com correnteza moderada a forte. Contrariamente ao que muitos pensam, o acari-zebra não é especializado em raspar algas como a maioria dos cascudos, sendo predador de pequenos moluscos, crustáceos e larvas aquáticas de insetos. Tem hábitos noturnos e por isso, em aquário, é necessário que sejam colocadas estruturas para abrigo da luz, como pedras e troncos. Atualmente, a espécie consta como Criticamente em Perigo na lista brasileira de espécies ameaçadas. A excessiva captura de exemplares para o comércio internacional de peixes ornamentais reduziu de forma significativa os estoques populacionais da espécie. O cenário agrava-se em função da conclusão da construção da Usina Hidrelétrica Belo Monte, que tende a reduzir de forma irreversível os habitat de corredeiras onde a espécie vive. O acari-zebra é reproduzido com relativo sucesso entre aquaristas, mas isso não consegue suprir a demanda de exemplares no mercado.

Pleco is the generic name for mailed catfish in northern Brazil, and zebra of course requires no explanation. This species was described only in the 1990´s and its extraordinary coloration immediately made it a cherished item among aquarists worldwide. This species has a very restricted geographical range, occurring only in the Rio Xingu rapids in the area of the Volta Grande, State of Pará. The zebra pleco is found in relatively shallow sectors, 3-4 m deep, within crevices and cavities in submerged boulders, with moderate to strong currents. Contrary to common belief, the zebra pleco is not an algae scraper. Rather, it is a predator that feeds on aquatic insect larvae, small mollusks and crustaceans. The species is nocturnal and thus in aquarium conditions it is necessary to provide it with dark hiding places such as submerged logs and stones. Currently, the species is considered as Critically Endangered by the Brazilian list of threatened species. The excessive capture for the international ornamental fish trade has considerably reduced existing natural populations. Adding to that, the construction of the Belo Monte hydroelectric dam irreversibly destroyed most of the rapids of the Rio Xingu where the species has its habitat. The capture and export of zebra pleco are now prohibited, but illegal trafficking continues. The zebra pleco is successfully bred in captivity but not in sufficient numbers to supply the demand.

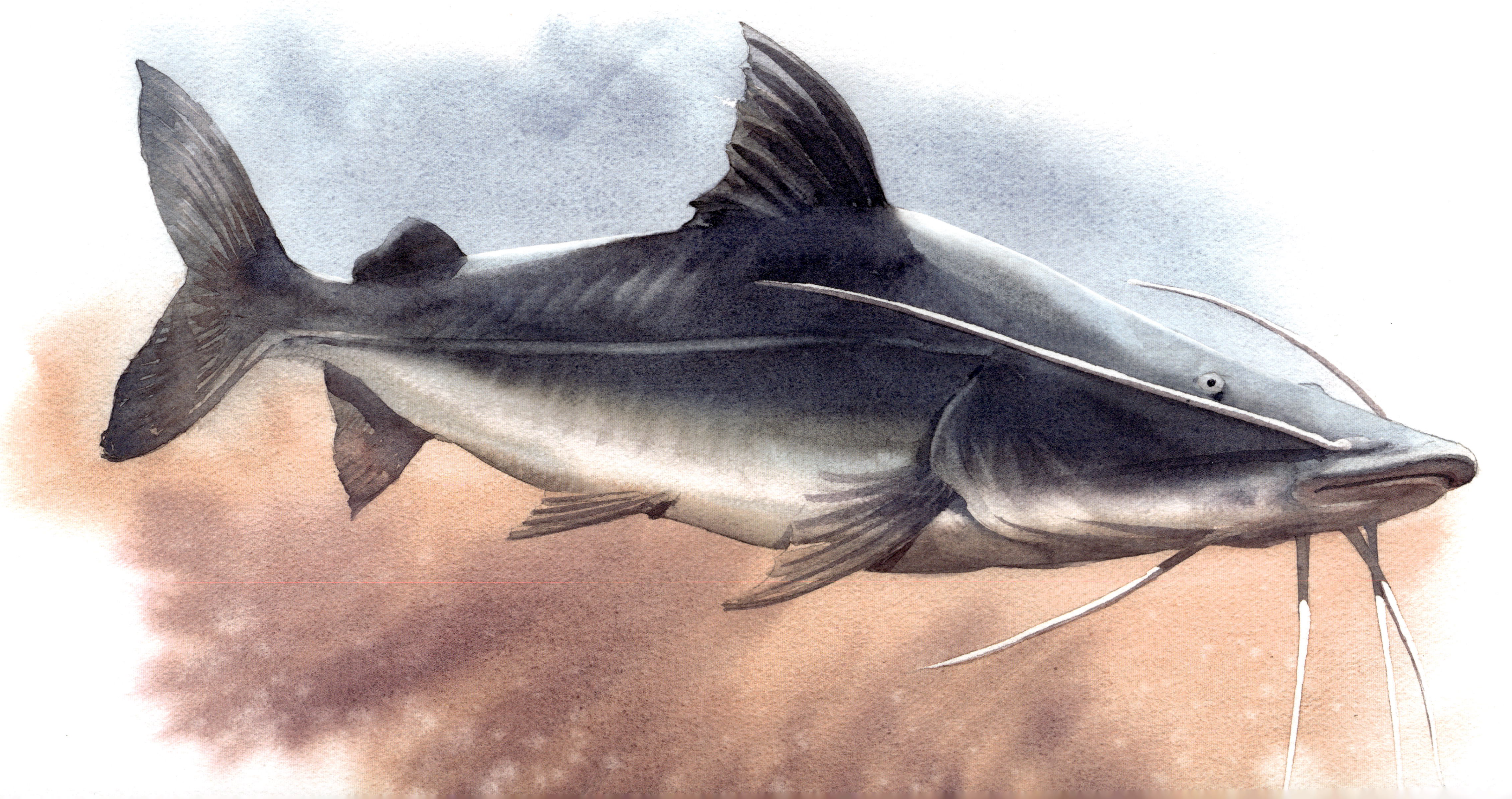

Piraíba

Siluriformes › Pimelodidae

Brachyplatystoma filamentosum (Lichtenstein, 1819)

Piraiba

Este peixe é um famoso monstro amazônico. *Brachyplatystoma filamentosum* é um dos maiores bagres do mundo. Localmente conhecido como piraíba, pode atingir 2,5 m de comprimento e mais de 250 kg, tornando-o o maior bagre da América do Sul tanto em comprimento como em massa corporal. Indivíduos jovens da espécie são conhecidos popularmente como "filhotes". É um predador com boca muito larga, adequada para agarrar e engolir presas grandes, geralmente outros peixes. Tal como acontece com a maioria dos bagres, sua dentição não se destina a rasgar carne. Em vez disso, seus finos e pequenos dentes são adequados para agarrar com firmeza. Nacos de carne podem ser arrancados por vigorosos movimentos da cabeça, que dilaceram a carne ou amputam membros. Os pedaços são engolidos inteiros. Existem lendas de que o piraíba pode matar e engolir um humano adulto. Embora seja possível que uma piraíba grande possa afogar uma pessoa puxando sua perna para o fundo, um ser humano adulto inteiro é grande demais para ser engolido. Mas obviamente um cadáver pode ser desmembrado e engolido em partes. Esta é provavelmente a explicação por trás de histórias amazônicas de grandes piraíbas nadando com um pé humano saindo da boca. Ao contrário de vários de seus grandes primos bagres, a piraíba parece não realizar migrações épicas. Pelo contrário, é em grande parte um peixe sedentário, que costuma residir na mesma região, geralmente poços profundos, por longos períodos de sua vida. As migrações são menos extensas e não necessariamente relacionadas à reprodução. Apesar de ser um animal de grande porte e utilizado para alimentação, pouco se sabe sobre a biologia do piraíba e mais estudos são urgentemente necessários. Demonstração de quão pouco sabemos foi a recente descoberta (2005!) de que havia uma segunda espécie associada ao que anteriormente era considerado apenas *B. filamentosum*. Esta segunda espécie era na verdade uma nova, batizada de *B. capapretum*, e que prefere viver em lagos da Amazônia.

This fish is a notorious Amazonian monster. *Brachyplatystoma filamentosum* is one of the largest catfishes in the world. Locally known as piraíba, it can reach up to 2.5 m in length and over 250 kg in weight, making it the largest South American catfish both in length and body mass. Young specimens of the species are popularly known as "filhote". It is a predator with a very wide mouth fit to grab and swallow large prey, usually other fish. As with most catfish, its dentition is not meant for tearing flesh. Rather, its fine numerous teeth are fit for firmly grabbing. Any tearing, if necessary, is done by jerks of the head which lacerate meat or amputate limbs by sheer pulling violence. Whatever comes off is swallowed whole. There are legends that piraíba can kill and swallow an adult human. While it is certainly possible that a big one can drown a person by pulling its leg down into the deep, an entire human is just too big for it to swallow in one piece. Of course, a corpse can be dismembered and swallowed in parts. This is probably the explanation behind stories of large piraíba swimming about with a human foot sticking out of its mouth. Contrary to several of its large catfish cousins, *Brachyplatystoma filamentosum* does not seem to undertake epic migrations. Rather, it is largely a sedentary fish that resides in the same region, usually deep river pools, for long stretches of its life. Migrations are limited in range and not necessarily related to reproduction. Despite being a large animal utilized for food, little is known of the biology of piraíba and more studies are urgently needed. Demonstration of how little we know was the rather recent (2005!) discovery that there was a second species mixed in with what was previously considered to be a single one, *B. filamentosum*. This second species was actually a new one named *B. capapretum* and it favors Amazonian lakes.

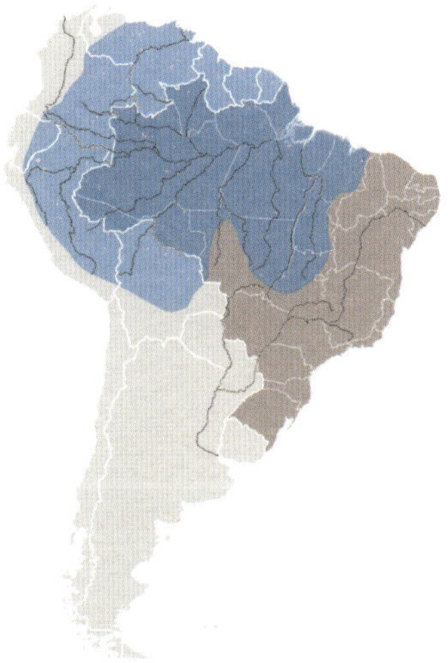

CATEGORIA DE AMEAÇA • RED LIST CATEGORIES

LC | NT | VU | EN | CR | EW | EX

BIOMAS QUE HABITA • BIOMES OF OCCURENCE

AMZ | CER | CAA | PTN | ATL | PMP

ESCALA • SCALE

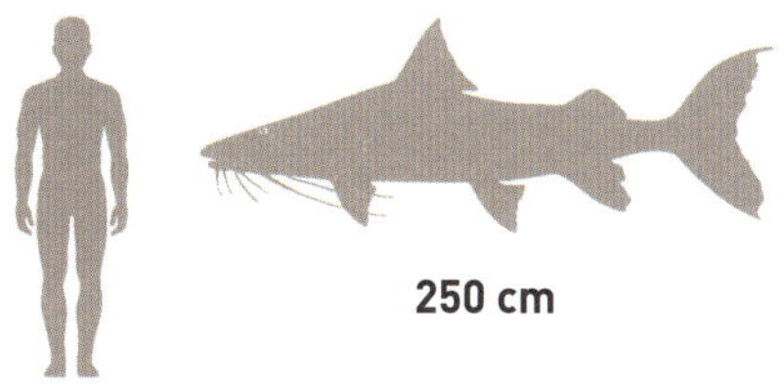

250 cm

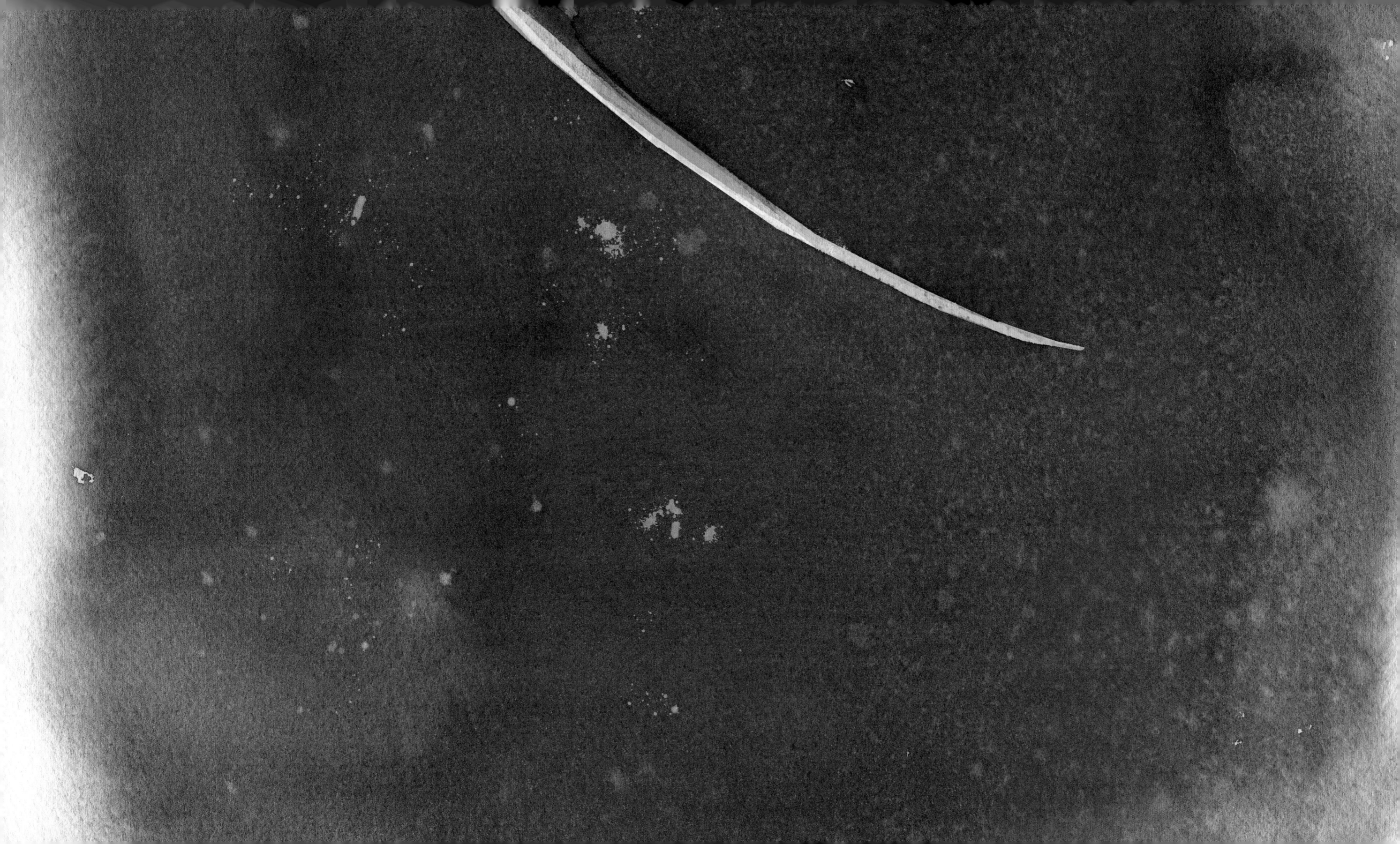

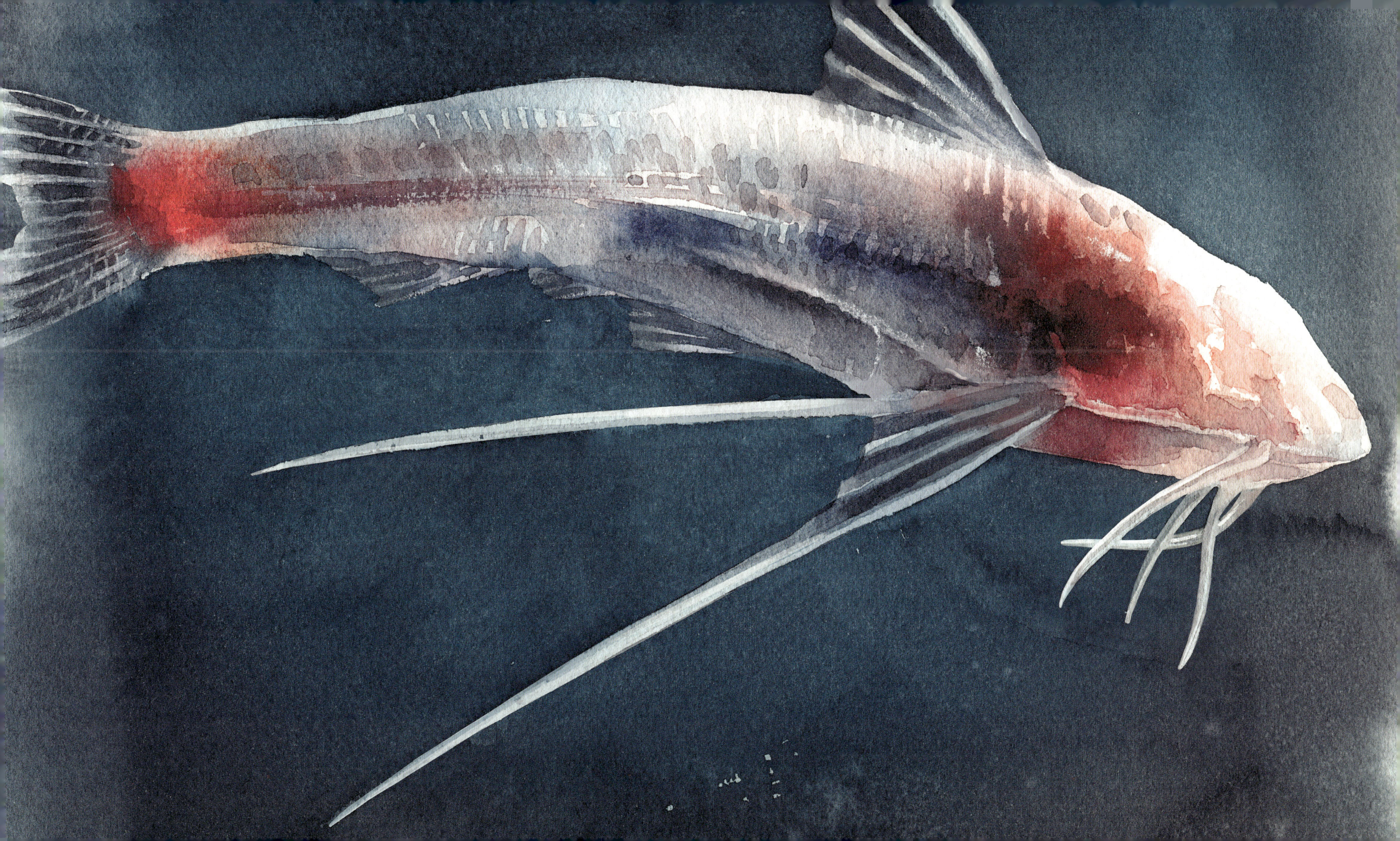

Candiru-cego

Siluriformes » Cetopsidae

Cetopsis oliveirai
(Lundberg & Rapp Py-Daniel, 1994)

Blind whale catfish

Os peixes de águas profundas são bem conhecidos por sua aparência monstruosa, que parecem ter saído de um pesadelo. Ambientes de água doce também têm seus monstros de águas profundas. Contrariamente ao encontrado nos oceanos, o reino das águas profundas em água doce está muito mais perto da superfície. A luz do sol desaparece completamente apenas alguns metros abaixo da superfície. Se a água for turva ou preta, como em muitos rios amazônicos, a escuridão total pode ser encontrada a apenas dois ou três metros abaixo da superfície, mesmo sob a luz do meio-dia. Então, quando se chega a 20, 30, 40 metros de profundidade, a luz do sol é tão escassa quanto na cordilheira submarina dorsal mesoatlântica. Claro, pressões extremas e temperaturas extremamente baixas não se aplicam, então a comparação não é perfeita. Ainda assim, a pressão seletiva imposta pelo ambiente é suficiente para causar algumas respostas adaptativas semelhantes. O peixe *Cetopsis oliveirai* é um bom exemplo. Ele é habitante da zona eternamente escura dos rios amazônicos. Carece totalmente de olhos, provando que não há luz e, portanto, nada pode ser visto em seu lar abissal. Além disso, tem enormes órgãos olfatórios que ocupam grande parte de sua cabeça. Suas nadadeiras dorsal e peitoral possuem longos filamentos sensoriais, um dispositivo super sofisticado para localização táctil e/ou química. Enfim, o peixe é totalmente branco, sem pigmento escuro normalmente presente na pele do peixe. Todas essas peculiaridades são adaptações comuns de animais que evoluíram em ambientes permanentemente escuros, como o fundo do mar ou as cavernas. *Cetopsis oliveirai* provavelmente nada perto do fundo de grandes canais de rios, caçando por meio do olfato, paladar e da detecção de vibração de invertebrados terrestres carregados pela corrente do rio. Mas tudo isso é especulação, inferida a partir de sua morfologia. O peixe nunca foi visto em seu habitat natural e pouco se sabe sobre sua biologia.

Deep-sea fishes are well known for their monstrous appearances that seem to have come out of a nightmare. Freshwater also has its deep-water monsters. Contrary to the sea, however, the deep-water realm in freshwater is far closer to the surface. Sunlight disappears entirely just a few meters under riverine water. If the water is murky or black, as is many Amazonian rivers, our eyes cannot detect any light at all just two or three meters below the surface, even at midday. So, when one goes to 20, 30, 40 meters deep, sunlight is as alien as in the oceanic abyssal zone. Of course, extreme pressures and dramatically low temperatures do not apply, so the parallel is not complete. Still, the environmental situation is sufficient to cause some similar adaptive responses. This fish is a case in point. *Cetopsis oliveirai* is an inhabitant of the eternally dark zone of Amazonian rivers. It totally lacks eyes, proving that indeed there is no light and therefore nothing to be seen in its abyssal lair. Additionally, it has enormous olfactory organs that take up much of its head. Its dorsal and pectoral fins have long sensory filaments, a super-sophisticated device for tactile and/or chemical location. Finally, the fish is entirely white, lacking dark pigment normally present in fish skins. All such peculiarities are common adaptations of animals that evolved in permanently dark environments, like the deep sea or caves. *Cetopsis oliveirai* probably swims near the bottom of large river channels, hunting for invertebrates carried in the current using its sense of smell, taste and vibration-detection. But this is all speculation, inferred from its morphology. The fish has never been seen in its natural habitat and very little is known of its biology.

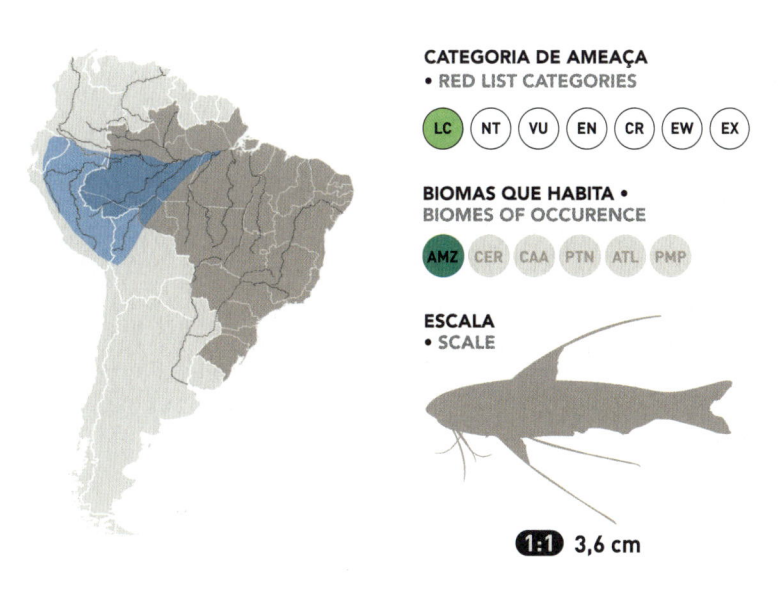

CATEGORIA DE AMEAÇA • RED LIST CATEGORIES

(LC) NT VU EN CR EW EX

BIOMAS QUE HABITA • BIOMES OF OCCURENCE

AMZ CER CAA PTN ATL PMP

ESCALA • SCALE

1:1 3,6 cm

Pacu-capivara

Characiformes › Serrasalmidae

Ossubtus xinguense

Jégu, 1992

Parrot pacu

Quando jovens, esses peixes têm boca anterior, que se torna gradativamente mais inferior à medida que o animal cresce. A boca voltada para baixo é certamente a característica mais incomum dessa espécie, lembrando a feição de uma capivara, o que lhe rende o apelido de pacu-capivara. Machos e fêmeas podem ser distinguidos por diversas características. Frequentemente os machos têm colorido mais intenso e ganchos na nadadeira anal, características ausentes nas fêmeas. A nadadeira anal dos machos também tem margem distal arredondada (convexa), enquanto a das fêmeas é mais côncava. É uma espécie endêmica do rio Xingu, preferindo viver em corredeiras ricas em Podostemaceae, um grupo de plantas estritamente aquáticas e o alimento preferido do pacu-capivara. Também se alimenta de folhas, musgos e insetos. Atualmente considerada uma espécie vulnerável ao risco de extinção, pois ocorre apenas nas corredeiras do Rio Xingu e a maior parte de seu habitat fica na região da Volta Grande, que foi profundamente alterada pela hidrelétrica de Belo Monte.

When young, the *Ossubtus* has its mouth at the tip of the snout like a normal fish. As it grows, the mouth moves gradually down, until it reaches a rather bizarre downward-pointing position typical of the adults of the species. The final result resembles the face of a capybara and explains its common name "pacu-capybara". Males and females are distinguished by several differences. Males often have a brighter coloration and hooks on the anal fin which are absent in females. Also, the anal fin in males is roundish while in females it is concave. The pacu-capybara is endemic to the rio Xingu, where it lives in rapids rich in aquatic plants of the family Podostemaceae, their favorite food. They also feed on other kinds of leaves, moss, and insects. Today it is considered a vulnerable species because it occurs only in rapids of the Rio Xingu and most of their habitat is in the region of the Volta Grande, which has been deeply altered by the Belo Monte hydroelectric dam.

CATEGORIA DE AMEAÇA
• RED LIST CATEGORIES

LC · NT · **VU** · EN · CR · EW · EX

BIOMAS QUE HABITA •
BIOMES OF OCCURENCE

AMZ · CER · CAA · PTN · ATL · PMP

ESCALA
• SCALE

25 cm

Acari-pepita-de-ouro

Siluriformes 〉 Loricariidae

Baryancistrus xanthellus

Rapp Py-Daniel, Zuanon & de Oliveira, 2011

Gold nugget pleco

Baryancistrus xanthellus já era uma espécie amplamente conhecida no meio aquarista muito antes de ser descrita cientificamente. Durante anos, foi referida na literatura de aquários e no comércio de peixes ornamentais por códigos alfanuméricos sob o nome informal de "pepita de ouro" ou "acari-pepita-de-ouro". Finalmente, foi descrito formalmente em 2011. Ainda assim, existem variações morfológicas e de cores que indicam a existência de variedades locais ou talvez até mais espécies misturadas com o mesmo nome. Portanto, são necessárias mais pesquisas. O *Baryancistrus xanthellus* é um peixe de cor incrivelmente bela, que ocorre em regiões rochosas com grande fluxo de águas rápidas no médio rio Xingu. Tem cor preta ou marrom, em contraste com bolinhas amarelas brilhantes e listras amarelas marcantes nas margens das nadadeiras dorsal e caudal. Os detalhes amarelos são bem maiores em peixes jovens, mas diminuem progressivamente com o crescimento do animal, podendo desaparecer quase totalmente em exemplares grandes. Alimentam-se do chamado biofilme que cobre superfícies planas, uma comunidade heterogênea de itens nutritivos como algas, fungos e bactérias, além de pequenos invertebrados jovens e adultos e uma variedade de outros microrganismos. Pelo menos em condições de aquário, o acari-pepita-de-ouro é altamente territorial e defende agressivamente seus pontos rochosos favoritos contra intrusos, especialmente os de sua própria espécie. Como tantos outros peixes únicos do rio Xingu sobre os quais sabemos tão pouco, este é ameaçado pela construção de barragens hidrelétricas que causam mudanças radicais e inevitáveis em seu habitat.

Baryancistrus xanthellus is a species which was broadly known in aquarium circles well before it was scientifically described. For years, it was referred to in the hobbyist literature and ornamental fish trade by alphanumeric codes and the informal name "gold nugget" or "golden nugget pleco". It was finally formally described in 2011. Still, there is morphological and color variation which indicate the existence of local varieties or perhaps even the presence of more than one species mixed under the same name. So, more research is needed. This is an impossibly handsomely-colored fish which occurs in rocky fast-flowing sectors of the middle Rio Xingu. It has a black or deep brown background color, in stark contrast with a covering of bright yellow dots and striking yellow stripes in the margins of dorsal and caudal fins. The latter are very large in young fish, but get progressively smaller with growth and may disappear almost totally in large specimens. They feed on so-called biofilm that covers flat surfaces, a heterogeneous community of nutritive items such as algae, fungi, and bacteria, in addition to small adult and larval invertebrates and a variety of other microorganisms. At least in aquarium conditions, the gold nugget pleco is highly territorial and will aggressively defend their favorite rocky spots against intruders, especially of their own species. Like so many other unique fishes the Rio Xingu about which we know so little, this one is endangered by the construction of hydroelectric dams which cause radical and inevitable habitat changes.

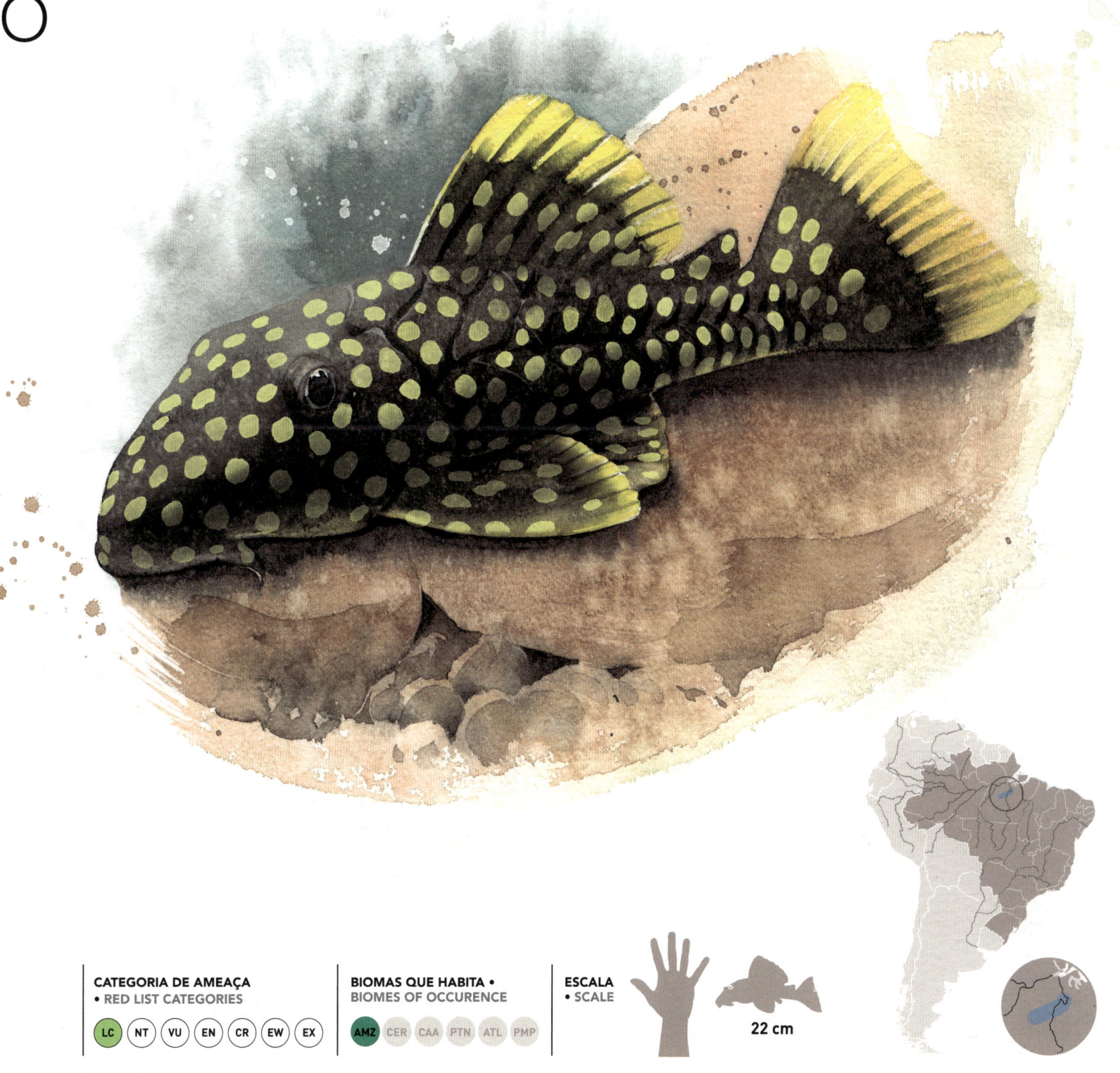

CATEGORIA DE AMEAÇA • RED LIST CATEGORIES: LC

BIOMAS QUE HABITA • BIOMES OF OCCURENCE: AMZ

ESCALA • SCALE: 22 cm

CATEGORIA DE AMEAÇA
• RED LIST CATEGORIES

LC NT VU EN CR EW EX

BIOMAS QUE HABITA •
BIOMES OF OCCURENCE

AMZ CER CAA PTN ATL PMP

ESCALA • SCALE

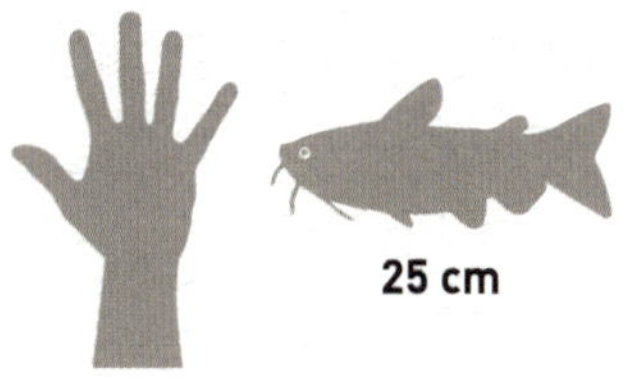

25 cm

Bagre-ogro

Siluriformes ⟩ Auchenipteridae

Asterophysus batrachus

Kner, 1858

Gulper catfish or Ogre catfish

Esse bagre tem semelhanças interessantes com os peixes pescadores das profundidades marinhas. Tem uma boca enorme, um estômago grandemente distensível e um apetite proporcional a tudo isso. Como esperado, *Asterophysus batrachus* pode engolir presas até do mesmo tamanho que ele. E suas vítimas preferidas são peixes. Não é de se admirar que seus nomes populares em inglês incluam termos como "bagre-engolidor" ou "bagre-ogro". A maneira como o *Asterophysus* caça é uma arte em si. Ele aborda sua presa de maneira despretensiosa, posicionando a boca diretamente na frente da vítima. A presa não suspeita de nada, pois não imagina que possa ser atacada por um peixe do mesmo tamanho que ela ou apenas um pouco maior. Quando *Asterophysus* ataca, a reação de fuga da presa a faz ir direto para a subitamente vasta boca do predador que está bem à sua frente. Não apenas isso, mas à medida que se debate em pânico, a pobre presa se empurra ainda mais profundamente para dentro da garganta e depois para o estômago do *Asterophysus*. O guloso predador posiciona seu corpo de modo a transformar os esforços de escape de sua vítima em um *pas de deux* mortal que terminará com um único dançarino. Presas grandes chegam a ficar dobradas dentro do estômago do predador, uma façanha realizada por elas mesmas. Portanto, o *Asterophysus* não apenas recebe uma refeição enorme, mas também gasta relativamente pouca energia no processo. Às vezes, a refeição é tão farta que seu estômago enormemente distendido o impossibilita de nadar.

This catfish has the most interesting similarities to deep-sea anglerfish. It has a huge mouth, an enormously distensible stomach, and an appetite to match. As expected, *Asterophysus batrachus* can swallow prey larger than itself. And its preferred prey is fish. No wonder its popular names include terms such as "gulper catfish" or the endearing "ogre catfish". The way *Asterophysus* hunts is an art in itself. It approaches its prey in nonchalant fashion, positioning its mouth directly in front of the victim. The prey does not suspect anything because it is not used to be preyed upon by fish which are about the same size as itself, or only slightly bigger. When *Asterophysus* attacks, the flight reaction of the prey will push it straight into the predator´s unexpectedly vast mouth. Not only that, but the continued panic flapping will push the poor fish deep straight into the throat and then stomach of *Asterophysus*. The gluttonous catfish will move and position its body aptly to facilitate the inward efforts of its victim in a deadly *pas de deux* that will end with a single dancer. Large prey will go as far as folding themselves to fit inside the stomach, all of their own effort. So, *Asterophysus* will not only get a huge meal, but also spend relatively little energy in the process. Sometimes it is so successful that its enormously distended stomach prevents it from swimming.

Jacundá-de-mármore

Cichliformes › Cichlidae

Crenicichla marmorata

Pellegrin, 1904

Marbled pike cichlid

O jacundá-de-mármore tem esse nome por apresentar coloração marmorada, com detalhes contrastantes de claro e escuro. Machos maduros apresentam colorido mais intenso que as fêmeas; elas desenvolvem coloração rosada no abdome quando maduras. Como todo peixe da família Cichlidae, tem o comportamento de fazer ninhos e cuidar de seus filhotes. Este cuidado geralmente dura em torno de um mês, no entanto, *Crenicichla marmorata*, assim como outras espécies do mesmo gênero podem ter esse cuidado com a prole estendido por até 6 meses, o que é um recorde dentre os peixes. Em alguns casos, os filhotes são protegidos até alcançar três quartos do comprimento de seus pais. Os peixes do gênero *Crenicichla* são grandes predadores e em aquário, o jacundá-de-mármore deve ser mantido solitário ou no máximo em casais, para evitar disputas agressivas. Quando um exemplar é colocado no tanque de outro exemplar do sexo oposto, o amor pode não ser à primeira vista. Com isso, os indivíduos podem brigar, levando até à morte um deles, uma vez que não há como fugir. Entretanto, os aquaristas têm usado uma técnica para direcionar a hostilidade dos animais e estabelecer laços de relacionamento nos peixes que acabaram de se "conhecer". Para isso, colocam no aquário um peixe chamado "*target*", ou seja, um "alvo" para ser um ponto focal à agressividade inicial entre o casal. O "alvo" pode ser da mesma espécie ou de outra, desde que de tamanho proporcional e, obviamente, deve ser cuidadosamente alimentado e receber locais para se esconder caso seja necessário.

This species owes its name to the marbled coloration, with contrasting light and dark patterns. Mature males have a more intense coloration while mature females have a pinkish tint on the abdomen. Like all other fishes in the family Cichlidae, they build nests and care for their eggs and young. Normally such parental care lasts for approximately one month, but in *Crenicichla marmorata*, as in other species of its genus, it may extend for up to six months. This is a record among fishes. In some cases, the young are three-quarters of the parents´size and still being looked after. Fishes of the genus *Crenicichla* are major predators, feeding mostly on fish. In aquaria, the jacundá must be kept alone or at most in pairs to avoid violent quarrels. When a fish is placed in the tank of another of the opposite sex, love is not necessarily at first sight. The would-be couple may fight to the death since there is nowhere to escape. Hobbyists have developed a technique to appease hostilities and help build bonds between fishes that have just made acquaintance. They place a target fish to deflect the couple´s initial aggressiveness away from each other. The target may be of the same species or a different one, but it must be of similar size and obviously must be well-fed and provided with effective hiding spots so it stands a chance.

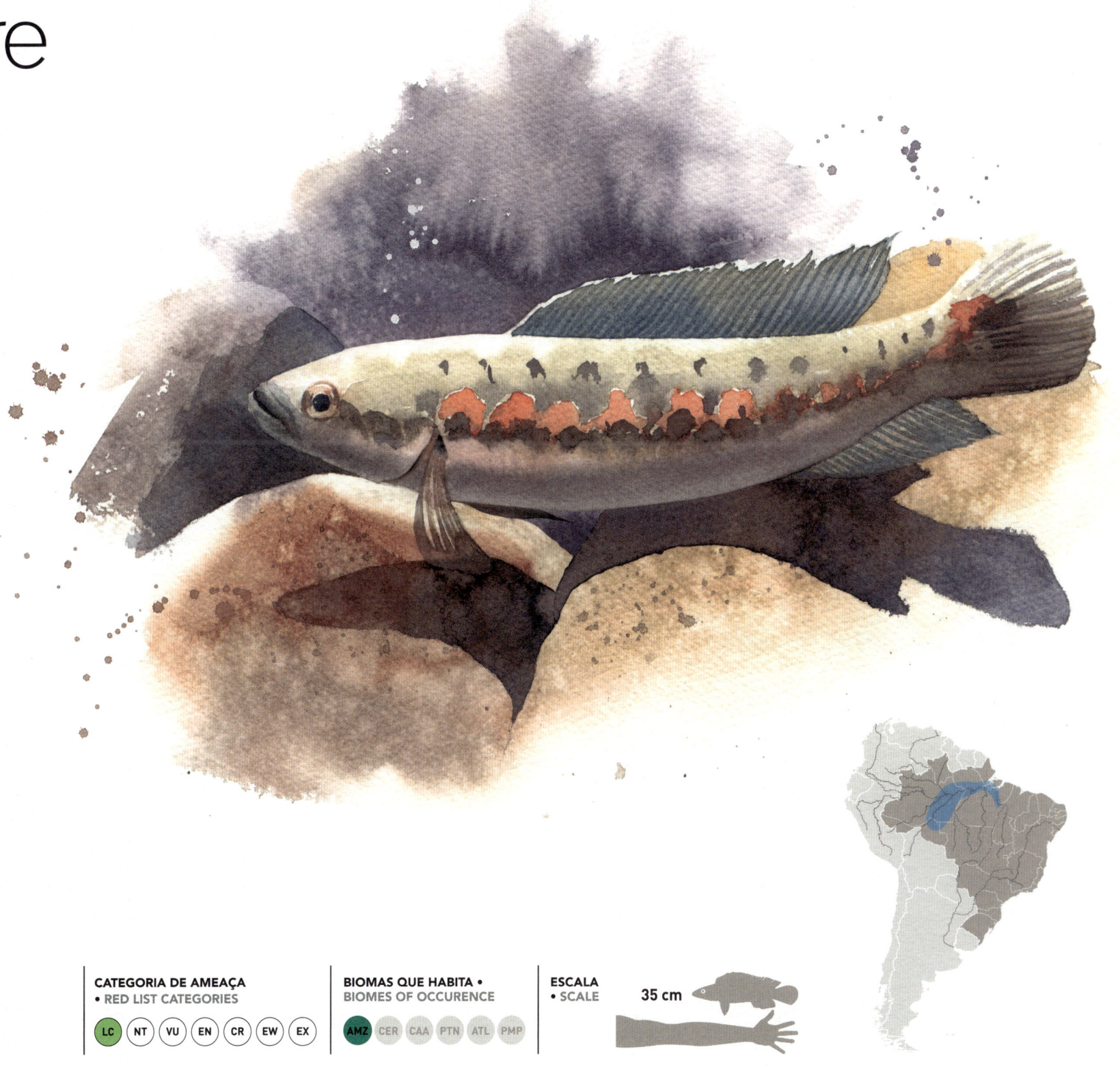

CATEGORIA DE AMEAÇA • RED LIST CATEGORIES: LC | NT | VU | EN | CR | EW | EX

BIOMAS QUE HABITA • BIOMES OF OCCURENCE: AMZ | CER | CAA | PTN | ATL | PMP

ESCALA • SCALE: 35 cm

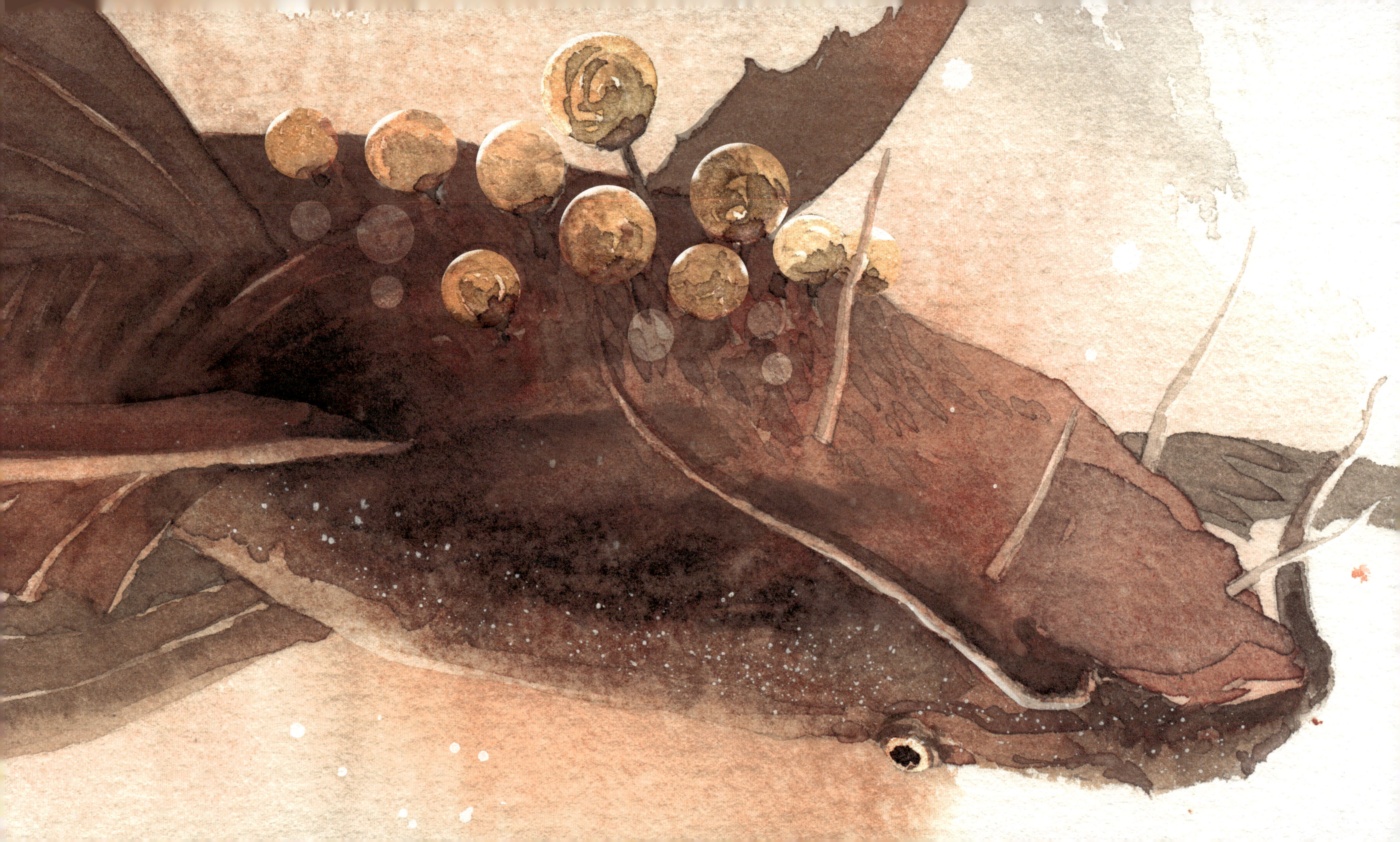

Banjo-manchado

Siluriformes » Aspredinidae

Platystacus cotylephorus

Bloch, 1794

Eel-tail banjo

Esse peixe é um parente do bagre banjo, representado neste livro por *Bunocephalus doriae*. De fato, parece um *Bunocephalus* com uma cauda muito alongada. Mas existem outras peculiaridades que fazem de *Platystacus* um peixe fascinante. Ao contrário da maioria dos bagres, eles vivem em estuários de rios na costa norte da América do Sul. Portanto, seu habitat não é água doce nem salgada, mas algo intermediário, resultado da mistura da água do rio com a água do mar. Esse ambiente é chamado de água salobra. Tal particularidade faz de *Platystacus* um dos poucos bagres que não é estritamente de água doce. Mas sua adaptação mais peculiar é o modo único de cuidar dos ovos, que de tão intrigante merece descrição. Cada um dos óvulos fertilizados é anexado ao abdome da fêmea por uma haste fina. Esse pedúnculo termina em uma estrutura semelhante a uma taça chamada cálice, que suporta o ovo. A haste é irrigada por um vaso sanguíneo minúsculo que se ramifica no cálice, fornecendo oxigênio e nutrientes ao embrião em desenvolvimento. Este dispositivo de suporte de ovos é chamado cotiléforo, daí o nome específico do peixe. A nutrição direta da mãe para o embrião é extremamente rara em peixes, e a situação de *Platystacus*, sendo uma ocorrência tão isolada, é um excelente exemplo para entender a evolução do fenômeno em outros animais.

Platystacus cotylephorus is a relative of the banjo catfish, represented in this book by *Bunocephalus doriae*. In fact, it looks like a *Bunocephalus* with a greatly elongated tail. But there are other peculiarities which make *Platystacus* a very fascinating fish. Contrary to most catfishes, they live in river estuaries in the northern coast of South America. Their type of environment is therefore neither freshwater nor saltwater, but something in between that results from the mixing of river water with seawater. This intermediate is called brackish water. Such particularity makes *Platystacus* one of the few catfishes which is not strictly freshwater. But its most peculiar adaptation is a unique mode of egg care, which is so intriguing that it deserves description. Each of the fertilized eggs is attached to the abdomen of the female by a thin stalk. This stalk is a pedicle which terminates in a cup-like structure called a calyx, itself supporting the egg. The pedicle is provided with a minute blood vessel which ramifies in the calyx, providing oxygen and nutrients to the developing embryo. This egg-supporting device is called a cotylephore, hence the specific name of the fish. Direct nutrition from parent to the embryo is extremely rare in fishes, and the situation of *Platystacus*, being such an isolated occurrence, is an excellent case to understand its evolution of the phenomenon in animals in general.

Aruanã

Osteoglossiformes » Osteoglossidae

Osteoglossum bicirrhosum
(Cuvier, 1829)

Arowana

Esses peixes lembram morfologicamente o pirarucu, seu parente mais próximo na América do Sul. Sem dúvida, o fato mais inusitado sobre a espécie é a capacidade de saltar para capturar presas fora do ambiente aquático, alcançando até 2 metros de altura. Fazem parte da dieta do aruanã, insetos, aranhas, anfíbios, lagartos e aves que inadvertidamente se colocam ao alcance do peixe ao repousar sobre galhos próximos à água. A reprodução ocorre durante a subida das águas na época das chuvas, quando constroem ninhos e os machos cuidam dos filhotes abrigando-os na boca. Como é comum em diversos peixes amazônicos, necessitam obrigatoriamente de ar atmosférico para respirar, e têm uma bexiga natatória modificada para realizar as trocas gasosas. Preferem habitar lagos e regiões com águas calmas.

The arowana morphologically resembles the pirarucu, which is also its closest evolutionary kin in South America. This fish is remarkable for its amazing ability to jump up to two meters out of the water to capture prey. Their diet includes insects, spiders, amphibians, lizards, and birds which inadvertently get on a branch within reach of the aruanã. Reproduction happens during the rainy and high-water season, when they build nests and the male subsequently cares for the young by holding them in its mouth. As with a number of other Amazonian fishes, they need to breathe air and have a modified swimbladder fit for that function. The arowana prefers lakes and regions with quiet waters.

CATEGORIA DE AMEAÇA
• RED LIST CATEGORIES

(LC) (NT) (VU) (EN) (CR) (EW) (EX)

BIOMAS QUE HABITA •
BIOMES OF OCCURENCE

(AMZ) (CER) (CAA) (PTN) (ATL) (PMP)

ESCALA • SCALE

90 cm

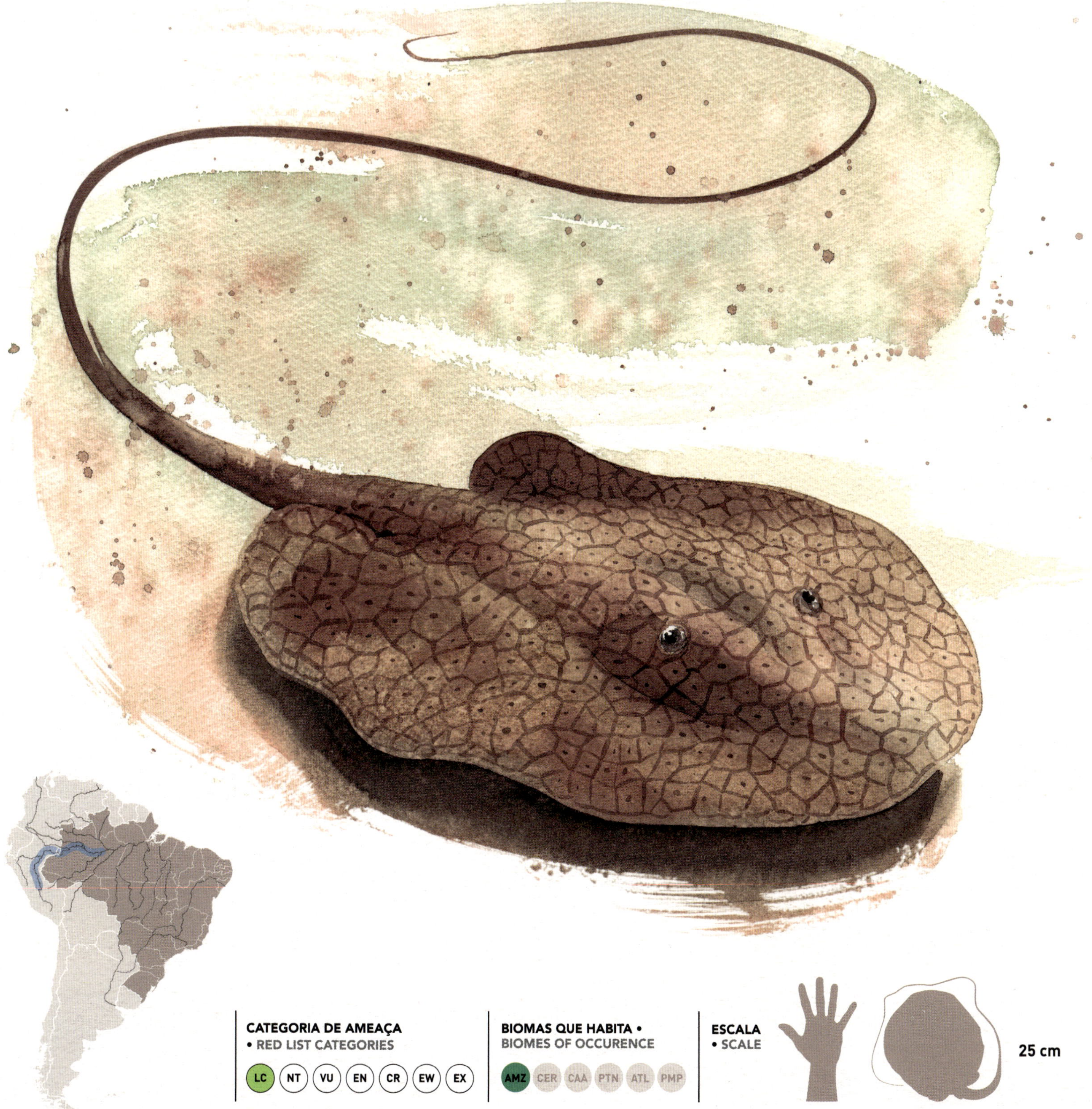

Raia-antena-anã

Myliobatiformes › Potamotrygonidae

Plesiotrygon nana

Carvalho & Ragno, 2011

Dwarf antenna ray

Peixes cartilaginosos são bastante raros em água doce. Sua mais espetacular radiação em rios é certamente a família de raias de água doce da América do Sul, Potamotrygonidae, com cerca de 30 espécies estritamente de água doce. A saga da conquista da água doce e evolução subsequente é uma das grandes narrativas da história da biota sul-americana (tratada em mais detalhes sob *Potamotrygon leopoldi*, neste livro). *Plesiotrygon nana* é uma das duas únicas espécies do gênero *Plesiotrygon* (a outra é *P. iwamae*). As espécies de *Plesiotrygon* são conhecidas popularmente como "raias-de-antena", uma referência às suas caudas extremamente longas, que podem ser três vezes maiores que o resto do corpo. Como todos os seus parentes raias, *P. nana* pode infligir uma dolorosa ferroada com seu espinho na parte dorsal da cauda. Nos seres humanos, o ataque ocorre geralmente nas pernas, quando o peixe é pisado por alguém caminhando em águas rasas. Os pescadores da Amazônia são particularmente propensos a esse acidente, que geralmente é incapacitante, embora não permanentemente. Para evitá-lo, os ribeirinhos recomendam que qualquer pessoa que caminhe no rio o faça arrastando os pés no fundo, pois, ao fazer isso, ele toca lateralmente a borda da raia, permitindo que ela se afaste de maneira não ofensiva. Como todos os seus parentes, a raia-de-antena-anã dá à luz filhotes, em vez de pôr ovos. O *"nana"*, parte do nome da espécie, significa anão, uma referência ao seu tamanho relativamente diminuto entre parentes da família Potamotrygonidae.

Cartilaginous fishes are quite rare in freshwater. Their most spectacular continental radiation is certainly the South American freshwater stingray family, the Potamotrygonidae, with some 30 strictly freshwater species. The saga of their conquest of freshwater and subsequent evolution is one of the grand narratives of the history of the South American biota (recounted in more detail under *Potamotrygon leopoldi* in this book). *Plesiotrygon* nana is one of only two species in the genus *Plesiotrygon* (the other being *P. iwamae*). Species of *Plesiotrygon* are popularly known as "antenna rays" because of their inordinately long tails, which can be three times as long as the rest of their bodies. As all its stingray relatives, *P. nana* has a sting on the dorsal part of its tail that can inflict severe wounds. In humans, the wound happens usually on the lower legs, when the fish is stepped on by an unaware individual walking on shallow water. Fishermen in Amazonian waters are particularly prone to this accident, which is usually incapacitating but not permanently. To avoid it, riverine folk recommend that anyone walking on the river should do so by dragging the feet on the bottom, because by doing so they touch the margin of the stingray, allowing it to swim away non-offensively. Like all its relatives, the dwarf antenna ray will give birth to live young, rather than laying eggs. The species name "*nana*" means dwarf, a reference to its relatively small size among relatives in the family Potamotrygonidae.

CATEGORIA DE AMEAÇA
• RED LIST CATEGORIES

LC NT VU EN CR EW EX

BIOMAS QUE HABITA •
BIOMES OF OCCURENCE

AMZ CER CAA PTN ATL PMP

ESCALA
• SCALE

25 cm

Ituí-tamanduá

Gymnotiformes » Apteronotidae

Orthosternarchus tamandua
(Boulenger, 1898)

Tamandua knifefish

Os peixes que vivem nos trechos mais escuros dos rios podem apresentar o mesmo conjunto de adaptações comumente associadas a peixes abissais, mesmo que não sejam habitantes das mesmas profundidades. Isso acontece porque as condições de luminosidade são similares e, portanto, oferecem pressões seletivas parecidas. Ituí-tamanduá é um excelente exemplo desse fenômeno. É um peixe de olhos reduzidos e que perdeu grande parte de sua pigmentação escura. Seu aspecto róseo e olhos minúsculos fazem com que pareça um peixe das cavernas ou habitantes de grandes profundidades do mar. Ele vive em canais centrais de rios de água branca ou preta, principalmente em profundidades entre 5 e 15 metros. Não ocorre nas margens dos rios, riachos ou áreas inundadas. Por isso, raramente é visto ou capturado. Mas a pesquisa com arrasto de águas profundas na Amazônia mostrou que ele é bastante abundante nesse habitat. *Orthosternarchus* é um membro do grupo dos peixes elétricos sul-americanos. Isso significa que ele usa eletrolocação para orientação e comunicação. Seus sofisticados dispositivos elétricos substituem amplamente a visão, não importando onde moram, e os tornam bastante independentes da luz. *Orthosternarchus* tamadua tem um focinho enormemente alongado, porém com uma boca de tamanho relativamente pequeno. Portanto, o alongamento é resultado da distensão do crânio, não dos ossos maxilares. O focinho longo é a base para o seu nome específico, o tamanduá.

Fishes which live in the dark sectors of rivers can display quite the same set of adaptations commonly associated with abyssal fishes, even though they are in no way inhabitants of abyssal depths. It is just that the lighting conditions are similar and therefore there are some parallel adaptive responses. The tamandua knifefish is a prime example of this phenomenon. It is a fish that has reduced eyes and lost much of its dark pigmentation. Its rosy aspect and pitifully tiny eyes make it look like a cavefish, or some of the inhabitants of extreme sea depths. It lives in central channels of black or white water rivers, mostly at depths between 5 and 15 meters. It does not occur in river margins, creeks or flooded areas. Because of that it is rarely seen or caught. But deepwater trawling in the amazon has shown it to be quite abundant in its deepwater habitat. *Orthosternarchus* is a member of the group of South American electric eels. This means that it uses electrolocation for orientation and communication. Their sophisticated electric devices largely replace vision, regardless of where they live, and make them rather independent of vision. *Orthosternarchus* tamadua has an enormously elongated snout, with a normal-size mouth at the tip. So, the elongation is a result of the elongation of the skull, not of the jaws. The long snout is the basis for its specific name, tamandua, which in Portuguese means anteater.

Candiru

Siluriformes 》 Trichomycteridae

Paracanthopoma parva

Giltay, 1935

Riding vampire catfish

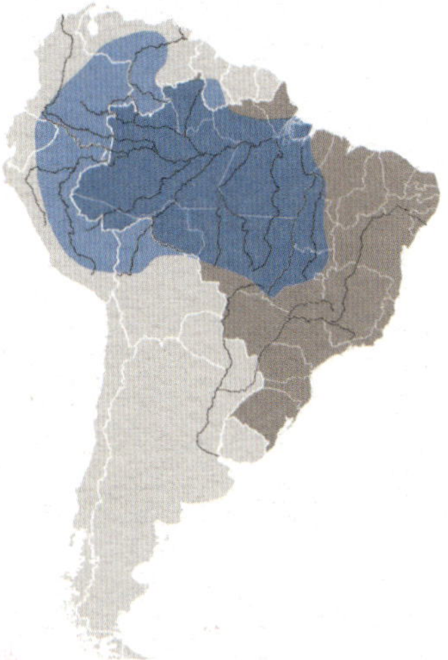

Esse peixe é um parente de tamanho pequeno do candiru-verdadeiro (veja *Vandellia cirrhosa*). Tem corpo semitransparente e olhos grandes. Como seu primo maior e mais famoso, *Paracanthopoma*, também se alimenta de sangue. Mas existem diferenças importantes. Enquanto *Vandellia* entra na câmara branquial de outros peixes, come e sai, *Paracanthopoma* usa seu hospedeiro para propósitos adicionais. Quando a barriga está cheia, em vez de deixar a vítima em paz, ela se prende à alguma outra parte do corpo do hospedeiro (normalmente uma dobra de pele perto de uma nadadeira) e ali permanece. Aparentemente, a *Paracanthopoma* usa o tempo ancorada para fazer a digestão enquanto pega uma carona. Ainda mais conveniente: quando fica com fome de novo, simplesmente nada até a câmara branquial para outra refeição, retornando depois para outro local conveniente para se fixar. É um cenário ideal. O parasita obtém nutrição ilimitada o tempo todo e gasta pouca energia, já que o peixe hospedeiro serve como o seu meio de transporte. Suas vítimas podem suportar tais abusos relativamente ilesos, já que geralmente são bagres muito grandes, milhares de vezes maiores que a *Paracanthopoma* em massa corporal. A boca da *Paracanthopoma*, quando vista de perto, é uma visão assustadora e poderia muito bem servir a um filme de terror. Sua dentição formidável combina o corte de um bisturi para romper os vasos sanguíneos, com o formato de garras para ancorá-la com força à carne da vítima.

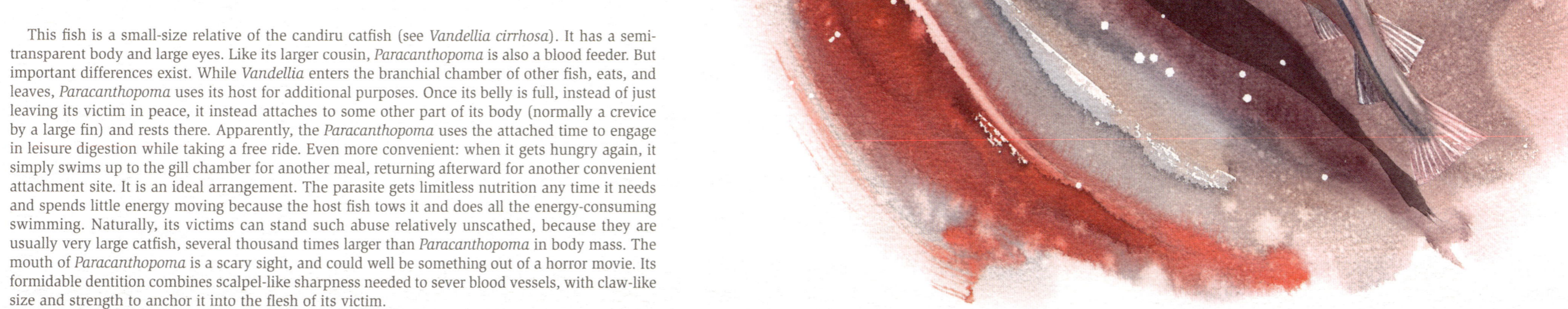

This fish is a small-size relative of the candiru catfish (see *Vandellia cirrhosa*). It has a semi-transparent body and large eyes. Like its larger cousin, *Paracanthopoma* is also a blood feeder. But important differences exist. While *Vandellia* enters the branchial chamber of other fish, eats, and leaves, *Paracanthopoma* uses its host for additional purposes. Once its belly is full, instead of just leaving its victim in peace, it instead attaches to some other part of its body (normally a crevice by a large fin) and rests there. Apparently, the *Paracanthopoma* uses the attached time to engage in leisure digestion while taking a free ride. Even more convenient: when it gets hungry again, it simply swims up to the gill chamber for another meal, returning afterward for another convenient attachment site. It is an ideal arrangement. The parasite gets limitless nutrition any time it needs and spends little energy moving because the host fish tows it and does all the energy-consuming swimming. Naturally, its victims can stand such abuse relatively unscathed, because they are usually very large catfish, several thousand times larger than *Paracanthopoma* in body mass. The mouth of *Paracanthopoma* is a scary sight, and could well be something out of a horror movie. Its formidable dentition combines scalpel-like sharpness needed to sever blood vessels, with claw-like size and strength to anchor it into the flesh of its victim.

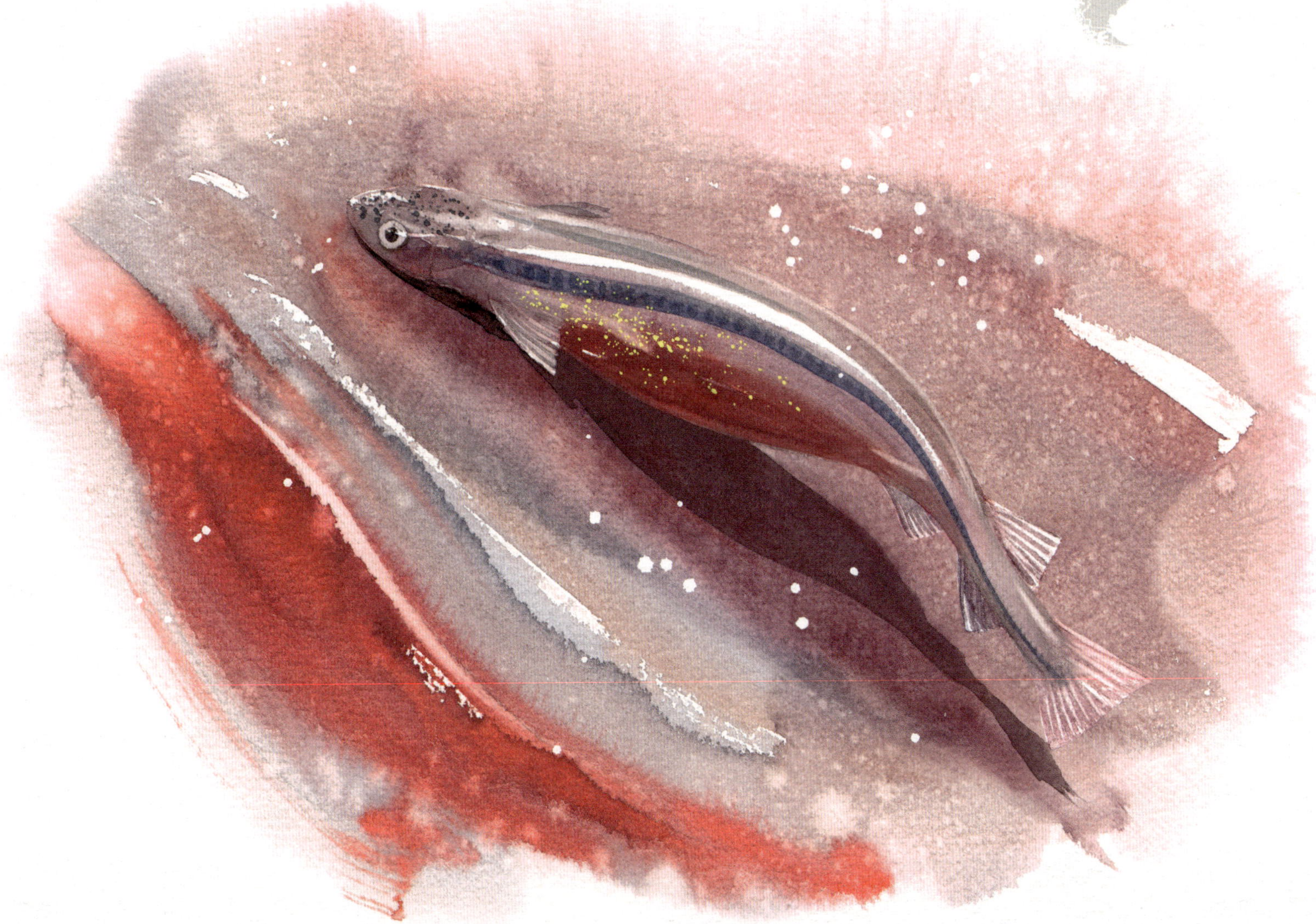

CATEGORIA DE AMEAÇA • RED LIST CATEGORIES

(LC) (NT) (VU) (EN) (CR) (EW) (EX)

BIOMAS QUE HABITA • BIOMES OF OCCURENCE

AMZ CER CAA PTN ATL PMP

ESCALA • SCALE

1:1 2,7 cm

Baiacu-de-água doce

Tetraodontiformes » Tetraodontidae

Colomesus asellus

(Müller & Troschel, 1849)

South American puffer

Poucas pessoas sabem, mas algumas espécies do famoso baiacu também podem viver em ambientes de água doce. No Brasil, há espécies exclusivas de água doce habitando o rio Amazonas e seus afluentes. Como todo baiacu, podem inflar o corpo ao se sentir acuados. Essa dilatação é propiciada por um estômago altamente elástico. Quando no ambiente aquático, o baiacu infla ao engolir água. Já em ambiente terrestre, inchará com o ar. Não têm costelas, o que facilita o processo de inflar. Usam principalmente as delicadas nadadeiras dorsal e anal para natação, o que reduz a sua agilidade. Assim, podem ser tocados por um mergulhador dentro da água antes que consigam fugir, algo praticamente impossível de acontecer com outros peixes. Sua relativa inoperância natatória pode ser um problema em aquários, já que podem ser sugados pelo sistema de filtragem. Alimentam-se de invertebrados que vivem no fundo dos rios, como caramujos e crustáceos, que são quebrados com seus poderosos dentes. Assim como a maioria dos baiacus, são venenosos em razão da presença da tetrodotoxina (TTX), presente no fígado e nos ovários. Quando ingerida, essa poderosa neurotoxina bloqueia os potenciais de ação nos nervos, podendo ser fatal ao causar paralisia dos músculos respiratórios da vítima.

Few people know that the mostly marine pufferfish group also has some representatives in freshwater. In Brazil there are strictly freshwater species in the Amazon and its tributaries. Like all puffers, they can inflate their bodies when threatened, a feat enabled by their highly elastic stomachs. When submerged, the puffer inflates by swallowing water; when outside of the water, it will swallow air. They lack ribs, an adaptation which facilitates inflating. They use mostly the delicate vibrations of their small anal and dorsal fins to move, which in combination with their compact globose bodies, results in rather slow swimming. They are so sluggish that they can be touched by divers before they can swim away, something impossible with most other fish. Such natatory inefficiency can be a problem in aquaria, because puffers can be sucked by filter systems. They feed on invertebrates that live on the bottom of rivers, like snails and crustaceans, which are crushed by their powerful dentition. Like most puffers, this species is toxic because of the presence of tetrodotoxin (TTX) in their livers and ovaries. This is a powerful neurotoxin which blocks action potential in nerves, and can be fatal by causing paralysis of respiratory muscles.

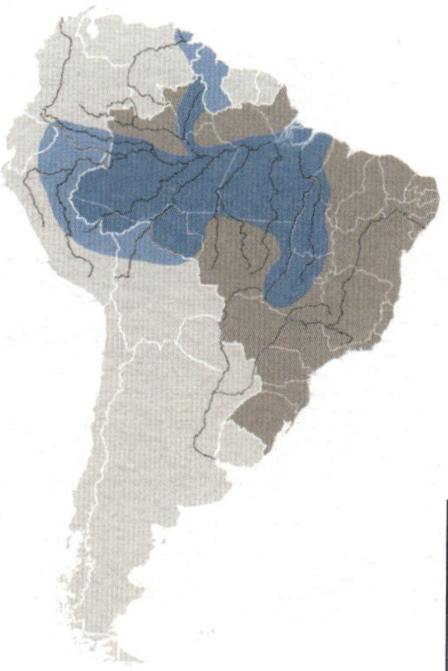

CATEGORIA DE AMEAÇA • RED LIST CATEGORIES
LC NT VU EN CR EW EX

BIOMAS QUE HABITA • BIOMES OF OCCURENCE
AMZ CER CAA PTN ATL PMP

ESCALA • SCALE
15 cm

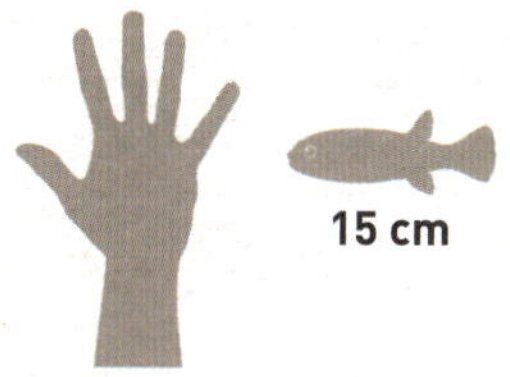

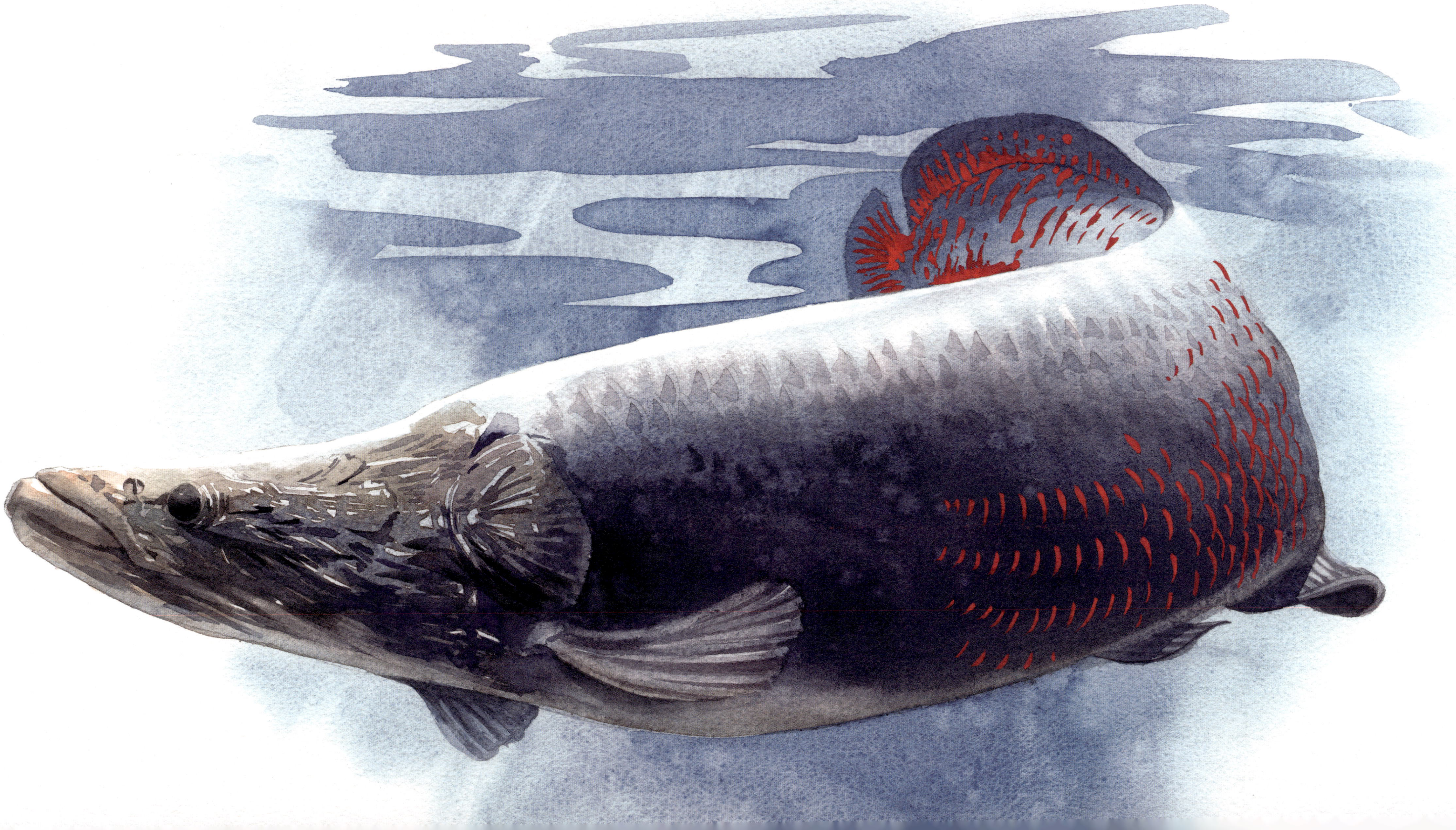

Pirarucu

Osteoglossiformes › Arapaimidae

Arapaima gigas (Schinz, 1822)

Pirarucu

O pirarucu é o peixe que alcança as maiores dimensões entre todos os peixes de água doce da América do Sul. Seu nome é uma referência ao colorido que se intensifica nos machos durante o período reprodutivo: pira (peixe) + urucu (vermelho). Sua bexiga natatória é altamente vascularizada, uma adaptação para permitir trocas gasosas diretamente com o ar atmosférico. O pirarucu precisa obrigatoriamente vir à superfície para engolir ar e encher sua bexiga natatória, processo que faz periodicamente, não podendo ficar muito mais que meia hora sem emergir. O problema é que esse comportamento entrega a sua presença aos pescadores, que o capturam geralmente usando arpões e em pequenas e silenciosas canoas. Durante muitos anos pós-colonização do Brasil, a carne do pirarucu foi a base proteica da alimentação na Amazônia, em processo semelhante ao da carne seca no sul e sudeste do Brasil, e do bacalhau na Europa. Como o processo de salgar a carne do pirarucu é semelhante ao feito com o peixe europeu, esse fato lhe rendeu o apelido de bacalhau brasileiro. Entretanto, o panorama mudou. O pirarucu foi intensamente pescado em grande parte do território brasileiro, sendo atualmente uma espécie difícil de se encontrar na maioria dos locais da Amazônia. Somente algumas regiões, como a bem-sucedida Reserva de Desenvolvimento Sustentável Mamirauá, no Amazonas, ainda contam com populações saudáveis da espécie. Reproduzem-se sem muita dificuldade em cativeiro, o que é uma boa notícia para a conservação da espécie e explica a disponibilidade de sua carne em mercados de centros urbanos como São Paulo. Durante a época reprodutiva, formam pares e escavam um buraco no chão para depositar os ovos. O casal cuida dos ovos e, após a eclosão, o macho cuida dos filhotes, que se congregam próximo à sua cabeça. Alimentam-se principalmente de peixes que são sugados pelo seu aparato bucal modificado. Sua língua é coberta por dentes fortes e funciona como um segundo par de mandíbulas que são prensados contra a base do crânio que também tem dentes.

This is the largest freshwater fish in South America and one of the largest in the world. Its name is a reference to its color, more intense in males during the reproductive season: pira (fish) + urucum (red) in Tupi language. Its swimbladder is highly vascularized, an adaptation that allows aerial respiration. The pirarucu needs to come to the surface to swallow air and fill its swimbladder, a process which must be repeated every half hour otherwise it will literally drown. The problem with this behavior is that fishermen use it to locate and spear the fish, on board small silent canoes. For many years after the colonization of the Amazon, the pirarucu was the main protein source for the populations in the region, a role similar to that of the codfish in Europe and jerked beef in southern Brazil. A similar process of salting the pirarucu has given its popular name "Brazilian codfish". But times have changed. The pirarucu was intensely fished for centuries and today it is hard to find in most places in the Amazon. Only a few areas, like the successful Reserva de Desenvolvimento Sustentável Mamirauá, in Amazonas State, still retain healthy populations of the species. It breeds with ease in captivity, which is good news for the future survival of the species and explains the presence of its meat in markets in large cities like São Paulo. The pirarucu form pairs in the reproductive season and build a hole on the substrate to spawn. The couple will guard the eggs and then the male will take care of the young, which swarm around its head until they are large enough to fend for themselves. The pirarucu feeds primarily on fish, which it sucks with its highly modified mouth. Its tongue is covered with strong teeth and functions like a second pair of jaws against the equally toothed base of the skull.

CATEGORIA DE AMEAÇA • RED LIST CATEGORIES
LC | NT | VU | EN | CR | EW | EX

BIOMAS QUE HABITA • BIOMES OF OCCURENCE
AMZ | CER | CAA | PTN | ATL | PMP

ESCALA • SCALE
400 cm

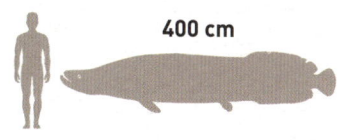

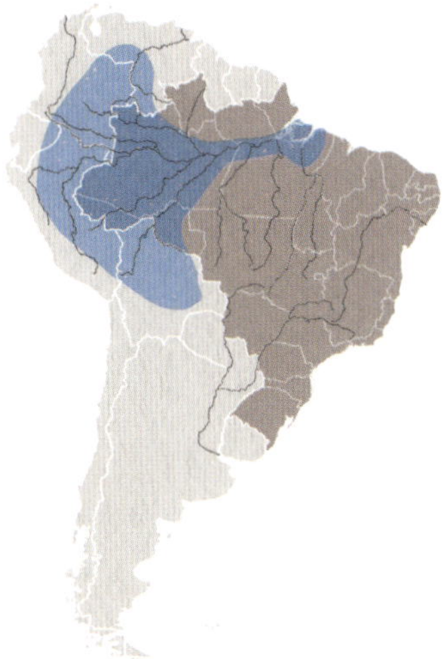

ESCALA • SCALE

8 cm

BIOMAS QUE HABITA •
BIOMES OF OCCURENCE

AMZ CER CAA PTN ATL PMP

CATEGORIA DE AMEAÇA •
RED LIST CATEGORIES

LC NT VU EN CR EW EX

Peixe-folha

Perciformes ≫ Polycentridae

Monocirrhus polyacanthus

Heckel, 1840

Amazon leaffish

O chamado peixe-folha é um dos peixes brasileiros com camuflagem mais impressionante. Seu corpo é totalmente modificado para parecer uma folha, tanto em coloração quanto forma. O corpo achatado lateralmente tem formato de folha e a presença de uma estrutura na mandíbula até imita um pecíolo. A coloração do corpo também é semelhante à de uma folha seca, com uma linha mediana escura simulando a nervura central. Ao redor dos olhos há faixas escuras que ajudam a quebrar sua silhueta. A nadadeira peitoral e as extremidades posteriores das nadadeiras dorsal e anal são translúcidas e as únicas porções do corpo que se movimentam quando o peixe-folha se aproxima lenta e delicadamente de suas vítimas. Até seu comportamento é adequado à sua imitação, permanecendo a maior parte do tempo com a cabeça voltada para baixo, fingindo ser uma folha seca à deriva. Alimenta-se principalmente de pequenos peixes, que engole em um rápido movimento. Os machos cuidam dos ovos e dos jovens.

This is one of the most impressive camouflages to be found among Brazilian fishes. Its body is modified to resemble a leaf, both in shape and color. There are dark stripes across the eyes which help disguise their shape. The utmost sophistication is a structure on the mandible which mimics the petiole of a leaf. The pectoral fin and the final portions of the dorsal and anal fins are transparent because those are the only moving portions when the leaf fish stealthily approaches its prey. They remain most of the time in a head-down position and when swimming their movement also resembles that of a dead leaf slowly drifting in the current. The leaf fish feeds mainly on small fish which they swallow whole in a lightning-speed strike. The males guard the eggs and care for the young.

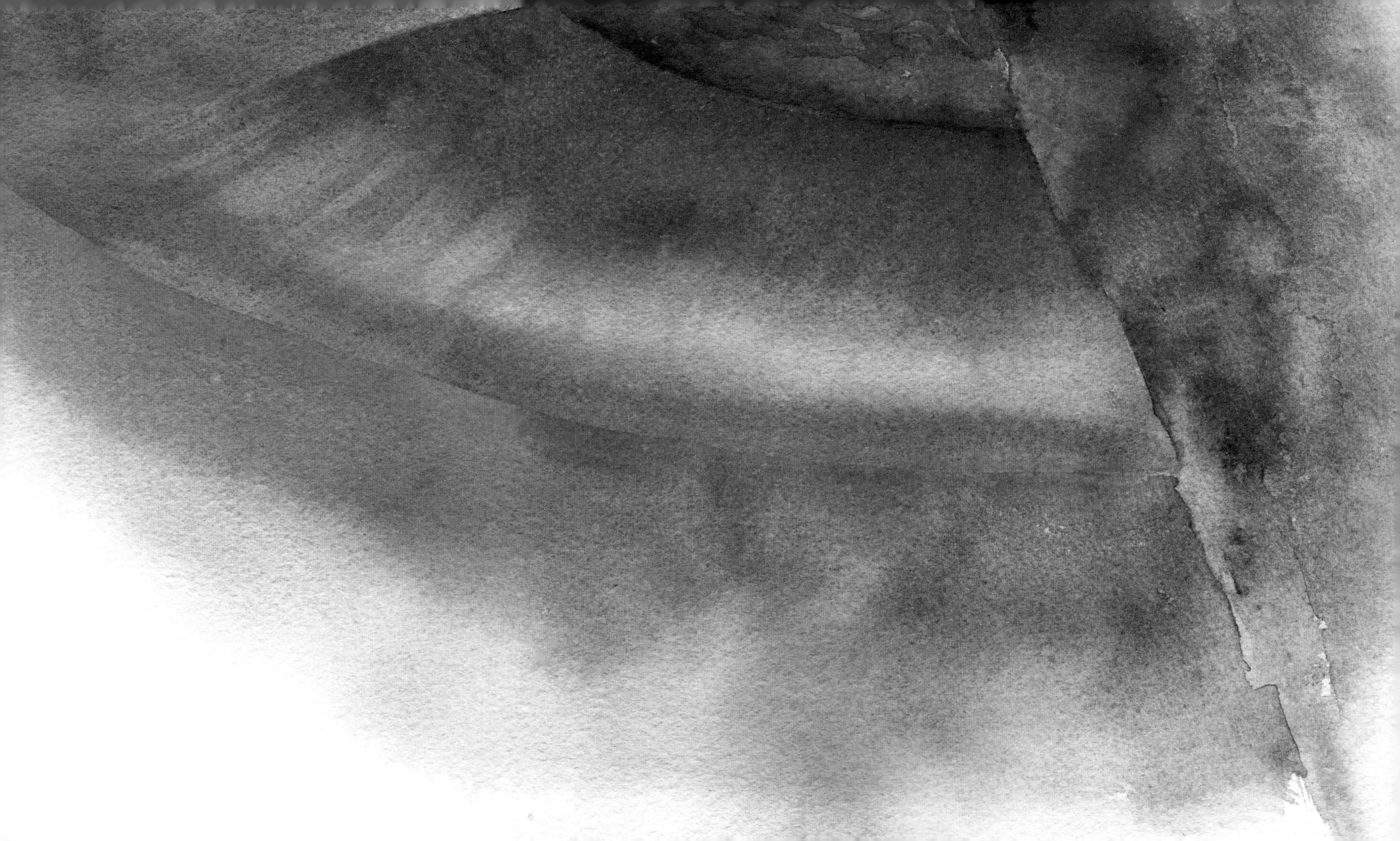

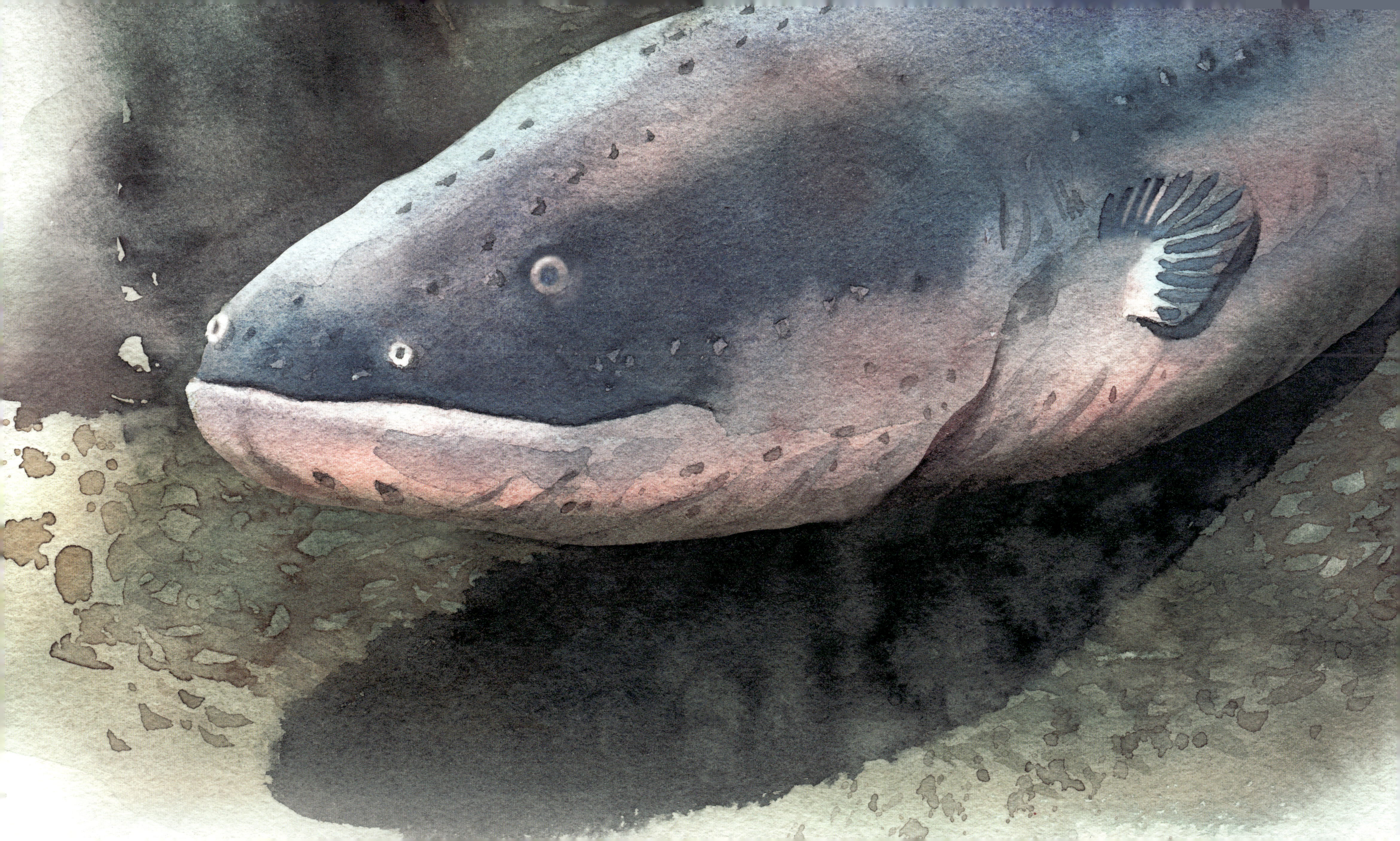

Poraquê

Gymnotiformes » Gymnotidae

Electrophorus varii
de Santana *et al.,* 2019

Electric eel

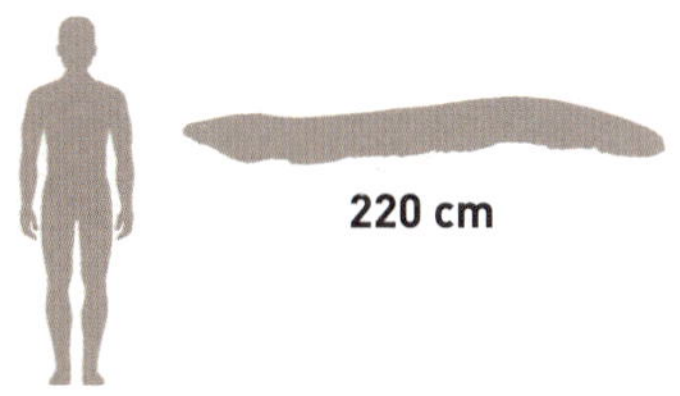

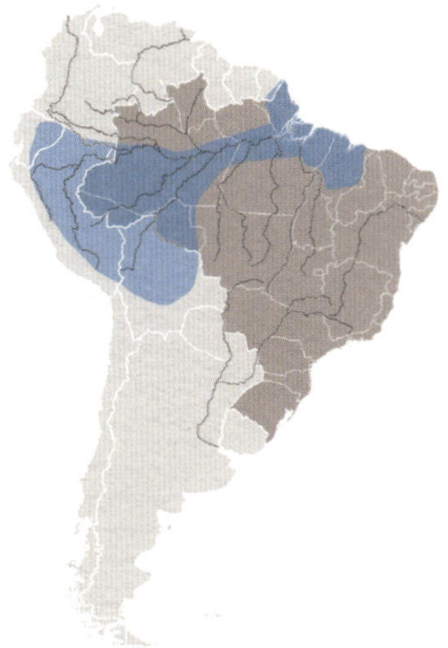

A primeira espécie de poraquê (*Electrophorus electricus*) conhecida pela ciência foi descrita por Linneaus em 1766. Somente mais de 250 anos depois, em 2019, cientistas anunciaram mais duas espécies de poraquês, o *Electrophorus varii* e o *E. voltai*. As espécies de poraquês são morfologicamente bastante parecidas entre si e, até onde se sabe, também têm comportamento semelhante. Uma diferença relevante entre elas é a intensidade de suas descargas elétricas. Em *Electrophorus electricus*, a descarga elétrica mais alta registrada foi de 480 volts (V); em *E. varii*, 572 V, e em *E. voltai*, 860 V. Os poraquês são as únicas espécies de peixes de água doce brasileiras capazes de usar a energia elétrica para se defender e paralisar suas presas. Há registros de que podem emitir pequenos choques para identificar presas escondidas e também controlar o movimento de suas presas a distância, paralisando-as. Experimentos confirmam o comportamento inusitado de pular fora da água, indo para cima de seus possíveis agressores, como seres humanos, no intuito de encostar seu corpo ao do alvo e assim aumentar a intensidade do choque. Os machos atingem tamanhos maiores que as fêmeas, com até 2 metros de comprimento. Eles é que constroem os ninhos, com bolhas na superfície da água em meio à vegetação e cuidam dos filhotes. Os poraquês respiram por meio de um órgão oral ricamente vascularizado, o que lhes confere a capacidade de suportar águas com baixa oxigenação. São animais essencialmente carnívoros, alimentando-se de peixes, mas também eventualmente de sapos, cecílias, insetos e caranguejos. Na literatura, há registros de que podem formar grupos embaixo de pés de açaí (*Euterpe oleracea*) para consumir as frutas que caem na água. São animais noturnos como todos os peixes elétricos.

The first species of poraquê known to science was *Electrophorus electricus*, described by Linnaeus in 1766. It took 250 years for two additional species to be reported by scientists in 2019, *Electrophorus varii* and *E. voltai*. The species of poraquê are quite similar to each other in morphology and, as far as known, also in behavior. A relevant difference is the intensity of the electric discharge. In *Electrophorus electricus* the largest electric discharge is 480 volts, in *E. varii*, 572 V and in *E. voltai*, 860 V. The poraquê is the only Brazilian freshwater fish that can generate electricity for defense and to paralyze prey. It can use small shocks to located hidden prey and to control their movement at distance. Experiments have confirmed that they will jump out of the water to attack their aggressors, like human beings, making direct body contact and thus increasing the intensity of the shock. Males grow larger than females and can reach up to 2 m in length. Males also build bubble nests in the middle of the vegetation and take care of the young. The poraquê breathes air using a richly-vascularized oral organ and thus can tolerate poorly oxygenated stagnant waters. They are mostly carnivorous, eating fish, frogs, caecilians, insects, and crabs. There are literature records of groups gathering under acai palms (*Euterpe oleracea*) to consume falling fruit. The poraquê is nocturnal, as a majority of electric fishes.

Manjuba-anã

Clupeiformes › Engraulidae

Amazonsprattus scintilla
Roberts, 1984

<u>Pygmy anchovy</u>

Muitos peixes e outros animais tendem a imitar o ambiente ao redor onde vivem para se tornarem menos visíveis, um disfarce que pode ser destinado à defesa ou agressão. Alguns animais dão um passo adiante e, em vez de se assemelharem a parte do ambiente em que vivem, tentam se tornar completamente invisíveis. Esse é o caso de *Amazonsprattus scintilla*. Quando vivo, esse pequeno peixe é tão transparente que praticamente sua única parte visível são os olhos. O restante de seu corpo é de uma transparência vítrea que se assemelha a gelo na água. Esses peixes nadam em pequenos cardumes na porção mediana da coluna da água, alheios aos perigos usuais que esse comportamento descuidado implicaria a peixes pequenos de coloração normal. Esse é um privilégio da invisibilidade. Curiosamente, eles perdem esse truque de mágica imediatamente após a morte e se transformam em um minúsculo cadáver branco leitoso. Análises morfológicas e de DNA mostram que *Amazonsprattus* é um membro da família das manjubas. É muito pequeno e demorou um pouco para que sua existência fosse notada pela comunidade científica. Por muitos anos, eles foram considerados apenas os filhotes de outras espécies maiores de sardinhas de água doce. Foi somente quando alguém percebeu que alguns desses supostos juvenis tinham óvulos maduros que sua verdadeira natureza começou a ser revelada. Estudos posteriores mostraram que esses pequenos peixes transparentes não eram os jovens de uma grande sardinha, mas um animal adulto ainda desconhecido.

Many fishes and other animals tend to imitate their surroundings in order to become less visible, a disguise which can be intended for either defense or aggression. This is called mimicry and is a very common phenomenon in biology. Some animals go a step further and instead of resembling some part of their environment, they try to become invisible altogether. This is the case with *Amazonsprattus scintilla*. When alive, this tiny fish is so transparent that practically the only visible part is its eyes. The rest of their bodies is of a glassy transparency that looks like ice in water. They swim in small schools in midwater, oblivious to the usual dangers that such careless behavior entails for normal small fishes. This is a privilege of invisibility. Interestingly, they lose their magic trick immediately upon dying, and turn into a miniscule milky white corpse. Detailed morphological and DNA analysis shows that *Amazonsprattus* is a member of the anchovy family. It is very small and it took a while for its existence to be noticed by the scientific community. For many years they were thought to be just the young of larger freshwater sardines. It was only when someone noticed that some of those supposed juveniles had mature eggs that their true nature began to be unveiled. Further study showed that those tiny transparent fish were not the young of some large sardine, but an entirely new adult animal.

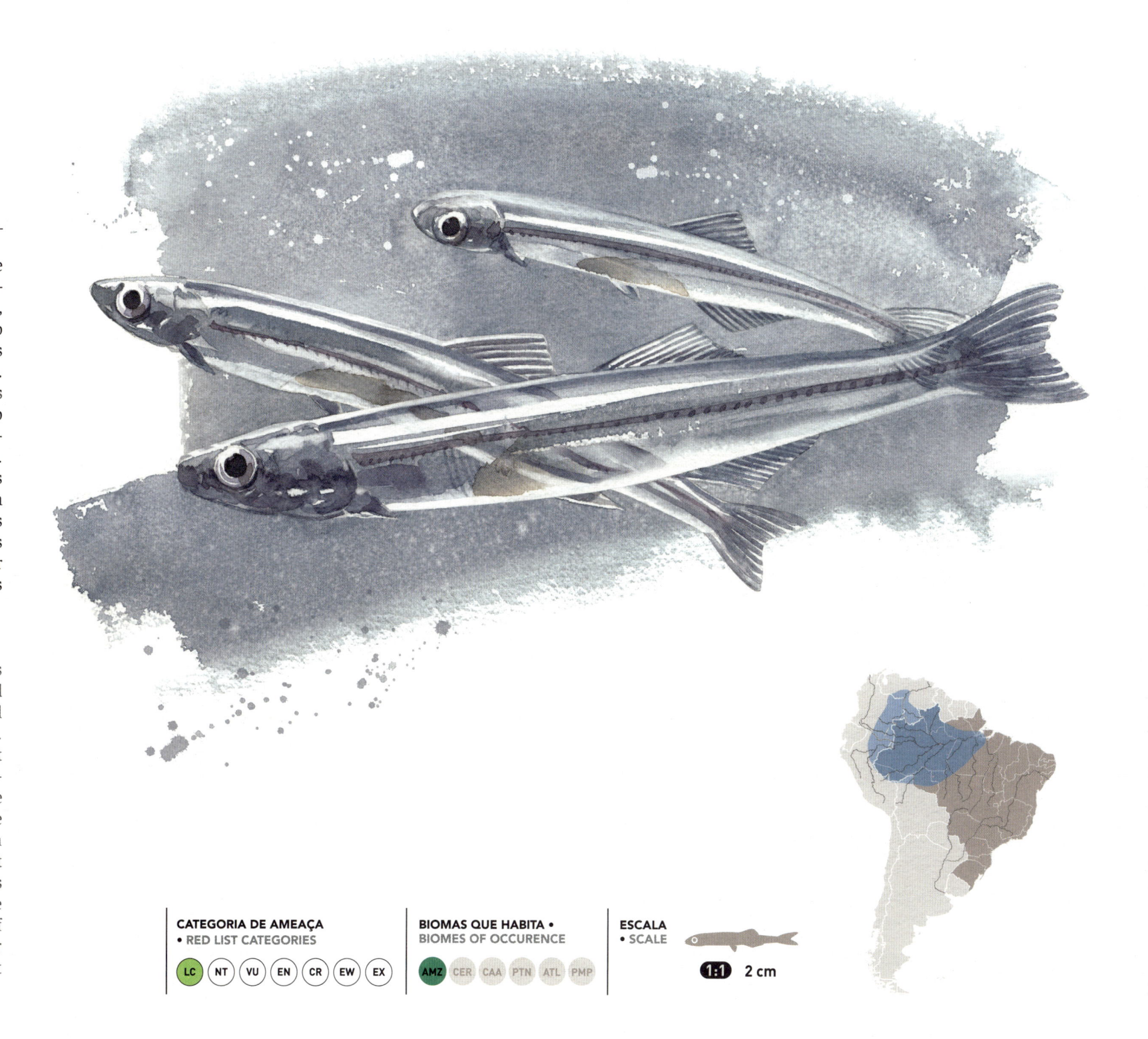

CATEGORIA DE AMEAÇA • RED LIST CATEGORIES
(LC) NT VU EN CR EW EX

BIOMAS QUE HABITA • BIOMES OF OCCURENCE
AMZ CER CAA PTN ATL PMP

ESCALA • SCALE
1:1 2 cm

Raia-xingu

Myliobatiformes » Potamotrygonidae

Potamotrygon leopoldi Castex & Castello, 1970

White-blotched river stingray

A maioria dos peixes cartilaginosos, tubarões e raias são estritamente marinhos. Mas no mundo dos seres vivos as regras raramente são absolutas. Existem na verdade vários peixes cartilaginosos que sobrevivem em água doce. Há alguns que até são estritamente de água doce. A família de raias de água doce da América do Sul, Potamotrygonidae, é uma delas. Quase todas as espécies do grupo são de água doce. Nascem, crescem e se reproduzem em água doce, de forma que todo o ciclo de vida independe do ambiente marinho. *Potamotrygon leopoldi* é uma espécie de colorido espetacular, com uma cor preta sobreposta por grandes manchas redondas brancas brilhantes, encontrada apenas na bacia do rio Xingu. Como todos os seus parentes da família Potamotrygonidae e a maioria das outras raias, ela tem um ferrão afiado na parte de trás da cauda. Esse ferrão é uma verdadeira arma defensiva e pode ferir seriamente quaisquer possíveis agressores, incluindo humanos. Serrilhas ao longo do ferrão garantem muitos danos aos tecidos. Para efeito adicional, uma camada de muco venenoso sobre o espinho entra em contato com a ferida quando o espinho penetra. A ação do ferrão é estritamente defensiva e *P. leopoldi* geralmente se alimenta de criaturas de casca que encontra no fundo, como caranguejos, caramujos e bivalves, que esmaga com seus dentes. Essa raia, assim como todos os seus parentes próximos, é vivípara, o que significa que dá à luz filhotes completamente formados. A maneira como *Potamotrygon leopoldi* se tornou de água doce é uma história interessante. De fato, ela própria não entrou em água doce, mas sim o ancestral de todas as raias dulcícolas da América do Sul. E esse ancestral fez sua incursão no rio quando a foz do Amazonas era em um local muito diferente, na margem norte do continente, perto de onde o lago Maracaibo (na Venezuela) está hoje. A linhagem ancestral vivia naquela região (não havia istmo do Panamá na época), entrou no paleo-Amazonas e foi se adaptando gradualmente à água doce. Enquanto isso, o curso do rio Amazonas mudou de norte para leste, rompendo as conexões com o Caribe. Neste tempo todo, o ancestral das raias de água doce continuou evoluindo e se diversificando dentro da bacia, dividindo-se em várias espécies e, finalmente, alcançando sua diversidade atual. Uma evidência desta história é que o parente mais próximo das raias de água doce da América do Sul é um gênero com duas espécies marinhas de raia do Pacífico Oriental e do Atlântico Ocidental tropical.

A vast majority of cartilaginous fishes, sharks, rays, and stingrays, are strictly marine. But in the living world there are rarely absolute rules. Therefore, there are indeed several cartilaginous fishes which survive in freshwater. There are even some which are strictly freshwater. The South American freshwater ray family Potamotrygonidae is one of them. Almost all species in the group are freshwater. They are born, grow and breed in freshwater so that their entire life cycle is independent of the marine environment. *Potamotrygon leopoldi* is a spectacularly-colored stingray with a black ground color overlain by large bright white round spots, found only in the Rio Xingu drainage. Like all its companions in the Potamotrygonidae and most other stingrays, it has a sharp pungent spine in the back of its tail. This spine is a veritable defensive weapon and can seriously hurt any potential aggressors, including humans. Dentations along the length of the spine guarantee a lot of tissue damage. For further effect, a layer of venomous mucus over the spine is carried into the wound as it makes its way in and out. The spine mechanism is strictly defensive and *P. leopoldi* usually feeds directly with its crushing-toothed mouth on hard-shelled creatures on the bottom, like crabs, snails, and shellfish. This stingray, again like all its close relatives, is a livebearer, which means that it gives birth to fully formed young. The way *Potamotrygon leopoldi* became freshwater is an interesting story. In fact, it did not itself enter freshwater. Rather, the ancestor of all South American river stingrays did. And this ancestor did its river incursion when the mouth of the Amazon was at a very different place, in the northern margin of the continent, close to where the Maracaibo lake is today. The ancestral species lived in that region (there was no isthmus of Panama then), entered the paleo-Amazon and got gradually adapted to freshwater. In the meantime, the course of the Amazon shifted from north to east, severing all ties with the Caribbean. All along, the freshwater stingray ancestor kept evolving and diversifying within the basin, splitting into several species and eventually reaching its present diversity. Evidence of this history is that the closest relative of the South American freshwater stingrays is a genus with two marine species of stingray from the East Pacific and tropical West Atlantic.

CATEGORIA DE AMEAÇA
• **RED LIST CATEGORIES**

(LC) NT VU EN CR EW EX

BIOMAS QUE HABITA •
BIOMES OF OCCURENCE

(AMZ) CER CAA PTN ATL PMP

ESCALA • **SCALE**

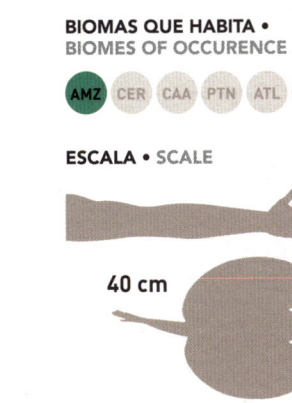

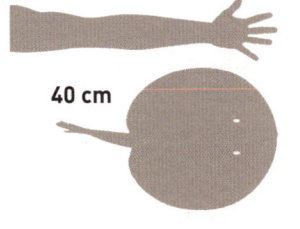

40 cm

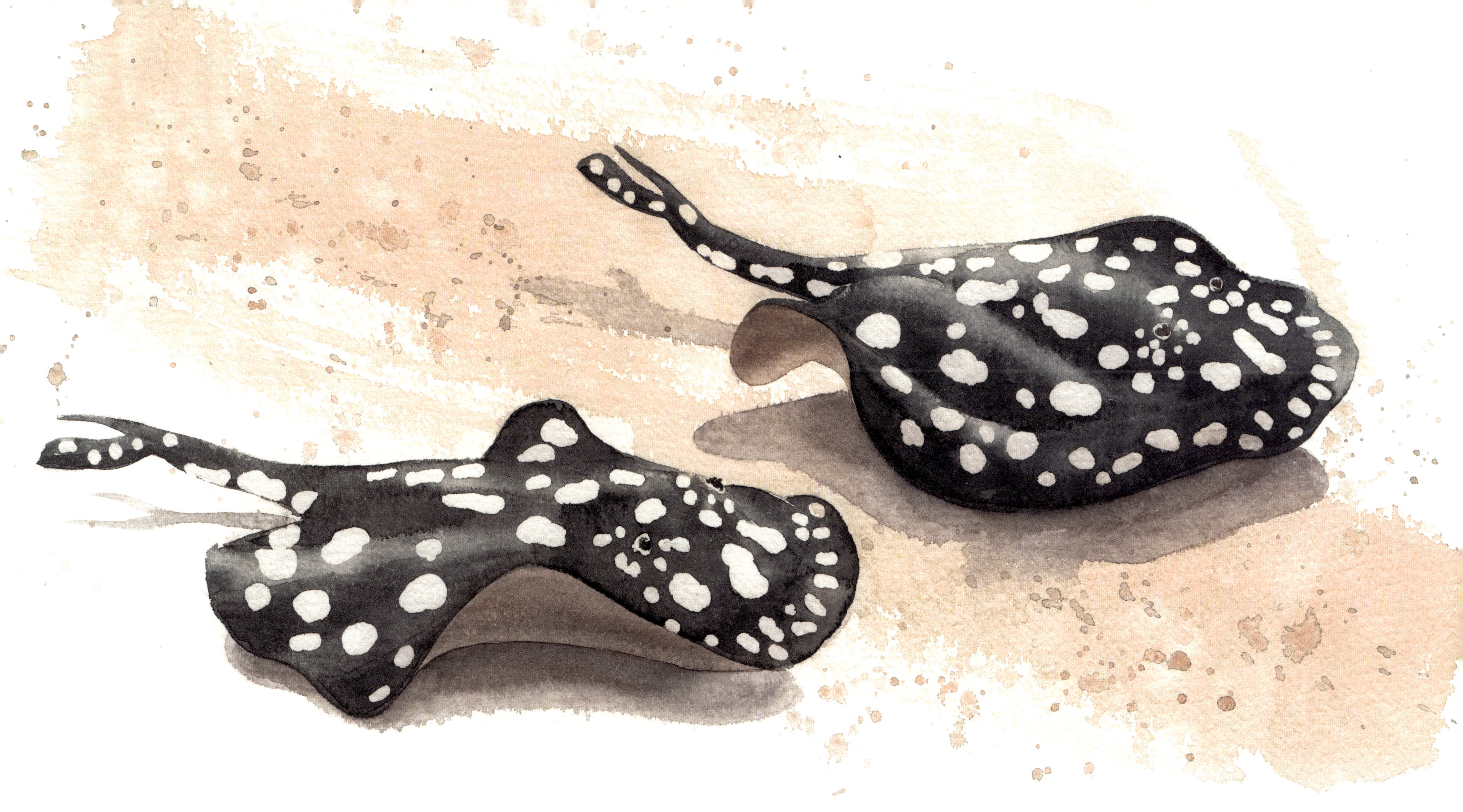

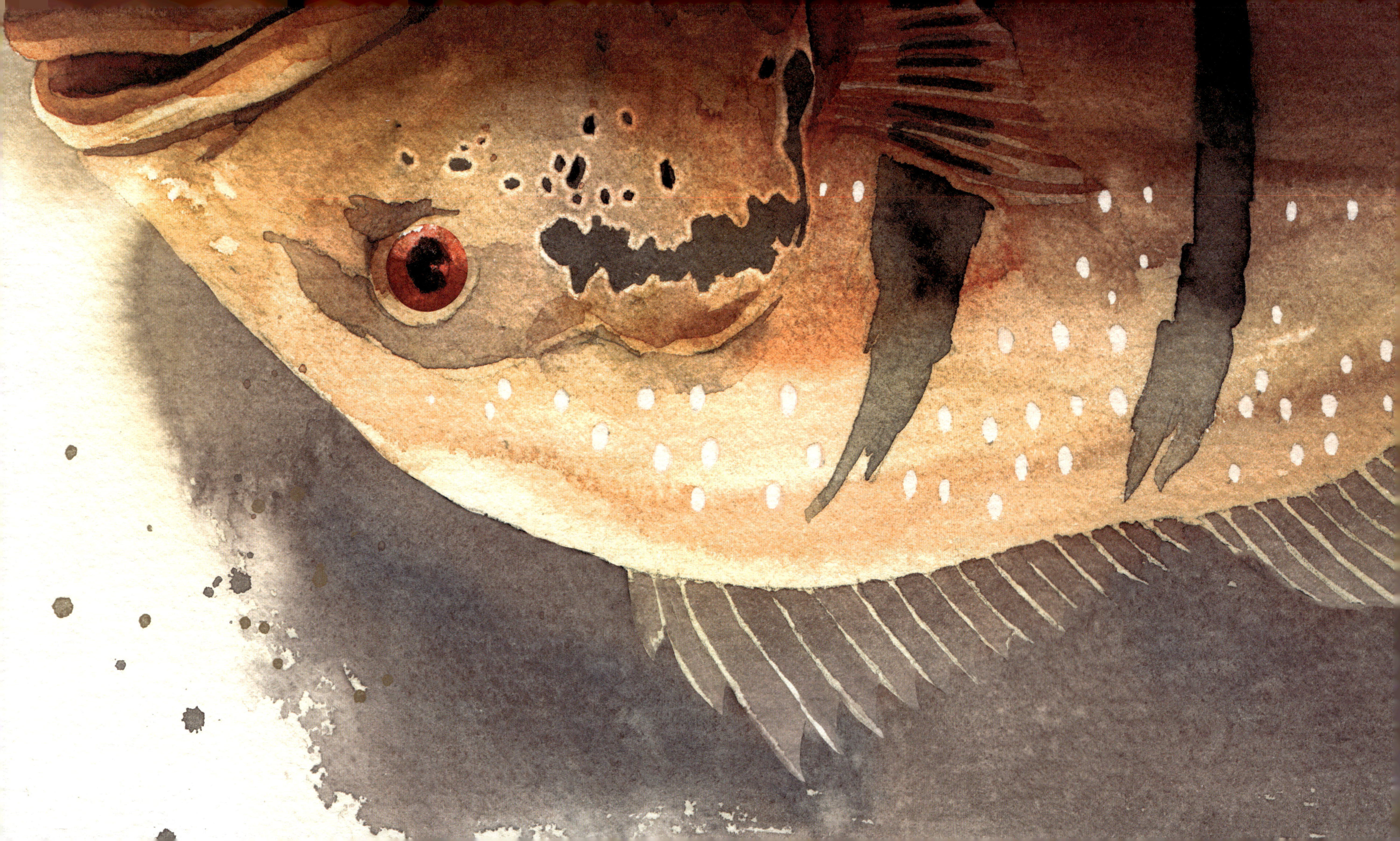

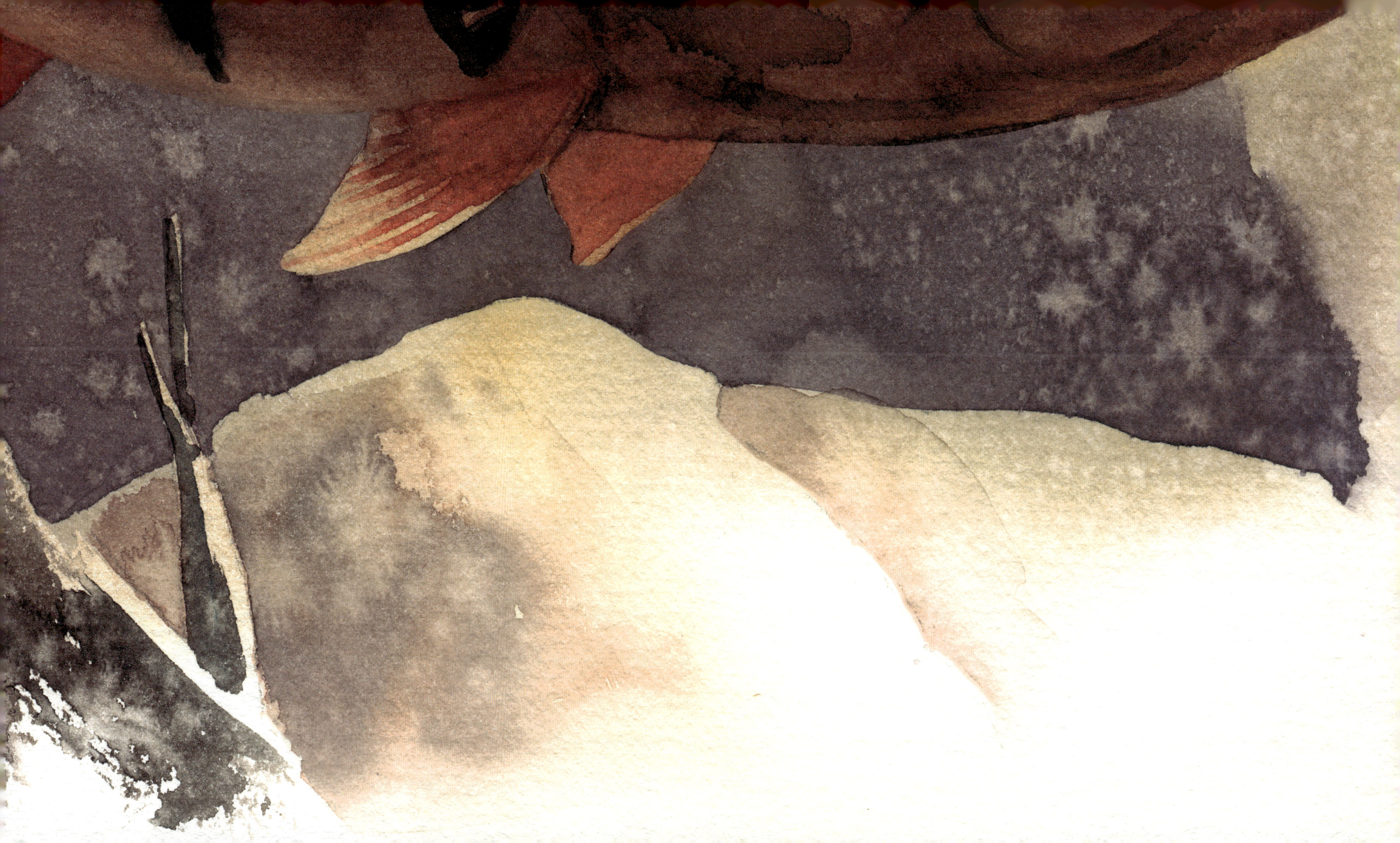

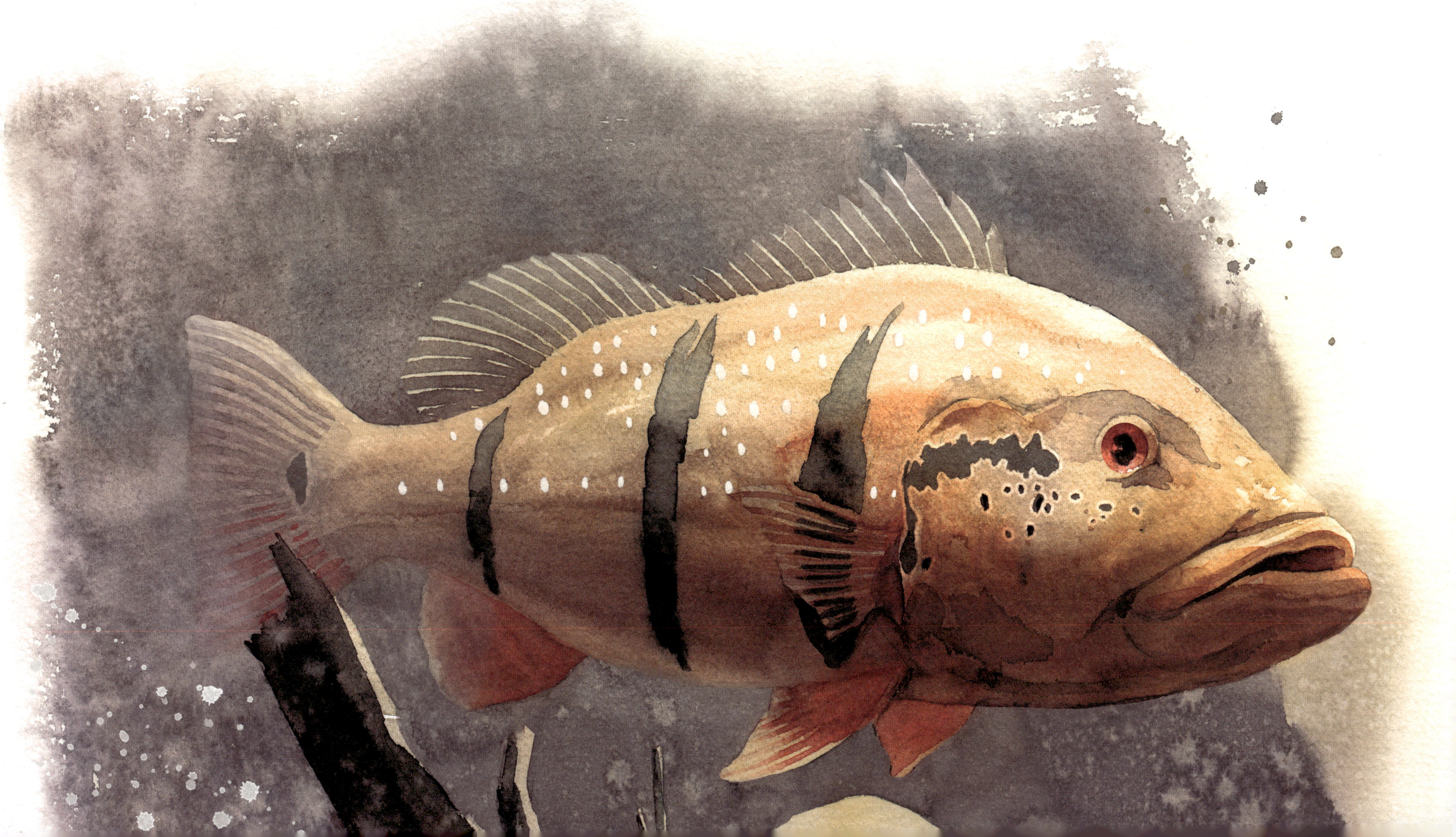

Tucunaré-açu

Cichliformes > Cichlidae

Cichla temensis Humboldt, 1821

Three-barred peacock bass

O tucunaré-açu é um dos embaixadores da fauna brasileira. Conhecido mundialmente por sua voracidade, todos os anos atrai milhares de pessoas à Amazônia para vê-lo e pescá-lo. É o maior ciclídeo do mundo, podendo atingir mais de 10 kg. Embora grande parte da comunidade de pescadores esportivos não saiba, o tucunaré-açu e o tucunaré-paca são a mesma espécie. Ambos têm três barras verticais no corpo (apesar de esmaecidas no tucunaré-paca) e manchas escuras atrás dos olhos. Entretanto, eles também têm diferenças morfológicas: o tucunaré-açu tem coloração amarelada, enquanto o tucunaré-paca é mais acinzentado e apresenta séries de bolinhas brancas ao longo do corpo. Essas bolinhas lembram o padrão de colorido da paca (*Cuniculus paca*), um mamífero roedor, de onde vem o nome popular da espécie. É comum encontrar exemplares intermediários entre esses extremos morfológicos. Estudos demonstram que essa variação de colorido não tem relação com os sexos, mas sim com a maturação sexual sazonal do indivíduo. Ou seja, ambos os sexos podem adquirir uma coloração ou outra dependendo do estágio de maturação de seus órgãos reprodutivos. A maturação sexual avança do morfotipo do tucunaré-paca em direção ao tucunaré-açu, isto é, o último com coloração totalmente amarelada e sem bolinhas brancas laterais é a forma reprodutiva mais madura da espécie *Cichla temensis*.

The three-barred peacock bass is one of the ambassadors of the Brazilian fauna, known worldwide for its voraciousness and ferocity. Thousands of tourists come to the country every year to have a chance to behold and to fish it in its natural habitat. It is the largest member of the Cichlidae family, reaching over 10 kg. The three-barred peacock bass (açu morphotype) and the speckled peacock bass (paca morphotype) are the same species, although most anglers do not know about it. Both have three vertical dark bars on the body (somewhat faded in the speckled peacock) and dark spots behind the eyes. The açu form has a yellowish color while the paca is greyish with a series of white spots along the body (hence its name, paca is a rodent – *Cuniculus paca* – with a similar color pattern). It is common to find specimens intermediate between those two color types. Research has shown that the color variation has no relation to the sex of individuals, but rather with the state of maturation in the yearly reproductive cycle. Both males and females can take one or the other color type depending on the state of their gonads at a particular moment. The color corresponding to the tucunaré-açu, yellow and without white spots, is the mature reproductive form of *Cichla temensis*.

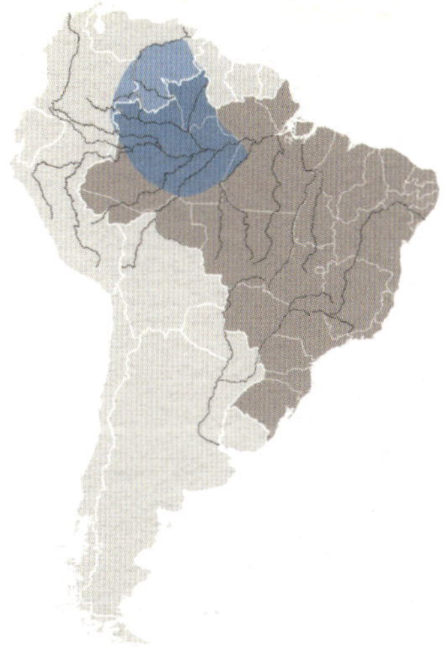

CATEGORIA DE AMEAÇA • RED LIST CATEGORIES

LC | NT | VU | EN | CR | EW | EX

BIOMAS QUE HABITA • BIOMES OF OCCURENCE

AMZ | CER | CAA | PTN | ATL | PMP

ESCALA • SCALE

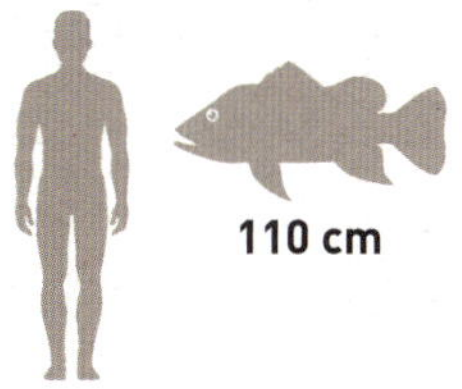

110 cm

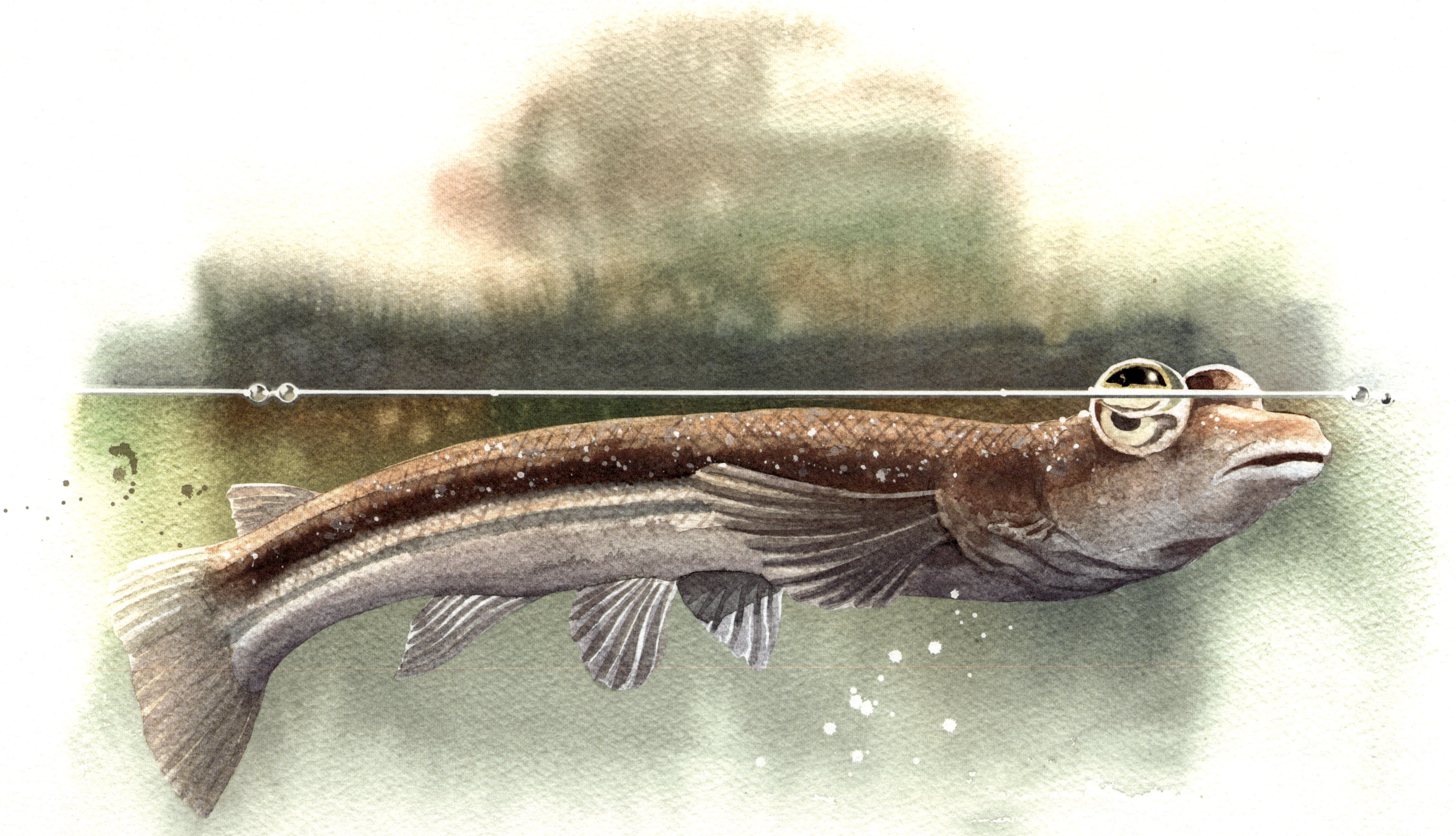

Tralhoto

Cyprinodontiformes » Anablepidae

Anableps anableps (Linnaeus, 1758)
Four-eyed fish

Criaturas que vivem em ambientes limítrofes tendem a ter adaptações incomuns. O tralhoto é um desses exemplos, e, nesse caso, é um peixe adaptado não a um, mas a dois limiares ambientais. O tralhoto vive em estuários e bocas de rios e, portanto, é fisiologicamente capaz de sobreviver em água salobra, ou seja, uma mistura de água doce e marinha. Além disso, esse peixe vive entre outra fronteira extrema: o limite entre o ar e a água. Para poder nadar na superfície da água, sua morfologia tem adaptações, com uma superfície dorsal plana no corpo e na cabeça. O peixe se mantém tão rente à superfície que parte de seus olhos esbugalhados ficam fora da água. Assim, metade do olho fica mergulhada na água e metade exposta ao ar. O tralhoto é um peixe que depende muito da visão, tanto para encontrar comida quanto para escapar de predadores, e ambos podem vir da água ou do ar. Obviamente, água e ar têm suas próprias características ópticas, como diferentes índices de refração. Como resultado, o olho do tralhoto desenvolveu uma característica extraordinária, o que lhe permite enxergar bem nos dois meios. Seus olhos são divididos em duas metades semi-independentes: uma otimizada para o ar e outra para a água. Cada olho tem duas retinas e duas pupilas separadas por uma crista de tecido. Essa divisão não é completa e ainda existe um único nervo óptico e uma única lente, embora esta última tenha regiões diferentes para a visão no ar e na água. O resultado é um olho semiduplicado que pode enxergar igualmente bem, e simultaneamente, no ar e na água. A sofisticação neurológica existente em seu cérebro para lidar com essa complexidade visual ainda são pouco conhecidas. Os jovens têm olhos normais e a duplicação ocorre com o crescimento. Outra observação curiosa desse peixe é que eles têm "lados sexuais", de modo que só podem copular com um parceiro(a) que tenha lado compatível. Isso significa que um macho destro só pode acasalar-se com uma fêmea canhota e vice-versa.

Creatures that live in borderline environments tend to have unusual adaptations. Here we have a case of a fish which is adapted to not one, but two environmental thresholds. *Anableps anableps* lives in estuaries and river mouths and thus must be physiologically able to survive in brackish water, i.e, a mix of freshwater and seawater. But *Anableps* is also a tenant of another extreme frontier: the limit between air and water. This fish swims right at the water surface and its morphology reflects that, with a flat dorsal surface of the body and head. The fish keeps itself so high up at the surface that its bulging eyes stick out of the water. But not entirely. Actually, half its eye is underwater and half in the air. *Anableps* is a fish which depends heavily on vision, both for finding food and for escaping predators. And the two can come either from water or air. Of course, water and air each have their own optical properties, such as different refraction indices. As a result, the eye of *Anableps* has evolved an extraordinary solution that allows it to see well in both media. They are divided in two semi-independent halves, one optimized for air and the other for water. They have two retinas and two pupils separated by a shelf of tissue. The division is not complete, and there is still a single optic nerve and a single lens, though the latter has different regions for air and water vision. The result is a semi-duplicated eye which can see equally well - and simultaneously - in air and water. The young have normal eyes and duplication comes with growth. A final curious note is that they have sexual "handedness", so that they can only copulate on one side. This means that a right-handed male must mate with a left-handed female, and vice versa.

CATEGORIA DE AMEAÇA
• RED LIST CATEGORIES

LC · NT · VU · EN · CR · EW · EX

BIOMAS QUE HABITA •
BIOMES OF OCCURENCE

AMZ · CER · CAA · PTN · ATL · PMP

ESCALA • SCALE

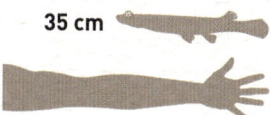

35 cm

Tambaqui

Characiformes ⟫ Serrasalmidae

Colossoma macropomum

(Cuvier, 1816)

Black pacu

Alcançando mais de 50 kg e 1 m de comprimento, é o segundo maior peixe de escamas da América do Sul, perdendo apenas para o pirarucu (*Arapaima gigas*). Com cor que varia de tons amarelos a oliváceos, tem o dorso mais claro e o ventre mais escuro, ao contrário da maioria dos peixes. Durante o período das cheias dos rios amazônicos, que pode perdurar por mais de 6 meses, os tambaquis adentram os igapós para se alimentar dos frutos que caem na água. Diversos estudos têm comprovado a eficiência dessa espécie como dispersora de sementes. Um trabalho relata que no estômago de 230 tambaquis examinados havia 700 mil sementes intactas de mais de 20 espécies de plantas. O tambaqui, inclusive, difere de muitos outros dispersores ao ser capaz de transportar a semente por grandes distâncias, resultado de sua grande mobilidade e do alto tempo de retenção das sementes em seu sistema digestório. A espécie altera sua dieta conforme a oferta disponível. Enquanto no período de cheia ingere principalmente matéria vegetal, na seca sua maior fonte energética é animal, principalmente insetos, caramujos, crustáceos e peixes. Existe uma lenda amazônica que conta que a onça-pintada agitaria a extremidade de sua cauda na água para atrair tambaquis até a superfície, a fim de apanhá-los. Apesar de exagerar a capacidade pesqueira da onça-pintada, a lenda retrata o saber popular sobre o comportamento do tambaqui de ser atraído pelo som. Usando desse conhecimento, alguns ribeirinhos amazônicos atraem tambaquis usando uma semente amarrada a uma linha que é jogada na água. Quando o peixe se aproxima ele é arpoado. O tambaqui é um dos peixes comerciais mais importantes da Amazônia. No final da década de 1970, quase metade dos peixes desembarcados no mercado de Manaus era de exemplares de tambaquis. Entretanto, hoje já não se observa nem de longe tal abundância, em função da drástica redução populacional em diversas regiões e do tamanho relativo dos espécimes capturados, que também tem diminuído. Evolutivamente o tambaqui é próximo dos pacus e, em menor grau, das piranhas. Com base em fósseis do Mioceno é possível saber que os tambaquis existem há pelo menos 15 milhões de anos.

Reaching over 50 kg in weight and 1 m in length, the tambaqui or black pacu is the second largest scaled freshwater fish in South America, being exceeded only by the pirarucu (*Arapaima gigas*). With a coloration that ranges from yellow to olive, the back of the tambaqui is - unusually for a fish - lighter than its belly. During the flood season, which in the Amazon may last for over six months, the tambaqui enters the flooded forest – igapó – to feed on fruit that fall in the water. Many studies confirmed the role of this species as seed disperser. One paper found 700 thousand intact seeds in the stomachs of 230 tambaquis, representing over 20 different plant species. In that regard, the tambaqui differs from many other seed dispersers in its ability to transport seeds for exceptionally long distances, a result of its mobility and the long retention time of its digestive system. The species varies its diet according to availability. While in the flood it ingests mostly plant matter, in the drought it shifts to animal sources, feeding on insects snails, crustaceans and fish. There is an Amazonian legend according to which the jaguar hunts the tambaqui by shaking the tip of its tail in the water to attract the fish. Although greatly fantasizing the jaguar´s cunning, the legend has a footing in fact because the tambaqui is actually attracted by sound. Such behavior is the basis of a folk fishing technique where a seed tied to a string is repeatedly thrown in the water. The fish is attracted by that and is speared when approaching within range. The tambaqui composes one of the most important commercial fisheries in the Amazon. At the end of the 1970´s almost half of the total fish volume unloaded in the Manaus market was tambaqui. This is no longer true because of the drastic decrease in stocks in most regions and the decreasing size of captured specimens. Evolutionarily, the tambaqui is a relative of the pacú, and more distantly, to the piranhas. Fossils from the Miocene demonstrate that the tambaqui has existed for at least 15 million years.

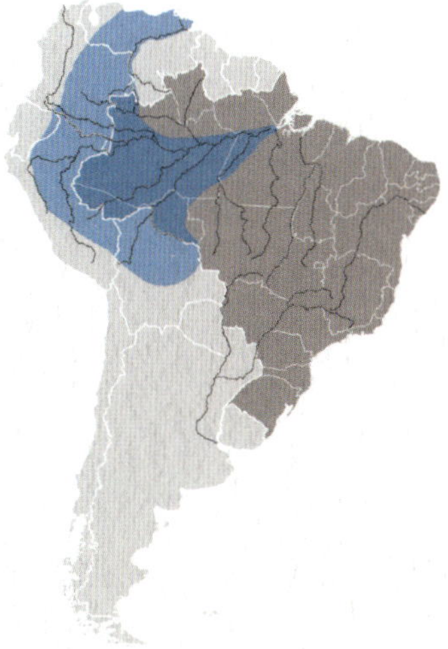

CATEGORIA DE AMEAÇA
• RED LIST CATEGORIES

LC NT VU EN CR EW EX

BIOMAS QUE HABITA •
BIOMES OF OCCURENCE

AMZ CER CAA PTN ATL PMP

ESCALA
• SCALE

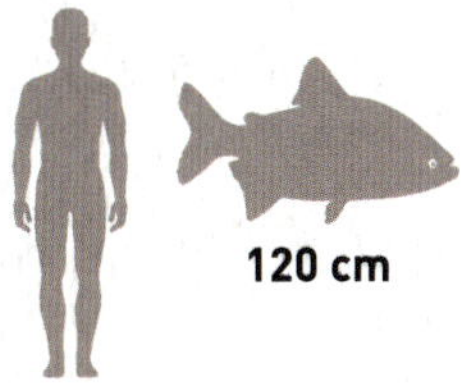

120 cm

Borboleta-strigata

Characiformes 》 Gasteropelecidae

Carnegiella strigata (Günther, 1864)

Marbled hatchetfish

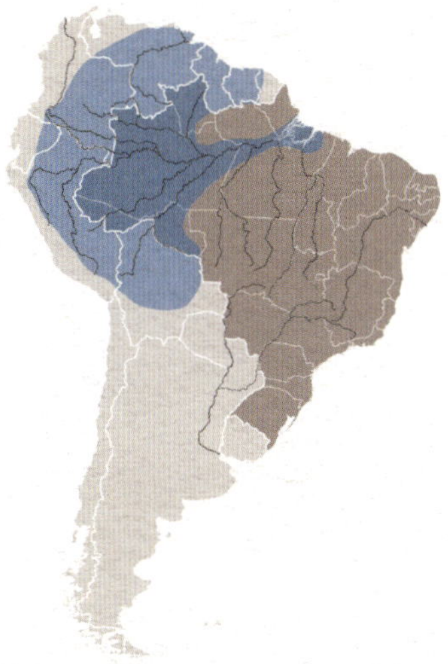

É uma das espécies de peixes do Brasil com morfologia mais singular. Ainda que suas nadadeiras pélvicas sejam minúsculas, as nadadeiras peitorais são enormes, tanto que os raios mais anteriores são longos e frequentemente tocam a superfície da água. A borboleta-strigata apresenta boca voltada para cima, uma adaptação a captura de insetos e matéria vegetal que caem da margem dos rios. Entretano a característica de seu corpo que mais se destaca é o peito expandido, conferindo ao animal um aspecto de "machadinha", que faz referência ao nome popular da espécie no mercado aquarista internacional – *hatchetfish*. O que confere esse aspecto incomum ao peixe é uma expansão ventral do osso coracoide, que é parte da nadadeira peitoral. Assim como outros peixes do grupo, no topo de sua cabeça há uma depressão preenchida por muco e, ricamente inervada, coberta por pele com muitos neuromastos (pequenas estruturas sensitivas para percepção de movimentos). Acredita-se que essas modificações na cabeça do peixe estejam relacionadas a seu hábito de ficar sempre próximo à superfície da água, direcionando os sentidos para essa região. Não somente sua morfologia é diferente, mas também seu comportamento. A espécie é capaz de saltar até 60 cm fora da água para fugir de predadores como o tucunaré (*Cichla* sp.). Seu corpo achatado lateralmente e em forma de disco e a nadadeira peitoral superdesenvolvida oferecem aerodinâmica suficiente para permanecer algum tempo no ar e garantir valiosos milissegundos adicionais fora do ambiente aquático, tempo que pode ser a diferença entre a vida e a morte. Pelo menos uma outra espécie próxima (*Gasteropelecus sternicla*) usa a nadadeira peitoral para batimentos rápidos, funcionando, de fato, como uma asa para voar e fugir de predadores, algo ainda incerto em *Carnegiella*.

This is one of the most peculiarly-shaped Brazilian fishes. It has diminutive pelvic fins, right alongside gigantic pectoral fins, with long anterior rays which frequently break the water surface. Its mouth is strongly upturned, which helps it to capture insects and vegetable matter that falls in the water from the overlying marginal vegetation. The most remarkable trait of its body, however, is the enormously expanded and laterally flattened chest, similar to a hachet (hence its name, hatchetfish). This shape is caused by a ventral expansion of the coracoid bone, actually part of the pectoral-fin internal support. Like other close relatives, the hatchetfish has a mucus-filled, richly-innervated depression on the top of its head. This area is covered with skin dotted with numerous vibration-sensitive cells (called neuromasts). It is believed that such a complex is related to the detection of food items, since the fish stays most of the time right at the surface and readily detects anything that drops in the water. The behavior associated with its pectoral morphology is also unusual. The species can jump up to 60 cm out of the water to escape predators such as the tucunaré (*Cichla* sp.). Its expanded chest and enlarged pectoral fins allow it to remain longer in the air. Those additional milliseconds may represent the difference between life and death. At least one closely related species (*Gasteropelecus sternicla*) actually beats its pectoral fin, using it effectively as a wing to fly away from predators. This fact has not yet been demonstrated for *Carnegiella*.

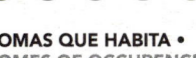

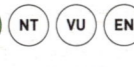

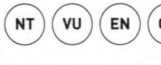

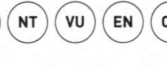

CATEGORIA DE AMEAÇA
• RED LIST CATEGORIES

(LC) (NT) (VU) (EN) (CR) (EW) (EX)

BIOMAS QUE HABITA •
BIOMES OF OCCURENCE

(AMZ) (CER) (CAA) (PTN) (ATL) (PMP)

ESCALA • SCALE

1:1 3,5 cm

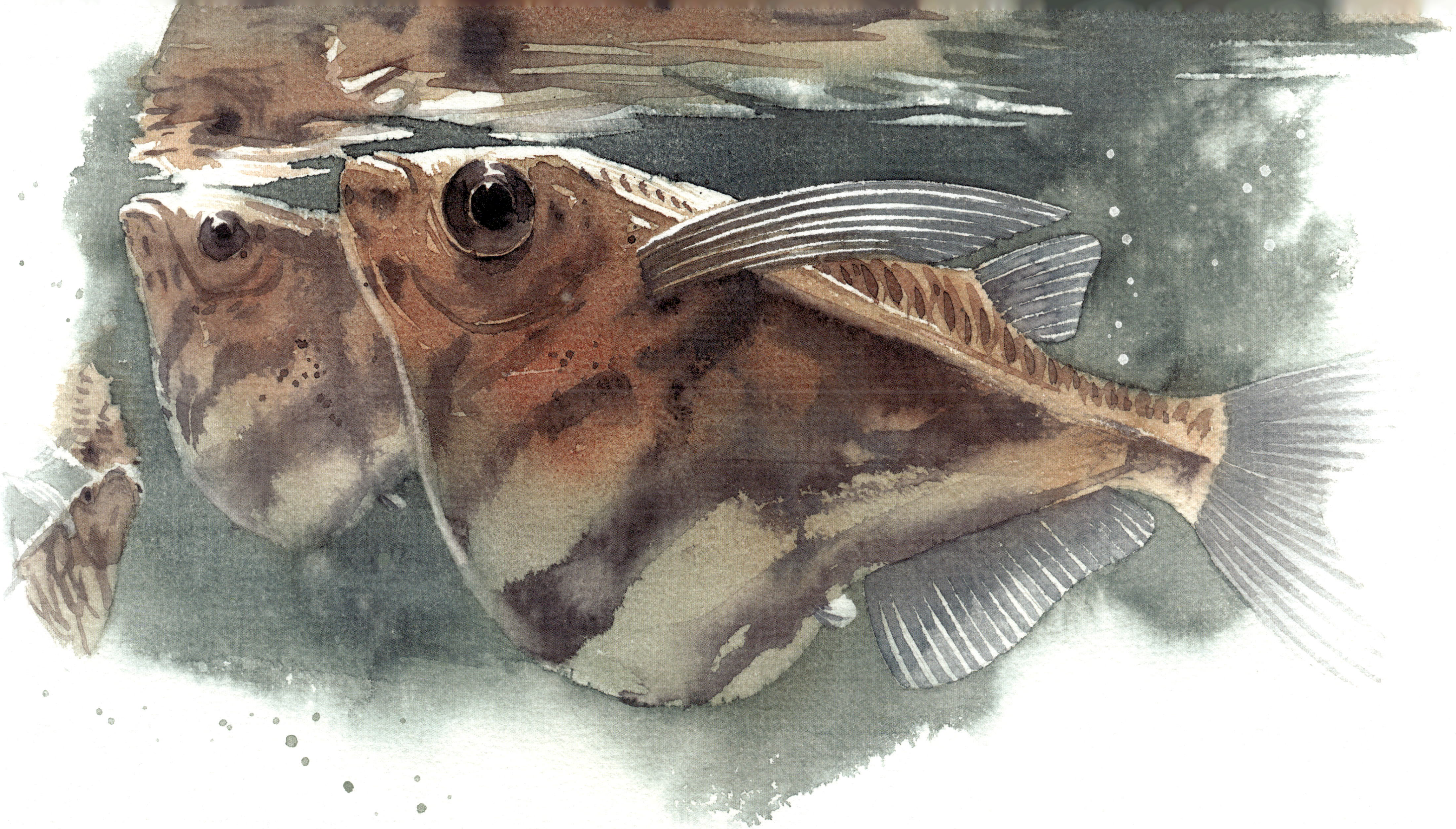

Tetra-splash

Characiformes ⟫ Lebiasinidae

Copella arnoldi

(Regan, 1912)

Splash tetra

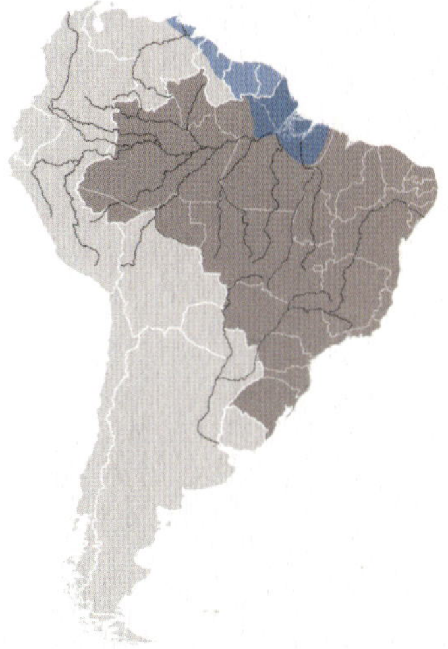

São animais de pequeno porte, cuja boca diminuta e voltada para cima é adaptada para capturar insetos terrestres que caem na superfície da água. É provavelmente o peixe brasileiro com o comportamento reprodutivo mais incomum. Macho e fêmea alinham-se lado a lado, próximos à superfície, e saltam juntos para depositar ovos e esperma em estruturas fora da água, frequentemente na face ventral de folhas nas margens dos rios. O casal, então, cai de volta na água enquanto os ovos fertilizados permanecem aderidos à planta. Para evitar que os ovos ressequem, de tempos em tempos, o macho usa sua nadadeira caudal para arremessar gotas de água nos ovos até que eles eclodam e os filhotes caiam na água, processo que dura em torno de três dias. Esse comportamento inusitado rendeu à espécie o nome popular de *tetra-splash*, que significa "tetra respingador". A evolução do comportamento de um peixe de água doce para reproduzir fora do ambiente aquático é notável devido a sua singularidade e complexidade. Possivelmente, tal adaptação ajuda a proteger os ovos contra predadores aquáticos.

This is a small species with a diminutive upturned mouth, adapted to capture insects which fall in the water. It is probably the most unusual Brazilian fish concerning reproductive habits. Male and female position themselves side to side and jump out of the water onto some aerial flat surface, usually the underside of a leaf at the river margin. There they deposit and fertilize the eggs. Which remain adhered to the plant while the couple returns to the water. After that, the male stays around and periodically splashes the eggs so they do not dry up. This duty extends for three days, until the young hatch and fall in the river. This extraordinary behavior is the reason for the common name of the species: splash-tetra. The evolution of this complex behavior is remarkable and unique. It is possibly a response to strong egg predation pressure in the water.

CATEGORIA DE AMEAÇA
• RED LIST CATEGORIES

LC | NT | VU | EN | CR | EW | EX

BIOMAS QUE HABITA •
BIOMES OF OCCURENCE

AMZ | CER | CAA | PTN | ATL | PMP

ESCALA • SCALE

1:1 3,5 cm

Jaraqui-escama-grossa

Characiformes › Prochilodontidae

Semaprochilodus insignis

(Jardine, 1841)

Flagtail prochilodus

De comportamento alimentar semelhante ao curimba (*Prochilodus lineatus*), os peixes dessa espécie têm as mesmas modificações estruturais. As diferenças são que o jaraqui apresenta barras escuras e coloridas nas nadadeiras anal e caudal e um colar escuro atrás da cabeça. Consta na literatura que a estação reprodutiva começa no início da enchente, com os animais reprodutores subindo à superfície para desovar, enquanto outros machos, assim como fazem os curimbas, ficam no fundo produzindo sons. A intensidade destes sons é tão alta que chegam a vibrar as canoas dos pescadores. Esta espécie forma grandes cardumes, o que facilita sua captura pela pesca comercial. Um quinto da produção pesqueira na região de Manaus (AM) é composta por essa espécie, juntamente com o jaraqui-de-escama-fina (*Semaprochilodus taeniurus*), índice superado apenas pelo tambaqui, que tem valor comercial mais elevado. O jaraqui é o peixe de maior aceitação entre as populações mais carentes. Ele é tão popular em algumas regiões da Amazônia, como na cidade de Manaus, que é comum observar a venda de camisetas com a seguinte expressão "Quem come jaraqui, nunca mais sai daqui".

In feeding habits, this species is similar to the curimba (*Prochilodus lineatus*), having much the same adaptations. It differs from that species by having dark and colored stripes in the anal and caudal fins and a dark collar behind the head. The reproductive season starts in the beginning of the flood. Spawning pairs dart for the surface while other males stay at the bottom producing a resounding deep sound, like the curimbas, but so strong that they cause canoes to vibrate. The species forms large schools, which facilitate their capture by fishermen. Along with the fine-scale jaraqui (*Semaprochilodus taeniurus*) it represents one-fifth of the fish produce in Manaus, being second only to the more valuable tambaqui. The jaraqui is particularly popular among the poorer communities. There is a saying in Manaus that says "quem come jaraqui nunca mais sai daqui", which means "whoever eats jaraqui never leaves here" (rhyme lost in translation).

CATEGORIA DE AMEAÇA • RED LIST CATEGORIES

LC · NT · VU · EN · CR · EW · EX

BIOMAS QUE HABITA • BIOMES OF OCCURENCE

AMZ · CER · CAA · PTN · ATL · PMP

ESCALA • SCALE

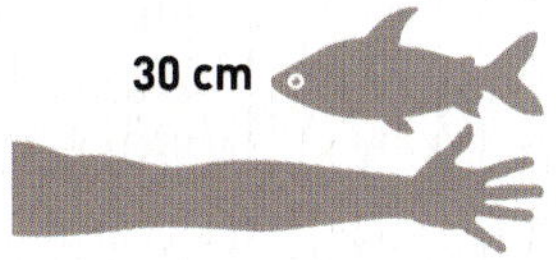

30 cm

Acará-bandeira

Cichliformes 》 Cichlidae

Pterophyllum scalare

(Schultze, 1823)

Freshwater angelfish

Trata-se de uma das espécies de aquário mais populares no mundo. Apresenta corpo muito particular, comprimido lateralmente e em formato quase losangular, com enormes alongamentos das nadadeiras. O colorido formado por padrão de barras escuras e claras tem como função auxiliar na camuflagem da espécie em meio à vegetação aquática. O comportamento sexual da espécie é relativamente bem conhecido. Estudos indicam que, quanto maior e mais agressivo for o macho, melhores suas possibilidades de cópula com as fêmeas. Machos mais tímidos e submissos tendem a ser rejeitados por elas. Durante o período de reprodução são monogâmicos e repelem agressivamente os intrusos, o que não acontece nos intervalos fora da reprodução. Os ovos são fixados na superfície da vegetação aquática em um ninho guardado pelo casal, que depois também cuida da prole.

This fish is one of the most popular aquarium fishes in the world. It is almost the quintessential tank dweller. Its unmistakably compressed, deep body, almost lozenge-shaped, is caused mostly by an enormous elongation of the dorsal and anal fins. It may look unwieldy in the tangle of its natural habitat. However, that shape plus the striped color pattern provide excellent camouflage in the midst of aquatic plants. The sexual behavior of *Pterophyllum scalare* is relatively well known. Studies have shown that the larger and more aggressive a male is, the higher its success with females. Smaller and more submissive males are usually rejected as sexual partners. The species forms monogamous couples during reproductive season and will aggressively repel intruders during that time. The eggs are laid and attached to plants and simultaneously fertilized, with male and female side by side. Eggs and young are guarded by both parents.

CATEGORIA DE AMEAÇA
• RED LIST CATEGORIES

LC NT VU EN CR EW EX

BIOMAS QUE HABITA •
BIOMES OF OCCURENCE

AMZ CER CAA PTN ATL PMP

ESCALA • SCALE

8 cm

CATEGORIA DE AMEAÇA
• RED LIST CATEGORIES

(LC) NT VU EN CR EW EX

BIOMAS QUE HABITA •
BIOMES OF OCCURENCE

AMZ CER CAA PTN ATL PMP

ESCALA
• SCALE

1:1 2,3 cm

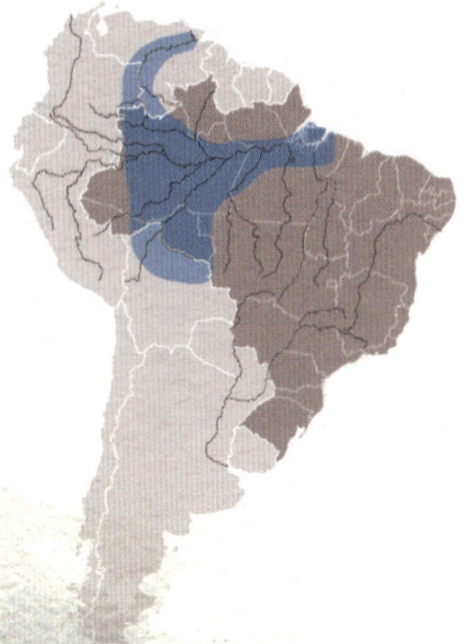

Gobídeo-anão

Gobiiformes ⟩⟩ Eleotridae

Microphilypnus ternetzi

Myers, 1927

Pygmy goby

Se o pirarucu é o maior peixe de água doce do Brasil, certamente *Microphilypnus ternetzi* é um dos menores. Raramente alcança 2 cm de comprimento e atinge sua maturação reprodutiva com 1,5 cm, menor que a unha do dedo polegar de uma pessoa adulta. Mesmo com esse tamanho diminuto é um predador, alimentando-se de animais ainda menores, os microcrustáceos. Seu corpo é translúcido, mas salpicado com pigmentos escuros, formando um padrão que ajuda a quebrar sua silhueta e disfarçá-lo no ambiente em que vive. Prefere viver em águas rasas e mais calmas, com fundo de areia, gravetos e folhas secas. É comum o comportamento de ficar em grupos com outros peixes miniaturas, como *Priocharax* spp. e *Leptophilypnion* spp. e pequenos camarões translúcidos.

If the pirarucu is the largest Brazilian freshwater fish, this fish is its antipode. *Microphilypnus ternetzi* is certainly one of the smallest fish to be found in the neotropics, barely reaching 2 cm in length and maturing sexually at approximately 1.5 cm. This is less than the thumbnail of an adult human. Notwithstanding its minute size, *Microphilypnus* is a predator, hunting even tinier creatures such as microcrustaceans. Its translucent body is speckled with dark markings that help disguise it against the background of its environment. This fish prefers to live in shallow quiet waters with a substrate of sand covered with twigs and dead leaves. It tends to congregate with similar-sized and similar-colored fishes such as *Priocharax* spp. and *Leptophilypnion* spp., and even small transparent shrimp.

Tetra-colibri

Characiformes › Crenuchidae

Poecilocharax weitzmani

Géry, 1965

Black darter tetra

Peixe de pequeno porte, típico da região central da bacia Amazônica, prefere habitar igarapés sombreados com densa vegetação, águas calmas, escuras e ácidas. Não forma grandes cardumes, sendo o macho territorialista e agressivo contra invasores. O tetra-colibri é uma espécie tímida, mas que pode ser mantida em aquário, preferencialmente com apenas um macho e várias fêmeas, para evitar disputas. O macho é maior e mais colorido do que as fêmeas, tendo também nadadeiras dorsal e anal maiores. São micropredadores de pequenos crustáceos e larvas de insetos. Na reprodução, os machos guardam os ovos até eclodirem, período que leva em torno de cinco dias, não se alimentando durante esse tempo. Após os ovos eclodirem, cessam os cuidados com os filhotes.

This is a small-size fish typical of the central Amazon basin and which favors small, densely-shaded Igarapés with quiet, dark and acidic waters. It does not form large schools and the males are territorialist and aggressive towards invaders. The black darter tetra is otherwise a shy species which in aquaria is preferably kept in groups of a single male and several females, to avoid feuds. The male is larger and more colorful than females, having also larger dorsal and anal fins. They are micropredators of small crustaceans and insect larvae. During reproduction, the males guard the eggs and do not feed until they hatch, which usually takes five days. Young, however, are left to fend for themselves.

CATEGORIA DE AMEAÇA
• RED LIST CATEGORIES

(LC) NT VU EN CR EW EX

BIOMAS QUE HABITA •
BIOMES OF OCCURENCE

AMZ CER CAA PTN ATL PMP

ESCALA • SCALE

4 cm

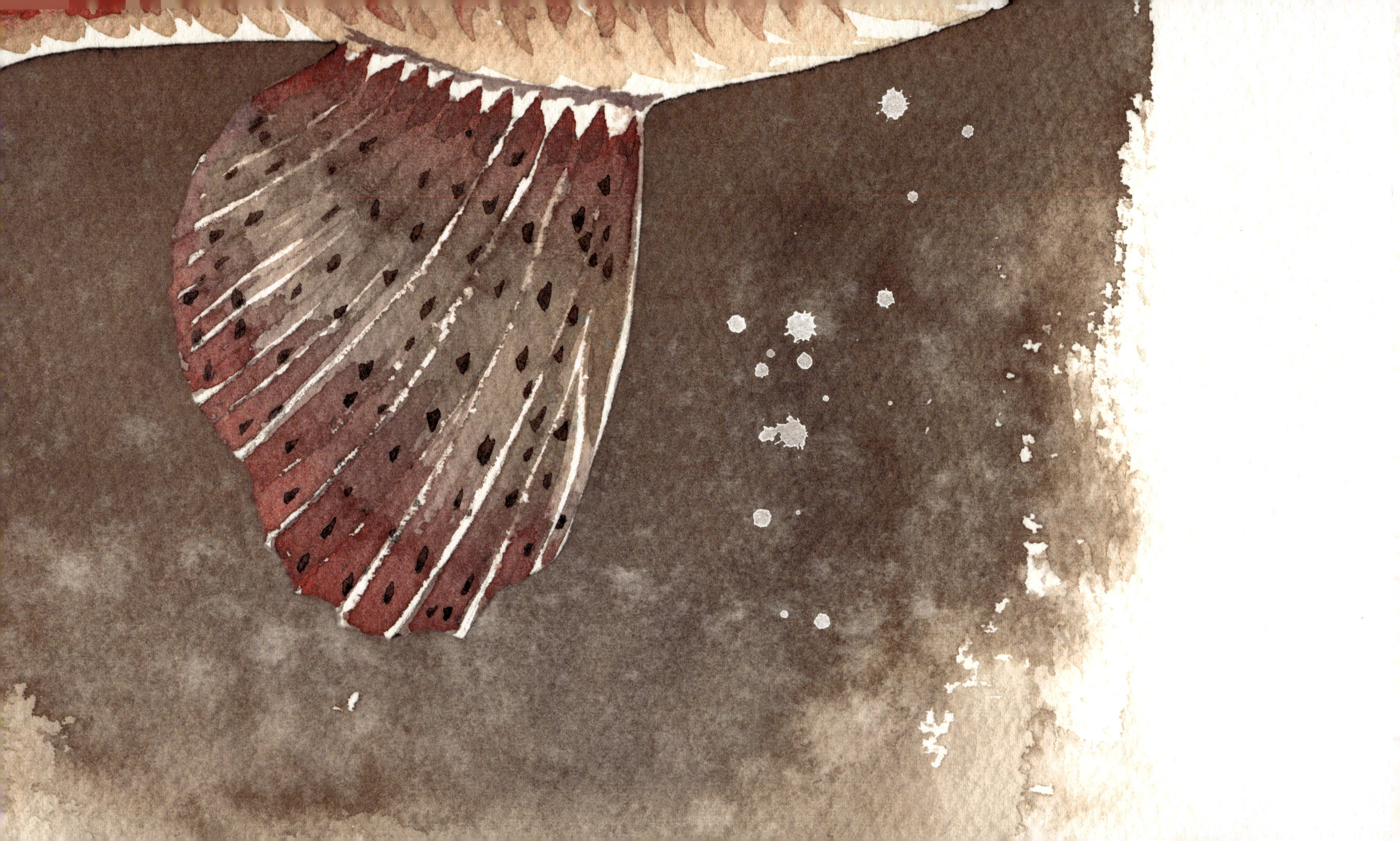

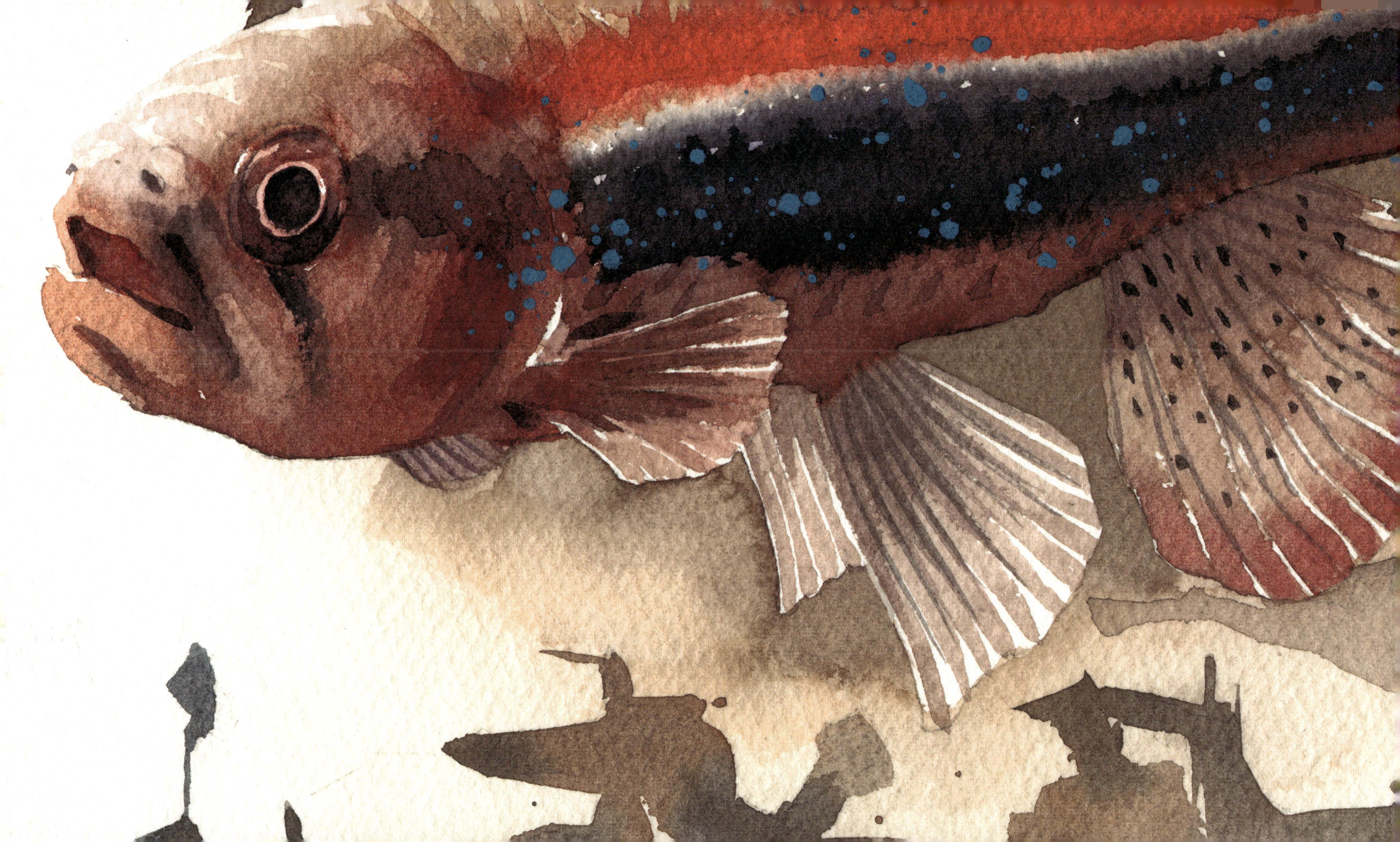

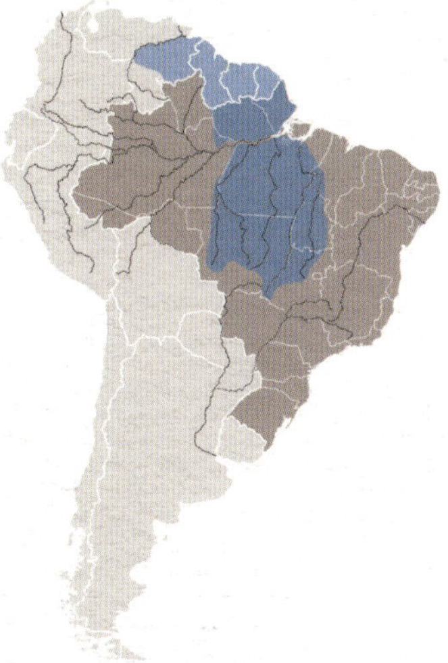

Trairão

Characiformes › Erythrinidae

Hoplias aimara (Valenciennes, 1847)

Aimara wolf fish

O trairão diferencia-se da traíra (*Hoplias malabaricus*), entre outras características, por ter coloração marrom-arroxeada e uma mancha no final do opérculo; além disso, o trairão atinge maior tamanho, chegando a 25 kg e quase 1 metro de comprimento. Os peixes dessa espécie habitam os rios que drenam as terras altas da Floresta Amazônica, nas bacias dos rios Tapajós, Xingu e Tocantins na região do Escudo Brasileiro, e diversos rios do Escudo das Guianas, como Trombetas, Jari e Oiapoque. Nos trechos mais altos desses rios, isolados por corredeiras e cachoeiras, em muitas ocasiões o trairão é o maior dentre todos os predadores, já que outros grandes peixes amazônicos como a pirarara (*Phractocephalus hemioliopterus*), o jaú (*Zungaro zungaro*) e a piraíba (*Brachyplatystoma filamentosum*) não habitam essas regiões. Preferem habitar águas calmas, mas são frequentemente encontrados próximos a corredeiras e a cachoeiras. É comum observá-los descansando em águas rasas na margens dos rios a noite. Quando jovens, alimentam-se de praticamente tudo o que se move na água, incluindo pequenos peixes, além de insetos e camarões. Quando adultos, continuam a atacar qualquer coisa que se mova, mas principalmente animais maiores, como sapos e peixes. Usam a coloração escura críptica para se disfarçar com o ambiente e aguardar que uma presa distraída passe próximo ao seu raio de alcance.

The Aimara wolf fish can be differentiated from the traíra (*Hoplias malabaricus*), among other traits, for its brown-purplish color, a spot at the end of the opercle and for its larger size, reaching almost one meter in length and 25 kg in weight. They live in rivers draining the highlands of the Amazon forest, in the basins of the rivers Tapajós, Xingu, Tocantins in the Brazilian shield region, and in several rivers of the Guyana shield, such as the Trombetas, Jari and Oiapoque. They prefer quiet waters, but are often found in pools near waterfalls and rapids. In places isolated by large waterfalls and where there are no large predators like the pirarara (*Phractocephalus hemioliopterus*), the jaú (*Zungaro zungaro*), and the piraíba (*Brachyplatystoma filamentosum*), the trairões are the top predators of the food chain. They prefer to inhabit calm waters, but are often found near rapids and waterfalls. It is common to observe them resting in shallow waters near margins at night. When young, the trairão will feed on practically anything that moves in the water, including small fish, insects and shrimp. When adults, they will continue these voracious habits, but now targeting larger prey like anurans and larger fish. Their cryptic dark coloration helps them camouflage themselves and wait for unadvised prey to come near their range of attack.

CATEGORIA DE AMEAÇA
• RED LIST CATEGORIES

(LC) NT VU EN CR EW EX

BIOMAS QUE HABITA •
BIOMES OF OCCURENCE

AMZ CER CAA PTN ATL PMP

ESCALA • SCALE

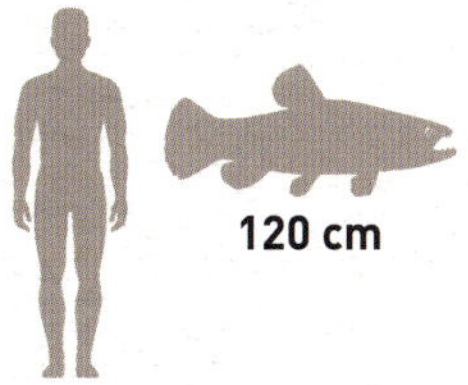

120 cm

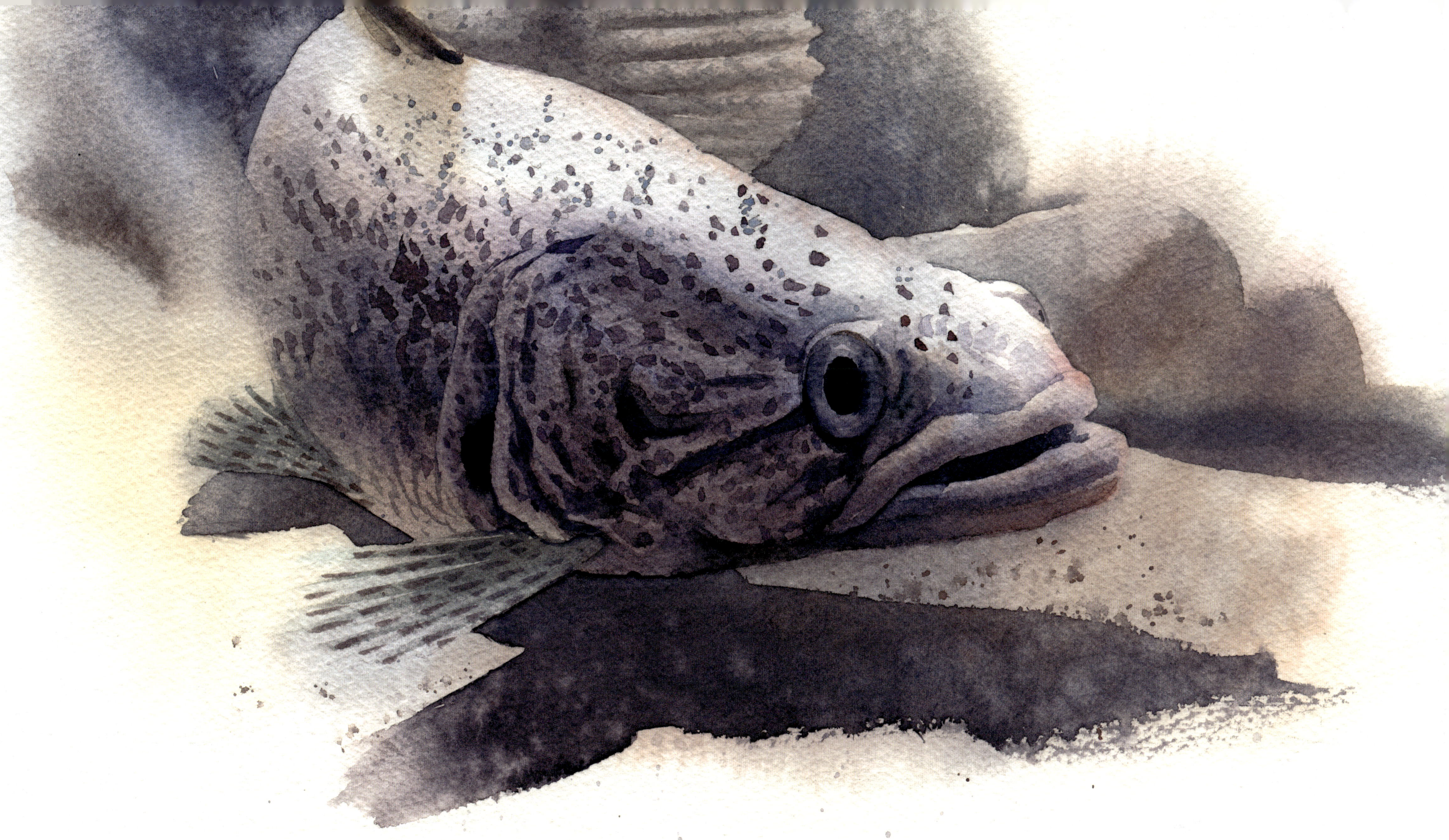

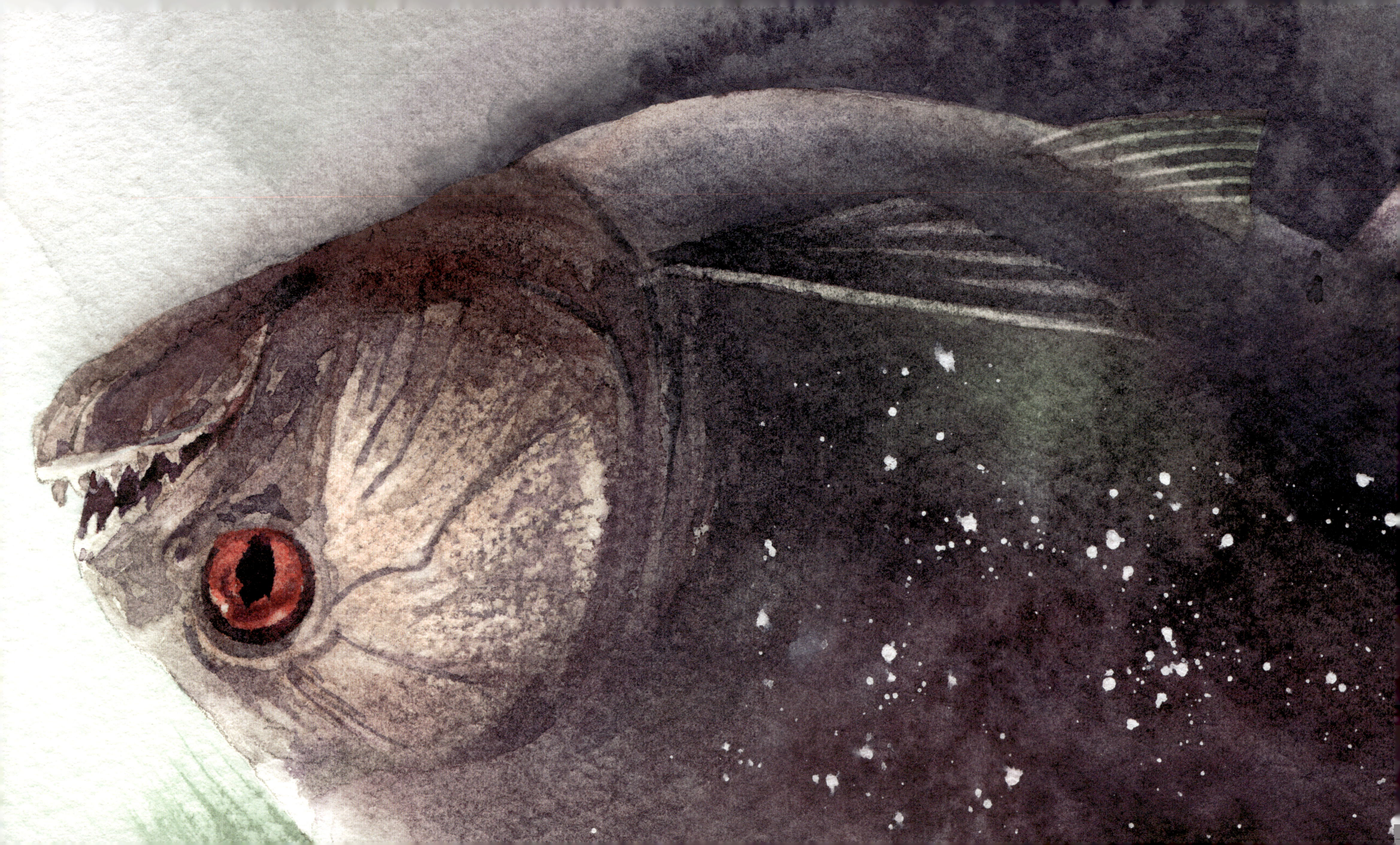

Piranha-preta

Characiformes » Serrasalmidae

Serrasalmus rhombeus

(Linnaeus, 1766)

Redeye piranha

Existem quase quarenta espécies de piranhas amplamente distribuídas pela América do Sul. A maioria delas é de pequeno porte, com até 25 cm, mas a piranha-preta, a maior de todas, pode ultrapassar 40 cm de comprimento. O tamanho, mais a cor escura, em combinação com os olhos vermelho-sangue, a tornam uma das mais impressionantes espécies no gênero *Serrasalmus*. Assim como a piranha-vermelha, a piranha-preta é agressiva, sendo responsável por acidentes com seres humanos, porém em menor número. Parte disso se deve ao fato de habitarem apenas rios, enquanto a piranha-vermelha também é encontrada em lagos onde humanos frequentemente se banham. Há registros na literatura científica de mordidas de piranhas-pretas nos pés, nas mãos e nos dedos de banhistas. Diferentemente das piranhas-vermelhas, não se agregam em grandes cardumes, embora possam nadar em grupos formados por 5 a 20 indivíduos. São carnívoras, predadores oportunistas que se alimentam de pequenos peixes, mas também podem arrancar nacos de peixes maiores ou de animais terrestres que entrem na água. Sua atividade se concentra no final da tarde e nas primeiras horas do dia.

There are almost forty species of piranhas distributed throughout South America. Most of them are small, up to 25 cm, but the black piranha is the largest of all and can reach over 40 cm. With its size, red eye and black body, it is an impressive animal. Like its red relative, the black piranha is aggressive and causes accidents with humans, though in fewer numbers. Part of the reason is that the black piranha is found exclusively on rivers, while the red one inhabits also lakes where humans often bathe. There are records of bites of the black piranha on the feet, the hands and the fingers of bathers. Differently from the red piranha, the black one does not congregate in large schools, and gather in smaller groups of 5 to 20 fish. They are opportunistic carnivores that feed on small fish but will also take bites off larger fishes or terrestrial animals that venture in the water. They are most active at sunset and the early hours of the day.

CATEGORIA DE AMEAÇA
• RED LIST CATEGORIES

LC | NT | VU | EN | CR | EW | EX

BIOMAS QUE HABITA •
BIOMES OF OCCURENCE

AMZ | CER | CAA | PTN | ATL | PMP

ESCALA
• SCALE

40 cm

Pirapitinga

Characiformes ≫ Serrasalmidae

Piaractus brachypomus

(Cuvier, 1818)

Red-bellied pacu

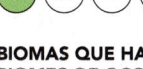

A pirapitinga é um dos maiores peixes de água doce do Brasil, alcançando até 85 cm e chegando a 30 kg. Indivíduos jovens têm região gular, abdome e nadadeiras peitoral, pélvica e anal avermelhadas, como a piranha-vermelha (*Pygocentrus nattereri*). Existe a hipótese de que essa coloração seria um mimetismo batesiano, ou seja, as pirapitingas jovens teriam a vantagem de ser parecidas com a perigosa piranha-vermelha, mesmo não sendo agressivas. Há também a hipótese de que ambas as espécies se beneficiam por compartilhar o mesmo padrão de colorido, pois há o registro de que podem formar cardumes juntas. Essa seria uma associação com fins de proteção; na presença de algum predador, as espécies, estando juntas, aumentam a chance de sobrevivência de cada indivíduo do cardume. Caso essa hipótese esteja correta, evolutivamente a pirapitinga optou pelo reverso do ditado popular, já que para elas "antes mal acompanhadas do que sós". Quando adultas, as pirapitingas ficam bem mais escuras e com coloração mais homogênea. Um fato curioso é que a nadadeira adiposa é reduzida e às vezes até ausente nos exemplares de maior porte, característica raríssima nos peixes deste grupo. Assim como o tambaqui, a pirapitinga apresenta dentes fortes para quebrar sementes e frutos que captura sobretudo na época da cheia, quando a floresta está inundada. Na seca, quando abandonam as matas alagadas e retornam ao leito dos rios, se alimentam de folhas, peixes e invertebrados. Consta que a pirapitinga faz duas migrações: uma subindo o rio no início da vazante quando sai da floresta alagada, e outra, no início da enchente, quando desce para desovar, principalmente nos rios de água branca. Há registros de indivíduos capturados em ambiente natural com padrão de coloração mais claro no dorso e escuro no ventre, típico do tambaqui. Isso pode indicar algum grau de hibridação natural entre pirapitingas e tambaquis. Se em ambiente natural essa hipótese ainda não foi testada, na aquicultura essa hibridação é largamente utilizada para fins de produção. O cruzamento tende a gerar indivíduos com características intermediárias entre as duas espécies. Além desse cruzamento, a pirapitinga é também hibridizada com o pacu (*Piaractus mesopotamicus*). A pirapitinga e seus híbridos foram introduzidos em diversas regiões da América do Sul e do mundo para piscicultura. Na Papua Nova Guiné podem ser conhecidas como "ball cutter" em alusão a supostos relatos do comportamento de morder os testículos de pescadores desavisados.

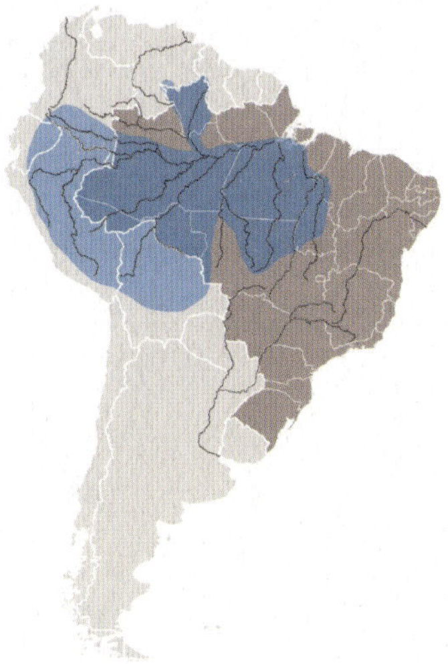

CATEGORIA DE AMEAÇA
• RED LIST CATEGORIES

(LC) (NT) (VU) (EN) (CR) (EW) (EX)

BIOMAS QUE HABITA •
BIOMES OF OCCURENCE

(AMZ) (CER) (CAA) (PTN) (ATL) (PMP)

ESCALA • SCALE

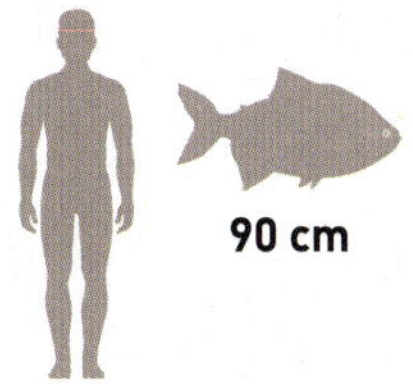

90 cm

This is one of the largest freshwater fishes in Brazil, reaching up to 85 cm and 30 kg. When young, they have reddish belly, chin and fins (pectoral, pelvic and anal), in a pattern very similar to that of the red piranha (*Pygocentrus nattereri*). There is a hypothesis that proposes that this is a case of Batesian mimetism, where the young pirapitinga would benefit from looking like the piranha, despite being harmless. An alternative possibility is that the two species benefit from the similarity because they form joint schools. Such association provides larger schools and thus added protection against predators. In case this possibility is correct, then the pirapitinga has opted for the inverse motto "better in bad company than alone". When adult, the pirapitinga becomes a lot darker and loses its bright juvenile colors. Curiously, the adipose fin is reduced and sometimes entirely absent in large specimens, a very rare characteristic in the group of fishes to which the pirapitinga belongs. Like the tambaqui, the pirapitinga has extremely strong teeth adapted to crush seed and fruit that it eats during the rainy season, when the forest is flooded. In the dry season, when they return to the river channels, it feeds on leaves, fish, and invertebrates. The species undergoes two migrations: one upriver at the start of the dry season and another downriver at the beginning of the flood, to spawn. This happens mainly in whitewater rivers. There are naturally-caught individuals with a dark belly and light back, typical of the tambaqui. This may indicate some degree of natural interbreeding between the two species. In captivity, such hybridization is commonly induced for increased productivity. The mixed individual has characters intermediate between those of the parent species. The pirapitinga is also artificially hybridized with the pacu (*Piaractus mesopotamicus*). This species and its hybrids have been introduced in various places in South America and the rest of the world, for aquaculture. In Papua New Guinea they are known as "ball cutters" due to alleged cases of attack on the testicles of unaware fishermen.

CONTEÚDO INTERATIVO

INTERACTIVE CONTENT

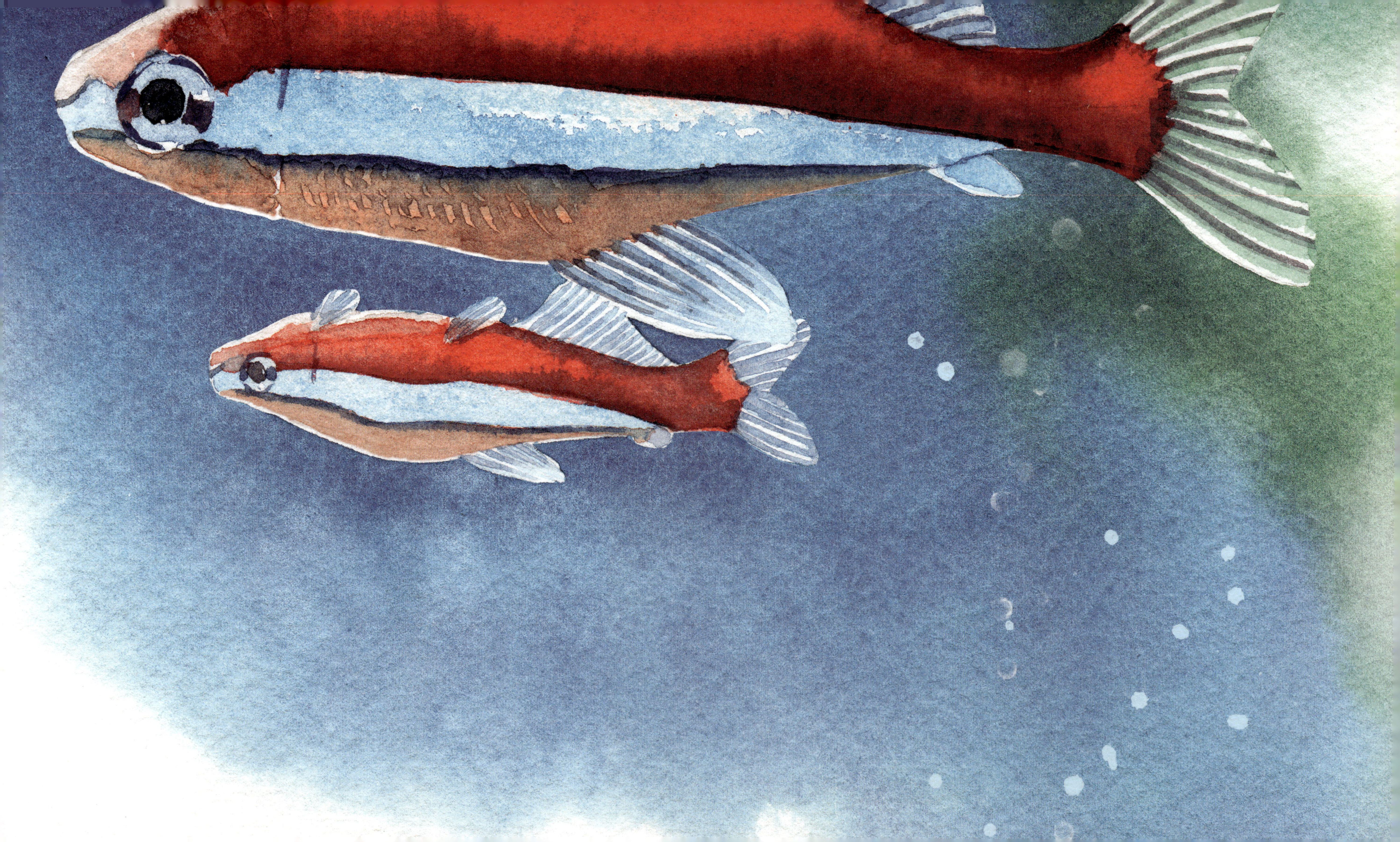

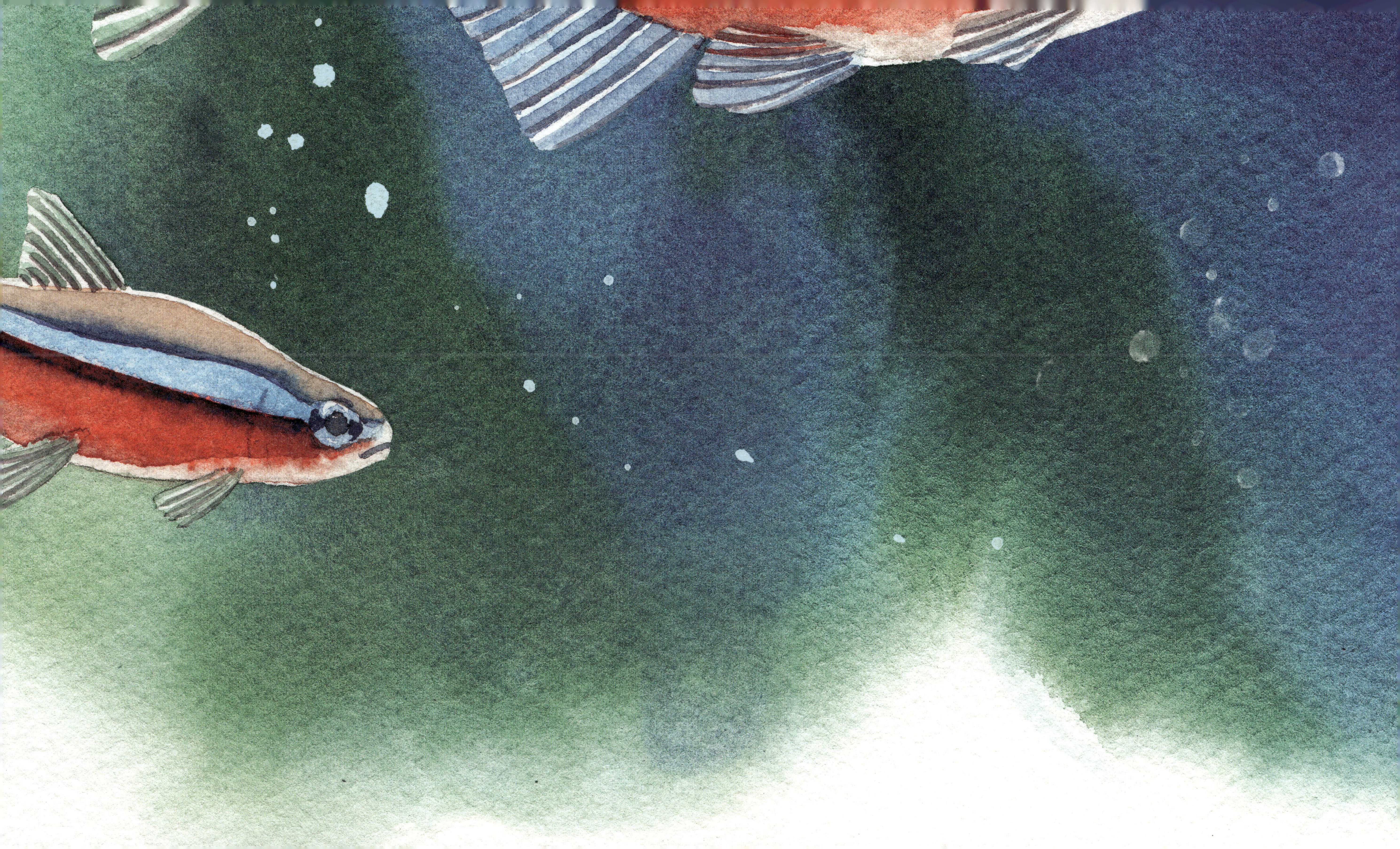

CATEGORIA DE AMEAÇA
• RED LIST CATEGORIES

(LC) (NT) (VU) (EN) (CR) (EW) (EX)

BIOMAS QUE HABITA •
BIOMES OF OCCURENCE

(AMZ) (CER) (CAA) (PTN) (ATL) (PMP)

ESCALA
• SCALE

1:1 2,5 cm

Tetra-neon

(Characiformes ≫ Characidae)

Paracheirodon axelrodi

(Schultz, 1956)

Neon tetra

De tamanho diminuto, esse peixe atinge pouco mais de 2,5 cm. Em ambiente natural, alimenta-se de microcrustáceos e larvas de insetos, principalmente mosquitos. Apresenta uma faixa lateral azul-clara iridescente que contrasta com o vermelho vivo de sua região médio-ventral. Extremamente popular entre os aquaristas, recentemente a reprodução em cativeiro do tetra neón foi feita com sucesso, já sendo dominada por diversos criadores. A reprodução em cativeiro é uma boa notícia para a conservação da espécie, já que tende a diminuir a pressão de captura de populações nativas. Seu período de vida na natureza é aparentemente curto – estima-se apenas um ano –, entretanto, mantidos em aquário em condições ideais podem viver por até sete anos. Como são oriundos de rios de água escura e mais ácidas, preferem água com pH entre 6 e 6,5. São peixes sociais e pacíficos que devem ser mantidos em cardumes, o que também potencializa o efeito visual do peixe no aquário, formando um conjunto brilhante azul.

This diminutive fish reaches a little over 2.5 cm. In its natural habitat it feeds on microcrustaceans and insect larvae, mostly of mosquitoes. It has an iridescent light blue band laterally which contrasts dramatically with the bright red of its middle body region. Extremely popular among aquarists, the species today is successfully bred in captivity by many professional fish farmers. This is good news for conservation of the species because it decreases capture pressure on natural populations. It life expectancy in nature is short – only one year – but in captivity it can live much longer and there are report of up to seven years. They come from acidic black water rivers and therefore their preferred pH is 6 to 6.5. They are peaceful social fishes which should be kept in schools. This also increases the visual effect of their striking collective iridescence.

Piau-de-barras-vermelhas

Characiformes › Anostomidae

Synaptolaemus latofasciatus
(Steindachner, 1910)

Red banded headstander

A característica mais marcante dos peixes dessa espécie é a aparência externa, com coloração composta de anéis mais claros e coloridos intercalados por bandas largas e mais escuras. A cor dos anéis pode ser amarela, laranja ou vermelha, variando entre as populações da espécie nas diferentes bacias hidrográficas onde ocorre. São peixes que se agregam em cardumes pequenos e preferem viver em grandes rios, em regiões com muitas rochas e água corrente. Usam os dentes centrais da mandíbula, que são maiores, para raspar detritos e algas; também podem se alimentar de larvas de insetos. De maneira geral, fazem esse movimento de alimentação de cabeça para baixo. Em aquários, já foi reportado o comportamento de se alimentarem de pequenos parasitas de outros peixes, agindo como limpadores.

The most remarkable trait of this species is its striking banded color formed by light-colored rings intercalated by broad dark bands. The rings can be red, yellow, or orange, with the color varying according to the river basin where the particular population lives. *Synaptolaemus* forms small schools and lives in large rocky rivers with strong currents. Their central teeth are enlarged and used to rasp algae and detritus, with occasional insect larvae. Their feeding occurs almost always upside-down. In aquaria it has been seen to feed on small parasites of other fishes, acting as cleaners.

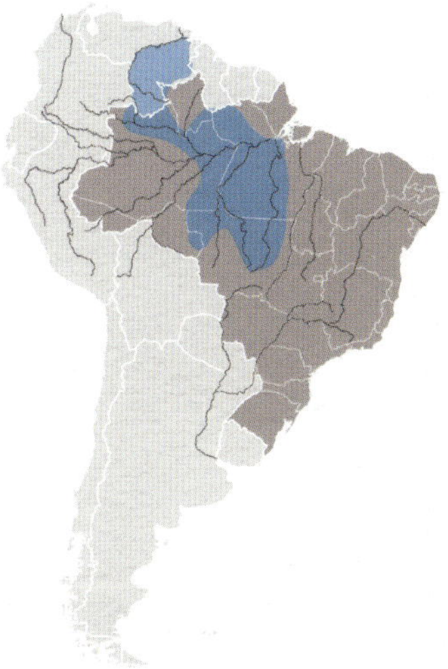

CATEGORIA DE AMEAÇA
• RED LIST CATEGORIES

LC NT VU EN CR EW EX

BIOMAS QUE HABITA •
BIOMES OF OCCURENCE

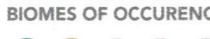

AMZ CER CAA PTN ATL PMP

ESCALA • SCALE

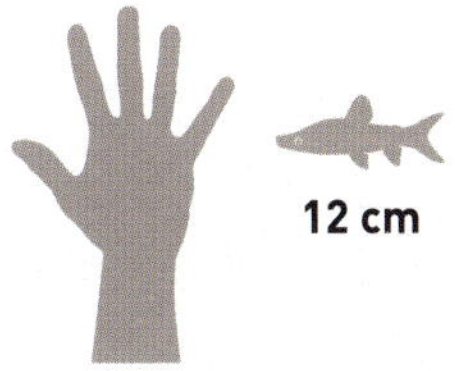

12 cm

(PMP) PAMPA

- → **Área no Brasil:** 193.836 km² (2,3% do território nacional)
- → **Estado onde ocorre:** RS
- → **Principais bacias hidrográficas:** rio Uruguai e rio Jacuí que é um dos formadores do sistema Lagoa dos Patos
- → **Espécies de peixes registradas:** ~250 (~7% dos peixes brasileiros de água doce)

É o segundo menor bioma de ocorrência no Brasil, maior apenas que o Pantanal. É o único bioma brasileiro a estar concentrado em apenas um estado da Federação, o Rio Grande do Sul, onde cobre sua metade meridional. O Bioma Pampa representa a porção brasileira dos Pampas Sul-Americanos que se estendem pelo Uruguai e Argentina. Sua vegetação é composta principalmente por gramíneas, arbustos, e poucas árvores que podem ser encontradas principalmente em matas ripárias, próximas a corpos d'água. Outras formações vegetais são as matas de encostas, butiazais, banhados e de afloramentos rochosos. O Pampa tem clima frio, mas com verões quentes e com chuvas bem distribuídas ao longo do ano, sem período de estiagem muito marcado. Apresenta invernos bastante rigorosos, influenciados por frentes polares que frequentemente trazem temperaturas muito baixas no período de inverno. O relevo pouco acidentado, típico da região, somado à baixa ocorrência de grandes árvores favoreceram sua conversão em pastagens desde o início do século XVII. Essa histórica atividade na região gerou uma significativa homogeneização da cobertura vegetal, restringindo ainda mais a ocorrência de espécies lenhosas. O Pampa é lar de singulares fauna e flora, rica em espécies endêmicas.

This is the second smallest biome in Brazil, after the Pantanal. It is also the only Brazilian biome entirely restricted to a single State, Rio Grande do Sul, where it covers the southern half. The Pampa is simply the Brazilian portion of the wider South American Pampas, which span through Uruguay and Argentina. Its vegetation is composed mainly of grasses, shrubs and few trees concentrated along water courses. Other significant vegetation types include slope forests, butiazais, marshlands and rocky outcrops. The Pampa has a cold climate, but with hot summers and rains more or less evenly distributed throughout the year, without a severe dry season. Winters are severe, with freezing temperatures brought in by Antarctic winds. Terrain in the Pampa is typically plain, which in combination with the scarcity of trees have made this biome a target for human occupation and cattle ranching since the early 17th century. Such activity has resulted in a simplification of the vegetation, with a decrease of woody species. The Pampa is home to unique fauna and flora, with many endemic species.

- → **Area in Brazil:** 193.836 km² (2.3% of the Brazilian territory)
- → **Brazilian State where it occurs:** RS
- → **Main river basins:** Uruguai and Jacuí (which is tributary of the Lagoa dos Patos system)
- → **Fish species recorded:** ~250 (~7% of the freshwater Brazilian fishes)

Banjo

Siluriformes 》 Aspredinidae

Bunocephalus doriae

Boulenger, 1902

Banjo

CATEGORIA DE AMEAÇA
• RED LIST CATEGORIES

(LC) NT VU EN CR EW EX

BIOMAS QUE HABITA •
BIOMES OF OCCURENCE

AMZ CER CAA PTN **ATL** **PMP**

ESCALA
• SCALE

8 cm

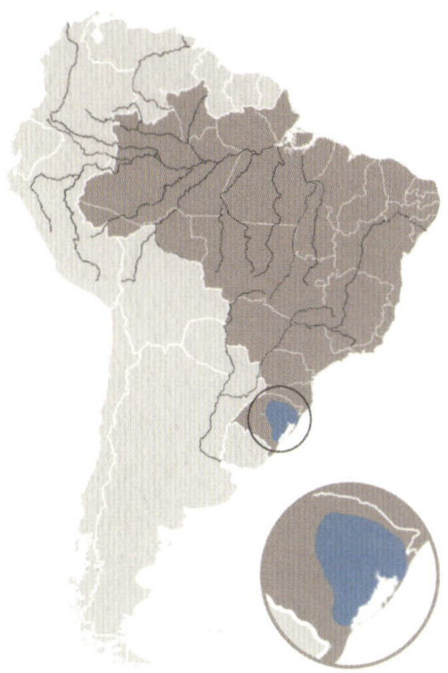

Este peixe está entre os mais marcantes elementos da fauna de peixes neotropicais. *Bunocephalus doriae* "escolheu" um caminho evolutivo bastante singelo. Imita folhas e galhos em decomposição. Por si só, isso não é incomum, porque muitos animais imitam partes mortas das plantas. O mais interessante é que *Bunocephalus* imita matéria morta de plantas não apenas no aspecto, mas também no comportamento. É um peixe que reluta em se mover e, na maioria das vezes, age como se estivesse morto. Como folhas e galhos mortos não se movem sozinhos, o banjo faz igual. Quando esse peixe realmente tem de se mover, o faz de forma desajeitada, irregular e bastante artificial para um peixe. Obviamente, ele tenta imitar os movimentos da matéria vegetal acumulada, quando essa massa em decomposição é movida por alguma força externa, como correntes de água ou grandes animais, como os humanos. Essa imitação é uma estratégia defensiva porque *Bunocehalus doriae* não se alimenta de outros peixes, mas sim de invertebrados aquáticos. Como se poderia esperar, o habitat favorito de *Bunocephalus doriae* são lagos adjacentes aos rios, onde se acumula lama e há abundância de material vegetal em decomposição. Esta espécie pertence ao grande grupo dos bagres, como sugerido pela presença de barbilhões. Outro fato bem incomum em *Bunocephalus* é que ele troca periodicamente toda a sua pele, como acontece com as serpentes. Curiosamente, o comportamento de imitar plantas mortas e a troca de pele ao estilo de répteis também são encontrados em alguns bagres do outro lado do mundo, no sudeste da Ásia. Se essas semelhanças indicam um ancestral comum ou se são casos de convergência evolutiva, ainda é assunto de debate entre especialistas.

This fish is part of one of the most striking elements of the neotropical fish fauna. *Bunocephalus doriae* has chosen a path of survival which is quite humbling. It mimics decaying leaves and twigs. In itself, this is not unusual because many animals imitate dead parts of plants. The interesting bit is that *Bunocephalus* imitates dead plant matter not only in aspect but also in behavior. It is a fish that is reluctant to move and acts as dead most of the time. Of course, dead leaves and branches do not move by themselves. So, neither does their avatar. When *Bunocephalus* absolutely has to move, its fashion of movement is clumsy, jerky, and rather unnatural for a fish. Obviously, it tries to mirror the movements of piled plant matter when that decaying mass is shuffled by some external force, such as water currents or big animals like ourselves. This mimicry is defensive because *Bunocehalus doriae* does not prey on other fishes, but rather on aquatic invertebrates that hide in the very same piles of debris. As one might expect, the favorite habitat of *Bunocephalus doriae* are stagnant pools adjacent to rivers, where mud and abundant decaying plant material accumulate. This species belongs to the large group of catfishes, as hinted at by the presence of barbels. Also most unusual in *Bunocephalus* is that it periodically sheds its entire skin, like snakes do. Curiously, a very similar set of dead-plant mimicry (and also reptilian-style skin shedding) is seen also in some other catfishes half-way across the globe, in Southeast Asia. Whether or not such similarities indicate a common ancestor or are a case of evolutionary convergence is still a matter of debate among specialists.

Cambeva

Siluriformes › Trichomycteridae

Scleronema operculatum

Eigenmann, 1917

Cambeva

Os ambientes arenosos dos rios oferecem um vasto habitat potencial para os peixes, simplesmente por sua vastidão e onipresença. A areia está em toda parte e até os rios lamacentos têm trechos em que o fundo é predominantemente arenoso. Entretanto, a areia é um meio altamente hostil e apresenta duros desafios. A superfície rugosa dos grãos de areia é abrasiva para a pele e as acumulações de areia estão sempre em movimento. Os bancos de areia podem mudar de um lado do rio para o outro de acordo com a estação e podem desaparecer completamente de um ano para o outro. Além disso, a superfície da areia é uma paisagem desolada, com cores uniformes, pouca ou nenhuma vegetação e escassos lugares para se esconder. Portanto, os peixes que vivem em habitat de areia (chamados de psamófilos, no jargão científico) geralmente têm adaptações muito especiais. *Scleronema* é um exemplo. Este pequeno bagre se enterra na areia com extrema facilidade. Sua pele é dura e resiste ao atrito constante com a areia grossa ou cascalho. Seu corpo compacto é composto principalmente de músculos fortes, que lhe permitem mover-se contra pesadas camadas de areia que imobilizariam outros peixes de tamanho semelhante. Seus olhos estão localizados na parte dorsal da cabeça, permitindo-lhe enxergar o mundo exterior, mesmo quando quase completamente enterrado. Seus barbilhões curtos e resistentes são adequados para suportar o atrito constante contra os grãos de areia. Os cantos de sua boca são modificados em grandes abas usadas como alavancas no processo de se enterrar. Essa última particularidade confere à cabeça uma forma peculiar de âncora. Como raramente deixa seus domínios arenosos, *Scleronema* se alimenta de invertebrados que também vivem ali.

The sandy environments of rivers offer a vast potential habitat for fishes, simply because of their sheer vastness and ubiquity. Sand is everywhere and even muddy rivers have sectors where the bottom is predominantly sandy. Unfortunately, sand is a highly hostile medium and poses inclement challenges. The rough surface of sand grains is highly abrasive on the skin and sand accumulations are always on the move. Sand banks can shift from one side of the river to the other according to season, and can disappear altogether from year to year. Also, the sand surface is a desolate landscape, with uniform color, little or no vegetation and few places to hide. Therefore, fishes which live in sand habitats (called psammophilic in technical jargon) usually have very special adaptations. *Scleronema* is one example. This little catfish buries in sand with extreme ease. Its skin is tough and resists the constant punishment of coarse sand or gravel. Its compact body is composed mostly of tough muscle, which allows it to move against heavy sand layers which would immobilize or crush other similar-sized fish. Its eyes are located dorsally on the head, allowing it to see the outside world even when nearly completely buried. Its short tough barbels are fit to endure the constant attrition against sand grains. The corners of its mouth are modified into large bony-meaty props used as levers in the process of burying. This latter particularity gives its head a peculiar anchor-like shape. Since it rarely leaves its sandy dominions, *Scleronema* feeds on the invertebrates which also live therein.

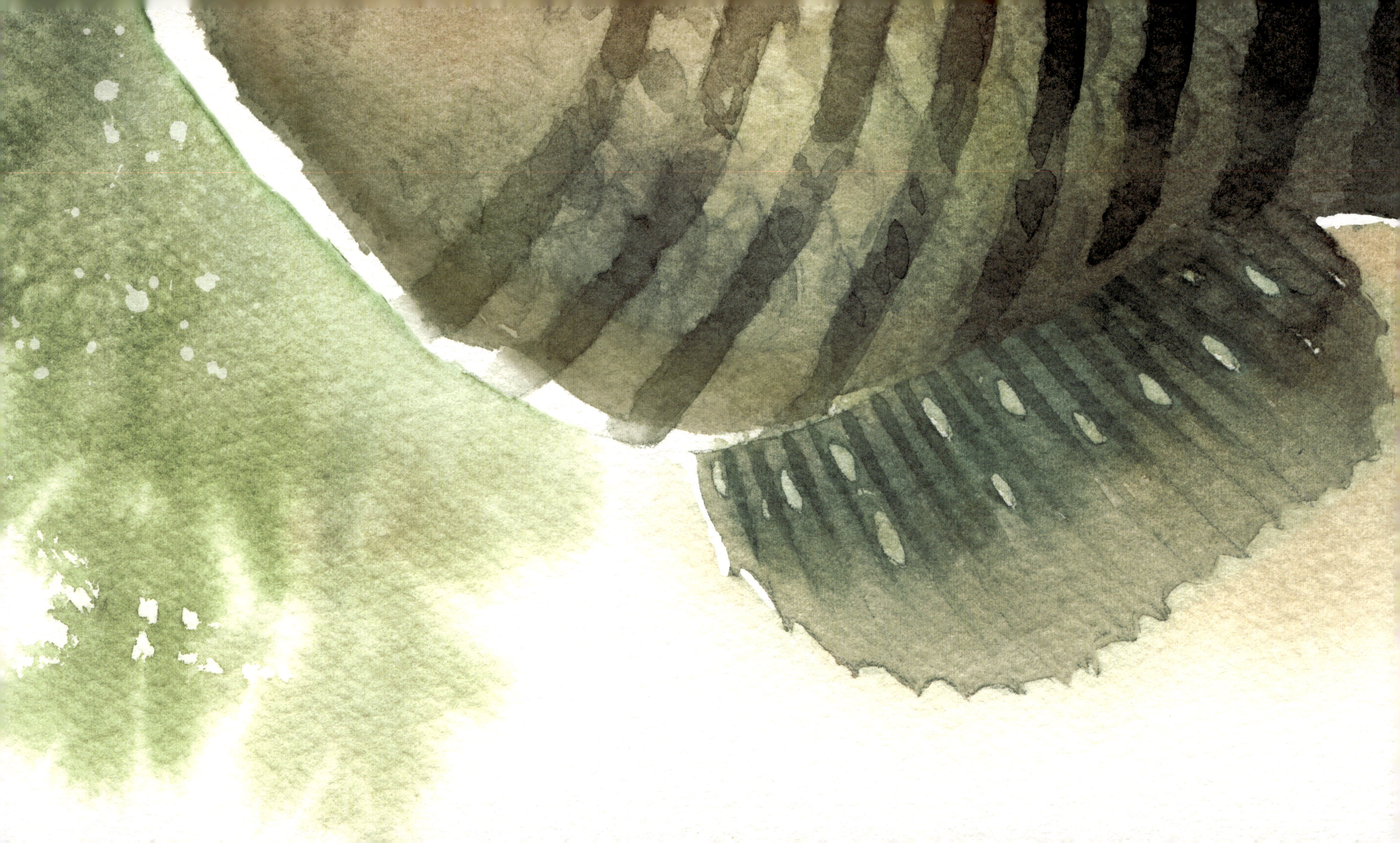

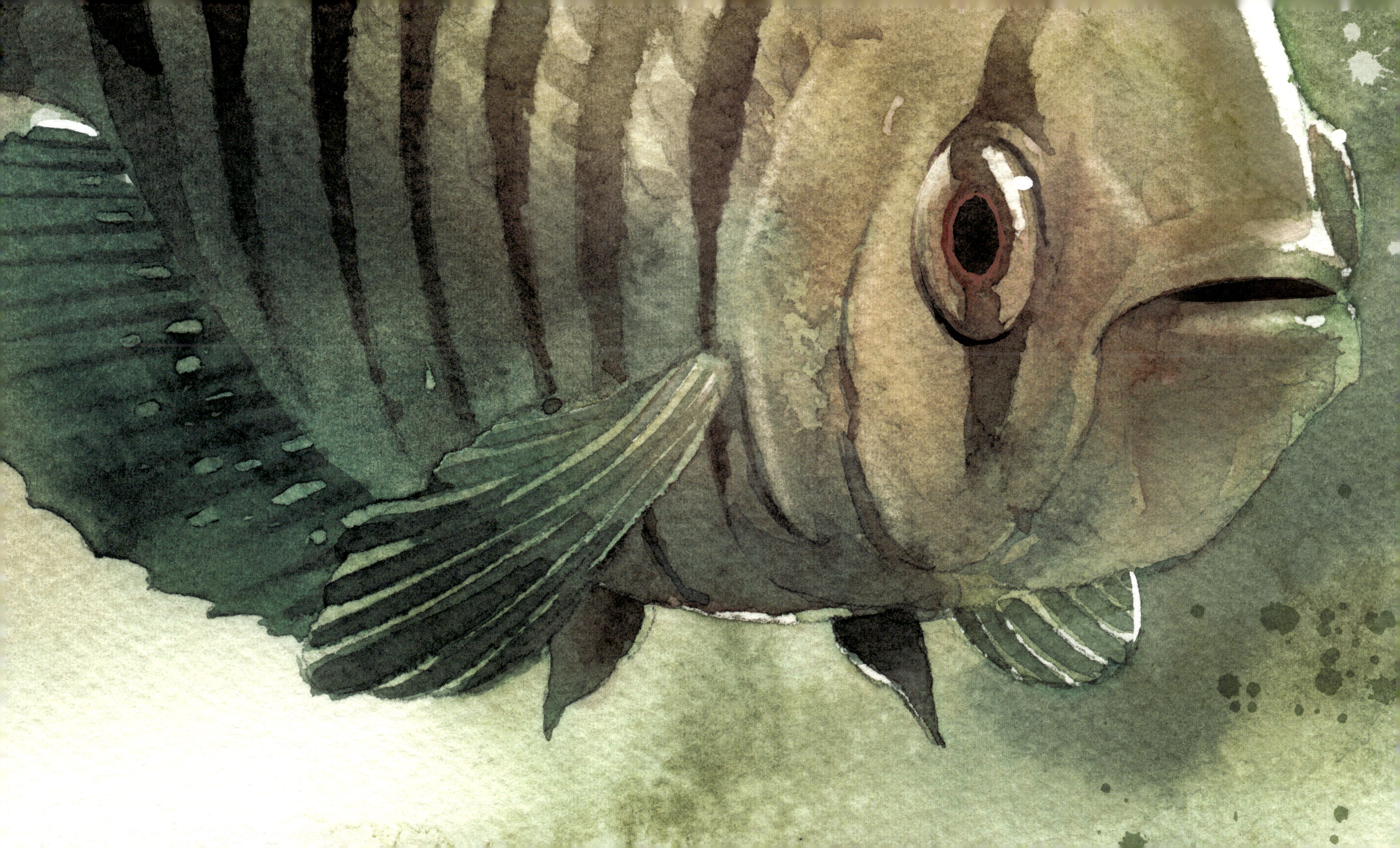

Peixe-anual-minuano

Cyprinodontiformes » Rivulidae

Austrolebias minuano

Costa & Cheffe, 2001

Minuano pearl killifish

Diferentemente de outros peixes-anuais que, em sua maioria, habitam regiões mais quentes da América do Sul, a maior parte dos *Austrolebias* vive em regiões mais frias, mais ao sul do continente. *Austrolebias minuano* vive em lagoas e poças temporárias com densa vegetação aquática, formadas apenas durante a estação chuvosa. Tem ciclo de vida curto, com os indivíduos se tornando adultos cerca de dois meses após terem nascido com a formação das lagoas. Atingem rapidamente a maturidade sexual e morrem no período da estiagem, quando as poças onde vivem secam. Entretanto, os ovos sobrevivem durante a estação seca até a próxima estação chuvosa. Atualmente, consta entre as espécies ameaçadas brasileiras, categorizada como Em Perigo (EN). Todas as principais ameaças à espécie são relacionadas à perda e alteração do habitat onde vivem, como o cultivo de arroz e do pinheiro e a expansão das áreas urbanas. Há dimorfismo sexual, com os machos maiores e mais coloridos do que as fêmeas. Alimentam-se de invertebrados, como pequenos crustáceos e insetos.

Differently from other annual killifish that occur in warm parts of South America, species of *Austrolebias* live in relatively cold regions in the south of the continent. *Austrolebias minuano* occupies lakes and temporary pools with dense aquatic vegetation formed during the rainy season. Their life cycle is short, with individuals maturing just two months after hatching and dying in the dry season when their pools dry up. Their eggs survive desiccation until the next rains, when they will hatch and begin a new generation. This fish is listed as a threatened Brazilian species. Its threats are all related to habitat loss and degradation: rice and pine culture and expansion of urban areas. There is pronounced sexual dimorphism, with the males being larger and more colorful than females. They feed on invertebrates such as small insects and crustaceans.

CATEGORIA DE AMEAÇA
• RED LIST CATEGORIES

LC · NT · VU · **EN** · CR · EW · EX

BIOMAS QUE HABITA •
BIOMES OF OCCURENCE

AMZ · CER · CAA · PTN · ATL · **PMP**

ESCALA
• SCALE

6 cm

Piapara

Characiformes › Anostomidae

Megaleporinus obtusidens

(Valenciennes, 1837)

Piapara

É uma espécie de médio porte, muito importante na pesca esportiva, de subsistência e comercial. Vive na calha principal de médios e grandes rios. A coloração do corpo varia do prateado ao dourado, com nadadeiras peitoral, pélvica, anal e caudal amareladas (intensamente alaranjadas nos peixes do rio São Francisco). Os jovens apresentam oito barras transversais escuras no dorso que vão esmaecendo conforme o animal cresce. Os adultos geralmente possuem três manchas escuras laterais no corpo, mas podem estar ausentes em alguns exemplares. Sua boca é quase inferior, uma adaptação para capturar alimento no fundo dos rios, como crustáceos, caramujos, peixes, frutos e sementes. Realizam migração reprodutiva (piracema).

This is a mid-size species of commercial, subsistence and sports importance. It lives in the main channel of large and middle-size rivers. Its body color ranges from silvery to golden, with yellowish pectoral, pelvic, anal and caudal fins (strongly orange in the populations from the rio São Francisco). The young have eight transverse bars that cross the dorsum which disappear as the fish grows. Some specimens have three lateral dark spots on the side of the body. Their mouth is almost totally inferior, an adaptation for feeding on the bottom, mostly on items such as crustaceans, snails, fruit and seeds. They undergo reproductive migrations (piracema).

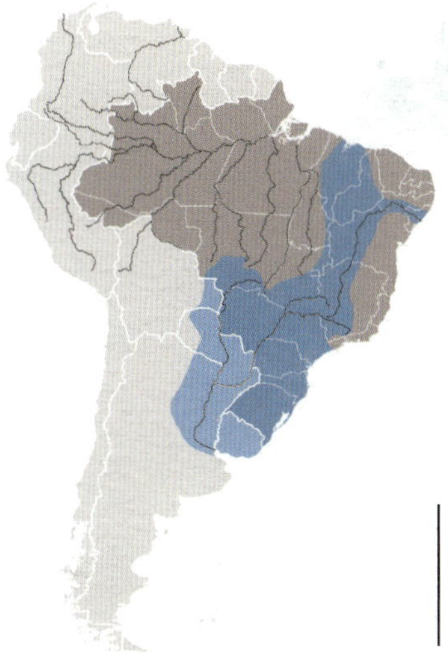

CATEGORIA DE AMEAÇA • RED LIST CATEGORIES: LC

BIOMAS QUE HABITA • BIOMES OF OCCURENCE: AMZ, CER, CAA, PTN, ATL, PMP

ESCALA • SCALE: 80 cm

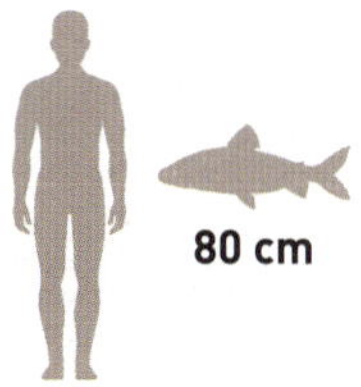

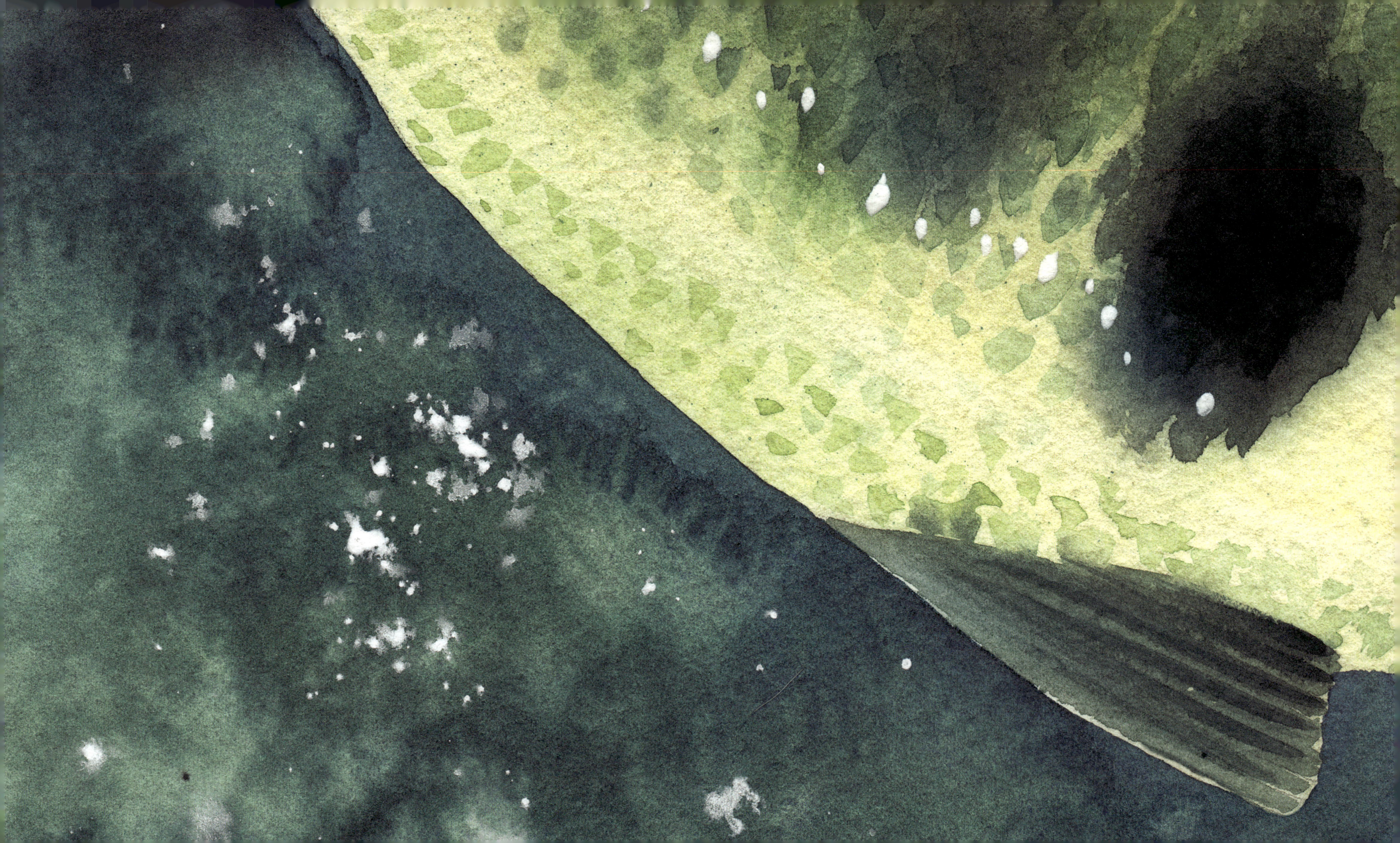

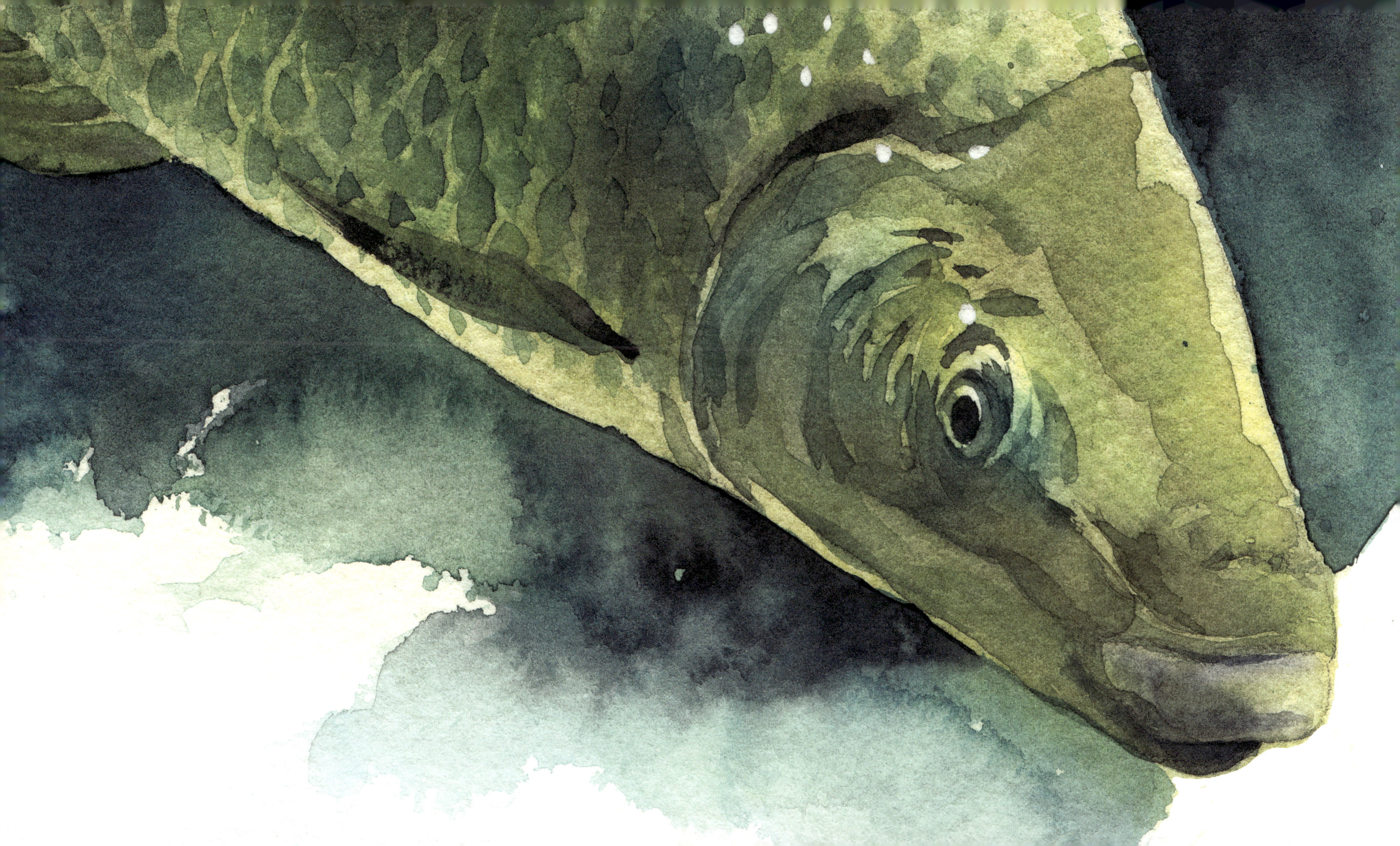

Bagrinho-sapo

Siluriformes > Pseudopimelodidae

Microglanis cottoides (Boulenger, 1891)

Bumblebee catfish

Algumas criaturas vivas são notáveis por sua vistosa beleza, força, tamanho ou demais qualidades exuberantes. Outras, pelo contrário, parecem "escolher" desfrutar de uma vida dedicada à discrição. *Microglanis cottoides* é um excelente exemplo da última categoria. É um pequeno bagre de corpo mole que vive em locais isolados em pequenos riachos. Sua cor imita o substrato dos rios, dificultando a visualização em seu habitat. Também se move lentamente e com movimentos cautelosos e bem controlados. Esse perfil discreto disfarça um peixe de beleza incomum, que pode ser apreciado por alguém que observe de perto. *Microglanis* tem uma coloração delicada, delineando suas nadadeiras com finas linhas estéticas. Um olhar atento revela que o mesmo padrão se estende por todo o corpo e até pelos finos barbilhões. Os detalhes dessa coloração distinguem *Microglanis cottoides* de seus vários parentes do mesmo gênero. Aliás, a espécie é interessante também porque algumas de suas populações estão mais relacionadas a outras espécies de *Microglanis* do que a outros membros de sua própria espécie. Quando isso acontece a espécie é chamada de polifilética e precisa ter sua taxonomia redefinida. De fato, esse é um caso complicado para os especialistas.

Some living creatures are remarkable for their showy display of beauty, strength or some other outward qualities. Some others, on the contrary, seem to choose a path of modesty and humbleness, enjoying a life dedicated to quiet discretion. *Microglanis cottoides* is a prime example of the latter category. It is a small soft-bodied catfish that lives in secluded spots in small creeks. Its color mimics that of dead vegetation, making it hard to see in the habitat. It also moves slowly and with well-controlled parsimonious movements. Such low profile disguises a fish of unusual beauty if one looks close enough. *Microglanis* has a delicate coloration outlining its fins with fine patterned lines of exquisite good taste. Attentive inspection reveals that the same pattern extends over its entire body and even the fine barbels. The details of this coloration distinguish *Microglanis cottoides* from its various close relatives in the same genus. Incidentally, the species is interesting also because some of its populations are more closely related to other species of *Microglanis* than to some other members of its own species. Indeed a complicated case for taxonomists.

CATEGORIA DE AMEAÇA
• **RED LIST CATEGORIES**

(LC) (NT) (VU) (EN) (CR) (EW) (EX)

BIOMAS QUE HABITA •
BIOMES OF OCCURENCE

(AMZ) (CER) (CAA) (PTN) (ATL) (PMP)

ESCALA • SCALE

6,5 cm

CONTEÚDO INTERATIVO

INTERACTIVE CONTENT

Mussum

Synbranchiformes » Synbranchidae

Synbranchus marmoratus
Bloch, 1795

Swamp eel

Provavelmente o mussum é o peixe brasileiro de água doce que menos se parece com um peixe. Faltam-lhe diversos elementos que permitem ao senso popular reconhecê-los como tal. O mussum não tem, por exemplo, nadadeiras nem escamas. Também não tem aberturas operculares laterais, sendo dotado apenas de uma única abertura ventral por onde sai a água das brânquias. Essa característica dificulta a delimitação da cabeça típica de um peixe, além disso, a "ausência" de nadadeiras também é responsável pela confusão que muitos fazem entre mussuns e cobras. Embora não tenham nadadeiras quando adultos, os mussuns as possuem em estágios iniciais de seu desenvolvimento. E a despeito de parecerem ausentes, as nadadeiras dorsal e anal estão presentes no esqueleto, ainda que de forma vestigial. A perda evolutiva de escamas e nadadeiras são adaptações para viver em locais apertados, como buracos, fendas e emaranhados de raízes de plantas aquáticas. Os mussuns são muito comuns em lagos e brejos com vegetação, onde se escondem durante o dia e saem para caçar à noite peixes, sapos e invertebrados. Apesar de serem por vezes chamados de enguias, não são parentes próximos das enguias-verdadeiras. Não bastasse a morfologia peculiar, esses peixes também têm comportamentos incomuns. Apresentam revestimento altamente vascularizado na boca e na região gular para fazer trocas gasosas, possibilitando que retirem oxigênio do ar para respirar. Esse comportamento permite aos mussuns habitar locais com baixa oxigenação e "hibernar" durante meses em buracos no fundo dos rios, quando o nível da água decresce no período de seca. São hermafroditas protogínicos, ou seja, exemplares que nascem fêmeas sofrem mudança para o sexo masculino depois que alcançam certo tamanho, geralmente a partir de meio metro de comprimento. Essa alteração de sexo rende ao macho que sofreu a transformação a denominação de macho secundário. Jovens que já tenham nascido machos, e assim continuam quando adultos, são chamados de machos primários.

This is probably the least fish-like fish in Brazil. It lacks most features that allow people to identify a fish. For example, it has no fins or scales. It also lacks normal gill openings, which are modified into a small opening in the middle of the throat, though which water comes out after passing through the gills. These traits make the recognition of a fish aspect unlikely for lay people, who often confuse the mussum with snakes. Interestingly, the mussum may lack fins as an adult, but its larvae have them. Also, even the adults retain vestigial remains of fins in their internal anatomy, a detail which clearly betrays their fishy affinities. The evolutionary reduction or loss of fins and scales are adaptations for life in holes, crevices, and root tangles where the mussum likes to live. They are very common in lakes and marshes with vegetation where they hide during the day, coming out at night to hunt, mainly amphibians and invertebrates. Although they are on occasion called eels, they are not related either to true eels or to the electric eels of South America. Matching their unusual morphology, their behavior is also peculiar. They have a highly vascularized lining of the mouth and throat which they use for gas exchange, allowing them to breathe air and survive low oxygen conditions. This permits the mussum to "hibernate" for months in holes at the bottom of rivers during the drought, when the water level drops markedly and often becomes stagnant. The species is a protogynous sequential hermaphrodite, which means that born females change sex to males after reaching a certain size, approximately half a meter in length. The fish which are born females and later turn to males are called "secondary males". Those which were already males from birth and never change sex are called "primary males".

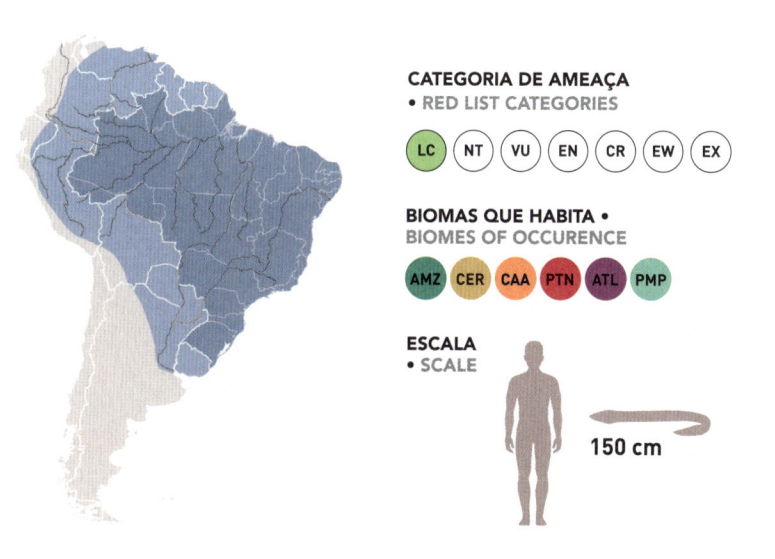

CATEGORIA DE AMEAÇA
• RED LIST CATEGORIES

LC NT VU EN CR EW EX

BIOMAS QUE HABITA •
BIOMES OF OCCURENCE

AMZ CER CAA PTN ATL PMP

ESCALA
• SCALE

150 cm

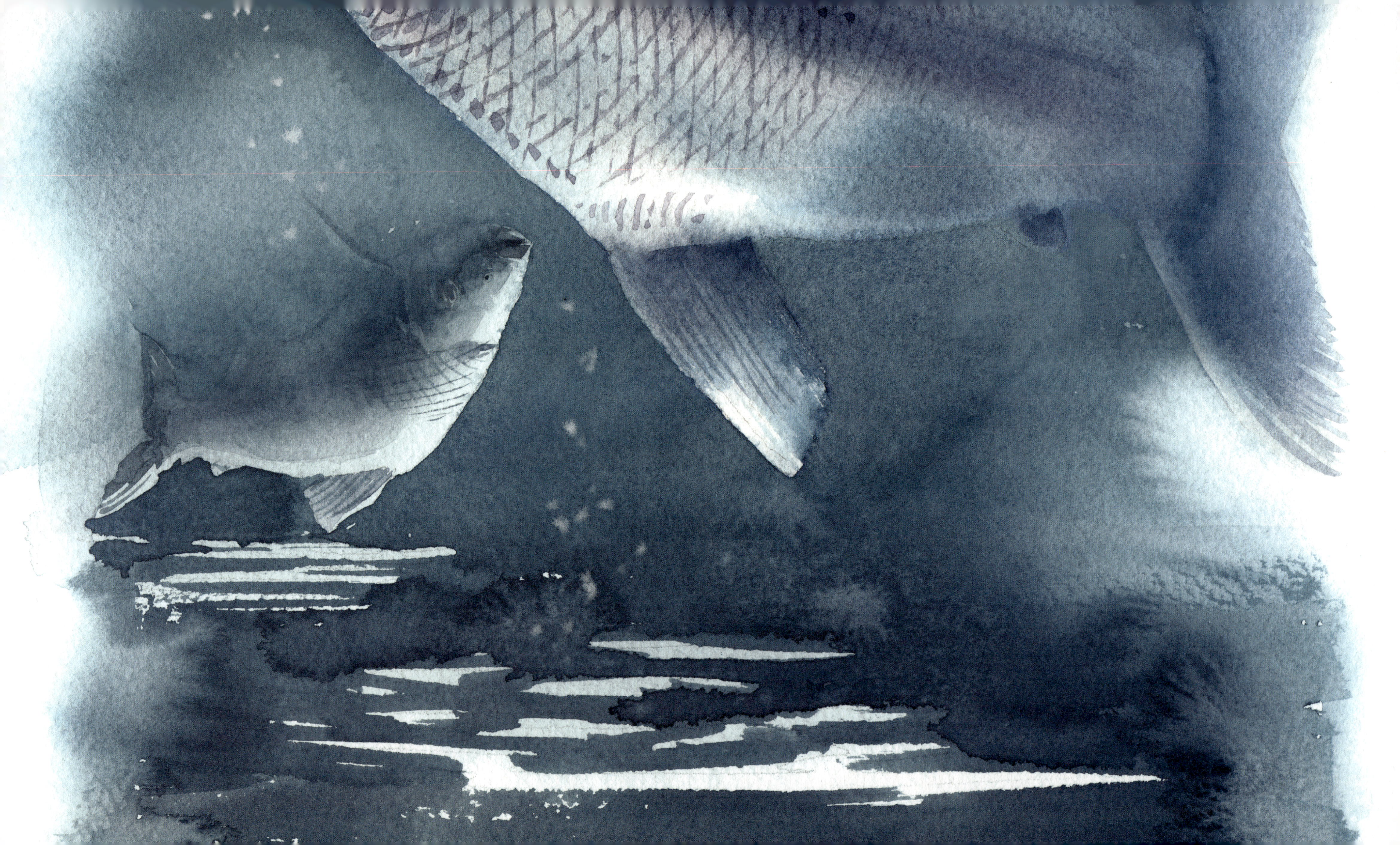

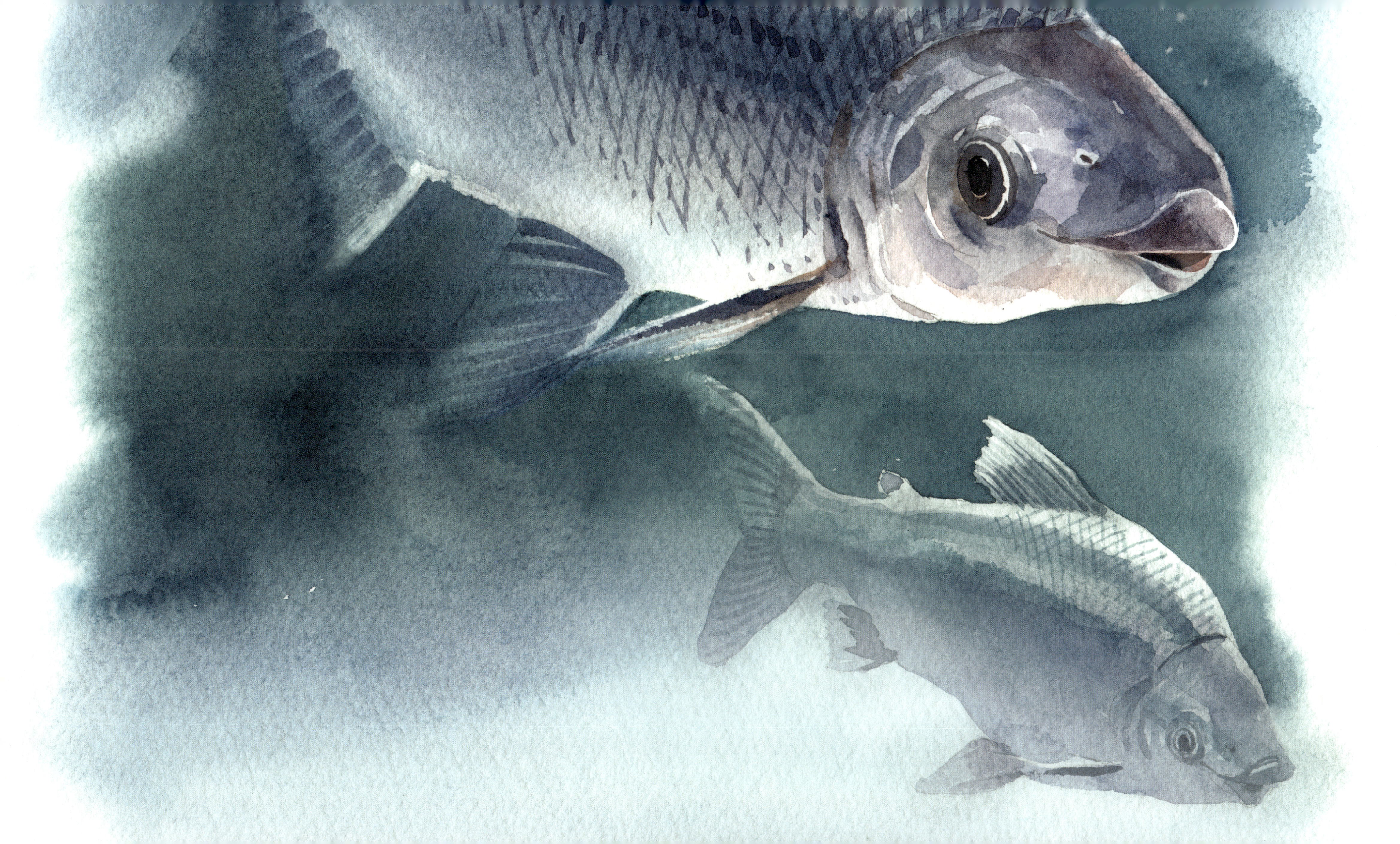

Curimba

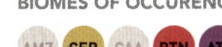

Characiformes » Prochilodontidae

Prochilodus lineatus

(Valenciennes, 1837)

Curimba

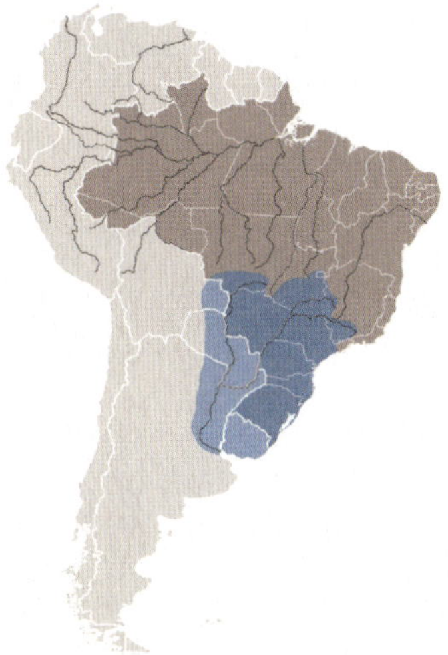

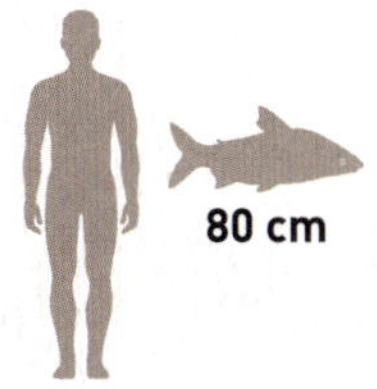

Os peixes dessa espécie alimentam-se de matéria orgânica morta (detritos) e de perifíton, que é matéria vegetal e animal aderida à vegetação, rochas e outras superfícies expostas no ambiente aquático. Ambos são os mais comuns recursos nutricionais dos rios neotropicais. Embora sejam abundantes, alimentar-se desses itens requer adaptações morfológicas para reuni-los e processá-los eficientemente. A mais notável dessas adaptações é a boca em formato de disco, usada para sugar e raspar. Quando adultos, os curimbas têm lábios carnosos dotados de duas séries de pequenos e numerosos dentes para raspar o perifíton. Diferentemente da maioria dos peixes, os dentes dos curimbas são fixados aos lábios e não aos ossos das maxilas. O intestino e os cecos pilóricos são mais complexos e longos para melhor digestão do alimento. Por se alimentarem de matéria orgânica particulada, os curimbas são importantes em transportar essa energia para outros níveis tróficos, uma vez que servem de alimento para peixes predadores, como o dourado, o pintado e o jaú. Também a transportam ao longo do gradiente longitudinal dos rios, quando migram rio acima para reprodução. Há registros de exemplares recapturados a mais de 1 000 km de distância. Quando jovens, habitam lagoas marginais dos grandes rios, formadas no período das chuvas. Durante o período de desova, agregam-se em grandes cardumes, quando os machos emitem um som grave através da modificação de músculos associados à bexiga natatória e às costelas mais anteriores. É uma das espécies comerciais mais importantes para a pesca.

This fish feeds on dead organic matter (detritus) and periphyton (vegetable and animal matter adhered to vegetation, rocks and other solid surfaces exposed in the aquatic environment). Those two items are actually the most abundant nutritional resources in neotropical rivers. Although abundant, their effective gathering and processing require special morphological and physiological adaptations. The most visible of them is the disk-shaped mouth designed to suck and rasp. As adults, the curimbas have fleshy lips provided with two series of numerous small teeth sed to rasp the periphyton. Differently from most other fishes, the teeth of the curimba are attached to the soft tissue of the lips and not to the underlying jaw bones. Other feeding adaptations include very long and complex intestines and pyloric caeca, along with an epibranchial organ. Because they feed on particulate organic matter, the curimbas are important in transferring ecosystem energy from those sources to other levels of the food chain. They are preyed upon by the jaú, the pintado and the dourado. The curimbas also transport energy longitudinally along rivers, due to their long reproductive migrations. There are reports of specimens traveling over 1000 km in the course of a yearly cycle. When young, they live on marginal lagoons of large rivers, which form during the flood. At the reproductive season, the curimbas form large schools, and the males produce a deep sound by means of the muscle associate with the swimbladder and the anterior ribs. This is one of the most important commercial species in Brazil.

CATEGORIA DE AMEAÇA
• RED LIST CATEGORIES

(LC) (NT) (VU) (EN) (CR) (EW) (EX)

BIOMAS QUE HABITA •
BIOMES OF OCCURENCE

(AMZ) (CER) (CAA) (PTN) (ATL) (PMP)

ESCALA • SCALE

80 cm

Piracanjuba

Characiformes › Bryconidae

Brycon orbignyanus
(Valenciennes, 1850)

Piracanjuba

CONTEÚDO INTERATIVO
INTERACTIVE CONTENT

No passado, essa espécie podia ser encontrada por toda a bacia do rio Paraná e era uma das mais apreciadas pelos pescadores. Hoje já desapareceu da maior parte de sua distribuição original e pode ser considerada uma espécie rara. A bacia do rio Paraguai não é parte de sua distribuição natural, e ali ocorre um peixe relacionado e com coloração similar, mas que pertence a outra espécie, a piraputanga (*Brycon hilarii*). A piracanjuba é o maior peixe do seu grupo, com fêmeas alcançando até 8 kg, bem maiores que os machos, que pesam no máximo um terço desse peso. Preferem habitar rios de médio a grande porte com margens florestadas, que são a principal fonte de sua alimentação: frutas, folhas, sementes e insetos terrestres. É uma espécie que se movimenta muito dentro da malha hidrográfica. Migram rio acima (piracema) para reprodução, quando começam as chuvas de final de ano e desovam durante o verão. Após a desova descem o rio novamente. Há registro de peixes que se locomoveram por mais de 600 km em poucos meses. A necessidade de se deslocar pela bacia para reprodução, aliada à preferência por habitat florestados são dois fatores que combinados explicam porque a espécie atualmente é classificada como em perigo de extinção. Felizmente, a reprodução da espécie pode ser induzida em condições de cativeiro, de forma que filhotes têm sido soltos na bacia do rio Paraná em programas de repovoamento.

In the past, this species could be found throughout the entire rio Paraná basin and was one of the most appreciated by fishermen. Today it has disappeared from most of its original range and is considered a rare species. The rio Paraguay basin is not part of its original distribution but there is a similar relative there, the piraputanga (*Brycon hilarii*). *Brycon orbignyanus* is the largest species in its group, with large females reaching 8 kg in weight, a lot larger than males which reach at most one-third of that. They prefer mid-size to large rivers with forested margins which are the source of most of their diet, consisting of seeds, fruit, and terrestrial insects. This species moves intensely within the hydrographic network. They migrate upriver for reproduction (piracema) with the start of the end-of-year rainy season and spawn in summer. After spawning they return downriver. There are reports of fish moving over 600 km in few months. The need for such long-distance travel, coupled with their reliance on forested areas explains why the species is today considered as endangered. Fortunately, reproduction can be induced in captivity, so that young have been released in the Paraná basin as part of repopulation programs.

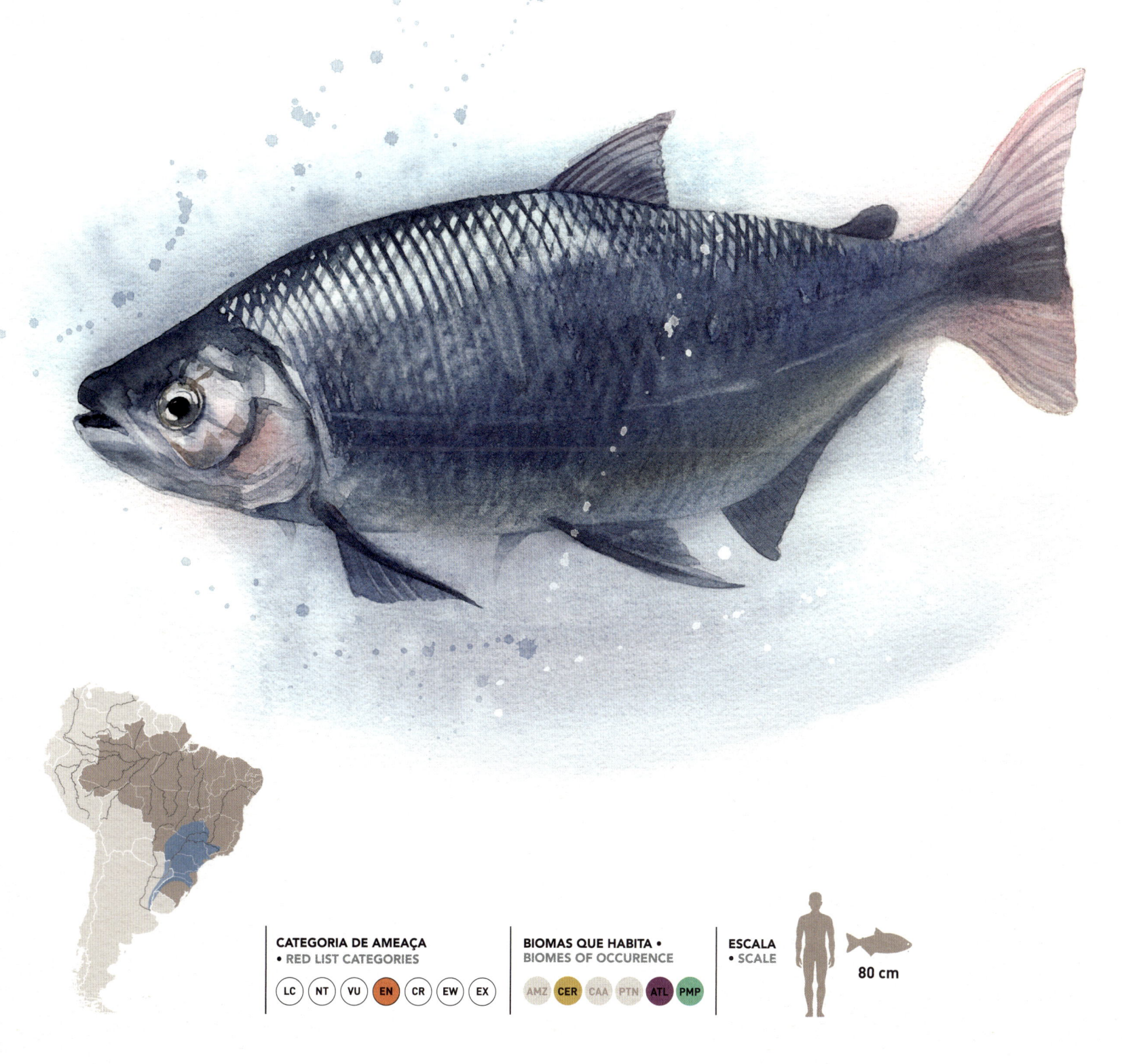

CATEGORIA DE AMEAÇA • RED LIST CATEGORIES
LC | NT | VU | **EN** | CR | EW | EX

BIOMAS QUE HABITA • BIOMES OF OCCURENCE
AMZ | CER | CAA | PTN | ATL | PMP

ESCALA • SCALE
80 cm

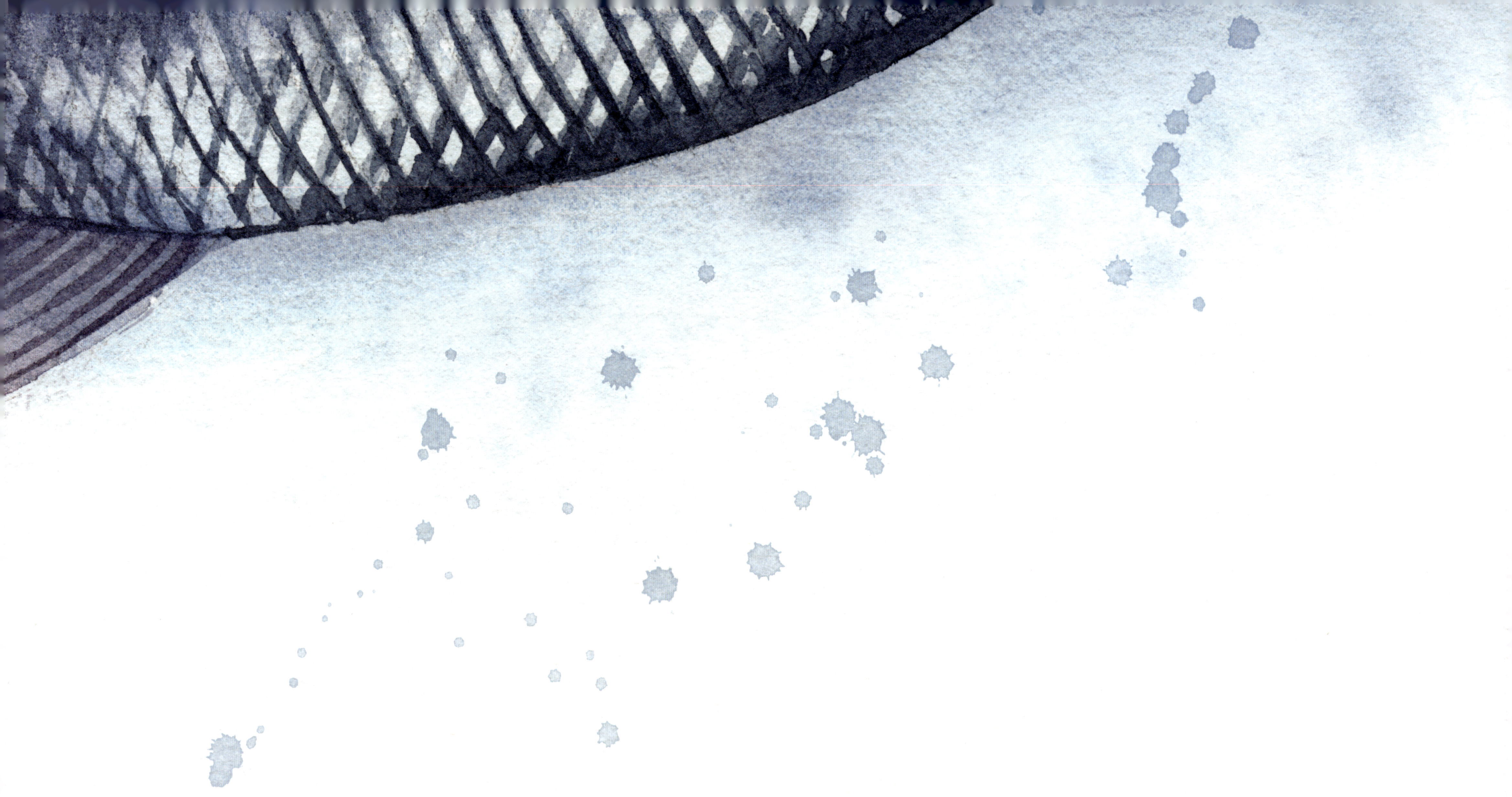

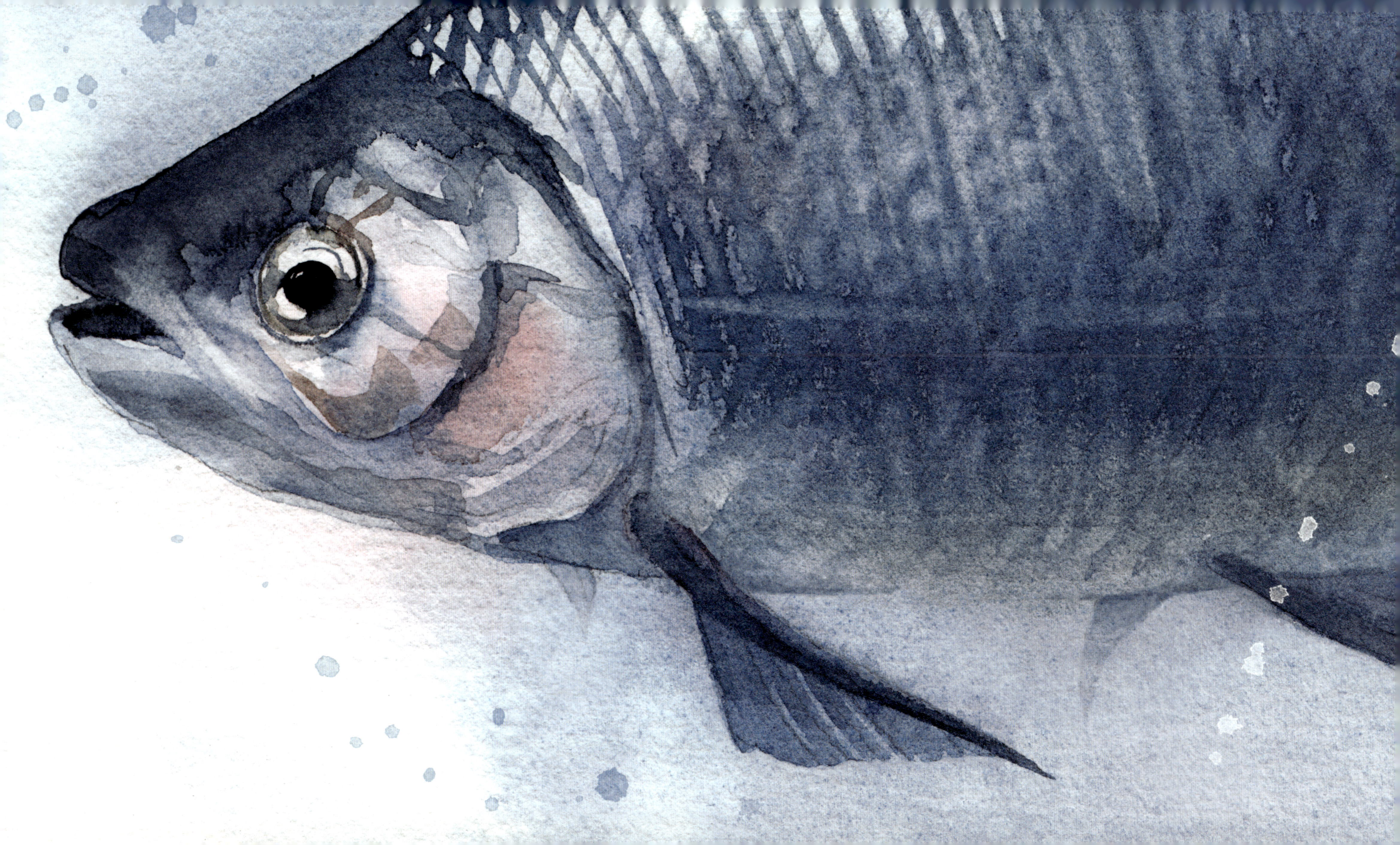

(CAA) CAATINGA

→ **Área no Brasil:** 862.818 km² (10% do território nacional)
→ **Estado onde ocorre:** AL, BA, CE, PB, PE, PI, RN, SE
→ **Principais bacias hidrográficas:** São Francisco, Parnaíba, Jaguaribe, Piranhas-Açú, Capibaribe, Paraíba, Poti e outros
→ **Espécies de peixes registradas:** ~250 (~7% dos peixes brasileiros de água doce)

O Bioma Caatinga é o quarto mais extenso do Brasil, estando quase exclusivamente concentrado na Região Nordeste onde ocupa a maior parte dos estados, exceto o Maranhão. É um bioma exclusivamente brasileiro, distante da divisa com outros países. O termo "Caatinga" tem origem tupi-guarani e significa "mata branca", uma referência à cor predominante da vegetação deste bioma no período da estiagem. A Caatinga é um incomum espaço semiárido num país onde há predomínio de climas tropicais úmidos e subúmidos. É muito quente e sazonalmente seco, com longos períodos de estiagem, características que moldaram profundamente a evolução de sua flora e fauna. Como reflexo, a Caatinga possui rica e singular biodiversidade, composta por muitos elementos endêmicos. Na Caatinga, o que não falta são exemplos de adaptações à escassez de água. Com relação à vegetação, em geral, é caracterizada por árvores baixas, troncos tortuosos, presença de espinhos e folhas que caem no período da seca. Mas a Caatinga é complexa, com muita variação de fisionomias. Há trechos de Floresta Ombrófila Aberta, Floresta Estacional Semidecidual, Floresta Estacional Decidual etc. A vegetação não varia somente de uma região para outra, mas de um período ao outro no mesmo local. O contraste do período sem chuvas e após as chuvas é algo extraordinário. A paleta de cores acinzentada é prontamente substituída por um verde vistoso. A principal ameaça ao bioma é a exploração extrativista, em parte pela população local, que sofre com a falta de recursos e lança mão da vegetação como fonte energética.

The Bioma Caatinga is the fourth largest in Brazil and is almost entirely concentrated in the northeastern portion of the country, where it covers all States except that of Maranhão. It is an exclusively Brazilian Biome, distant from all national borders. The name "Caatinga" is from Tupi-Guarani language and means "white bushland", in reference to the predominant color of the vegetation in the dry season. The Caatinga is a peculiar semiarid space in a country with predominance of humid tropical and subtropical climates. It is very hot and seasonally dry, with long droughts, traits which have profoundly influenced the evolution of its fauna and flora. As a result, the Caatinga has a rich and peculiar biodiversity, with many endemic elements. Examples of water-saving adaptations are legion. The vegetation is typically composed of low trees and shrubs, contorted trunks and branches, many spines and leaves which fall in the dry season. But the Caatinga is more complex than that. There are many other phytophysiognomies, with tracts of Open Ombrophylous Forest, Semi-deciduous Estational Forest, Deciduous Estational Forest etc. Vegetation varies not only according to locality, but also along the year in the same place. The contrast between the dry and rainy periods is extraordinary. The greyish white color is quickly replaced with a lush green. The main threat to the Caatinga is wood extraction, done in part by the local people. The lack of resources forces communities to resort to local wood as a source of energy.

→ **Area in Brazil:** 862.818 km² (10% of the Brazilian territory)
→ **Brazilian State where it occurs:** AL, BA, CE, PB, PE, PI, RN, SE
→ **Main river basins:** São Francisco, Parnaíba, Jaguaribe, Piranhas-Açú, Capibaribe, Paraíba, Poti, and others
→ **Fish species recorded:** ~250 (~7% of the freshwater Brazilian fishes)

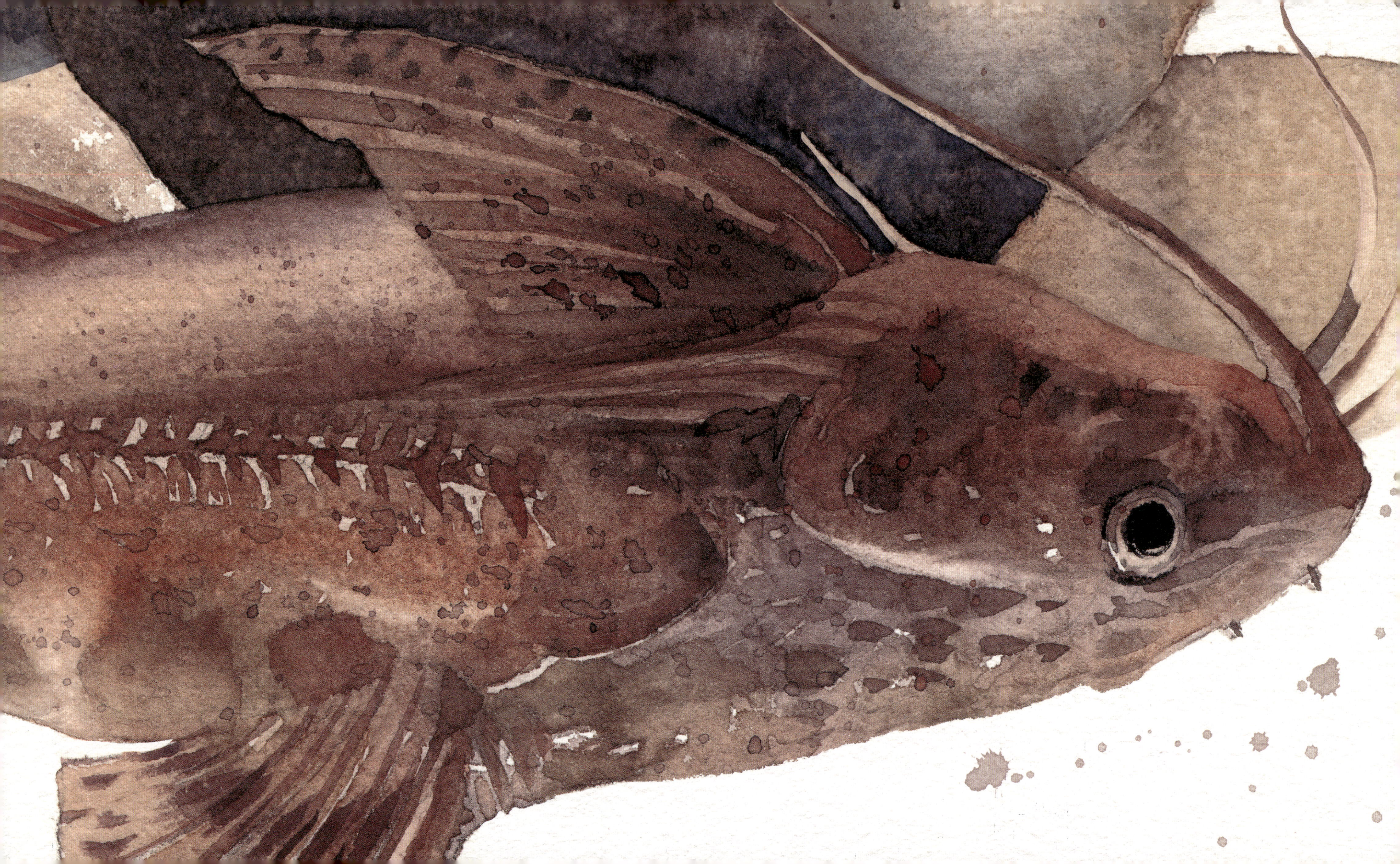

Cumbaca

Siluriformes › Doradidae

Franciscodoras marmoratus
(Lütken, 1874)

Marbled spiny catfish

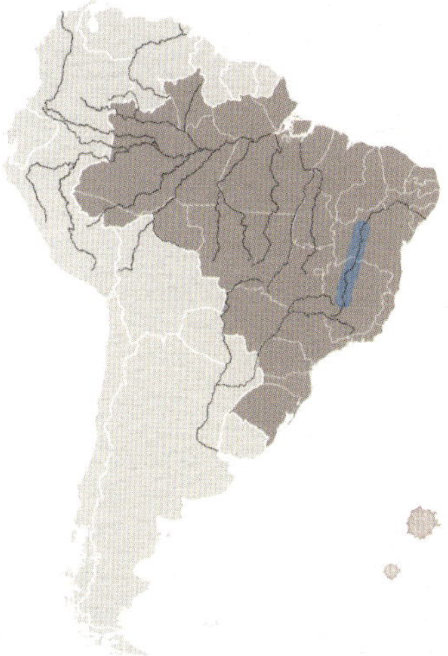

Como o nome indica, *Franciscodoras marmoratus* ocorre na bacia do rio São Francisco. O padrão de cores desse peixe, especialmente na fase juvenil, é semelhante ao de seu parente *Wertheimeria*. *Franciscodoras*, como a maioria dos membros da família Doradidae, tem uma série de placas ósseas ao longo da lateral do corpo, cada uma dotada de um espinho afiado para defesa. Os hábitos alimentares desses bagres são incomuns e sua dieta é composta principalmente por caramujos de água doce. Espécies assim são tecnicamente chamadas malacofágicas ou malacófagas. Os caramujos são engolidos inteiros e seus corpos moles são digeridos dentro da concha. *Franciscodoras* é um bagre muito vocal e grunhe ranzinzamente quando irritado. E seu aborrecimento tem o auge quando é capturado. Nessas ocasiões, seu grunhido é tão alto que deu origem a um de seus nomes populares, cumbaca. Supostamente, seu som é expresso onomatopaicamente por "cum-cum" pelos habitantes locais.

As its name implies, *Franciscodoras marmoratus* occurs in the Rio São Francisco basin. The color pattern of this fish is similar to that of its relative *Wertheimeria*, especially to the juveniles of the latter. *Franciscodoras*, like most members of its family, Doradidae, has a series of bony plates along the sides of the body, each provided with a sharp defensive spine. The feeding habits of this catfish are unusual and it preys mostly on freshwater snails. Species with such diets are technically called malacophagous. The snails are swollen whole and their soft bodies are digested inside the shell. *Franciscodoras* is a very vocal catfish and grunts bitterly when annoyed. And its annoyance is never larger than when it is captured. On such occasions, its grunting is so loud that it gave rise to one of its popular names, cumbaca. Supposedly its sound is onomatopoeically expressed by "cum-cum" by locals.

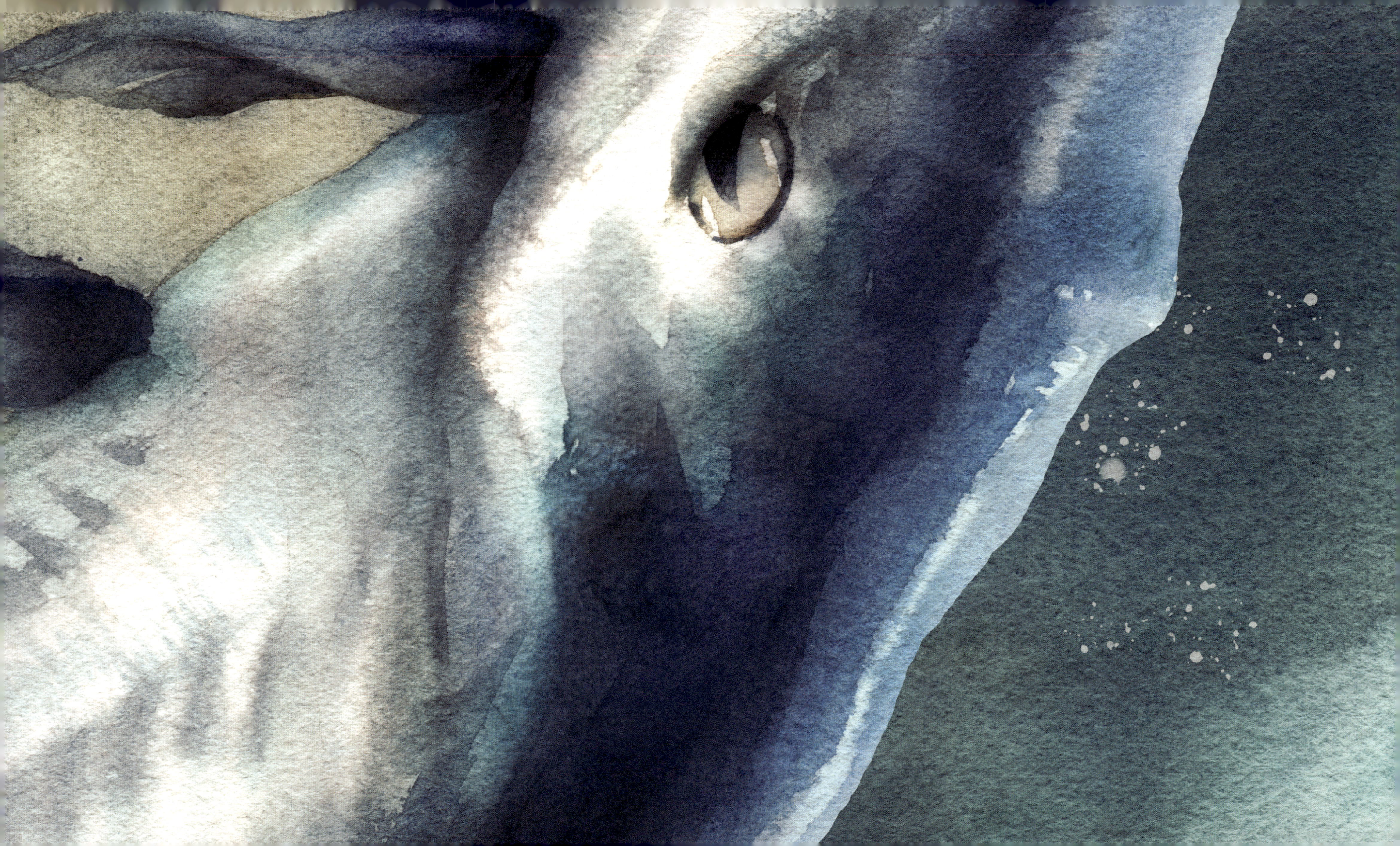

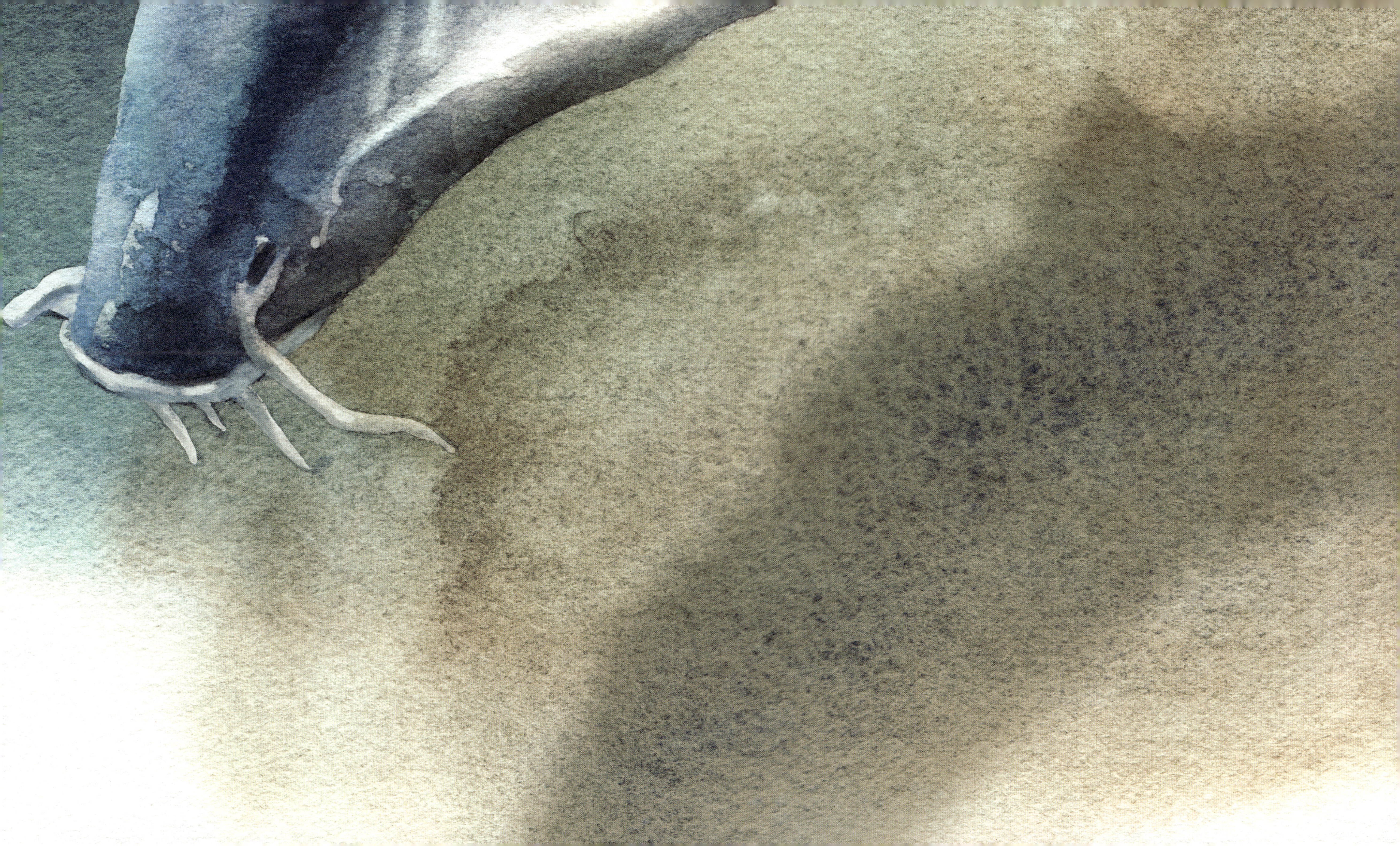

Pirá-tamanduá

Siluriformes ≫ Siluriformes, *incertae sedis*

Conorhynchos conirostris

(Valenciennes, 1840)

Anteater catfish

O rio São Francisco é um lugar notável para peixes, repleto de espécies endêmicas. Entre os mais distintos, está o chamado pirá-tamanduá (peixe tamanduá na língua tupi). É um bagre grande, de um tom metálico azulado impressionante e barbilhões bastante curtos. Como sugerem seus nomes, tanto científico como popular, *Conorhynchos* tem um focinho muito longo, lembrando o dos tamanduás. Curiosamente, quanto mais o peixe cresce, mais longo o focinho fica. Os espécimes jovens e pequenos têm um focinho muito curto, não pronunciado como o dos adultos. Nos adultos, a boca desdentada fica na ponta do focinho e é utilizada para vasculhar o fundo dos rios em busca de invertebrados. Como muitas outras espécies de água doce de grande porte, o pirá-tamanduá é uma espécie ameaçada de extinção. Embora sua pesca seja ilegal, a espécie já desapareceu tanto do alto como do baixo rio São Francisco, e atualmente está confinada à porção média da bacia. Além dos dados históricos, estudos genéticos confirmam que o tamanho da população do pirá-tamanduá está em forte declínio. Sendo um peixe migratório, a construção de grandes represas hidrelétricas na bacia do rio São Francisco é obviamente a principal ameaça. Um fato pouco conhecido é que existe um parente próximo muito raro de *Conorhynchos conirostris* na bacia do rio Paraguaçu, no estado da Bahia. Como o pirá-tamanduá é muito diferente de outros bagres, suas relações evolutivas ainda são controversas. Uma coisa é certa: se for extinta, teremos perdido um elemento extraordinário de nossa biodiversidade.

The Rio São Francisco is a remarkable place for fishes. Many species in that basin are found nowhere else, a situation technically called endemism. Among the most distinctive of those is the so-called Pirá Tamanduá, (anteater fish in the Tupi language). It is a large catfish (yes, it has barbels, although quite short) with a striking bluish-metallic hue. As the name suggests, *Conorhynchos* has a very long snout remindful of that of anteaters. Interestingly, the larger the fish grows, the longer their snout becomes. Small juvenile specimens have a very short snout, not at all foreshadowing that of adults. In the latter, their toothless mouth lies at the tip of the snout and they use it to probe the substrate on the bottom of rivers in search of invertebrates to eat. Like so many other large freshwater species, *Conorhynchos conirostris* is an endangered species. Although its fishing is illegal, the species has already disappeared from the Upper and Lower São Francisco and is currently confined to the middle portion of the basin. In addition to historical data, genetic studies confirm that the population size of the Pirá Tamanduá is in steep decline. Being a migratory fish, the building of massive hydroelectric dams in the São Francisco is the obvious main culprit. A little known fact is that there is a very rare close relative of *Conorhynchos conirostris* in the Rio Paraguaçu basin, at the State of Bahia. Because the anteater catfish is so different from other catfish, its evolutionary relationships are still controversial. One thing is certain, if it goes extinct we will have lost an extraordinary element of our biodiversity.

CATEGORIA DE AMEAÇA
• RED LIST CATEGORIES

LC NT VU **EN** CR EW EX

BIOMAS QUE HABITA •
BIOMES OF OCCURENCE

AMZ CER **CAA** PTN ATL PMP

ESCALA
• SCALE

55 cm

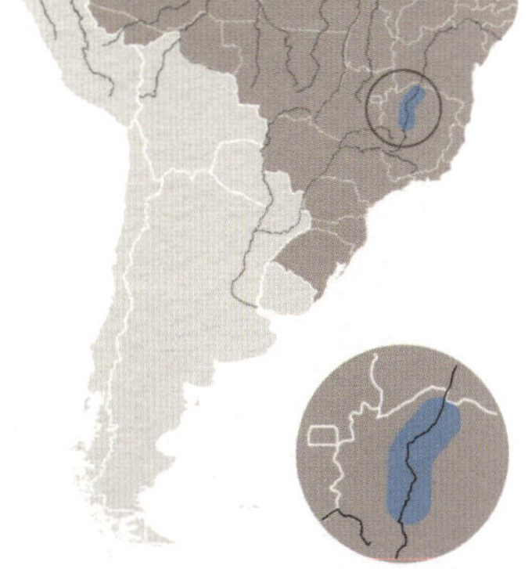

Pacamã

Siluriformes › Pseudopimelodidae

Lophiosilurus alexandri
Steindachner, 1876

Pac-man catfish

Um tema recorrente na evolução dos peixes é a adaptação de predadores para caça no sistema "senta-e-espera". Peixes assim frequentemente desenvolvem corpo achatado com uma cabeça grande e uma enorme boca voltada para cima. A pele costuma ter coloração críptica para simular o substrato em que vivem, para que possam passar despercebidos pelas presas até que seja tarde demais. Esse é exatamente o caso de *Lophiosilurs alexandri*, a pacamã do rio São Francisco. Apesar de sua semelhança superficial com o tamboril, gênero *Lophius*, um peixe marinho totalmente não relacionado, o pacamã é na verdade um bagre. E é um bagre muito voraz, capaz de comer praticamente qualquer coisa que caiba em sua grande boca. Os espécimes jovens são tão devotados à glutonice que chegam a praticar o canibalismo. Tentarão comer um de seus irmãos se surgir a oportunidade, mesmo que a refeição pretendida seja tão grande quanto eles. Esse entusiasmo é arriscado, porque às vezes o engolidor pode se engasgar com o engolido e ambos morrerão na luta. Os machos e fêmeas do *Lophiosilurus* são tão semelhantes que é impossível distingui-los externamente. Seu comportamento, no entanto, é muito diferente, porque são os machos que constroem um local de nidificação e guardam os ovos. Portanto, se você observar um *Lophiosilurus* estranhamente apegado e possessivo a um pequeno trecho de areia, pode ter certeza de que ele é um macho muito ciumento tomando conta de seu legado genético. Ninguém sabe como, mas o pacamã foi introduzido na drenagem do rio Doce, onde prosperou e agora é muito abundante em algumas regiões.

One recurrent theme in the evolution of fishes is the adaptation for sit-and-wait bottom predators. All such cases develop a flattened body with a large head and a huge upturned mouth. Their skin is usually also mimetic with the substrate where they live, so they can go unnoticed by their prey until it is too late. This is exactly the case with *Lophiosilurs alexandri*, the pacamã of the Rio São Francisco. Despite its superficial resemblance with the anglerfish, genus *Lophius*, an entirely unrelated marine fish, it is, in fact, a catfish. And a very voracious catfish it is, eating pretty much anything which happens to fit is – very large – mouth. Young specimens are so devoted to gluttony that they go to the depths of cannibalism. They will try to eat one of their siblings if the opportunity arises, even if the intended meal is about as big as they. Such enthusiasm is risky because sometimes the eater will choke with its meal and both die in the struggle. The males and females of *Lophiosilurus* are so similar that distinguishing them is impossible by a simple examination of the morphology. Their behavior, however, is very different because it is the males alone that build a nesting site and guard the eggs. So if you see a *Lophiosilurus* strangely attached and paranoid about a little patch of sand, you can be sure that it is a male being possessive about its genetic legacy. Nobody knows how, but the Pacamã has been introduced into the Rio Doce drainage, where they thrived and are now very abundant in some localities.

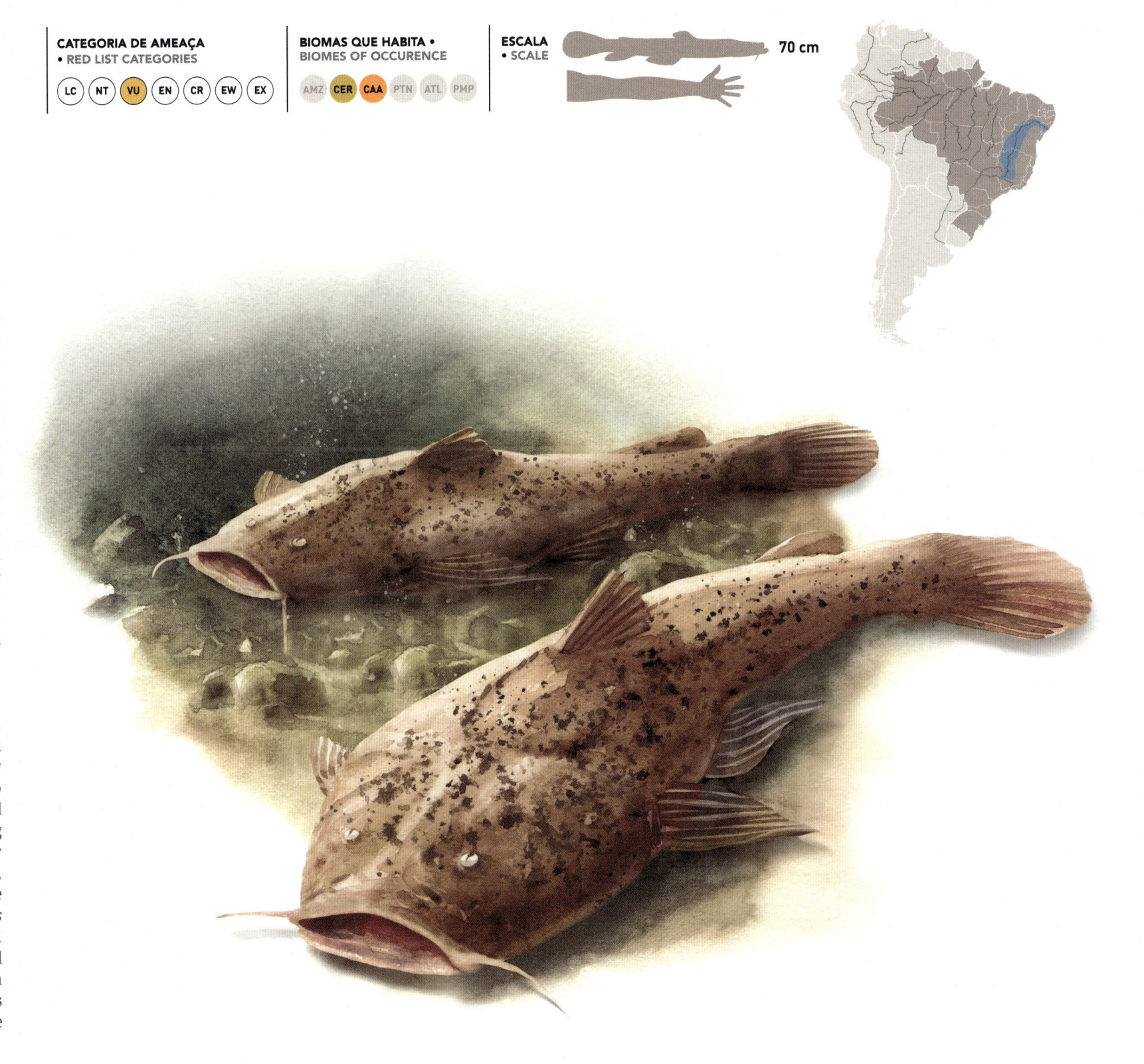

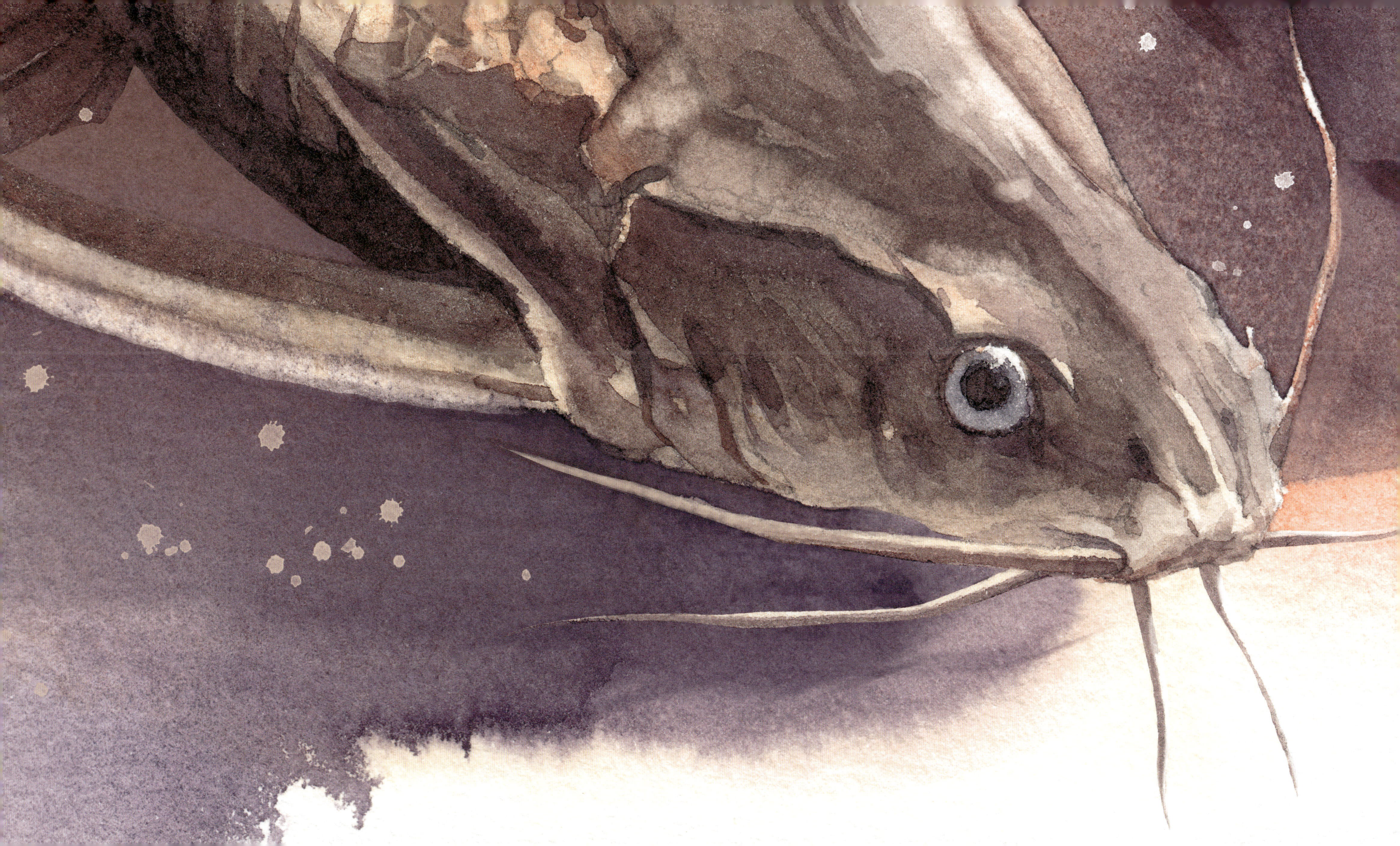

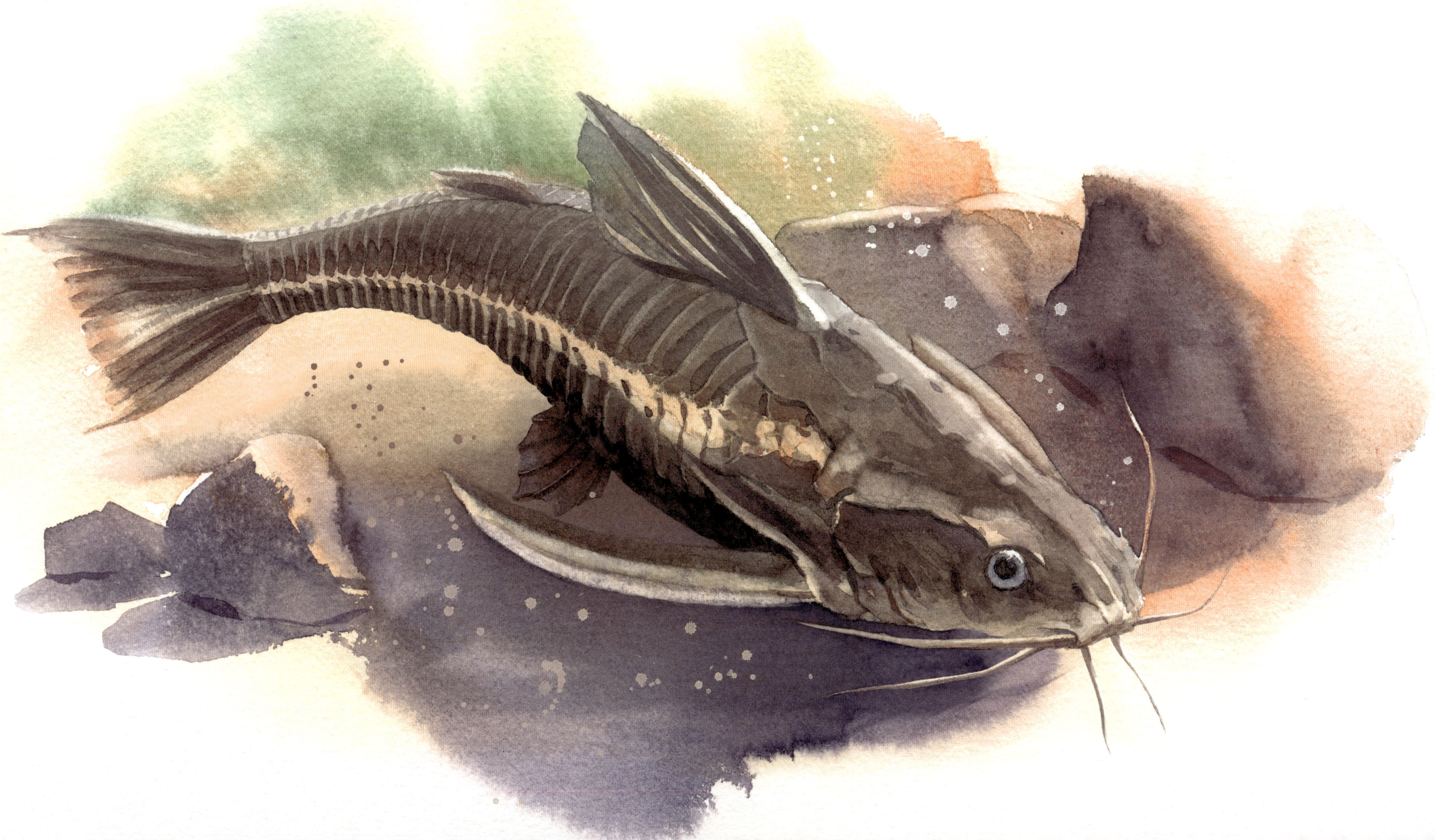

Roque-roque

Siluriformes > Doradidae

Platydoras brachylecis Piorski, Garavello, Arce H. & Sabaj Pérez, 2008

Striped Raphael catfish

Essa criatura tem muitos mecanismos de defesa. Apresenta fortes espinhos pungentes em suas nadadeiras peitoral e dorsal que podem perfurar partes do corpo de qualquer ameaça, intencional ou não. Os espinhos são dotados de uma serrilha pontiaguda direcionada para frente ou para trás (ou ambas) ao longo de sua haste, o que garante o corte da carne tanto na entrada quanto na saída. Além disso, os espinhos peitorais podem apertar brutalmente qualquer coisa — como o dedo de uma pessoa — que se coloque em sua "axila". O aperto é surpreendentemente rijo porque a base dos espinhos possui um mecanismo de travamento interno que fornece a resistência de um alicate. Além disso, os espinhos têm um veneno em sua superfície, o que aumenta exponencialmente a dor da ferida. A cabeça é fortemente protegida por pesada ossatura, tornando improvável ataques incapacitantes nela por algum predador em potencial. Obviamente, vários desses dispositivos bélicos também estão presentes em muitos outros bagres. Só que, além de tudo isso, *Platydoras* tem uma série de placas ósseas ao longo dos lados do corpo, cada uma delas equipada com um gancho nada amistoso voltado para trás. O resultado dessa exuberância blindada é um peixe tão apetitoso quanto um cacto de ferro com ratoeiras. Apesar de tudo isso, ou por causa disso, o animal tem uma natureza gentil. Eles fazem pouco mais do que remexer o fundo de rios e lagos em busca de pequenos invertebrados para comer. Sua natação é desajeitada e eles simplesmente perambulam pelo fundo a maior parte do tempo. Ocasionalmente, no entanto, entram no modo de elegância e nadam a meia água com a graça de um tubarão. *Platydoras brachylecis* é geograficamente interessante porque ocorre no nordeste do Brasil, uma das regiões mais secas do país.

This creature is well endowed with defense mechanisms. For starters, they have strong pungent spines in their pectoral and dorsal fins which can puncture body parts of any willing or unwilling threats. Then, the spines have sharp dentations directed forward or backward (or both) along their shaft, which guarantee flesh tearing either in the way in or out (or both). Also, the pectoral spines can brutally pinch anything – like a person´s finger - that gets in their "armpit". The hold is supremely resilient because the base of the spines has an internal locking mechanism which gives them the hardness of locking pliers. Adding to that, the spines have a venom on their surface which adds exponentially to the pain of the wound. Finally, their head is heavily shielded with bone, making an incapacitating head crunch unlikely for any potential predators. Of course, all such bellic devices are present also in many other catfishes. But beyond all that, *Platydoras* also has a series of bony plates along the sides of the body, each furnished with an uninviting hook directed backwards. The result of such armored exuberance is a fish as appetizing as an iron cactus covered with mousetraps. Despite all that, or because of it, the animal itself has a gentle nature. They do little more than poking the bottom of rivers and lakes searching for small invertebrates to eat. Their swimming is clumsy and they simply waddle around the bottom most of the time. Occasionally, however, they will enter an elegance mode and swim at mid water with the grace of a shark. *Platydoras brachylecis* is geographically interesting because it occurs in the Northeast of Brazil, one of the driest regions in the country.

CATEGORIA DE AMEAÇA • RED LIST CATEGORIES

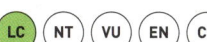

LC NT VU EN CR EW EX

BIOMAS QUE HABITA • BIOMES OF OCCURENCE

AMZ CER CAA PTN ATL PMP

ESCALA • SCALE

19 cm

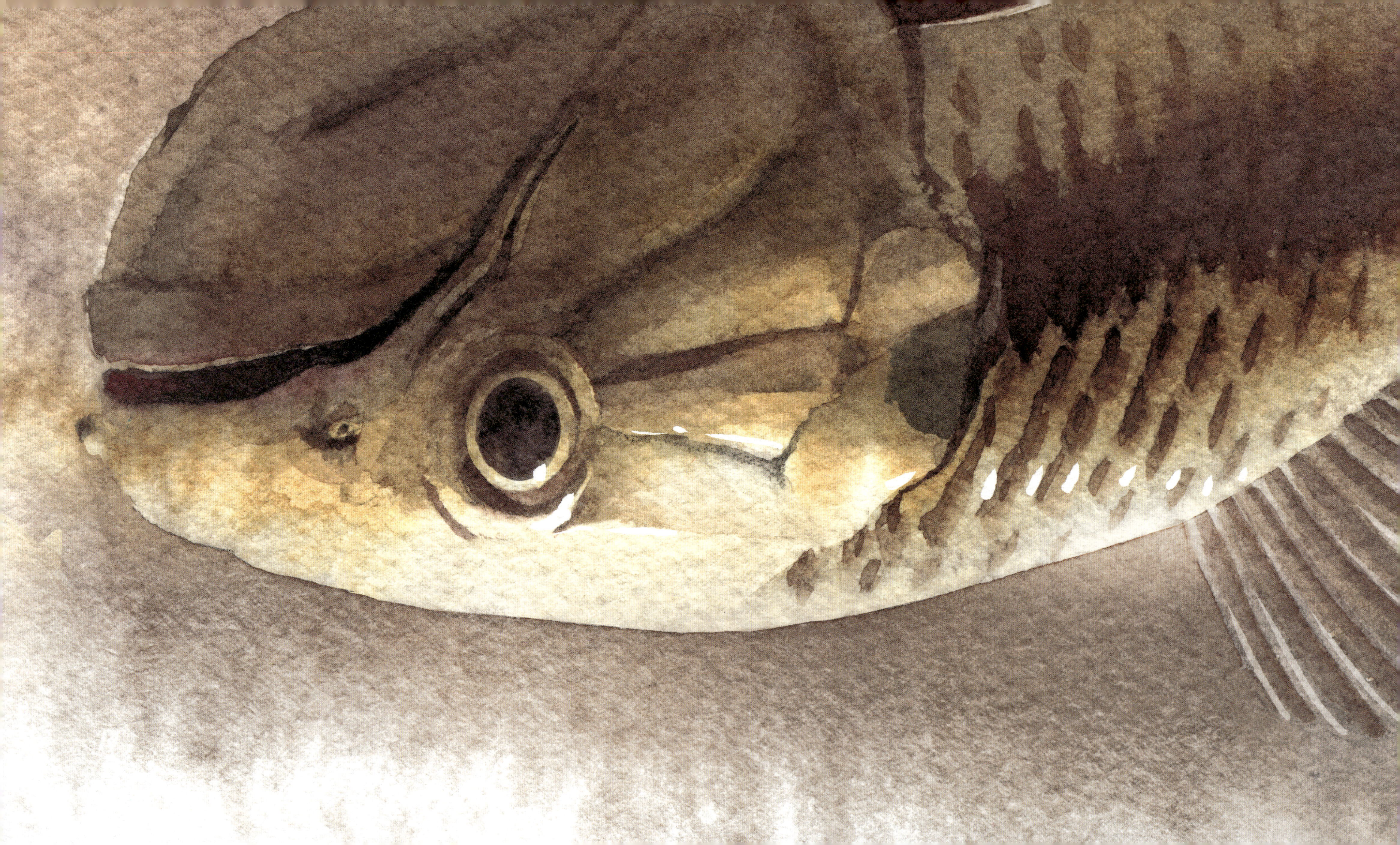

Jeju

Characiformes 〉 Erythrinidae

Hoplerythrinus unitaeniatus

(Spix & Agassiz, 1829)

Golden trahira

Os jejus são predadores de pequenos animais, principalmente outros peixes. Eles usam a emboscada como forma de caça, assim como fazem suas parentes próximas, as traíras. Preferem habitar águas calmas, sem correnteza, como lagoas e brejos. Como têm a capacidade de respirar por meio de sua bexiga natatória altamente vascularizada, estão adaptados à hipóxia e frequentemente podem ser encontrados em águas com baixa concentração de oxigênio. No Pantanal são muito comuns nas lagoas marginais formadas nos períodos de cheia durante o regime de chuvas no verão. Com o aumento do volume de água nos rios, há um extravasamento da calha principal, invadindo as margens. Quando as chuvas diminuem, essas regiões alagadas perdem a conexão com os rios e formam lagoas. Com o avanço do período da seca, essas lagoas tendem a ter águas cada vez menos oxigenadas em razão do aumento das temperaturas e à maior densidade de animais, que cresce à medida que o volume de água diminui. Assim como o tamboatá (*Callichthys callichthys* e *Hoplosthernum* spp.), a piramboia (*Lepidosiren paradoxa*), a tuvira (*Gymnotus* spp.) e o mussum (*Synbranchus* spp.), o jeju é um dos poucos peixes que conseguem sobreviver nessas águas, principalmente quando se tornam lamacentas. Esses ambientes são os mais procurados pelos pescadores de iscas, que coletam jejus para serem vendidos como iscas, assim como a tuvira e o mussum. Poucos aspectos do seu comportamento são conhecidos, havendo registros de que os indivíduos dessa espécie são territorialistas, construindo ninhos durante o período de reprodução e, por vezes, formando cardumes. São fortes as evidências genéticas de que a espécie, na verdade, se trata de um complexo taxonômico com várias linhagens distintas.

The golden trahira are predators on small animals, especially other fish. Like their close relatives the traíras, they are ambush hunters. They prefer quiet waters with little or no current, such as in pools and marshes. Their air-breathing and highly vascularized swimbladder allow them to survive low-oxygen conditions. In the Pantanal they are very abundant in marginal lagoons formed during the summer rainy season. With the increase in river volume, there is an overflow into the marginal areas. With the subsequent lowering of waters, those areas lose their connection with the river and become isolated lagoons. Gradually, those lagoons decrease in size and become crowded with fish, in increasingly hypoxic conditions and higher temperatures. The jeju is one of the few species which can survive the extreme phases of that process when the water turns to mud, along with the tamboatá (*Callichthys callichthys* and *Hoplosthernum* spp.), the piramboia *(Lepidosiren paradoxa)*, the tuvira (*Gymnotus* spp.) and the mussum (*Synbranchus* spp.). Those environments are sought by bait-fishermen, who target mainly the jeju, the tuvira and the mussum. Surprisingly little is known of their behavior, except that they are territorial, they build nests and sometimes form large schools. There is strong genetic evidence that this species is actually a complex of several different species, as yet not properly sorted out.

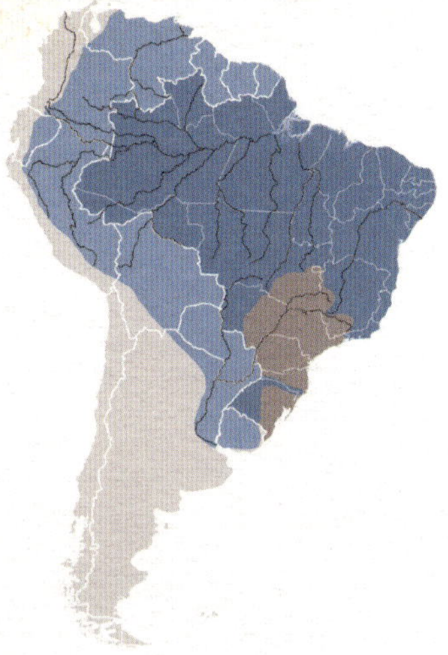

CATEGORIA DE AMEAÇA
• RED LIST CATEGORIES

(LC) (NT) (VU) (EN) (CR) (EW) (EX)

BIOMAS QUE HABITA •
BIOMES OF OCCURENCE

(AMZ) (CER) (CAA) (PTN) (ATL) (PMP)

ESCALA
• SCALE

40 cm

Tamboatá

Siluriformes › Callichthyidae

Callichthys callichthys
(Linnaeus, 1758)

Cascarudo

Callichthys em latim significa "peixe bonito". Olhando para ele, podemos nos perguntar se Linnaeus, seu batizador do século XVIII, estava sendo algo sarcástico. Embora certamente exista alguma beleza nesse peixe, não é do tipo estético geralmente celebrado pela maior parte das pessoas. Independentemente de superficialidades de aparência, *Callichthys* deve ser reconhecido como um especialista em sobrevivência. O tamoatá, também conhecido como caborja, não tem muitas exigências em relação ao meio ambiente, podendo ser encontrado em toda a América do Sul. Com relação à alimentação, pode ingerir praticamente qualquer coisa vagamente nutritiva, de peixes pequenos a restos de vegetais. Pode sobreviver em poças estagnadas com muito pouco ou nenhum gás oxigênio dissolvido, graças às suas adaptações para respiração do ar. O tamoatá pode engolir ar que vai para seu intestino, onde pode realizar trocas gasosas. *Callichthys* também tem um modo interessante de cuidado parental. O macho em reprodução tem o ventre avermelhado e constrói um ninho formado por bolhas e detritos vegetais. Após um ritual bastante complicado, a fêmea deposita seus ovos lá, que por sua vez são fertilizados pelo macho, que é excessivamente possessivo e afugenta a fêmea logo após a desova, guardando então sozinho os ovos fecundados. A distribuição geográfica excepcionalmente ampla de *Callichthys callichthys* é um quebra-cabeça. O mecanismo responsável por essa uniformidade morfológica em uma área tão vasta é desconhecido. Por isso, alguns cientistas suspeitam que a espécie seja um complexo de espécies diferentes, ainda não reconhecidas como tal.

Callichthys in Latin means "beautiful fish". Looking at the animal, one wonders if Linnaeus, its 18th-century baptizer, was being somewhat sarcastic. Although there is certainly beauty to behold there, it is not the kind of beauty usually celebrated by regular humans. Regardless of superficial aesthetics, *Callichthys* certainly must be celebrated as a maverick of survival. This fish is found throughout South America and, for food, it can ingest pretty much anything vaguely nutritious, from small fish to vegetable debris. It can survive stagnant pools with very little or no dissolved oxygen, because of its air-breathing adaptations. *Callichthys* can swallow a bubble of air into its intestine, which is capable of gas exchanges. In fact, most of its relatives have the same adaptation, but in *Callichthys* it is carried on to a maximum. The cascarudo also has an interesting mode of parental care. The red-bellied nuptial male builds a nest formed by bubbles and vegetable debris. After a rather complicated ritual, the female lays her eggs there, which are fertilized by the male. But the male is inordinately possessive about his accomplishments and chases away the female right after spawning, then taking care of the budding family all by himself. The exceptionally wide geographical distribution of *Callichthys callichthys* is a puzzle. The mechanism responsible for such morphological uniformity across such a vast range is unknown. Because of that, some researchers suspect that the species is a complex of different species, still not recognized as such.

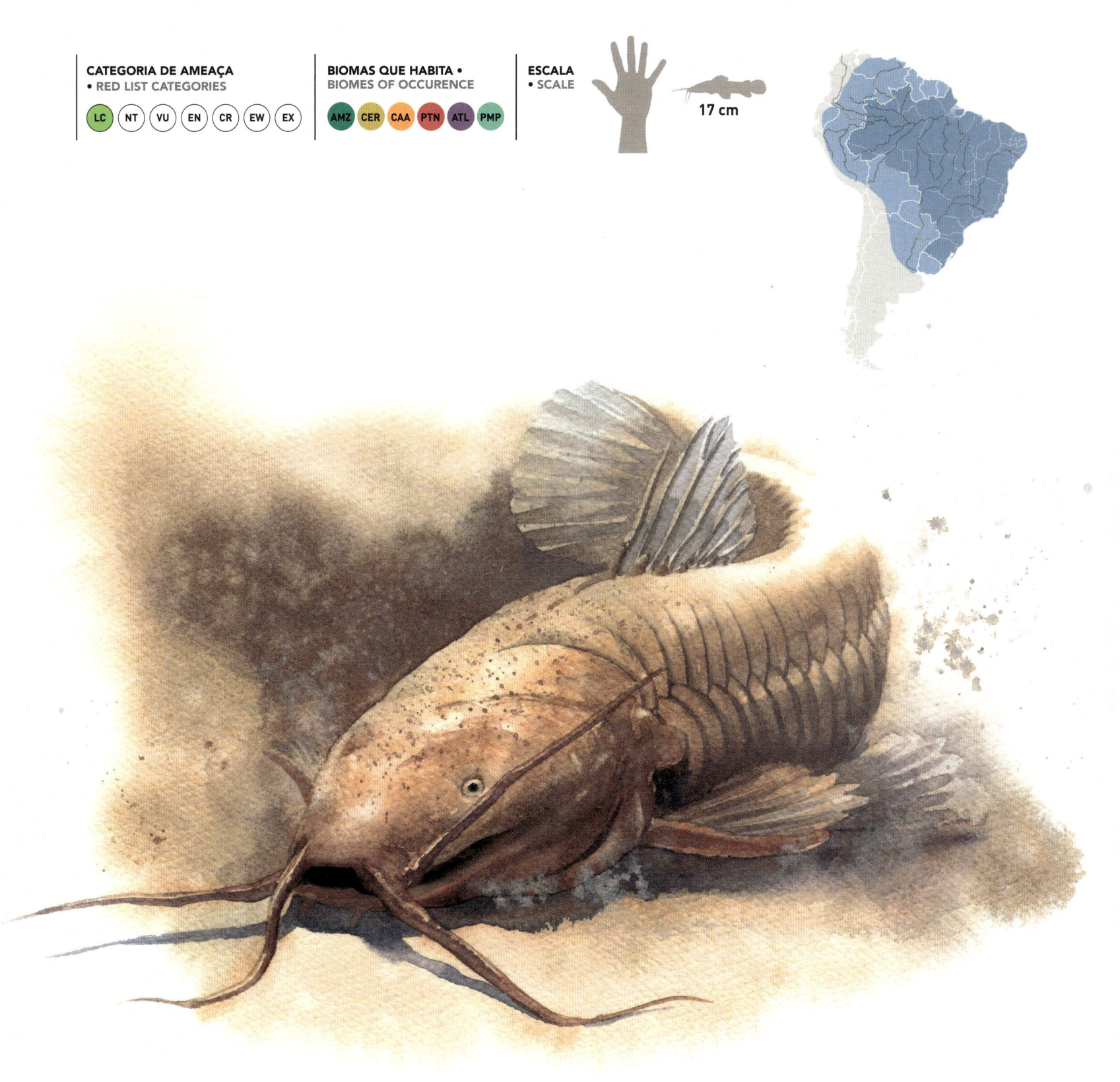

Coridora de Pinna

Siluriformes 》 Callichthyidae

Aspidoras depinnai Britto, 2000

De Pinna's Cory

O isolamento é que cria espécies novas. Nos peixes de água doce, as oportunidades de isolamento físico são inúmeras. Afinal, os peixes ficam restritos a fendas estreitas cheias de água nos continentes e não podem atravessar barreiras terrestres facilmente. Esse efeito de isolamento é particularmente forte em espécies que vivem em pequenas drenagens costeiras ou cabeceiras. Os primeiros são isolados pela água do mar, mortal para a maioria das espécies de peixes de água doce. Os outros são limitados por sua incapacidade intrínseca de sobreviver em rios de planícies, limitando-se assim aos cursos superiores dos rios. De qualquer forma, as drenagens costeiras do sudeste do Brasil estão repletas de oportunidades de isolamento. Elas são, portanto, um excelente catalisador para a especiação de peixes de água doce. Se alguém for para um sistema fluvial remoto pouco explorado, relativamente distante e isolado de outras bacias, é possível que encontre uma espécie nova que evoluiu lá e em nenhum outro lugar no mundo. O peixe *Aspidoras depinnai* é um exemplo desse fenômeno. Há muitas espécies do gênero *Aspidoras* nas drenagens do sudeste brasileiro. Elas se diferenciaram por isolamento e divergência em bacias separadas e foi exatamente isso que ocorreu com *A. depinnai*. Ele foi encontrado pela primeira vez em um pequeno tributário florestal da bacia do rio Ipojucá, uma pequena drenagem no centro do estado de Pernambuco. O pesquisador que nomeou a espécie teve a gentileza de nomeá-la em homenagem ao seu – bastante fortuito – descobridor. *Aspidoras depinnai* é um peixe pequeno, muito semelhante em hábito e aspecto geral às espécies de *Corydoras*. Pode ser distinguido por seus olhos e cabeça proporcionalmente menores. *Aspidoras* vive em pequenos riachos de águas claras sombreadas por vegetação ripária, onde revolvem o fundo de areia com seu focinho, em busca de pequenos invertebrados no substrato. Atualmente, pouco mais se sabe sobre sua vida.

Isolation is what creates new species. In freshwater fishes, opportunities for isolation are myriad. After all, fishes are restricted to narrow cracks filled with water on continents and they simply cannot cross land barriers easily. This isolation effect is particularly strong for species in small coastal drainages or headwaters. The former are isolated by seawater, deadly for most species of freshwater fish. The latter are isolated by their intrinsic inability to survive in lowland rivers, thus being confined to upper courses. Anyway, the coastal drainages of Southeastern Brazil are rife with opportunities for isolation. They are thus an excellent catalyst for freshwater fish speciation. If one goes to a remote poorly explored river system, relatively distant and isolated from other basins, then one is likely to encounter a new species which evolved there and nowhere else. This fish, *Aspidoras depinnai*, is an example of such phenomenon. The genus *Aspidoras* has many forms in Southeastern Brazilian drainages. Its various species have differentiated by isolation and divergence in separate basins, and this is exactly what happened with *A. depinnai*. It was first found in a small forested tributary to Ipojucá basin, a narrow drainage in the center of the State of Pernambuco. The author of the species was kind enough to name it in honor of the – rather fortuitous – discoverer. *Aspidoras depinnai* is a small fish very similar in habit and general aspect to species of *Corydoras*. It can be distinguished at a glance by its proportionally smaller eyes and head. *Aspidoras* lives in small clearwater streams shaded by riparian vegetation, where it probes the sandy bottom with its snout in search of small invertebrates in the substrate. Little more is known of its life history at this time.

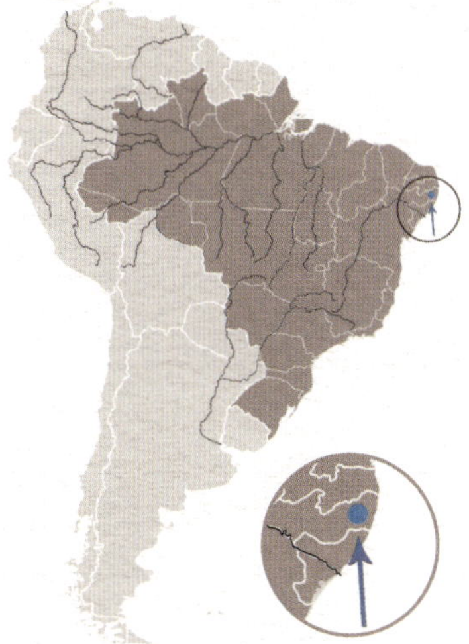

CATEGORIA DE AMEAÇA
• RED LIST CATEGORIES

(LC) NT VU EN CR EW EX

BIOMAS QUE HABITA •
BIOMES OF OCCURENCE

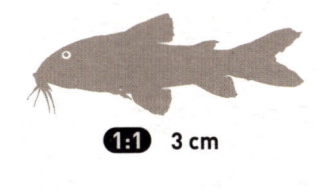

AMZ CER **CAA** PTN ATL PMP

ESCALA • SCALE

1:1 3 cm

CONTEÚDO INTERATIVO
INTERACTIVE CONTENT

Molé

Siluriformes 》 Trichomycteridae

Copionodon pecten

de Pinna, 1992

Diamantina's catfish

Algumas espécies ou grupos de espécies parecem desaparecer quase por completo do planeta, sobrevivendo em pequenas regiões isoladas. É o caso de *Copionodon pecten,* popularmente conhecido como molé, um pequeno bagre que existe apenas na Chapada Diamantina, um maciço rochoso muito antigo na região central do estado da Bahia. Como se isso não bastasse, a espécie ocorre apenas na região da Chapada drenada pelas cabeceiras do rio Paraguaçu. O molé e seus parentes foram confinados a viver estritamente nesse ambiente de altitude e pouco convidativo à medida que a competição com os peixes das terras baixas gradualmente os expulsou de ambientes com menos restrições. Os rios e riachos onde vivem são cursos de água preta correndo sobre leitos de rochas nuas sem vegetação. Na estação das chuvas, os rios podem ser um inferno borbulhante com correntes tempestuosas intransitáveis. Na estação seca, parte desses rios é reduzida a um filete ou a uma série de poças estagnadas sem nenhuma corrente. Mas os molés são adaptados a tudo isso. Suas bochechas estão equipadas com um aparelho ósseo provido de dentes que lhes permite ancorar-se nas fortes correntes e até escalar cachoeiras (adaptação também presente em seus parentes, representados nesse livro pelo candiru-verdadeiro do gênero *Vandellia*). Essa última habilidade explica sua presença em tantos riachos isolados no alto da Chapada Diamantina. Quando presos em piscinas com baixos níveis de oxigênio, eles podem engolir ar, já que seu estômago é modificado para auxiliar na respiração. No geral, eles são extraordinariamente adaptados ao seu ambiente improvável e podem ser muito abundantes quando as condições são adequadas. Os molés compartilham seu habitat com poucos outros peixes, por vezes nenhum, porque poucos são capazes de chegar a esses lugares e sobreviver. Isso significa também que não há predadores de peixes onde o molé mora, o que é adequado, pois a espécie tem poucas defesas. Por incrível que pareça, os *Copionodon* só foram cientificamente reconhecidos no início dos anos 1990, apesar da secular ocupação humana e atividade mineradora na região da Chapada Diamantina.

Some species or groups of species seem to disappear from the face of the planet except for some secluded retreat in a little corner of the world where they manage to survive long past their heyday. Such is the case with *Copionodon pecten*, a little catfish that exists only in the Chapada Diamantina, an ancient massif in the central State of Bahia. As if that was not enough, therein they only occur in portions drained by the headwaters of the Rio Paraguaçu. The Diamantina's catfish and its relatives have gradually retired into this high-altitude and rather uninviting environment as competition from lowland fishes expelled them from more normal environments. The rivers and creeks where they live are blackwater courses running over bare rock beds with no vegetation. In the rainy season, the rivers can be a bubbly inferno with tempestuous impassable torrent. In the dry season, they are reduced to a trickle, or a series of stagnant pools with no current at all. But they are well fit for such conditions. Their cheeks are equipped with a toothed apparatus which allows them to anchor themselves against strong currents and even to elbow their way up waterfalls (a similar adaptation is seen in their relatives, the true candirus of the genus *Vandellia*). The latter ability explains their presence in so many isolated creeks high up in the Diamantina range. When trapped in pools with low oxygen levels, they can swallow a bubble of air into their stomachs to aid in respiration. Overall, they are beautifully adapted to their unlikely environment and can be very abundant when conditions are right. Expectedly, *Copionodon* catfishes share their habitat with few other kinds of fish, often none, because so few of them can reach such places and survive there. This means also that there are no fish predators where *Copionodon* lives, which is all for the better because they have no defenses against such threats. Incredibly enough, the entire group of Copionodon-like catfishes was only discovered in the early 1990´s, despite the centuries-old human occupation and mining activities in the Chapada Diamantina area.

CONTEÚDO INTERATIVO
INTERACTIVE CONTENT

CATEGORIA DE AMEAÇA • RED LIST CATEGORIES: LC NT VU EN CR EW EX

BIOMAS QUE HABITA • BIOMES OF OCCURENCE: AMZ CER **CAA** PTN ATL PMP

ESCALA • SCALE: 7 cm

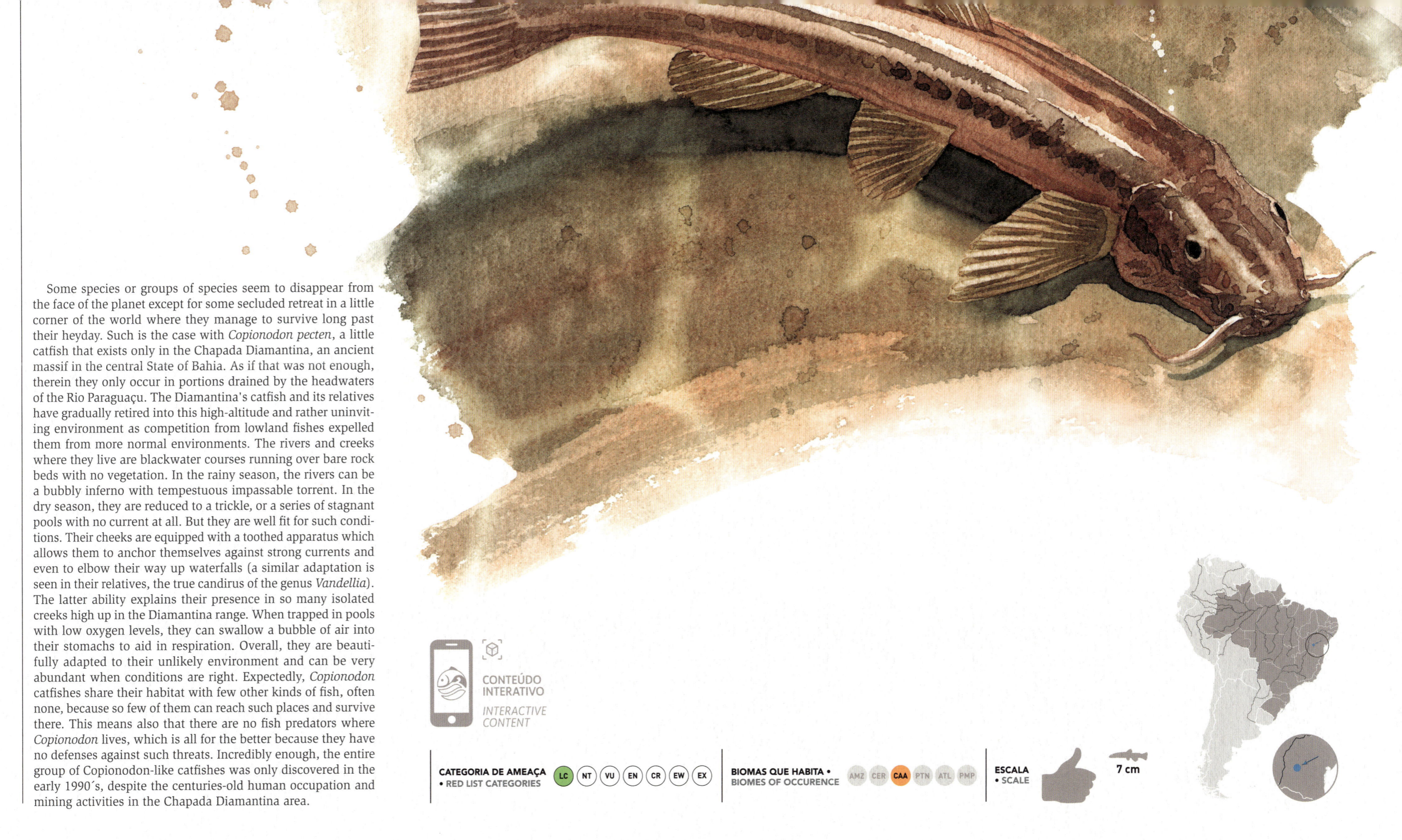

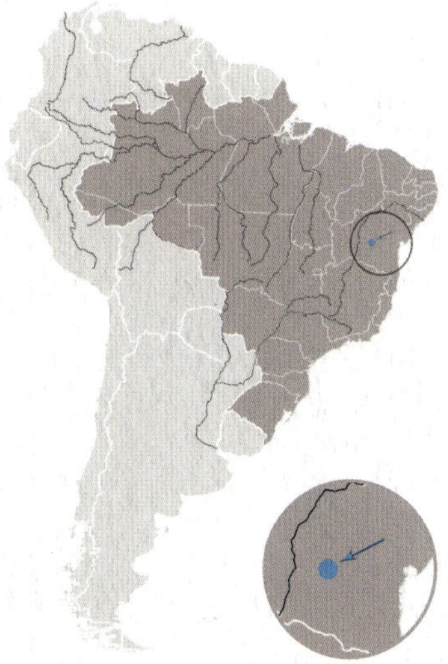

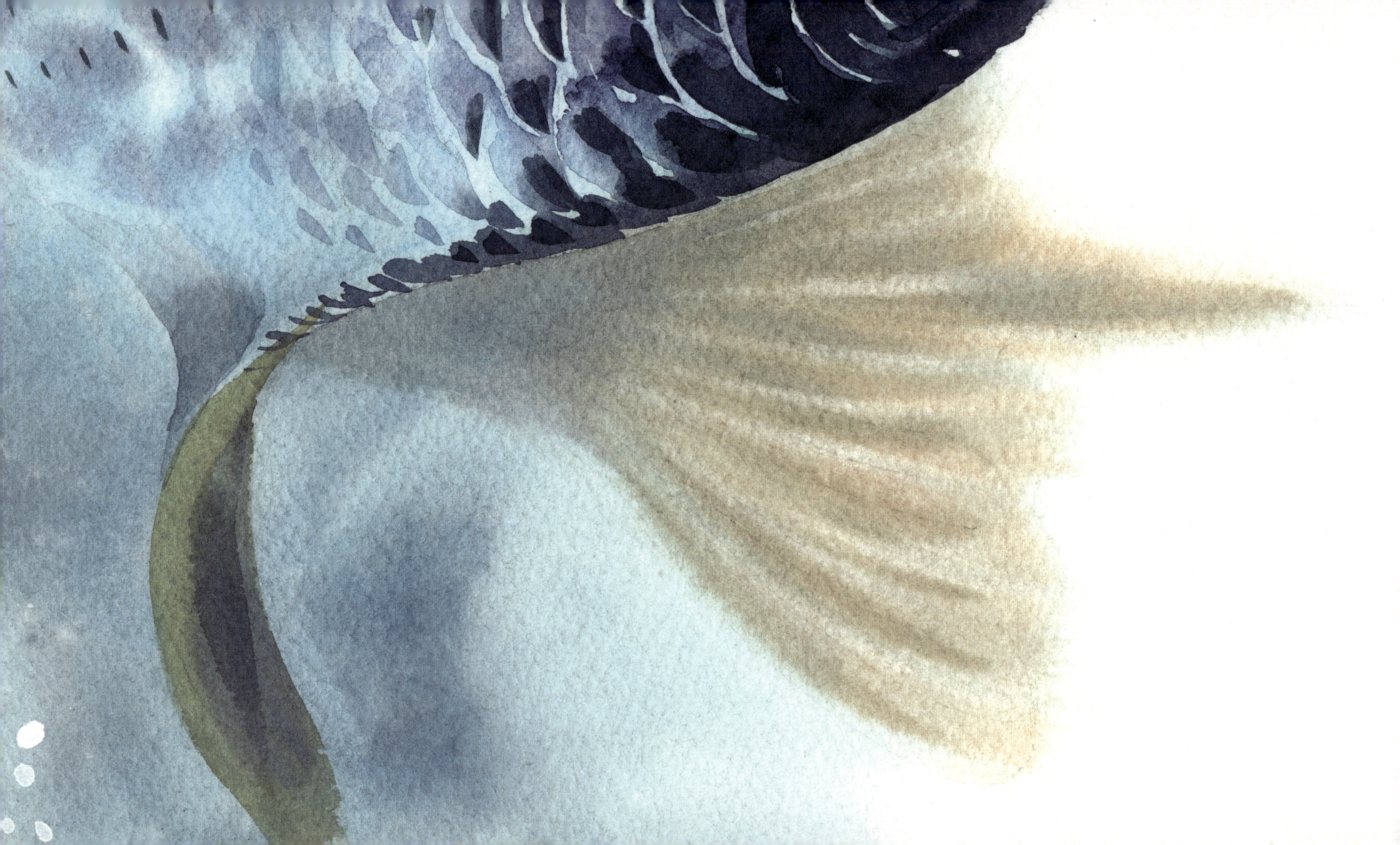

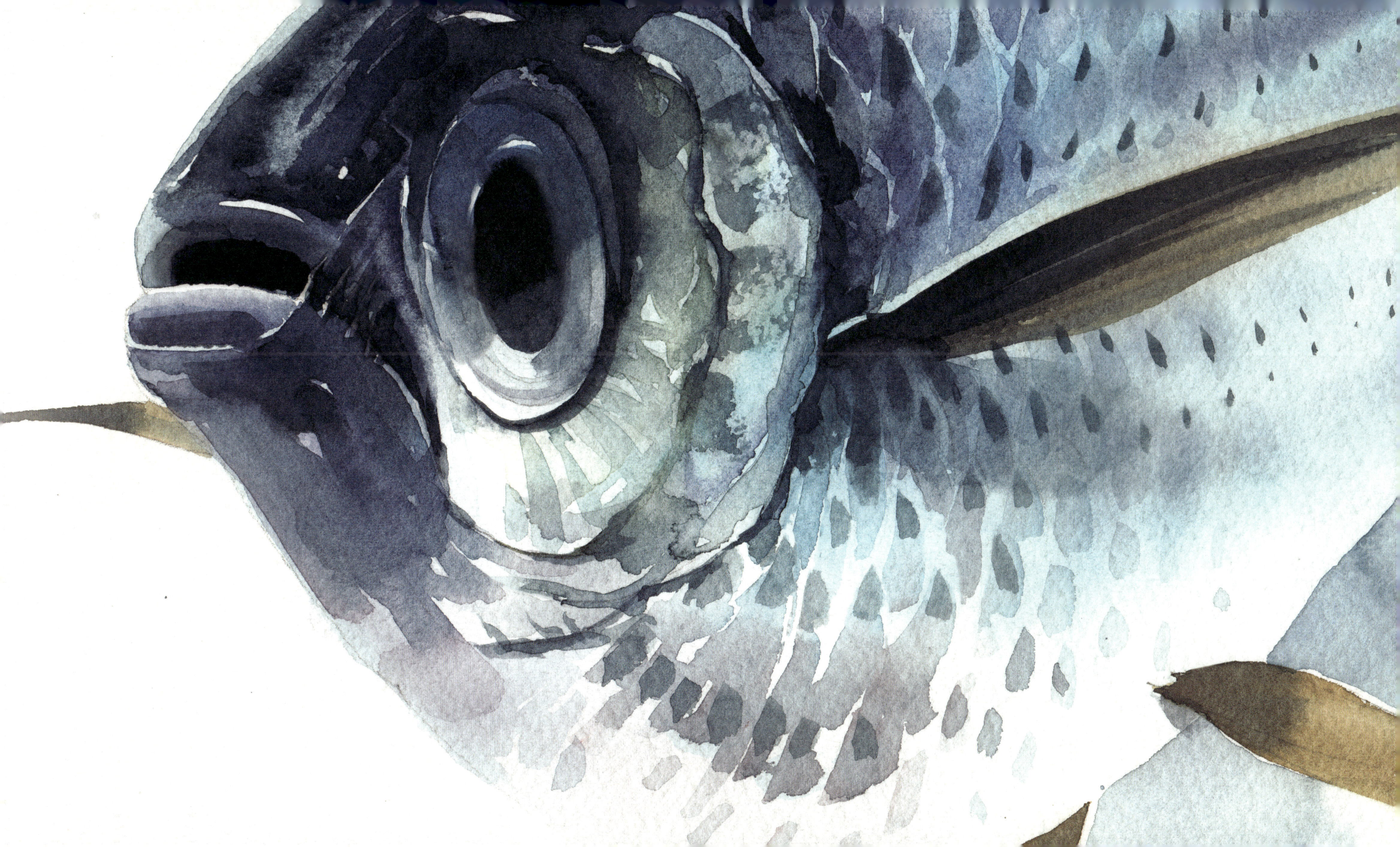

Sardinha-papuda

Characiformes ≫ Triportheidae

Triportheus signatus

(Garman, 1890)

Elongate hatchetfish

É conhecido popularmente como sardinha-papuda, em alusão à semelhança às verdadeiras sardinhas, tipicamente marinhas e com coloração prateada embora não seja parente próximo delas. Apresenta boca voltada para cima, uma adaptação à alimentação, principalmente de insetos, nos extratos mais superiores da coluna d'água. A nadadeira peitoral bastante desenvolvida denota grande capacidade de natação. É uma espécie típica das drenagens temporárias do semiárido nordestino, em que os rios frequentemente são reduzidos a lagoas distantes da vegetação ripária. Nesses locais expostos ao Sol intenso, as águas tendem a perder cada vez mais oxigênio ao longo do tempo. Não por acaso, essa é uma das espécies do gênero que pode apresentar protuberâncias carnosas em formato de barbelas no lábio inferior, que se desenvolvem rapidamente em resposta à baixa concentração de oxigênio dissolvido na água. Na literatura há registros de que essa estrutura deve auxiliar na respiração ao direcionar melhor a água da camada superficial para a boca ou mesmo como sítio para trocas gasosas.

This fish is popularly known in portuguese as "sardinha-papuda" because of the similarity of its silvery shine and body shape to those of true sardines. Appearances are deceiving however, and *Triportheus* is not at all related to sardines, instead of being a relative of the tetras, piranhas, pacus and similar forms. This fish has an upturned mouth, an adaptation to feeding on items on the upper levels of the water column, especially insects. The well-developed pectoral fin suggests a powerful swimmer. *Triportheus signatus* is a species typical of the temporary water courses of the northeastern Brazilian semi-arid region, where rivers in the dry season are reduced to isolated lagoons distant from riparian vegetation. Those habitats are exposed to direct sun and the waters become increasingly warmer and less oxygenated. Not coincidentally, this species is one of those which develop fleshy barbell-like protuberances on the lower lip in response to low dissolved oxygen conditions. There are indications that those structures may aid in directing the superficial water, at the interface air-water and more highly oxygenated, towards the mouth. Perhaps the structure itself may serve as a site for gas exchange.

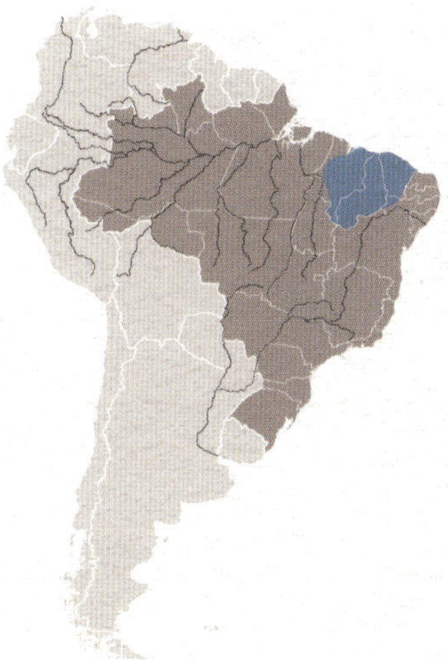

CATEGORIA DE AMEAÇA
• RED LIST CATEGORIES

(LC) (NT) (VU) (EN) (CR) (EW) (EX)

BIOMAS QUE HABITA •
BIOMES OF OCCURENCE

(AMZ) (CER) (CAA) (PTN) (ATL) (PMP)

ESCALA
• SCALE

20 cm

225

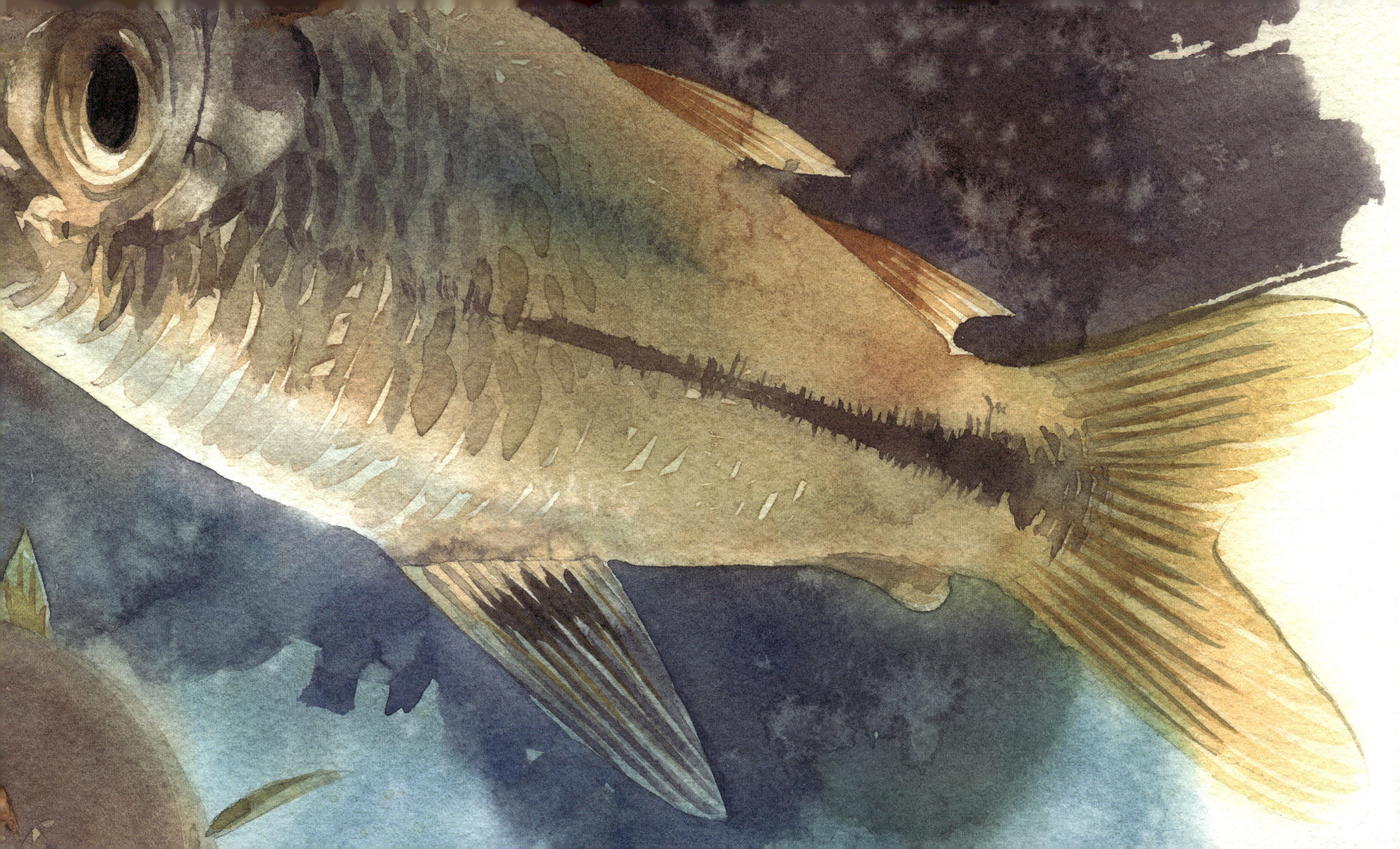

Saguiru-do-nordeste

Characiformes / Curimatidae

Steindachnerina notonota

(Miranda Ribeiro, 1937)

Northeastern toothless characin

A saguiru-do-nordeste é um peixe de pequeno porte, com coloração geralmente prateada. Não tem importância comercial, sendo consumida apenas pela população ribeirinha ou utilizada como isca. Tem a boca voltada para baixo, adaptada para a captura de componentes orgânicos nos detritos do fundo dos rios. Agrupa-se em grandes cardumes no período de desova e migra subindo os rios para desovar. A desova ocorre em águas rasas em meio à vegetação aquática. Como em muitos outros peixes, nas larvas da branquinha-do-nordeste existe uma glândula adesiva que serve para fixá-las ao substrato ou em troncos e pedras submersos. Nesta fase, têm mandíbula pequena, dentes faríngeos e alimentam-se de plâncton. A glândula adesiva e todos os dentes são perdidos quando as larvas mudam para a dieta detritívora dos adultos.

The northeastern toothless characin is a small-sized, silvery species. It has no commercial importance, being consumed locally or used as bait. Its mouth is turned ventrally, an adaptation for securing organic matter in detritus at the bottom of rivers. At reproduction season, it gathers in large shoals, migrating upriver to spawn. Eggs are laid in shallows, among aquatic vegetation. As in many other fishes, the larvae of this species have an adhesive gland which anchors them to the substrate or submerged logs and rocks. At that phase, they have small mouths and teeth, feeding on plankton. Both the gland and teeth are lost as the young grow and adopt the detritivorous diet of adults.

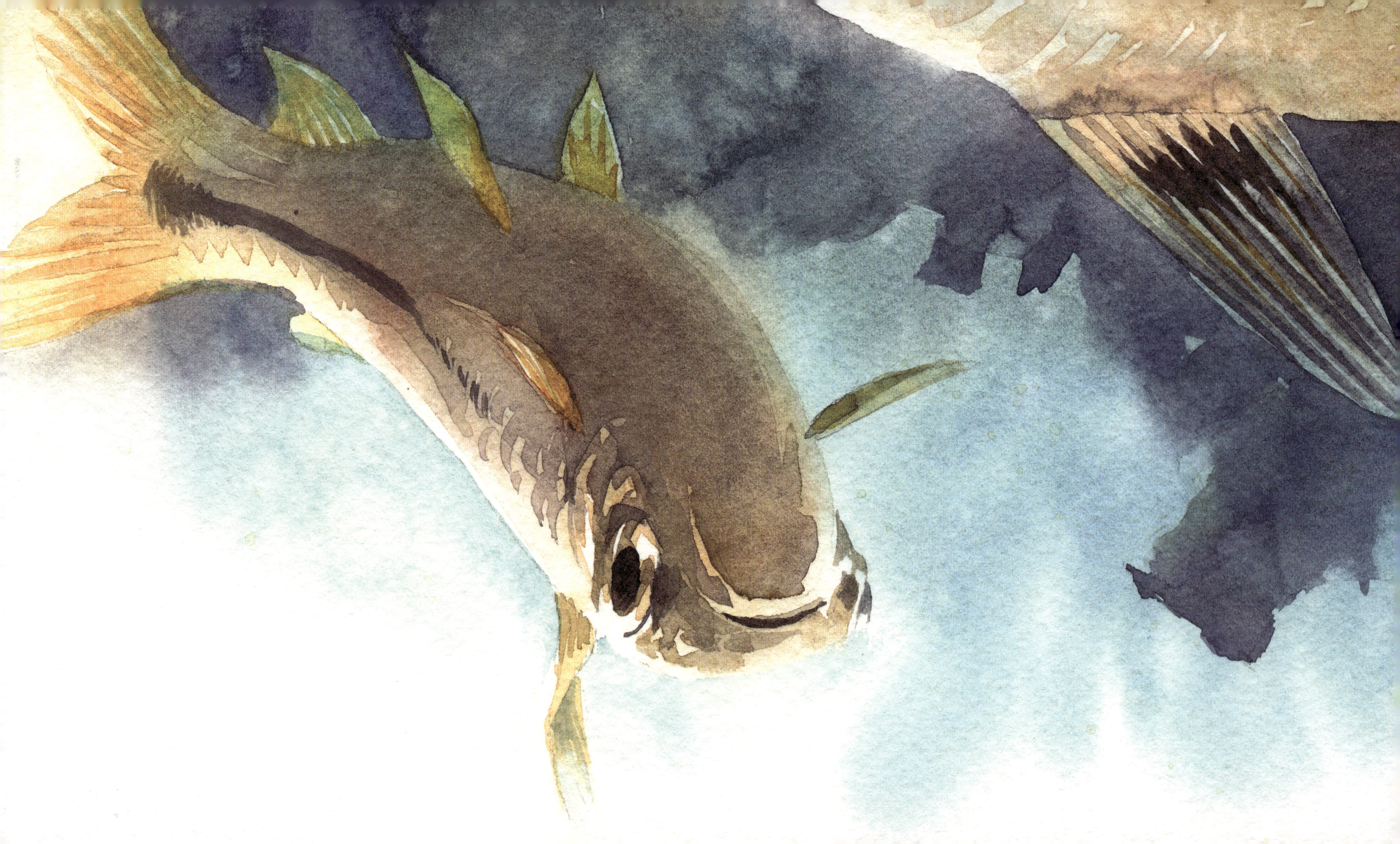

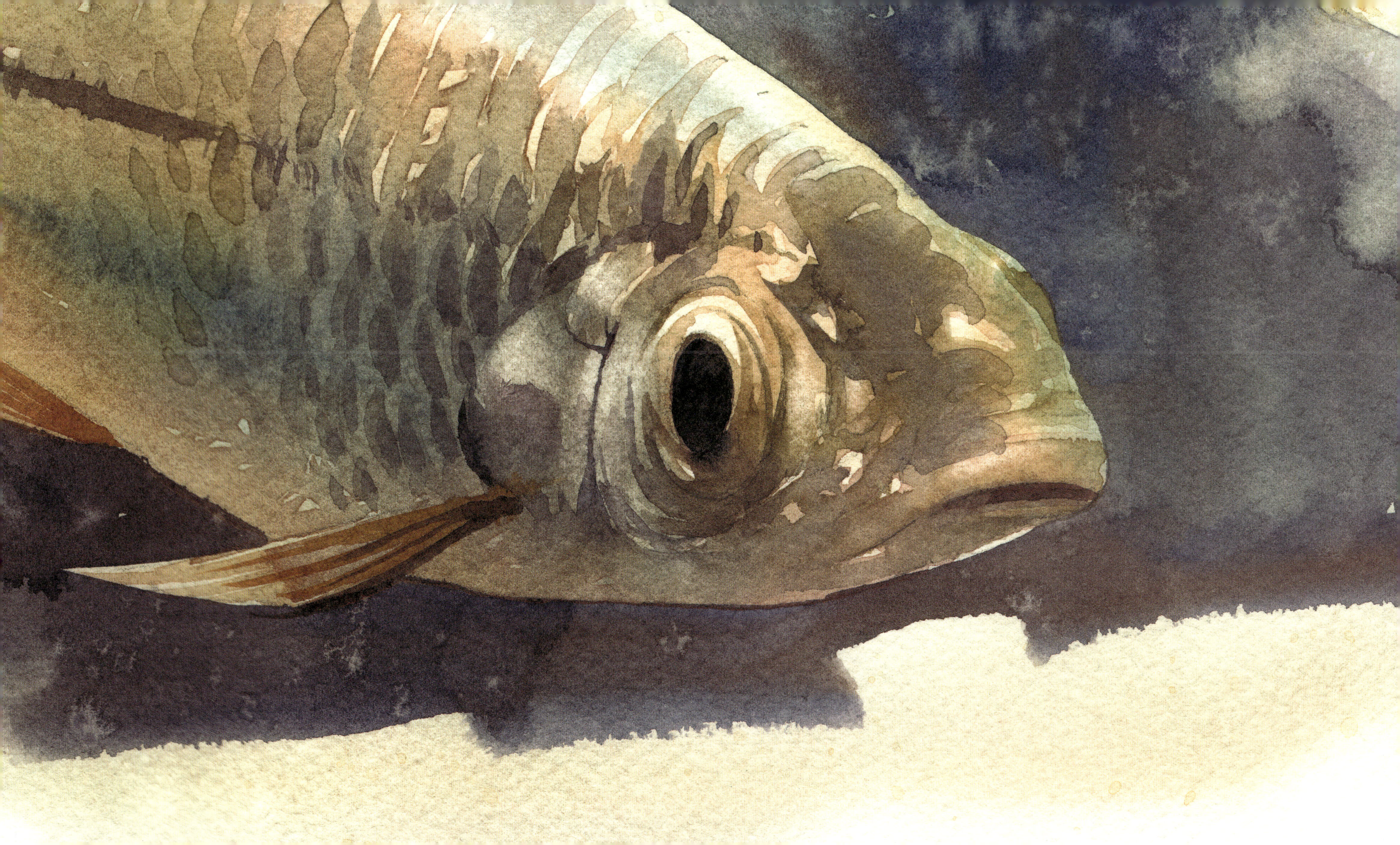

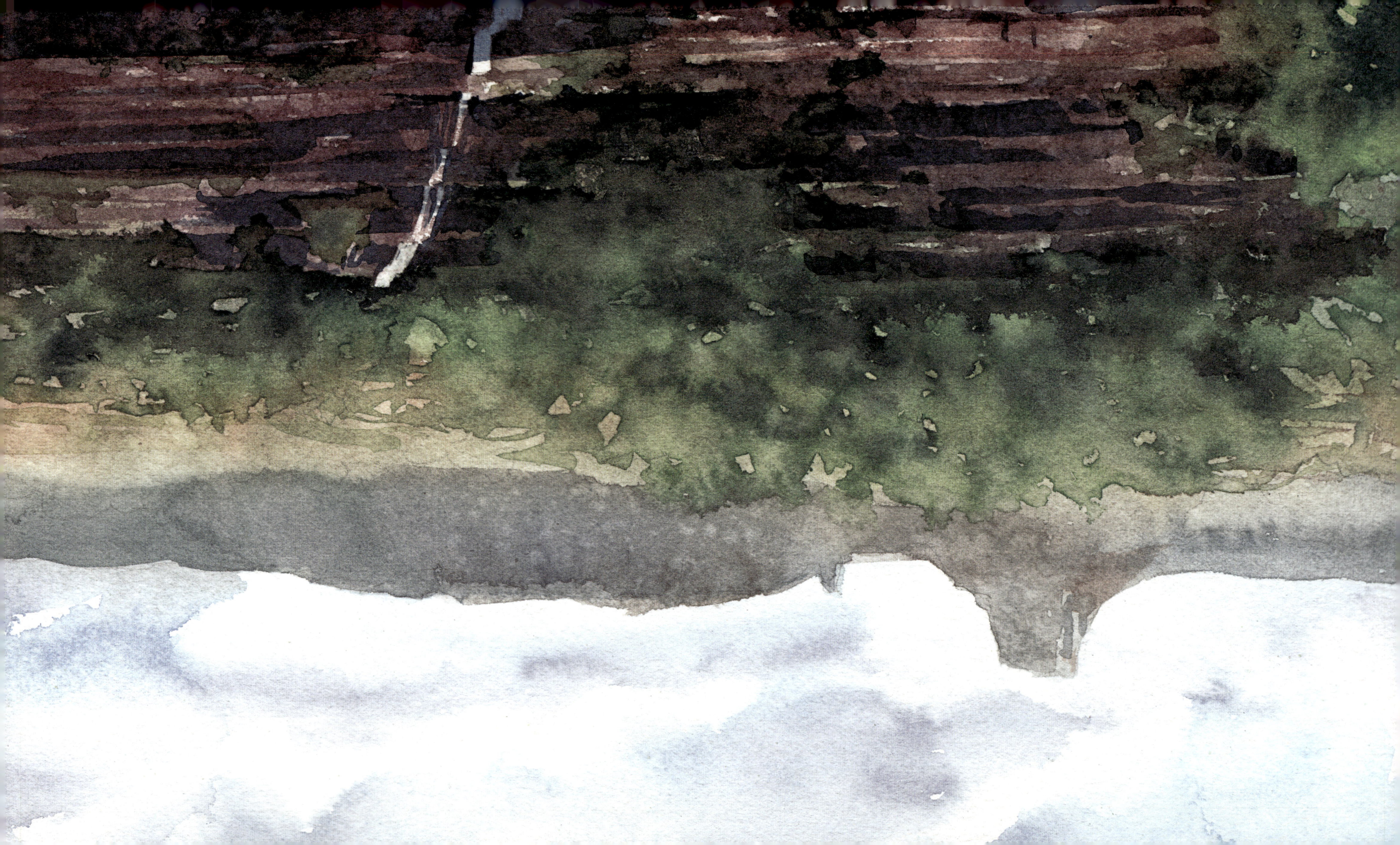

(CER) CERRADO

- **Área no Brasil:** 1.983.017 km² (23,3% do território nacional)
- **Estado onde ocorre:** BA, DF, GO, MA, MG, MS, MT, PI, PR, SP, TO
- **Principais bacias hidrográficas:** Juruena, Araguaia, Tocantins, Araguari, Grande, Paraguai, São Francisco, Parnaíba e outros
- **Espécies de peixes registradas:** ~1000 (~30% dos peixes brasileiros de água doce)

É o segundo maior bioma brasileiro em extensão e ocupa uma faixa mais central do país. Por essa razão, faz fronteira com todos os demais biomas, exceto o Pampa. Possui ocorrência em todas as Grandes Regiões brasileiras, de Norte a Sul, embora esteja mais concentrado no Centro-Oeste, nos estados do TO e GO onde é o bioma predominante. No Sudeste, tem forte presença em Minas Gerais. Sua cobertura vegetal apresenta tanto formações florestais quanto campestres, sendo que a fisionomia mais comum é a campestre, com árvores e arbustos esparsos sobre um tapete de gramíneas. O Cerrado é o berço das grandes águas fluviais genuinamente brasileiras. Nele estão localizadas as nascentes de alguns dos principais rios do país, como Tapajós, Xingu, Paraguai, Paraná, Tocantins e São Francisco. Assim, a ictiofauna do Cerrado é bastante rica e heterogênea, pois abriga espécies de bacias hidrográficas muito distintas. Além de ser moradia de centenas de espécies endêmicas, o Cerrado também abriga elementos típicos da Amazônia, Caatinga e Pantanal, cujas cabeceiras estão ali situadas. Seu relevo é relativamente bem acidentado e geologicamente antigo, o que significa que foi extensamente afetado por agentes intempéricos (clima, água, vento etc). Esse intemperismo ocorreu principalmente por meio da lixiviação, lavagem do terreno pela água das chuvas, o que ao longo tempo acarretou em menor fertilidade do solo e rios carregando poucos sedimentos. Terrenos acidentados e águas límpidas são dois elementos constantes na composição da fotografia do Cerrado, formando cenários paradisíacos que contribuem com a fama do Brasil em belezas naturais. Alguns dos mais emblemáticos locais são a Serra da Canastra e as Chapadas dos Guimarães, Parecis e Veadeiros. Atualmente, o Cerrado é um dos biomas mais ameaçados do país devido à expansão agropecuária, principalmente soja, cana-de-açúcar, algodão e milho.

This is the second largest Brazilian biome in total area, occupying the central area of the country. For that reason, it contacts all other biomes, except the Pampa. The Cerrado occurs in all regions of Brazil, from north to south, although it is concentrated in the midwest, especially the States of Tocantins and Goiás, where it is the predominant biome. In the Southeast, it is concentrated in the State of Minas Gerais. The Cerrado vegetation includes both forest and savannah-like covering, with the latter being predominant, with sparse trees and shrubs over an undergrowth of grasses. The Cerrado is the birthplace of the great Brazilian pluvial waters, harboring the headwaters of some of major basins such as the Tapajós, Xingu, Paraguai, Paraná, Tocantins and São Francisco. The ichthyofauna of the Cerrado is thus very diverse, containing species from many distinct drainages. In addition to hundreds of endemics, the Cerrado includes also elements typical of the Amazon, Caatinga and Pantanal. The terrain is moderately irregular and ancient, which means that it has been extensively altered by weathering elements (climate, water, wind). Such weathering acted mostly by leaching, which is the washing of soils by rainwater, which over time results in reduced soil fertility and sediment-poor rivers. Irregular terrain and clearwater rivers are two signatures of the Cerrado, contributing to the scenic reputation of part of Brazil. Some of the most emblematic postcards include Serra da Canastra and the Chapadas dos Guimarães, Parecis and Veadeiros. The Cerrado is today one of the most critically endangered biomes in the country, due mostly to agricultural invasion, especially soy, sugar cane, cotton and corn.

- **Area in Brazil:** 1.983.017 km² (23.3% of the Brazilian territory)
- **Brazilian State where it occurs:** BA, DF, GO, MA, MG, MS, MT, PI, PR, SP, TO
- **Main river basins:** Juruena, Araguaia, Tocantins, Araguari, Grande, Paraguai, São Francisco, Parnaíba, and others
- **Fish species recorded:** ~1000 (~30% of the freshwater Brazilian fishes)

CATEGORIA DE AMEAÇA
• RED LIST CATEGORIES

LC NT VU EN CR EW EX

BIOMAS QUE HABITA •
BIOMES OF OCCURENCE

AMZ CER CAA PTN ATL PMP

ESCALA
• SCALE

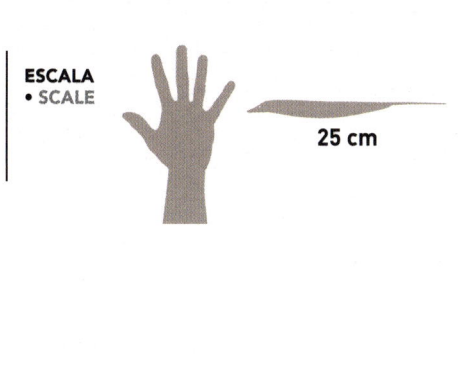

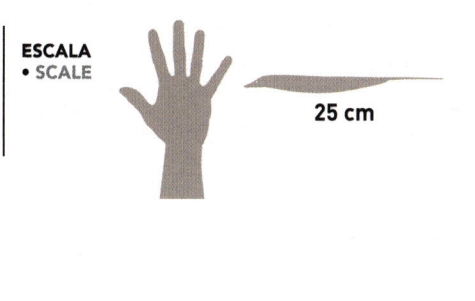

25 cm

Sarapó-de-areia

Gymnotiformes ≫ Rhamphichthyidae

Gymnorhamphichthys rondoni

(Miranda Ribeiro, 1920)

Sand knifefish

Uma das melhores maneiras de admirar uma comunidade de peixes que vive na areia é mergulhar com uma máscara e *snorkel* perto do fundo do rio, passando lentamente os dedos pela camada superficial da areia. Se for o local correto, vários tipos de pequenas criaturas brancas e translúcidas nadarão para longe, deslocados pela perturbação dos dedos intrusos. Uma das surpresas mais impressionantes durante essas investigações é *Gymnorhamphichthys*, um animal tão longo quanto seu nome. É um peixe em forma de faca, semitransparente, com um focinho de tamanduá. Ele consegue se esconder enterrando-se completamente na areia, mesmo que seja apenas uma estreita faixa entre rochas. Como todos os seus parentes próximos, *Gymnorhamphichthys* é um peixe elétrico que pode gerar campos elétricos ao redor do corpo e pode detectar pequenas deformações desse campo causadas por objetos e seres vivos. Esse sentido é chamado de eletrolocação e fornece uma "visão" muito precisa e detalhada dos arredores, de forma que esses peixes podem manobrar com destreza mesmo na escuridão total. Também conseguem detectar os minúsculos campos elétricos produzidos por outras criaturas vivas, uma habilidade bastante apropriada para um peixe que passa grande parte de sua vida enterrado na areia, onde os olhos podem ser inúteis.

One of the best ways to admire the fish community that live in the sand is to snorkel with a diving mask close to the bottom of the river, slowly running one´s fingers through the superficial layer of sand. If the spot is just right, all sorts of little white creatures swim away, dislodged by the intruding digits' disturbance. One of the most striking surprises during those investigations is *Gymnorhamphichthys*, a name that matches its bearer in length. It is an elongate, semi-transparent, knife-shaped fish, with an anteater snout. It manages to bury and hide completely in the sand, even if it is just a small patch between rocks. Like all of its close relatives, *Gymnorhamphichthys* is an electric fish that can generate electric fields around the body and can detect minute deformations of that field caused by objects and living beings. This sense is called electrolocation and provides a very accurate and detailed "view" of the surroundings, so that these fish can maneuver well in total darkness. It can also detect the tiny electric fields produced by other living creatures, an ability quite appropriate for a fish that spends much of its life buried in sand, where eyes can be quite useless.

Bagrinho-de-areia

Siluriformes › Heptapteridae

Mastiglanis asopos
Bockmann, 1994

Threadfin catfish

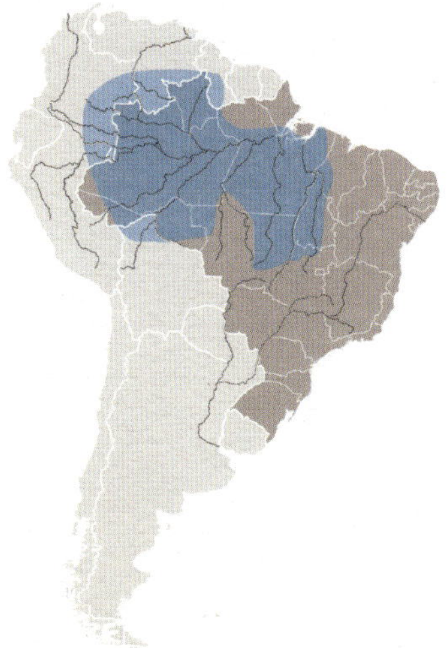

A areia dos rios é o habitat de vários peixes notáveis. Um deles é o bagre *Mastiglanis*, que ocorre em pequenos riachos rasos de floresta e também nas praias de grandes rios. Seu corpo semitransparente o torna quase invisível nos bancos de areia onde mora. Durante o dia, o peixe passa a maior parte do tempo totalmente enterrado, ou apenas com a parte dorsal da cabeça saindo da areia, com os olhos monitorando atentamente os arredores. No escuro (ou mesmo durante o dia, se houver oportunidades de alimento fácil), no entanto, repousa sobre o substrato apoiado em suas longas nadadeiras peitorais, posicionado contra a corrente da água. Os barbilhões igualmente longos ficam estendidos como antenas, permitindo detectar com eficiência itens que possam predar. Ao contrário da maioria dos bagres, *Mastiglanis* não caça ativamente, mas sim capturando itens comestíveis que passam com a corrente de água, principalmente invertebrados terrestres. Tende a se reunir em pequenos grupos de poucos indivíduos.

The sands of rivers are the habitat of several remarkable fishes. One of them is this catfish, *Mastiglanis*, which occurs in small shallow sandy forest creeks and also in beaches of large rivers. Its semi-transparent body makes them mostly invisible against the sandbanks where it lives. During the day, the fish spends much of the time entirely buried, or with just the dorsal part of the head sticking out of the sand, eyes attentively monitoring the surroundings. In the dark, however, it rests on the substrate propped by its long pectoral fins, positioned against the water current. Its equally long barbels are outstretched like a system of antennae allowing it to efficiently detect passing prey items. Contrary to most catfish, *Mastiglanis* does not hunt by actively nosing its way around the bottom of the river, but rather by quickly darting at eatable items passing with the current, mostly terrestrial invertebrates. They tend to gather in small groups of a few individuals.

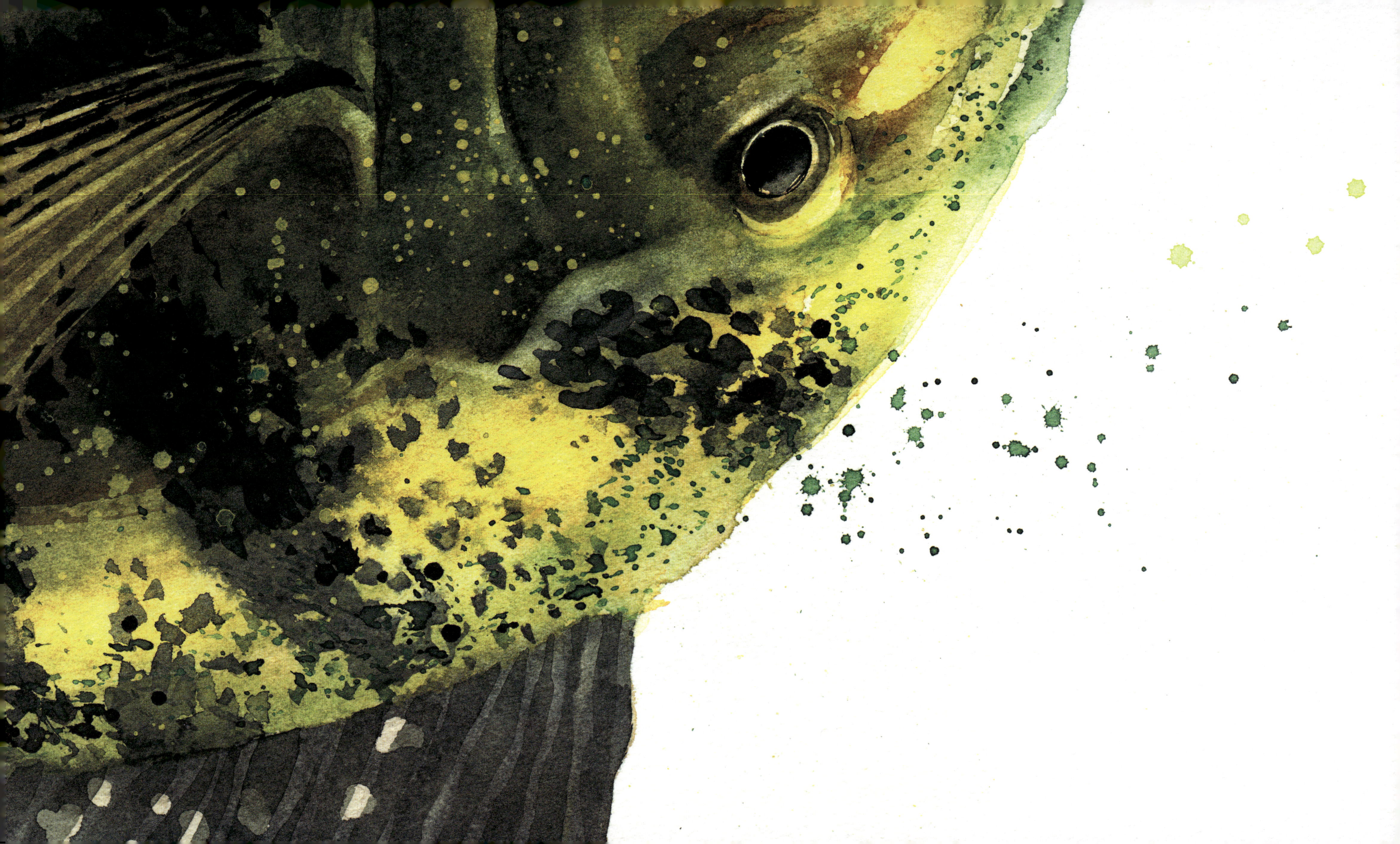

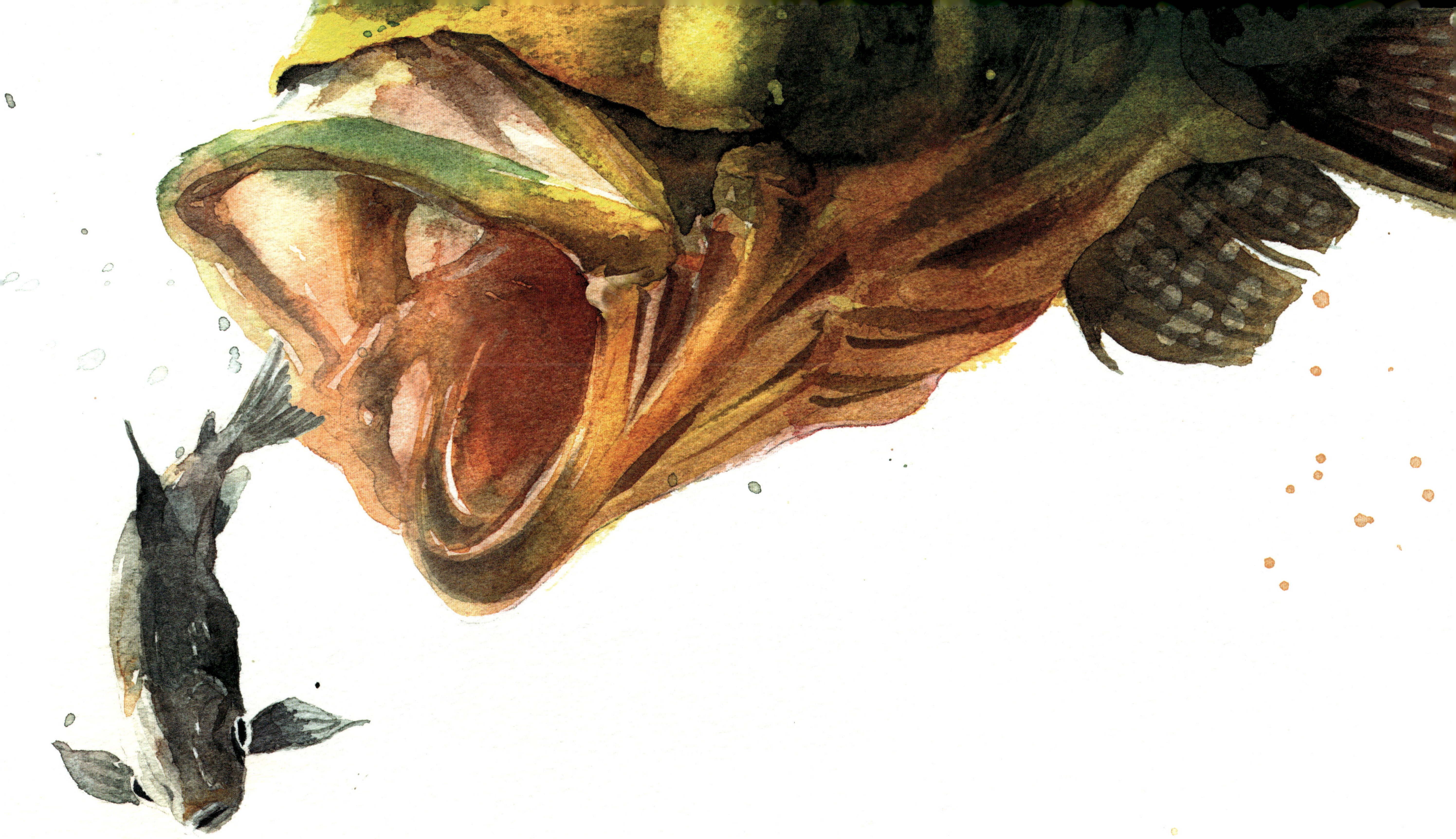

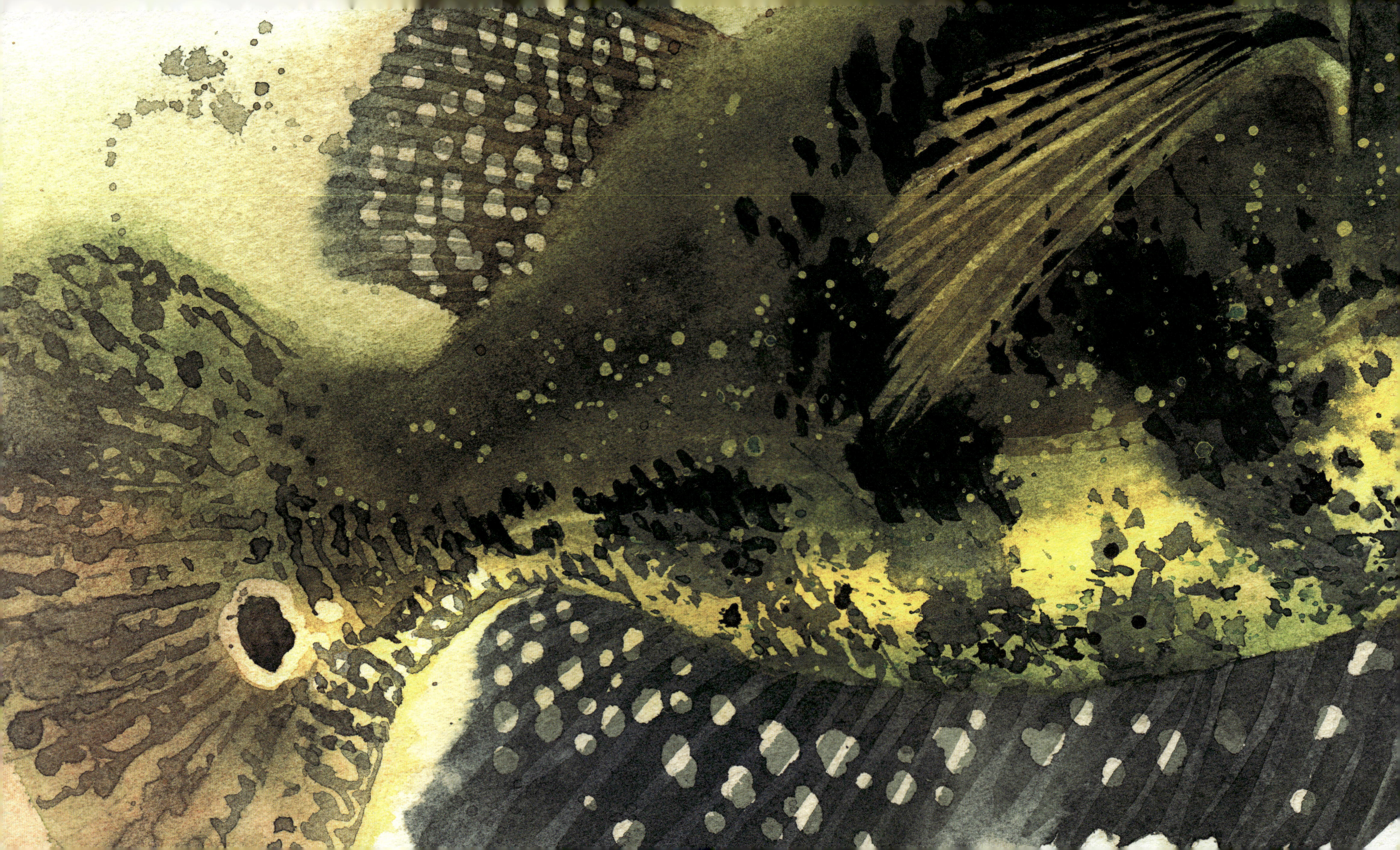

Tucunaré-amarelo

Cichliformes › Cichlidae

Cichla kelberi
Kullander & Ferreira, 2006

Kelberi peacock bass

O tucunaré-amarelo tem cores da bandeira brasileira: verde e amarelo. Além das cores, é uma espécie genuinamente brasileira por ocorrer exclusivamente em território nacional. Foi introduzido em rios do sudeste, no nordeste e até no Pantanal, provavelmente por escape de açudes onde era criado para fins de pesca esportiva. No sudeste, convive com *Cichla piquiti* (tucunaré-azul) que também foi introduzido, ambas tornando-se comuns em reservatórios de hidrelétricas. Há registros na literatura de que essas duas espécies hibridizam entre si, gerando exemplares com morfologia intermediária. Uma característica importante para distinção entre as duas espécies é a presença de pequenas bolinhas claras na nadadeira anal do tucunaré-amarelo, que são ausentes no tucunaré-azul. O tucunaré-amarelo, como todos os tucunarés, é um grande predador, alimentando-se de peixes e invertebrados aquáticos.

The Kelberi peacock bass has the colors of the Brazilian flag, green and yellow. In addition to its colors, it is a genuinely Brazilian species because it occurs exclusively within the borders of the country. It has been introduced in rivers of southeastern and northeastern Brazil and even in the Pantanal, probably by escaping from reservoirs where it was raised for sports fishing. In the southeast, it coexists with *Cichla piquiti* (blue tucunaré) also an invasive species in the region and common in hydroelectric dams. The two species interbreed, producing specimens intermediate in morphology. One important distinction between the two species is the presence of small light spots in the anal fin of the yellow tucunaré, which are absent in the blue tucunaré. As all tucunarés, the Kelberi peacock bass is a predator on fish and aquatic invertebrates.

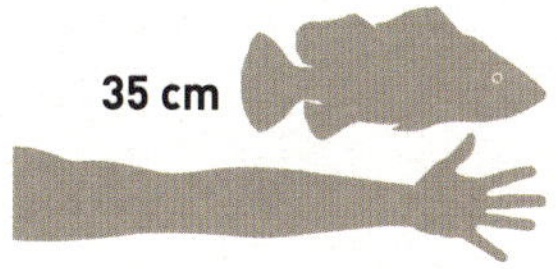

Tetra-lipstick

Characiformes Characidae

Moenkhausia cosmops

Lima, Britski & Machado, 2007

Lipstick tetra

É um lambari de pequeno porte com colorido muito particular. O nome *"cosmops"* faz alusão a essa característica e deriva da conjunção da palavra grega *kosmos* (ornamento, decoração) e *opos* (face). A espécie tem o lábio superior pigmentado com intenso vermelho, lembrando o uso de batom. Além disso, a camada de guanina, substância que confere cor prateada à pele dos peixes, está ausente na região opercular. Dessa forma, esta região é transparente, o que permite enxergar as brânquias vermelhas do peixe através do osso, fazendo com que o opérculo fique roseado e lembre bochechas com *blush*. Esse colorido singular, juntamente com o temperamento dócil da espécie, faz com seja um atrativo peixe ornamental. Alimenta-se principalmente de pequenos insetos terrestres.

This is a small silvery fish with a peculiar coloration. The name *"cosmops"* comes from the combination of the Greek word *kosmos* (ornament, decoration) and *opos* (face). The species has a strikingly red upper lip, remindful of lipstick. Furthermore, it lacks a guanine covering over the opercle, which normally lends a silvery color to that part of the body in other fish. As a result, the opercular area in *Moenkhausia cosmops* is red, because the branchial blood is seen by transparency through the opercular bone. This makes the cheeks look like they are treated with a blush makeup. The combination of the unusual coloration plus its docile demeanor, makes this species an appealing ornamental fish. It feeds mostly on small terrestrial insects that fall in the water.

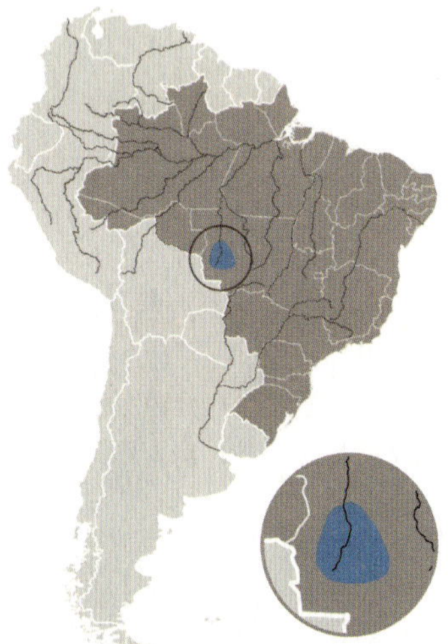

CATEGORIA DE AMEAÇA
• RED LIST CATEGORIES

LC NT VU EN CR EW EX

BIOMAS QUE HABITA •
BIOMES OF OCCURENCE

AMZ CER CAA PTN ATL PMP

ESCALA • SCALE

4 cm

CATEGORIA DE AMEAÇA • RED LIST CATEGORIES	BIOMAS QUE HABITA • BIOMES OF OCCURENCE	ESCALA • SCALE
LC NT **VU** EN CR EW EX	AMZ **CER** CAA PTN **ATL** PMP	35 cm

Pirapitinga-do-cerrado

Characiformes ≫ Bryconidae

Brycon nattereri

Günther, 1864

Pirapitinga-do-cerrado

A pirapitinga-do-cerrado, como o nome já diz, está presente no bioma do Cerrado, em águas mais frias e claras de rios e riachos de tamanho médio, com corrente moderada a rápida, em áreas de cabeceiras com vegetação ripária bem preservada. Esses peixes dependem da mata ciliar para alimentação, já que comem principalmente frutos, sementes e insetos obtidos dessa mata. Parecem não efetuar grandes migrações como fazem alguns dos seus parentes mais próximos, as matrinchãs e jatuaranas (*Brycon* spp.). Ocorrem nas regiões mais altas das bacias dos rios Paraná, São Francisco e Tocantins. A maior parte da sua distribuição histórica está inserida em áreas dos estados de São Paulo e Paraná, onde hoje são raras ou já foram localmente extintas em razão da ação antrópica em seu habitat, pelo desmatamento da mata ciliar, poluição da água e construção de barragens. A combinação de preferência por rios de água correntosa fria e clara, e se alimentar de insetos, faz com que *Brycon nattereri* seja vista pelos pescadores esportivos, principalmente adeptos de *fly-fishing*, como um equivalente brasileiro da truta norte-americana. Assim, é uma espécie bastante visada para a pesca esportiva, embora esteja ameaçada de extinção.

The pirapitinga-do-cerrado is fond of cool and clear water rivers and creeks of regular size, with moderate to fast currents in headwaters with well-preserved riparian forest draining the Cerrado biome. They depend on marginal vegetation for their food, composed mostly of fruits, seeds and insects. This species does not undergo large migrations, contrary to some of its relatives like the matrinchã and jaturana (*Brycon* spp.). The pirapitinga-do-cerrado occurs in the upper reaches of the Paraná, Tocantins and São Francisco rivers. Most of its historic distribution is located in the States of São Paulo and Paraná, where today it is rare or mostly extinct dues to habitat loss caused by deforestation, dams and pollution. The combination of fast-flowing cool clear waters and feeding on insects lead sports fishermen, especially those practicing fly-fishing, to consider *Brycon nattereri* as the Brazilian equivalent to the North American trout. It is still a highly targeted fish, despite its status as an endangered species.

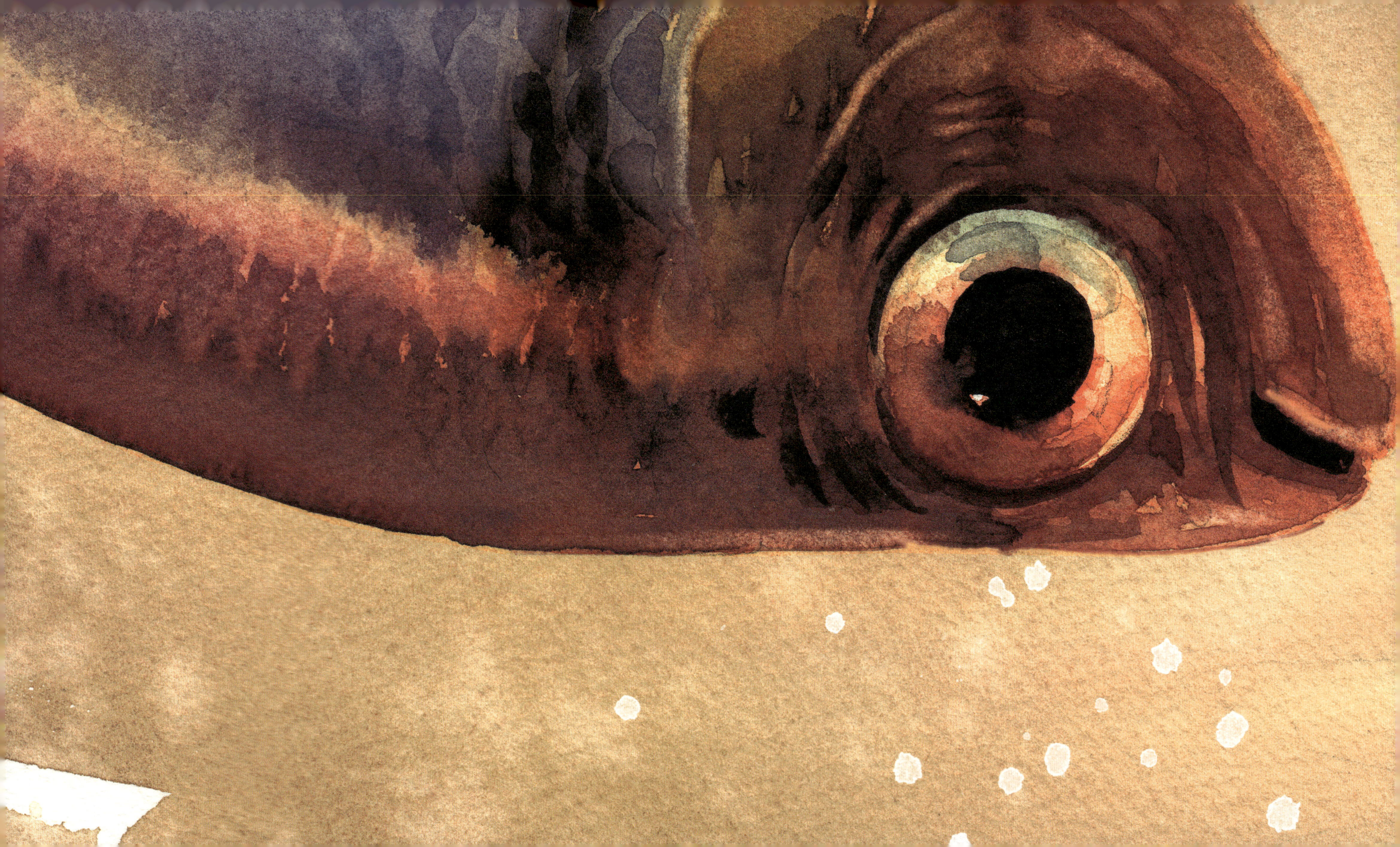

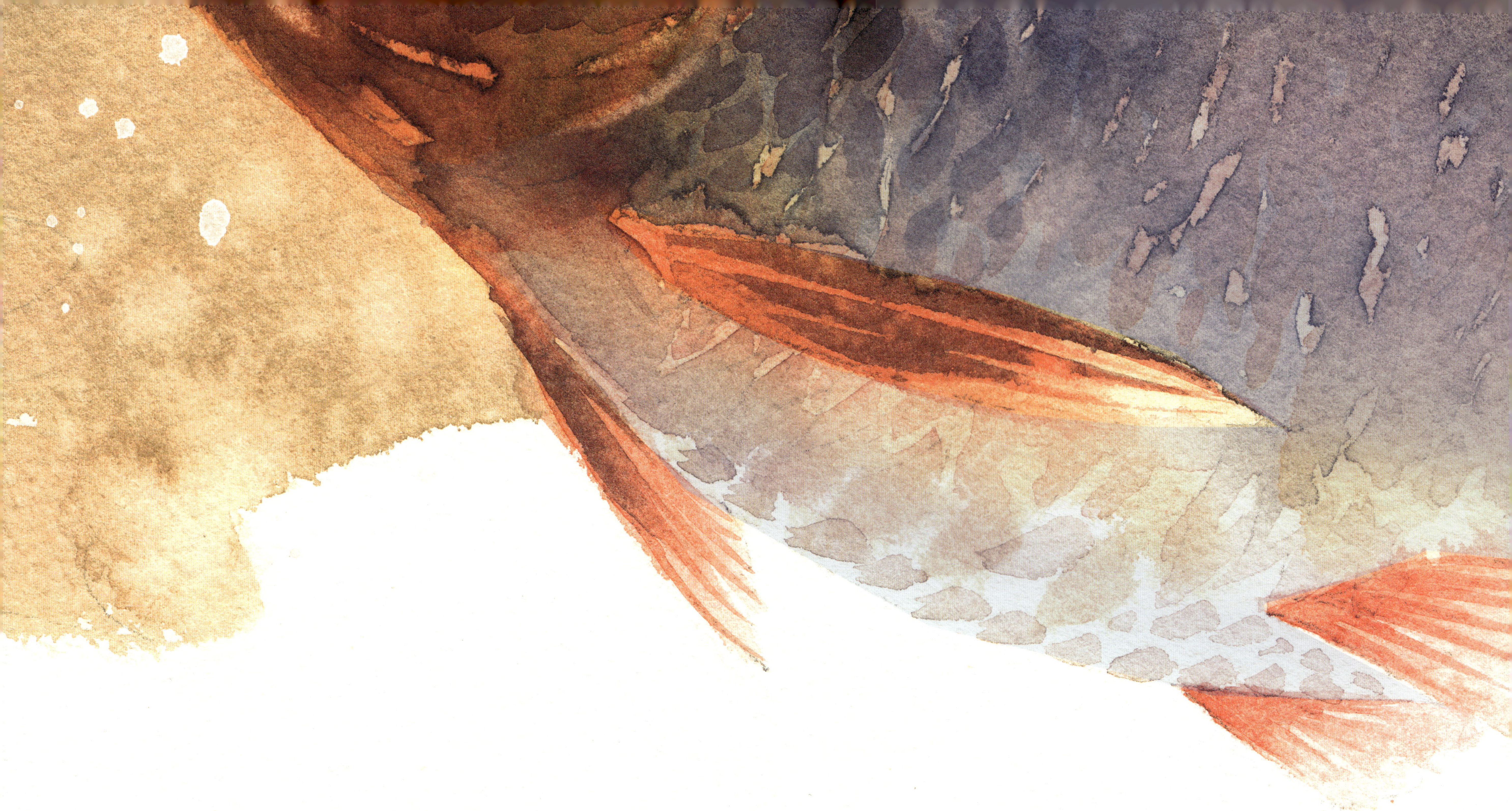

Tetra-blueberry

Characiformes > Characidae

Hyphessobrycon wadai

Marinho, Dagosta, Camelier & Oyakawa, 2016

Blueberry tetra

Peixe de pequeno porte e com coloração muito característica: as nadadeiras são alaranjadas e, na lateral do corpo, há uma faixa roxo-azulada. Devido ao seu colorido o "Tetra-Blueberry", como é popularmente conhecido, é bastante desejado no mercado aquarista. Um detalhe interessante é que a espécie era conhecida com esse nome antes mesmo de ser formalmente descrita pela ciência, ou seja, de ter um nome científico. Por conta disso, de acordo com a legislação brasileira vigente na época, a espécie não tinha comercialização permitida. Entretanto, na prática, isso não foi empecilho para que esses peixes fossem ilegalmente comercializados mundo afora. Exemplares podiam ser encontrados para venda no mercado nacional ou internacional, mas sem procedência de localidade, o que é um problema para a descrição de espécies. A descrição da espécie ocorreu somente em 2016 e só foi possível quando dois exemplares nativos foram coletados em uma expedição ao Mato Grosso, na bacia do alto rio Tapajós. Mais recentemente, a legislação do mercado de aquariofilia obteve avanços com a publicação da Portaria nº 3.853/2019 do Ministério da Agricultura, Pecuária e Abastecimento (MAPA). Nela, adota-se uma listagem negativa que contém apenas as espécies que não são permitidas para comercialização, contrariamente à legislação anterior, que estabelecia apenas as espécies autorizadas a serem comercializadas. O novo modelo tem como vantagem aumentar drasticamente as espécies passíveis de serem comercializadas e, assim, diminuir a pressão de pesca sobre as poucas que eram permitidas.

These are small fishes with a very distinctive coloration, with orange belly and fins and a bluish-purple stripe along the body. Because of that, it is a sought-after item in the aquarium trade, where it is known as "Blueberry tetra". Interestingly, the species was already known by that name before it was formally named by science. In 2016, when the species was scientifically described, Brazilian legislation only allowed the export of species in an authorized list, the so-called positive list. Since it did not yet have a scientific name, the export of the blueberry tetra was prohibited. In practice, this was never an impediment for its illegal trade worldwide. Specimens were available for sale in the national or international market, but without location data, which is a problem for the description of species. The description of the species was possible only in 2016 when two native specimens were collected on an expedition to Mato Grosso, in the upper rio Tapajós basin. Recently a new law, Portaria No 3.853/2019 of Ministério da Agricultura, Pecuária e Abastecimento (MAPA) was issued providing a negative list, i.e., a list containing species prohibited from collection and commercialization. The new model is superior because it increases the range of legal species and thus relieves excessive pressure on those few that were previously legal to export.

CATEGORIA DE AMEAÇA
• RED LIST CATEGORIES

LC · NT · VU · EN · CR · EW · EX

BIOMAS QUE HABITA •
BIOMES OF OCCURENCE

AMZ · CER · CAA · PTN · ATL · PMP

ESCALA
• SCALE

1:1 3,5 cm

Peixe-anual-de-Costa

Cyprinodontiformes › Rivulidae

Spectrolebias costai
(Lazara, 1991)

Costa's killifish

O grupo dos peixes-anuais (neste livro representado por *Austrolebias minuano*, *Mucurilebias leitaoi*, *Nematolebias whitei* e *Spectrolebias costai*) é um dos mais coloridos entre os peixes sul-americanos. Além de coloridos, esses animais são dotados de diversas especializações incomuns a outros peixes. A mais marcante dessas adaptações é a capacidade dos ovos desses animais de suportar a dissecação e o embrião se manter em estágio de diapausa ("dormência") em seu desenvolvimento. Essa diapausa permite que populações possam sobreviver em ambientes que secam totalmente no período de estiagem. Embora os adultos morram nessas ocasiões, eles depositam os ovos resistentes e em diapausa no solo, que eclodirão somente quando as futuras chuvas chegarem. Quando eclodem, as larvas iniciam uma nova geração e devem atingir a maturidade rápido, para que durante a nova estação de seca já estejam aptos a se reproduzir. As poças não necessariamente secam completamente, de forma que ocasionalmente podem ser encontrados alguns poucos adultos da geração anterior nadando em meio aos jovens da nova geração. Habitat temporários impõem desafios evolutivos enormes aos peixes, pois oferecem pouca energia disponível, espaço restrito e pouco tempo para que se desenvolvam antes de morrerem. Em virtude dessas limitações, a maioria dos peixes-anuais é de pequeno porte. Em *Spectrolebias costai* há um dimorfismo sexual bastante acentuado, com o macho apresentando corpo preto e marcas azuis iridescentes na cabeça e nas nadadeiras anal e dorsal, enquanto a fêmea é mais pálida e sem marcas azuis. O colorido da espécie faz com que ela seja bastante apreciada por aquaristas.

The group of annual killifishes (represented in this book by *Austrolebias minuano*, *Mucurilebias leitaoi*, *Nematolebias whitei* and *Spectrolebias costai*) is one of the most colorful among South American freshwater fishes. In addition to their coloration, those animals have various specializations unusual among fishes. The most conspicuous of those particularities is the ability of their eggs to survive desiccation, a period during which the embryo undergoes diapause ("dormancy"). Such diapause allows populations to survive in environments that dry out completely during the dry season. Although adults die during such periods, before their demise they deposit their drought-resistant eggs in the substrate. Those eggs enter diapause upon desiccation and will only resume development and eventual hatching when the rains return and their pool fills up. The hatchlings grow fast, so that they are mature and ready for reproduction before the next drought, assuring the next generation. The pools do not necessarily dry out completely and sometimes there are a few odd survivors from the old generation swimming along with the new one. Temporary habitats pose enormous evolutionary challenges to fish, because they offer limited available energy, exiguous space and a short time for development. As a consequence, many annual species are small-sized. *Spectrolebias costai* has a particularly dramatic sexual dimorphism, with the male having a black body and iridescent blue spots on the head and over the dorsal and anal fins. The female is dull-colored and lacks blue markings. Because of the striking coloration of the male, the species is sought after among aquarists.

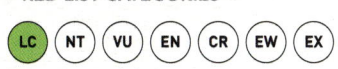

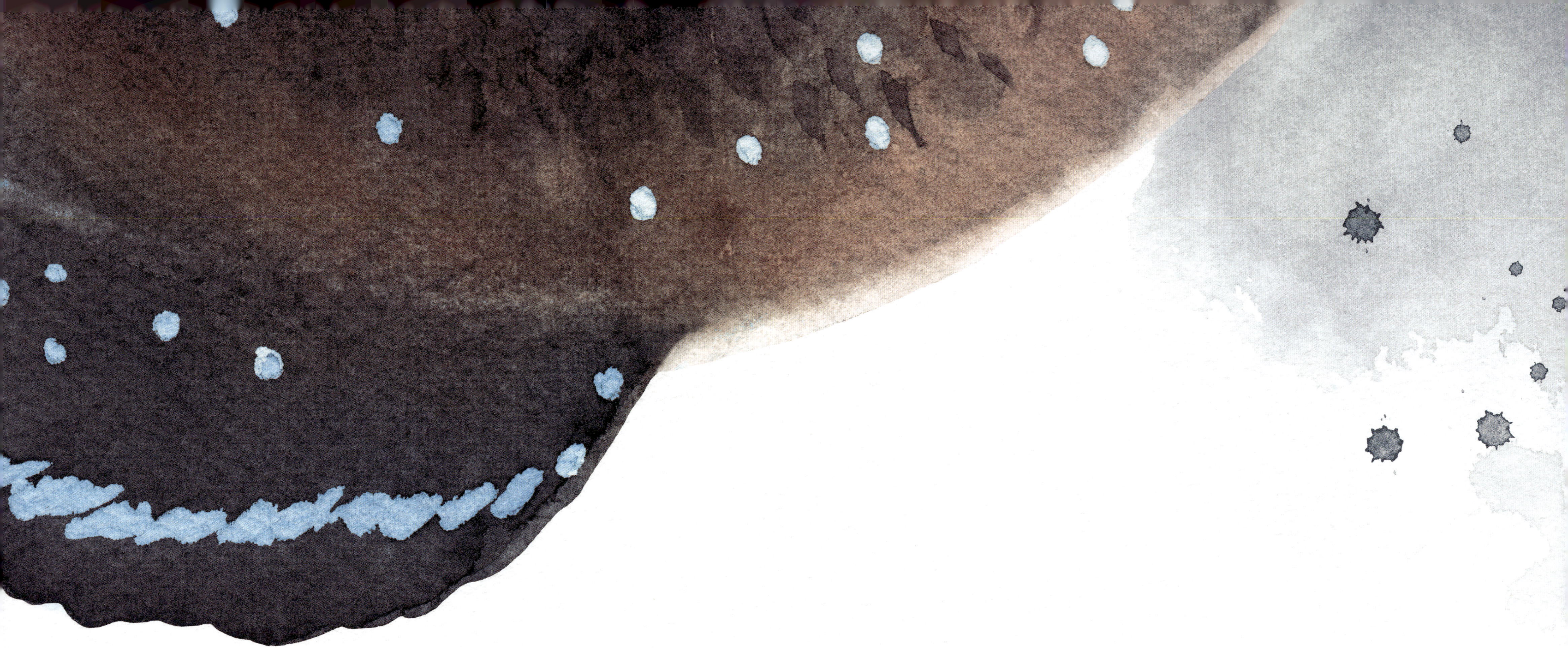

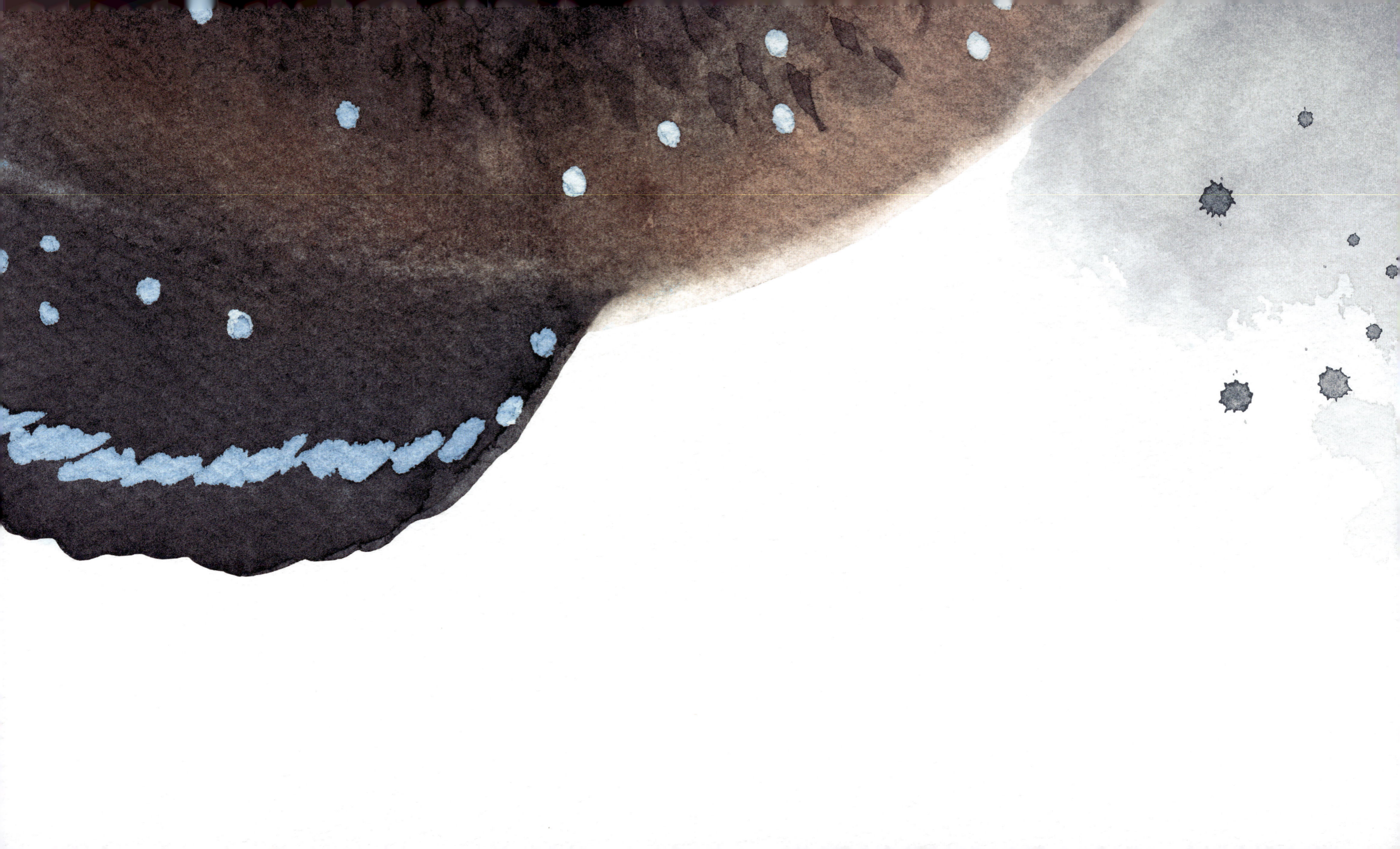

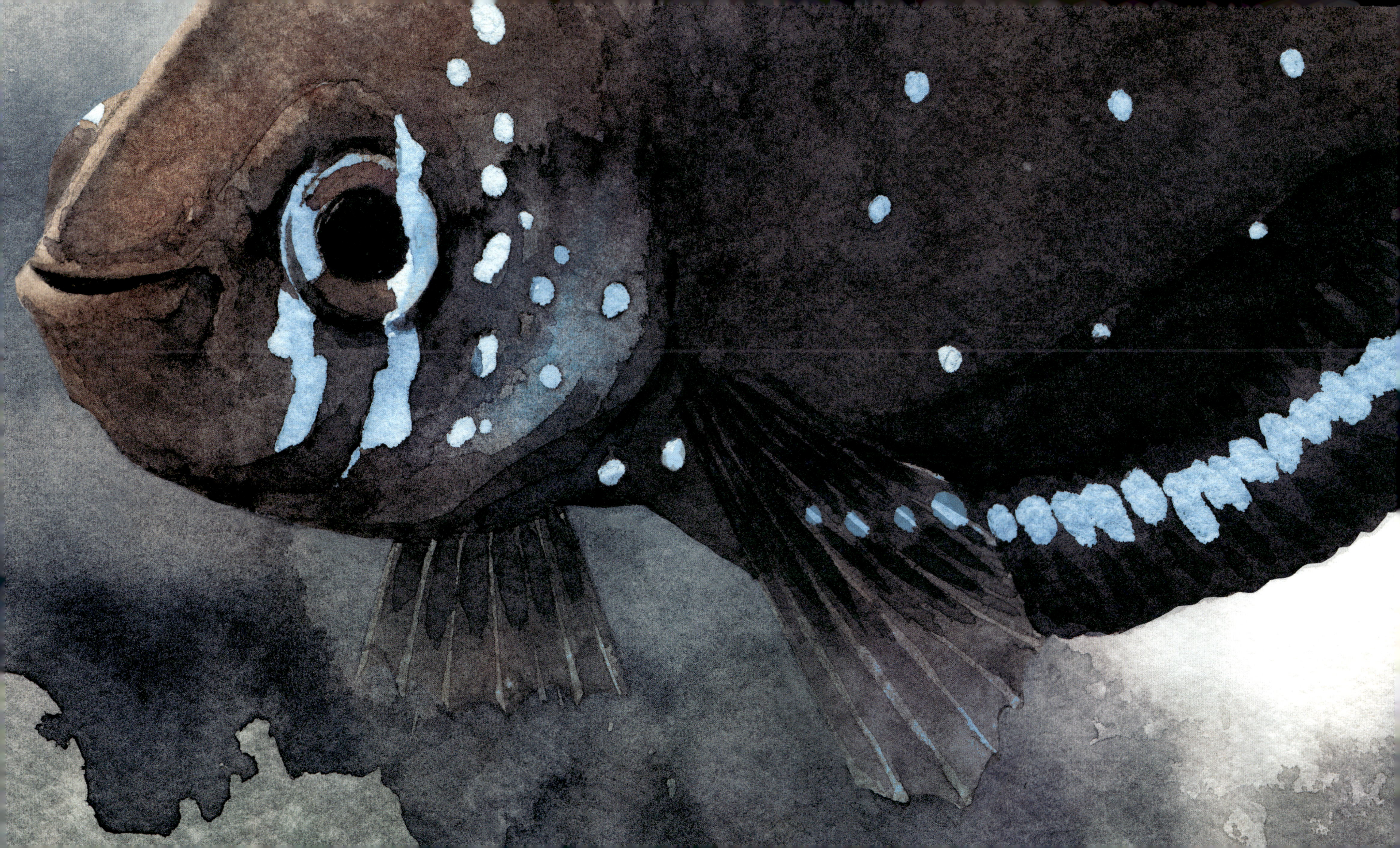

Miguelinho

(Characiformes » Characidae)

Exodon paradoxus

Müller & Troschel, 1844

Bucktooth tetra

CATEGORIA DE AMEAÇA
• RED LIST CATEGORIES

(LC) (NT) (VU) (EN) (CR) (EW) (EX)

BIOMAS QUE HABITA •
BIOMES OF OCCURENCE

(AMZ) (CER) (CAA) (PTN) (ATL) (PMP)

ESCALA
• SCALE

8 cm

O nome científico dessa espécie refere-se à presença de dentes direcionados para fora da boca, característica incomum em peixes (*Exodon* – ex, externo; *odon*, dente – *paradoxus* – *parádokson*, extraordinário). A posição dos dentes está relacionada à alimentação da espécie, que é composta basicamente de escamas de outros peixes. Conhecidos como miguelinho, eles movem lateralmente a cabeça de forma bastante rápida e esfregam os dentes apontados para fora da boca na lateral de suas presas, soltando algumas escamas. Curiosamente, os indivíduos apresentam assimetria corporal na mandíbula e na inclinação da cabeça. Essa diferença morfológica está relacionada ao comportamento dos animais; os indivíduos destros têm predileção para movimentos de cabeça para a direita, raspando os dentes no flanco lateral esquerdo de suas presas. Os canhotos fazem o inverso. É uma espécie relativamente comum no mercado de aquariofilia, e, neste caso, os peixes podem se alimentar de outros itens. Quando em aquário, não se recomenda a manutenção com outras espécies grandes e de escamas, já que a tentação é demais e inevitavelmente esses peixes grandes terão suas escamas arrancadas. Para dirimir esse comportamento, agregam-se vários exemplares de *Exodon* para que formem cardumes e usam-se muitas plantas para servir de abrigo para as demais espécies.

The scientific name of this species refers to the presence of teeth outside of the mouth, an unusual trait in fishes (*Exodon* – ex, external; *odon*, tooth – *paradoxus* – *parádokson*, extraordinary). The position of teeth is related to the diet of the fish, composed mostly of scales of other fishes. Popularly known as bucktooth tetra, they move their head sideways very fast, rubbing their external teeth against the body of their victim and thus releasing some scales which they pick up at midwater. Curiously, individual fish show variation in body and jaw symmetry, as well as in the slope of the head. This morphological difference is related to the behavior of each fish. Right-handed ones prefer moving their head to the right, rasping the left side of their victims. Left-handed fish favor the opposite. *Exodon* is a relatively common species in the aquarium trade and in such conditions it will feed on other items. However, old habits are difficult to quit and they will invariably attack large scaled tank companions if given the opportunity, ruthlessly knocking off their scales. Such behavior is minimized by keeping them in groups and providing plenty of plants for other species to hide.

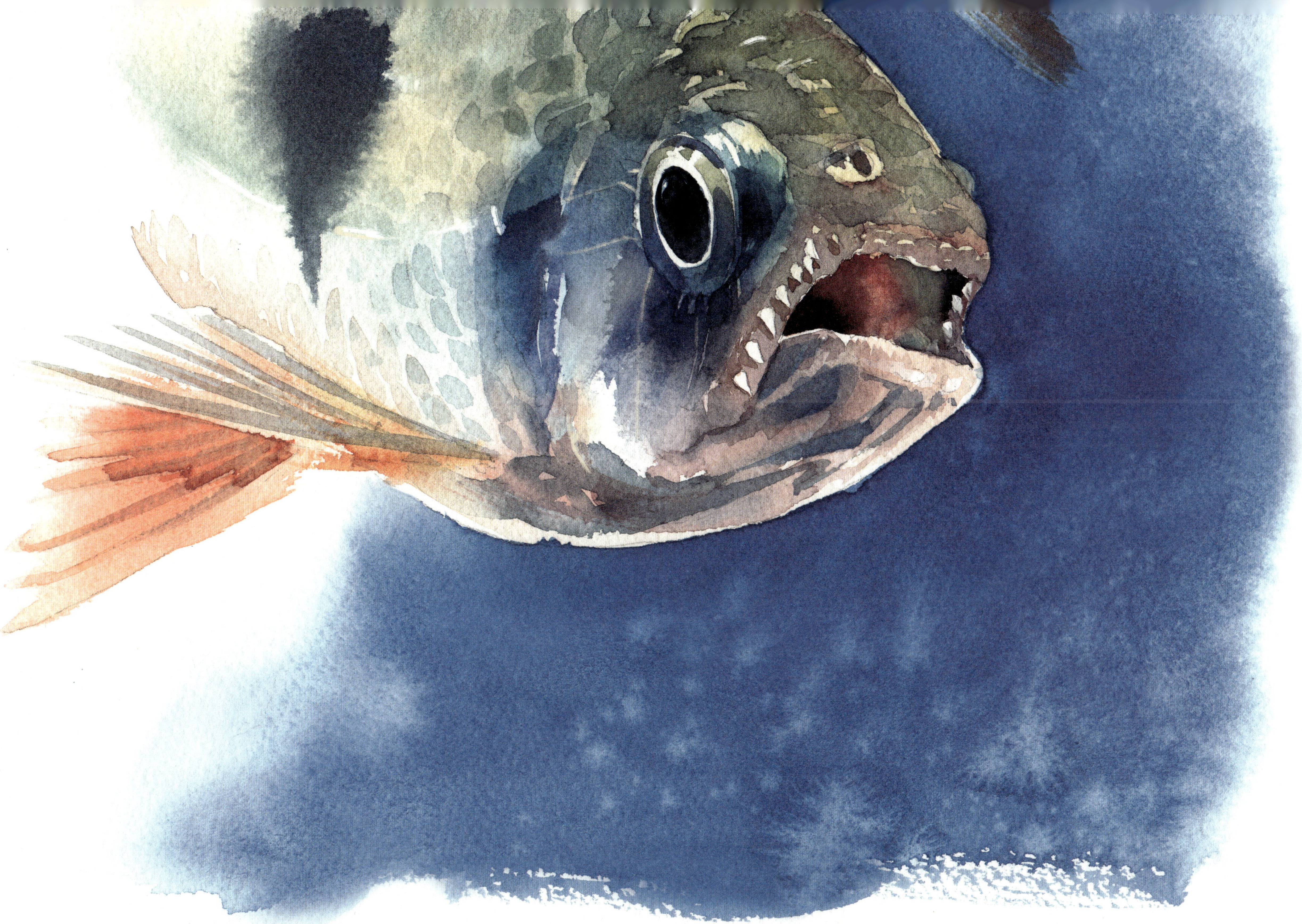

Cachorra-facão

Characiformes » Cynodontidae

Rhaphiodon vulpinus

Spix & Agassiz, 1829

Biara

CATEGORIA DE AMEAÇA
• RED LIST CATEGORIES

LC NT VU EN CR EW EX

BIOMAS QUE HABITA •
BIOMES OF OCCURENCE

AMZ CER CAA PTN ATL PMP

ESCALA
• SCALE

70 cm

A enorme boca contém dentes anteriores hipertrofiados, caniniformes, tão longos que há um túnel especial na maxila superior que os acomoda quando a boca está fechada. Esses dentes são usados para ferir e segurar as presas, principalmente peixes e em combinação com o corpo alongado e prateado conferem o nome popular à espécie: cachorra-facão (cachorra é o nome dado a seus parentes maiores, porém de corpo mais curto do gênero *Hydrolycus*). Preferem permanecer em locais com fluxo mais intenso de água, muitas vezes próximo a obstáculos, como pedras e galhos, onde podem formar cardumes. Quando jovens, também se alimentam de camarões e insetos. Sua dentição nesta fase, apesar de muito diferente daquela dos adultos, é também notável, apresentando uma fileira de dentes afiados como agulhas do lado de fora da boca. Sua reprodução se dá durante o período das cheias e são considerados migratórios na literatura. É uma espécie que desperta algum interesse em pescadores esportivos, embora sua carne não seja tão apreciada. A cachorra-facão morre muito rapidamente após retirada da água.

Their huge mouth is provided with hypertrophied caniniform teeth, so large that there is a special tunnel in the upper jaw to accommodate them when the mouth is closed. Such teeth are used to wound and hold prey – especially fish – and in combination with their long silvery body explains the popular name of this species in Portuguese: cachorra-facão (cachorra means female dog and is the name of its large shorter-bodied close relatives of the genus *Hydrolycus*; facão is machete in Portuguese). They prefer river sectors with strong current, often next to obstacles as rocks and logs, where they may form schools. When young, the cachorra-facão feeds also on shrimp and insects. Their dentition at that stage is very different from that of adults, but just as remarkable, with a row of needle-like teeth disposed on the outer side of the mouth. Reproduction happens during the flood season and there are reports that the species is migratory. *Rhaphiodon* raises some interest in sports fishing, even though its flesh is not highly appreciated. It dies very quickly once taken out of the water.

Canivete

Characiformes › Parodontidae

Parodon nasus

Kner, 1859

Scrapetooth

Os canivetes preferem habitar águas correntosas e bastante oxigenadas de rios de médio e grande porte. Alimentam-se de larvas de insetos e de algas, que raspam com seus dentes em formato de espátula, cuja coroa é reta e adaptada para funcionar como uma talhadeira. Para se manterem fixos no substrato nas fortes correntes enquanto se alimentam, usam a nadadeira peitoral como apoio. Outras adaptações corporais a esse comportamento são o formato fusiforme do corpo e a boca direcionada ventralmente. Sua coloração com faixas longitudinais ajuda a quebrar a silhueta do animal, aumentando as chances de ser confundido com elementos do fundo do rio e diminuindo as possibilidades de ser detectado por predadores. Pode formar cardumes com até pouco mais de uma dúzia de exemplares.

The scrapetooth fish lives in torrential and highly oxygenated waters of middle- and large-size rivers. They feed on insect larvae and algae which they rasp with their chisel-shaped teeth with straight sharp crowns. They use their large pectoral fins to lever themselves against the substrate while feeding. The fusiform body shape and the ventral mouth of the pocket-knife fish are further adaptations to that mode of living. The longitudinal stripes help disguise its profile against predators. It forms small schools of a dozen or so specimens.

CATEGORIA DE AMEAÇA • RED LIST CATEGORIES
LC NT VU EN CR EW EX

BIOMAS QUE HABITA • BIOMES OF OCCURENCE
AMZ CER CAA PTN ATL PMP

ESCALA • SCALE
15 cm

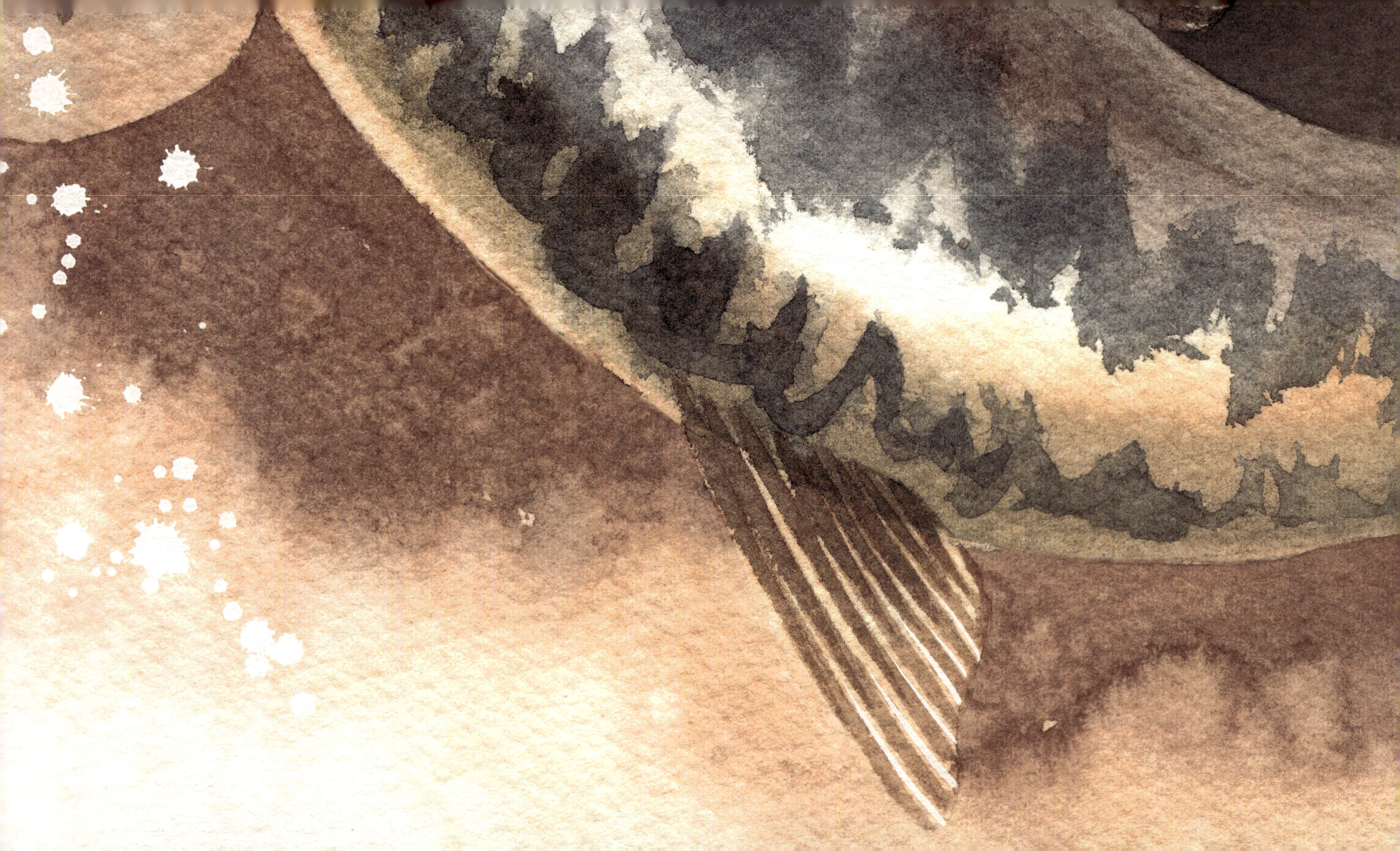

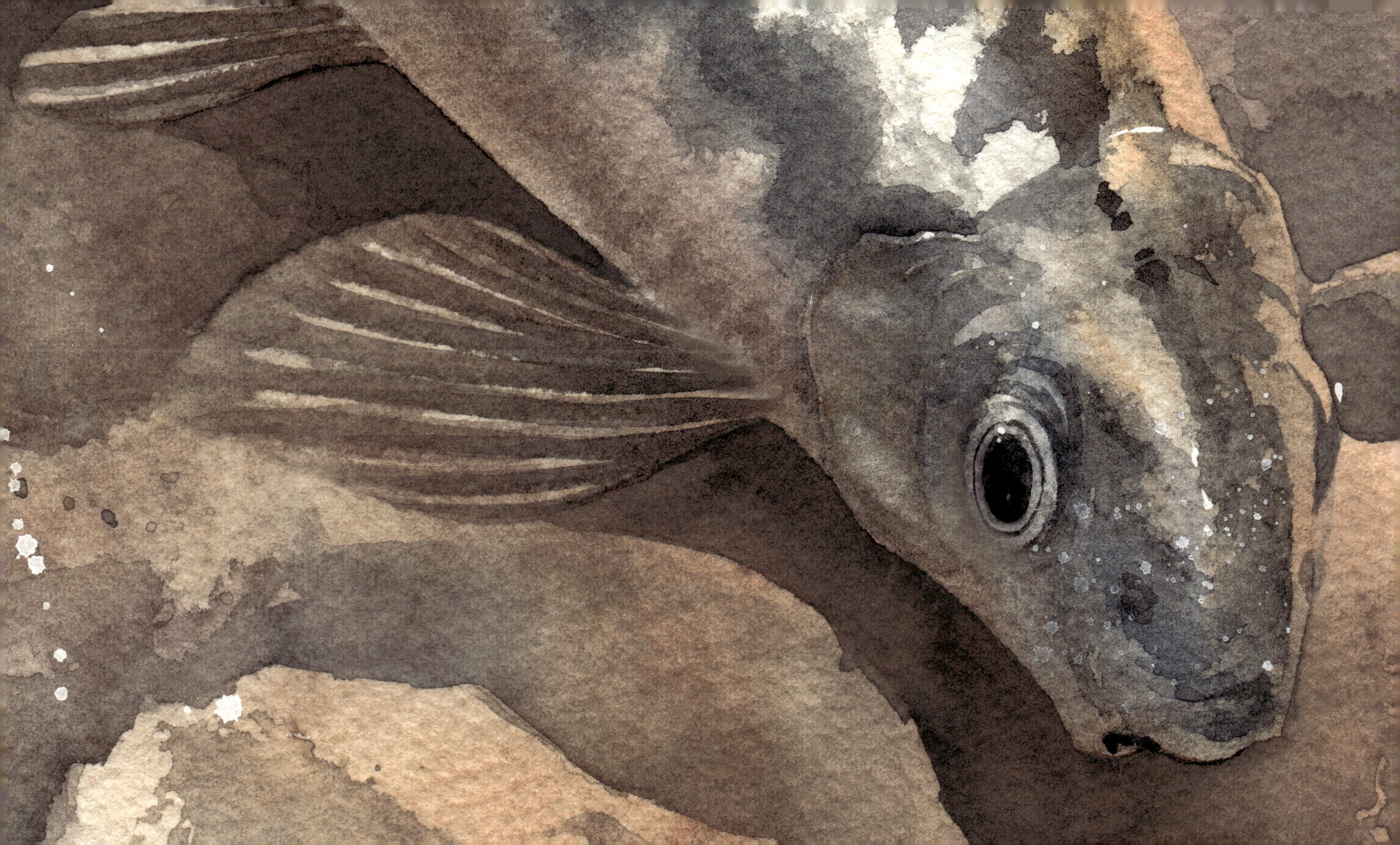

Sarapó-de-caverna

Gymnotiformes » Sternopygidae

Eigenmannia vicentespelaea

Triques, 1996

Cave knifefish

As enguias elétricas sul-americanas são de fato da América do Sul e elétricas, mas não são enguias. Superficialmente lembram enguias por causa do corpo alongado e da redução ou falta de algumas nadadeiras. Mas são um grupo totalmente diferente de peixes, evolutivamente mais próximos aos lambaris e aos bagres do que às enguias verdadeiras. *Eigenmannia*, como todos os seus parentes próximos, interage com o mundo ao redor via eletricidade. Eles geram um campo elétrico e são capazes de interpretar seus arredores pelas deformações que objetos e criaturas causam nele. Essa eletricidade é produzida por músculos modificados que, em vez de gerar movimento, produzem energia. Esses peixes também geram descargas elétricas que lhes permitem se comunicar com outros peixes elétricos. A linguagem inteira desses peixes utiliza sinalização elétrica. Eles podem expressar seu sexo, seu humor, se estão ou não dispostos a acasalar, seu tamanho, posição hierárquica etc, tudo por meio de sinais elétricos. Essas tremendas habilidades são um sexto sentido que torna a visão pouco importante, quase desnecessária. Assim, a maioria das enguias elétricas tem olhos muito pequenos e é noturna. Mas as espécies de *Eigenmannia* são um pouco diferentes e tendem a ter olhos relativamente grandes. Obviamente, a visão não perdeu sua importância para elas. *Eigenmannia vicentespelaea* passa então a ser exceção dentro de uma exceção. Essa espécie em particular evoluiu no habitat subterrâneo e, portanto, teve olhos reduzidos pela seleção natural, um fenômeno comum em animais de cavernas. *Eigenmannia vicentespelaea* é restrita ao sistema de cavernas de São Vicente, na bacia do alto rio Tocantins. Seu tamanho populacional é pequeno, estimado em menos de 300 indivíduos esparsamente distribuídos na caverna. É, obviamente, um animal muito especial, testemunha de circunstâncias biológicas únicas e que deve ser especialmente protegida.

South American electric eels are indeed South American and electric, but they are not eels. They look superficially like eels because of their elongated bodies and reduction or lack of several fins. But they are a totally different group of fishes, evolutionarily closer to characins and catfish than to true eels. *Eigenmannia*, like all its electric-eel cousins, interacts with the world via electricity. They generate an electric field and are able to interpret their surroundings by the deformations various objects and creatures cause on it. This electricity is produced by modified muscles which have turned from movement to power generation. These fish also generate electric discharges that allow them to communicate with their kin and other electric fishes. It is a whole language intermediated by electric signaling. They can tell whether they are male or female, whether they are angry or happy, whether or not they are willing to mate, their size, hierarchical position etc. Of course, such tremendous abilities are a sixth sense which makes vision largely subsidiary or superfluous. Expectedly, many electric eels have very small eyes and a majority are nocturnal. But the species of *Eigenmannia* are different, they tend to have relatively large eyes. Obviously, vision has not lost its importance for them. *Eigenmannia vicentespelaea* then happens to be an exception within an exception. This particular species has evolved in the subterranean habitat, and therefore has reduced eyes, a common phenomenon in cave animals. *Eigenmannia vicentespelaea* is restricted to the São Vicente cave system in the upper Rio Tocantins basin. Its population size is tiny, estimated to be fewer than 300 individuals sparsely distributed in the cave. It is, of course, a very special species, testimony to unique biological circumstances, and which must be specially protected.

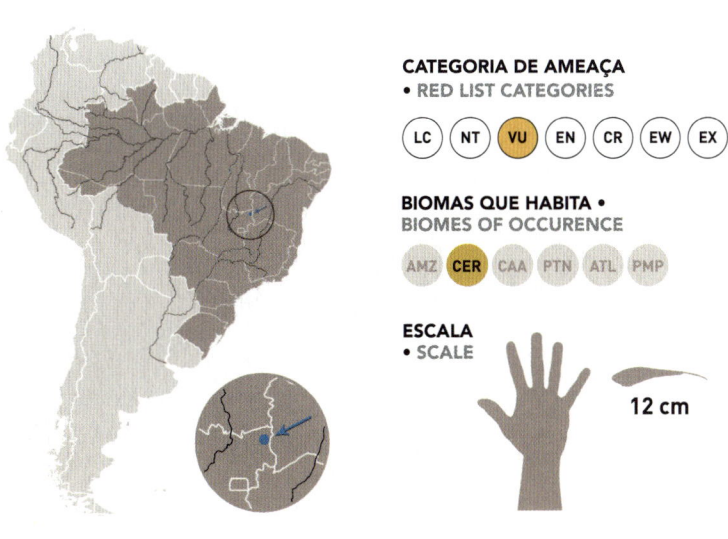

CATEGORIA DE AMEAÇA
• RED LIST CATEGORIES

(LC)(NT)(**VU**)(EN)(CR)(EW)(EX)

BIOMAS QUE HABITA •
BIOMES OF OCCURRENCE

(AMZ)(**CER**)(CAA)(PTN)(ATL)(PMP)

ESCALA
• SCALE

12 cm

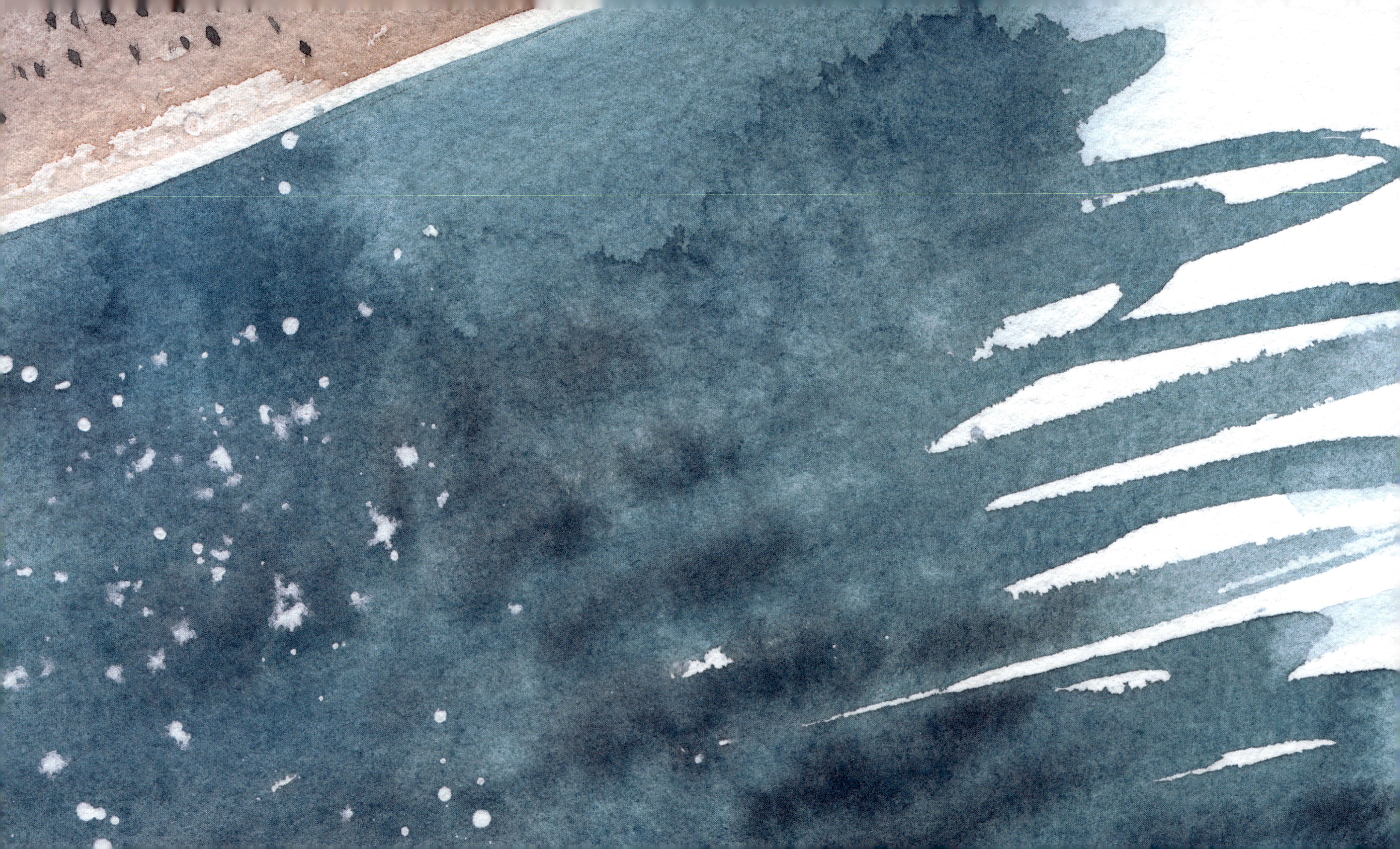

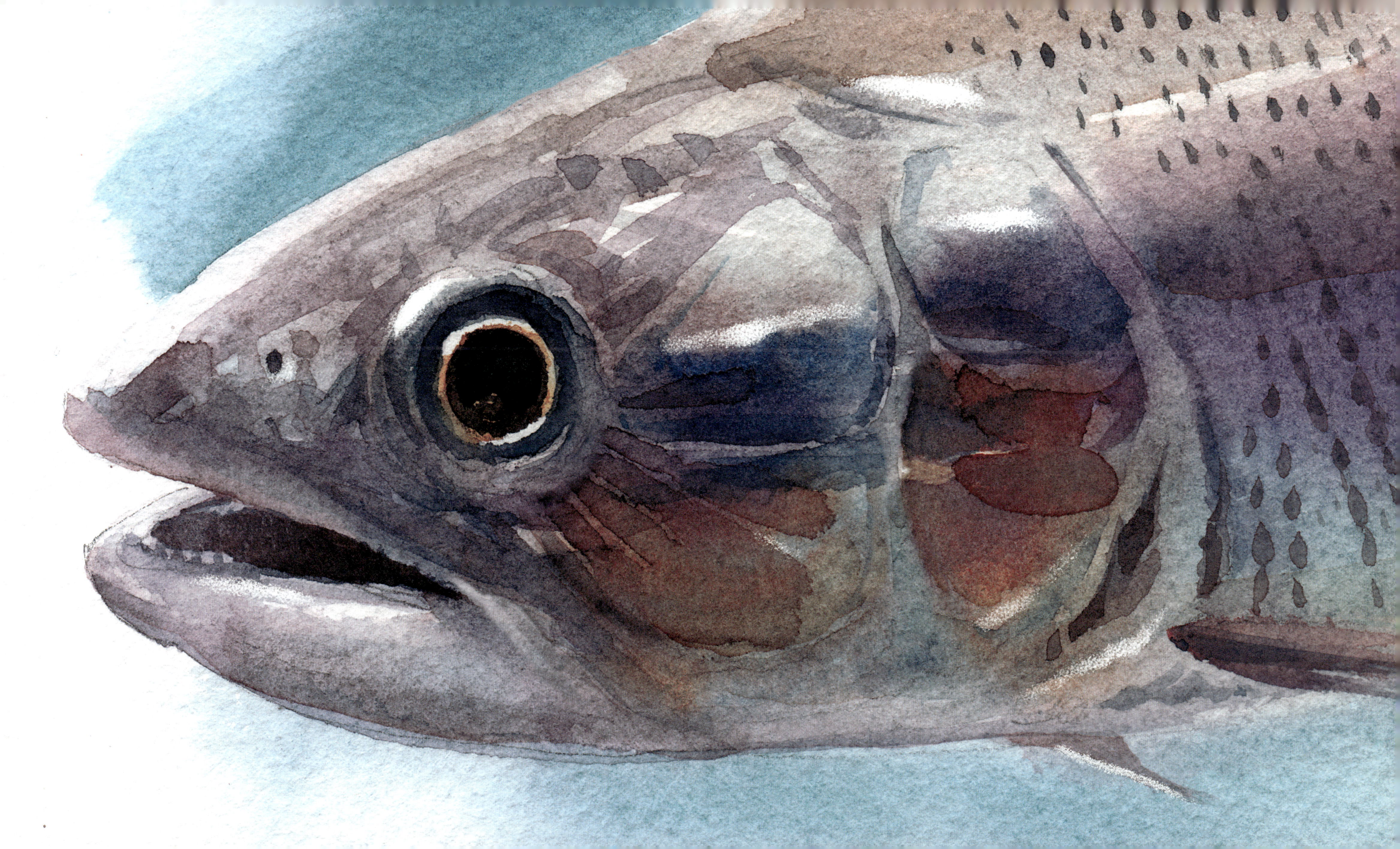

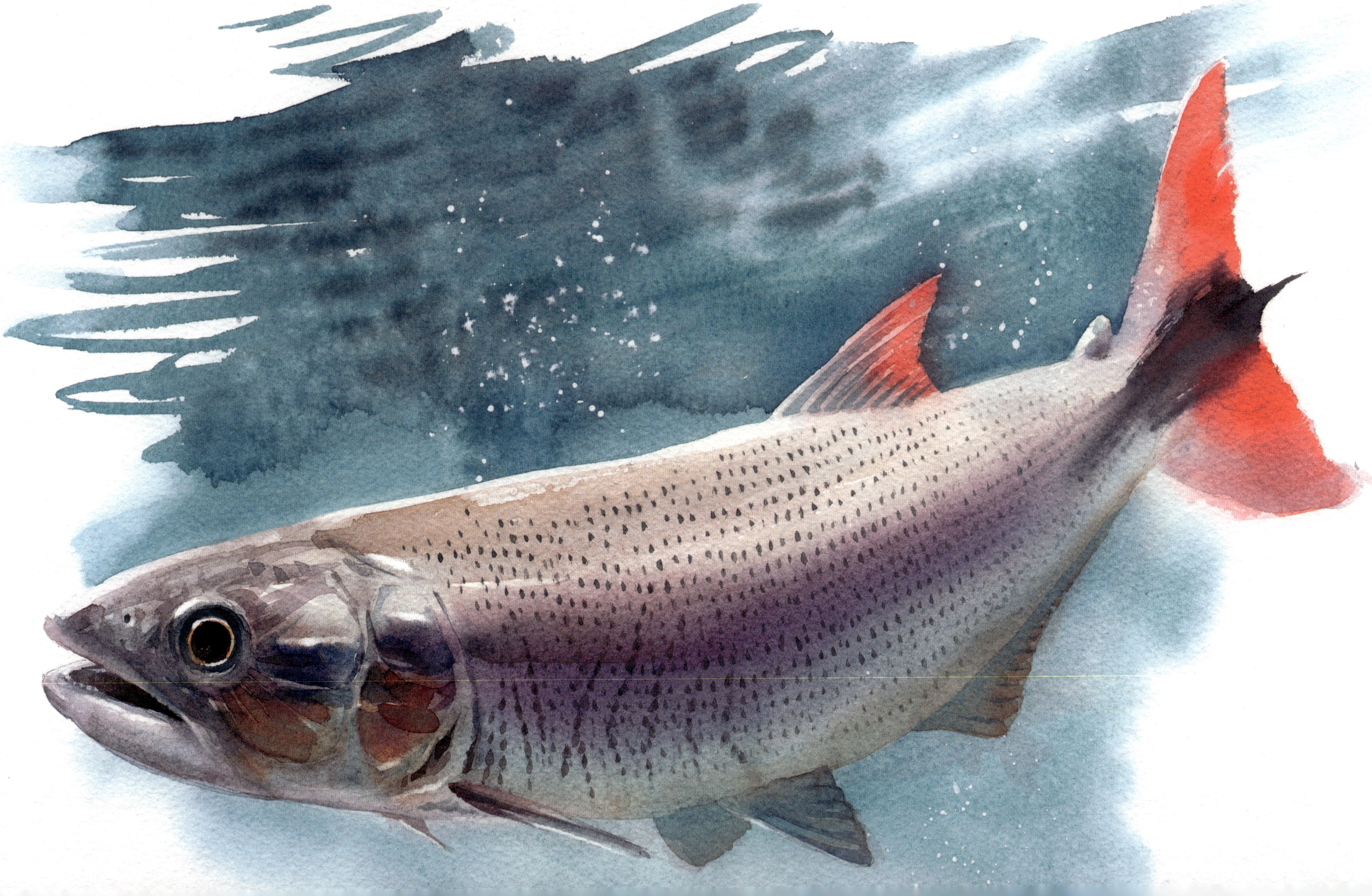

Tabarana

Characiformes › Bryconidae

Salminus hilarii Valenciennes, 1850

Tabarana

A tabarana é um peixe de médio porte que chega a atingir por volta de 3 kg. É um parente muito próximo dos dourados e com eles compartilha diversas características biológicas: os adultos são piscívoros, a fêmea é maior que o macho, os machos maduros têm pequenos ganchos na nadadeira anal e os indivíduos realizam migrações reprodutivas durante a estação chuvosa (piracema). É um peixe relativamente exigente em termos ecológicos, sendo considerado um bom indicador ambiental. Isso quer dizer que a presença da tabarana, por ser bastante sensível a alterações em seu habitat, reflete boas condições ambientais. É inusitado saber que, há pouco menos de um século, exemplares dessa espécie viviam no riacho do Ipiranga, em cujas margens, no dia 7 de setembro de 1822, foi simbolicamente declarada a independência do Brasil por Dom Pedro I. Atualmente, o referido riacho, que dá nome ao bairro situado na capital paulista, é literalmente um canal de esgoto. Embora a esmagadora maioria das pessoas vivas não saiba, esse curso d'água nem sempre foi assim. Esse é um claro exemplo de *shifting baseline syndrome* (SBS), um triste processo para a conservação da biodiversidade mundial. A cada nova geração humana a percepção do que é natural se altera, quase sempre para pior. Assim, eventos passados de alteração ambiental são ignorados por gerações atuais e futuras, que não experimentaram essas mudanças. Dessa forma, as pessoas jamais se darão conta de que as populações de tabarana se extinguiram no riacho do Ipiranga, uma vez que elas não presenciaram essa espécie nesse local, o que dificulta, em muito, a conscientização da preservação ambiental. Na busca para a reversão desse processo é que reside parte da importância dos museus, em especial os museus de história natural, que ajudam a recuperar a história do planeta. Esses fatos só podem ser contados aqui ao leitor porque exemplares de tabarana foram capturados no riacho do Ipiranga no início do século XX, preservados, e hoje fazem parte do acervo de Ictiologia do Museu de Zoologia da Universidade de São Paulo (MZUSP). Preservar o passado não é só conhecer o futuro, como diz o clichê, mas também entender o presente.

The tabarana is a mid-size fish which reaches around 3 kg. It is a very close relative of the dourado, sharing with it several biological characteristics: adults are piscivores, the female is larger than the male, adult males have small hooks on the anal fin and they make reproductive migrations during the rainy season (piracema). The tabarana is a relatively demanding species ecologically and is therefore a reliable environmental indicator. That means that when this fish is present, environmental conditions are good. It is hardly believable that a little less than a century ago specimens of tabarana were swimming on the Ipiranga creek, the water course on whose margins independence of Brazil was declared by Dom Pedro I on Sep 7th 1822. Nowadays the creek which gives its name to the neighborhood in the capital of São Paulo, is literally a waste canal. Although the vast majority of people do not realize the fact, it has not always been like that. This is a clear example of the *shifting baseline syndrome* (SBS), a sad phenomenon for the conservation of biodiversity. With each new human generation, the perception of what is natural changes, almost always for the worse. Past events of environmental degradation are ignored by present and future generations who have not experienced those changes. People will never realize that tabaranas got extinct in the Ipiranga creek, because they never saw the species there and therefore do not feel its absence. This is a major obstacle to environmental awareness. Reversing this process is difficult and is a task that relies in large measure on natural history museums, which record the history of the planet. The case of the tabarana can only be recounted here because specimens of the fish were captured in the Ipiranga creek in the early 20th century and preserved in the collections of the Museu de Zoologia da Universidade de São Paulo (MZUSP). If it weren´t for this fact, we would never know that this fish existed there. Preserving the past is not only a matter of knowing the future, as goes the cliché, but also a tool to understand the present.

CATEGORIA DE AMEAÇA • RED LIST CATEGORIES

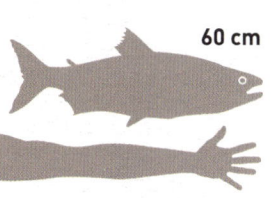

LC NT VU EN CR EW EX

BIOMAS QUE HABITA • BIOMES OF OCCURENCE

AMZ CER CAA PTN ATL PMP

ESCALA • SCALE

60 cm

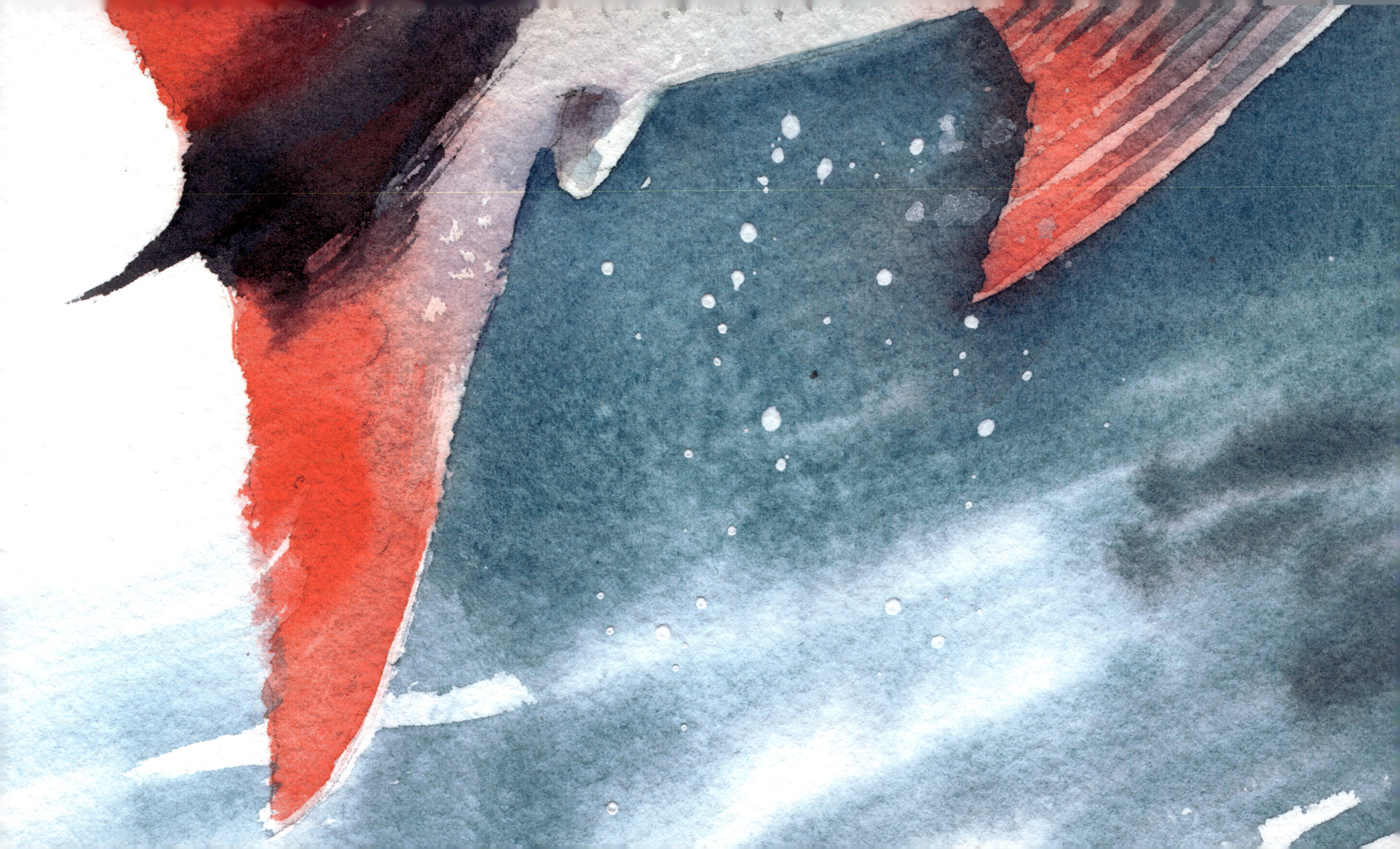

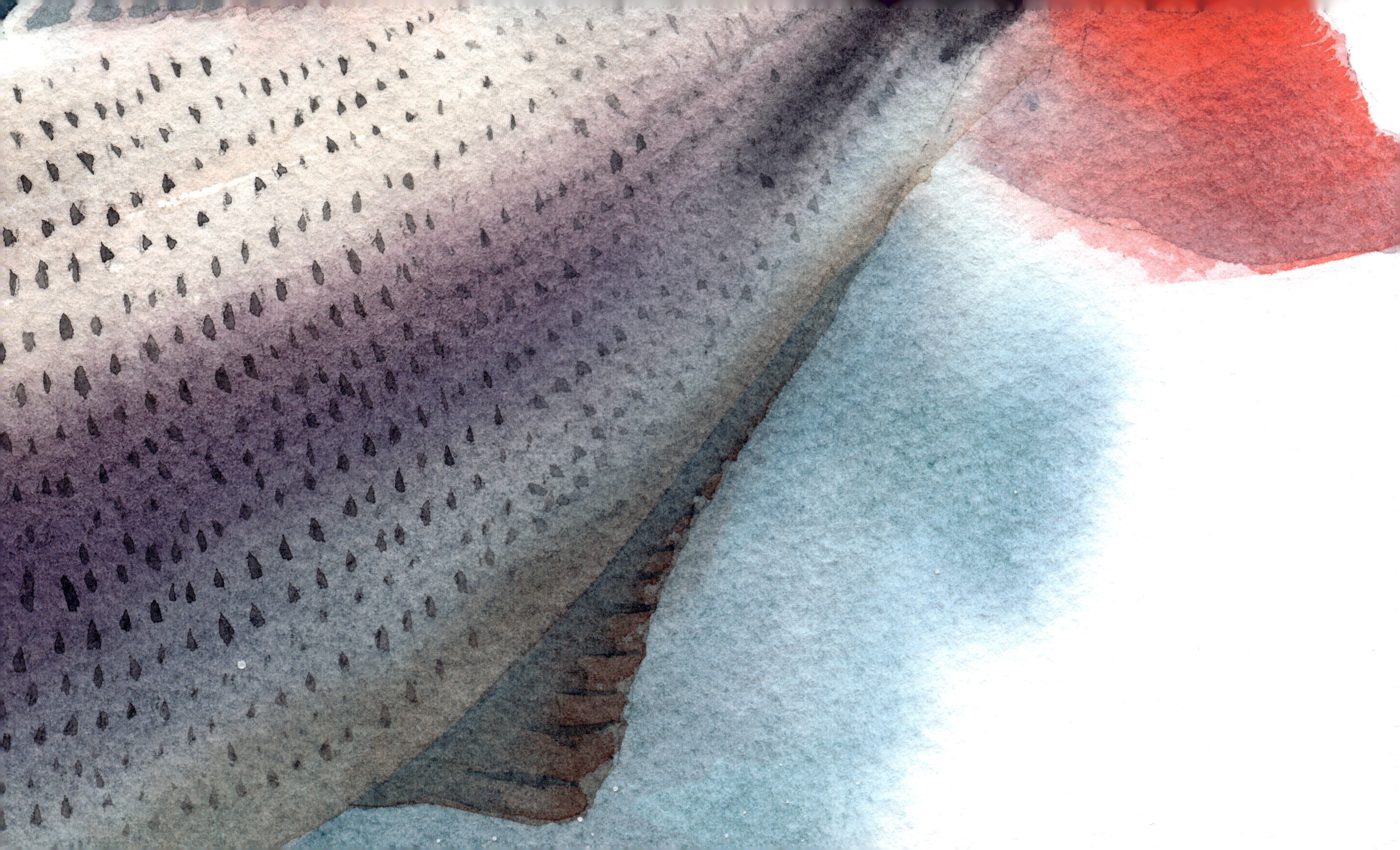

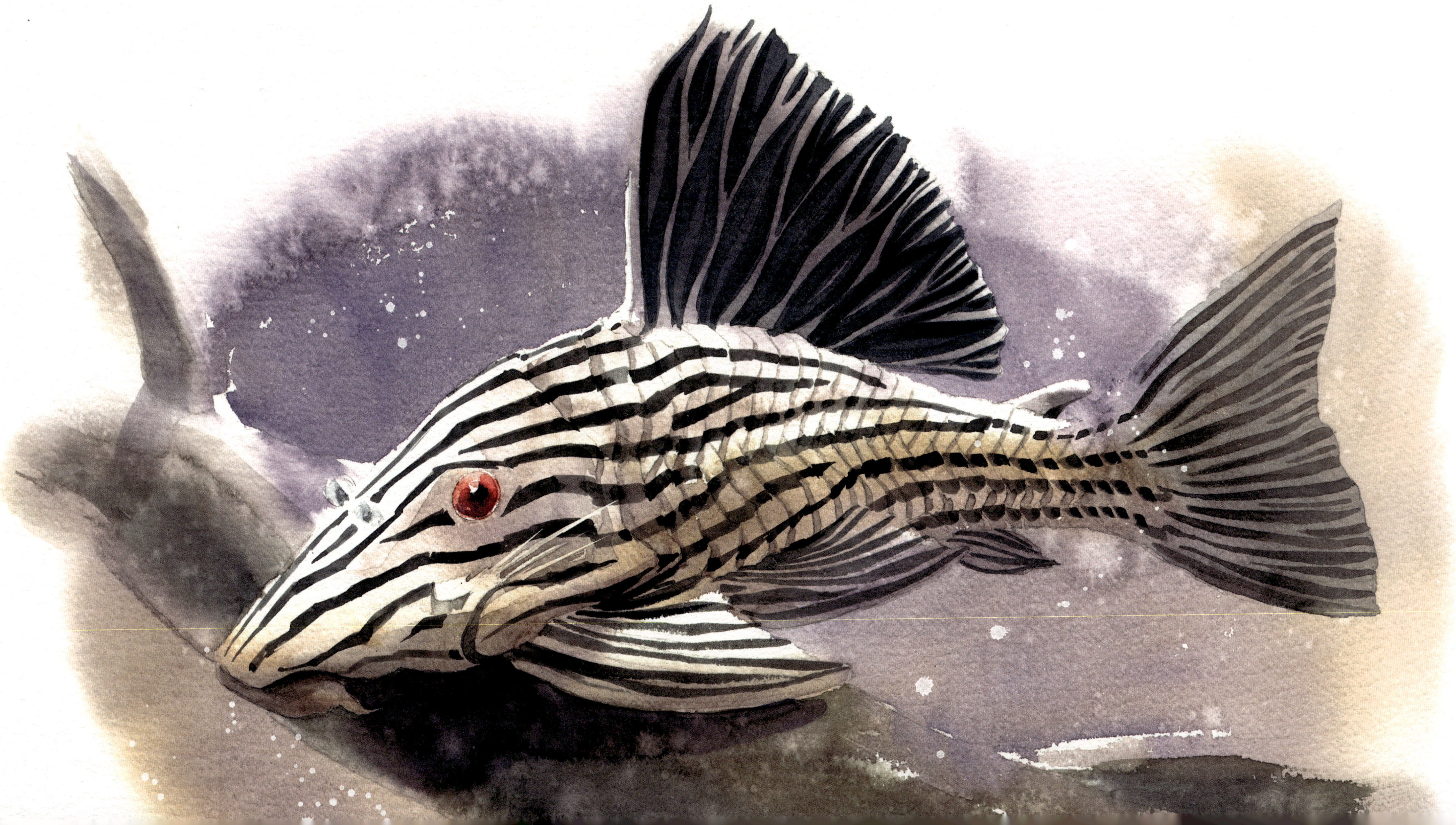

Panaque

Siluriformes › Loricariidae

Panaque armbrusteri Lujan, Hidalgo & Stewart, 2010

Thunder royal pleco

Tem um belo colorido com finas faixas alternadamente escuras e claras e olhos avermelhados. Os panaques são algumas das maiores espécies de cascudos que existem e habitam os fundos dos grandes rios amazônicos. Embora seja um animal de porte mais avantajado, é uma espécie popular entre os aquaristas. A característica mais marcante dos panaques é que, assim como os cascudos do grupo *Hypostomus cochliodon* e do gênero *Panaqolus*, são considerados xilófagos, ou seja, animais que consomem madeira. Esses são casos raros entre os vertebrados. Entretanto, isso vem sendo questionado em trabalhos científicos mais recentes que apontam que os panaques não são xilófagos verdadeiros, como os castores e os cupins, pois não assimilam a madeira diretamente e não são nutricionalmente dependentes dela. Os resultados indicam que são animais detritívoros como a maioria dos cascudos, alimentando-se de uma rica flora de microrganismos que habita a superfície de madeira morta. Aparentemente o sistema digestório dos panaques não possui especializações para esse hábito alimentar. Mas o fato é que os panaques roem madeira. Pescadores conseguem localizar esses animais ouvindo o som de algo raspando madeira embaixo da água, enquanto aquaristas relatam sons semelhantes dos animais fazendo o mesmo em seus aquários e que troncos ornamentais tendem a gradualmente diminuir de tamanho nos aquários contendo estes peixes.

The thunder royal pleco has a strikingly beautiful color, with narrow alternating light-dark stripes and red eyes. The panaques include some of the largest mailed catfishes and live on the bottom of large Amazonian rivers. Despite its large size, this species is popular among aquarists. One of the most intriguing traits of the panaques is their xylophagous feeding habits. This means that they eat wood, similarly to its relatives of the group *H. cochliodon* and the genus *Panaqolus*. Wood-eating is extremely rare among vertebrates. Recent studies, however, indicate that the panaques do not really assimilate nutrients from the wood itself, contrary to termites and beavers. Like other mailed catfishes, they apparently take nutrition from the rich microbial community that lives on dead wood. Apparently their digestive tract does not have specializations for such feeding habit. Still, there is no doubt that the panaques chew on wood. Anglers can locate those fishes by the underwater sound of their scrapping. Such sound is similar to that reported by aquarists when the fish is doing the same in tanks. Fishkeepers also report that ornamental wood trunks tend to get gradually smaller in aquaria containing panaques.

CATEGORIA DE AMEAÇA • RED LIST CATEGORIES
LC · NT · VU · EN · CR · EW · EX

BIOMAS QUE HABITA • BIOMES OF OCCURENCE
AMZ · CER · CAA · PTN · ATL · PMP

ESCALA • SCALE 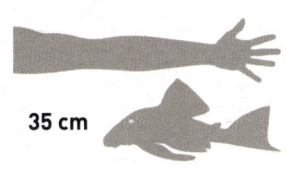
35 cm

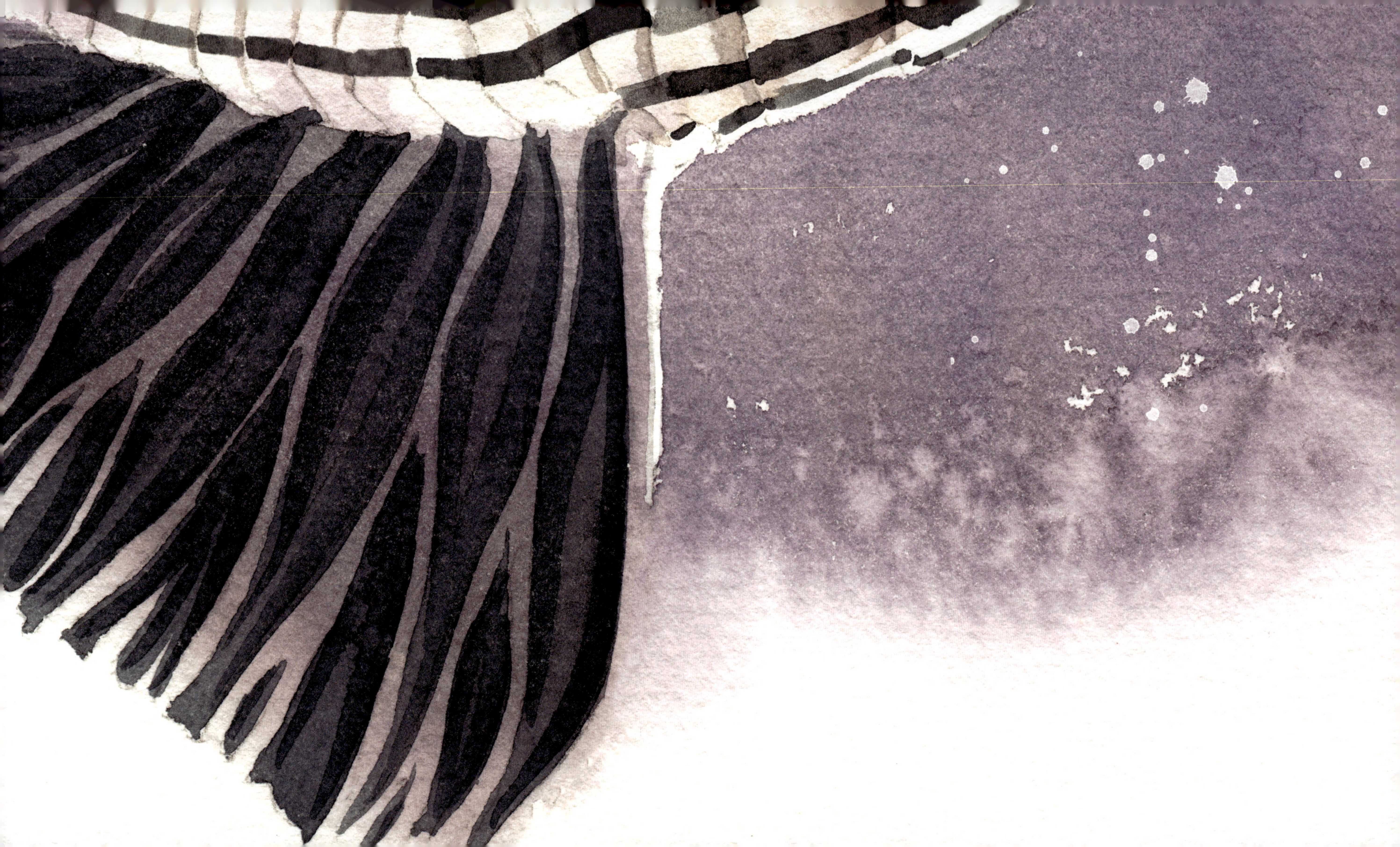